Beck'sche Sonderausgaben

Robert Koldewey

Das wieder erstehende
Babylon

*Fünfte, überarbeitete und
erweiterte Auflage*

Herausgegeben von
Barthel Hrouda

*Mit Beiträgen von W. Andrae†, S. Fitz,
A. R. George, E. Haerinck, H. Schmid,
L. Trümpelmann und C. Wilcke*

Verlag C. H. Beck München

Die erste bis vierte Auflage erschien im J. C. Hinrichs Verlag, Leipzig
als 6. Sendschrift der Deutschen Orient-Gesellschaft.

Mit 251 Abbildungen (davon 7 Farbtafeln)
und 36 Plänen

CIP-Titelaufnahme der Deutschen Bibliothek

Koldewey, Robert:
Das wieder erstehende Babylon / Robert Koldewey. —
5., überarb. u. erw. Aufl. / hrsg. von Barthel Hrouda. Mit Beitr.
von W. Andrae ... — München : Beck, 1990
(Becksche Sonderausgaben)
ISBN 3-406-31674-3

ISBN 3-406-31674-3

© Akademie-Verlag Berlin / C. H. Beck'sche Verlagsbuchhandlung
(Oscar Beck) München 1990
Printed in the German Democratic Republic
Gesamtherstellung: VEB Druckhaus „Maxim Gorki", 7400 Altenburg

Inhalt

Vorwort zur ersten bis dritten Auflage 7
Vorwort zur vierten Auflage 11
Vorwort zur fünften Auflage 12
1. Die äußere Stadtmauer 15
2. Der Hügel „Babil" 19
3. Überblick über die Stadt 24
4. Der Euphrat und seine Verschiebungen 27
5. Das „Kasr". — Aufstieg und Prozessionsstraße 33
6. Das Ischtar-Tor 43
7. Der Wandschmuck mit den Stieren und „Drachen" 48
8. Die Prozessionsstraße südlich vom Ischtar-Tor 63
9. Der Ninmach-Tempel 68
10. Die Südburg 79
11. Die Ostfront der Südburg 81
12. Der Osthof der Südburg 83
13. Der Mittelhof der Südburg 99
14. Der Gewölbebau 99
15. Der Haupthof der Südburg 108
16. Der Nabupolassar-Palast 120
17. Die Festungsmauern südlich und nördlich vom Nabupolassar-Palast 129
18. Der westliche Erweiterungsbau 132
19. Der „Perserbau" 134
20. Die Festungs- und Kaimauern im Westen und Norden der Südburg 139
21. Die Grabenmauer Imgur-Enlils 139
22. Die Arachtu-Mauer Nabupolassars und die Mauer Sargons des Assyrers 143
23. Die westlichen Vorwerke 148
24. Die drei großen Festungsmauern nördlich vor der Südburg . 149
25. Die innere Stadtmauer 153
26. Die Hauptburg 158
27. Die Festungsmauern der Hauptburg 171
28. Die Nordburg 175
29. Rückblick auf das „Kasr" 181
30. Der Peribolos von Etemenanki 182
31. Die Euphratbrücke 195
32. Das Brückentor 197
33. Die Nabonid-Mauer 198

34. Die Arachtu-Mauern am Peribolos von Etemenanki 199
35. Esagila, der Tempel des Marduk (A. Der Hauptbau) 201
36. Der östliche Anbau (B) von Esagila 210
37. Die späteren Bauten am Nordrand des „Amrān" 211
38. Die übrigen Teile des Hügels „Amrān Ibn Ali" 216
39. Der Tempel „Z" 218
40. E-chursag-tilla, der Tempel des Ninurta 221
41. Die Grabungen nördlich beim Ninurta-Tempel 227
42. Das „Merkes" 230
43. Die Kleinfunde, größtenteils vom Merkes 237
44. Die Gräber im Merkes 262
45. Die Terrakotten 268
46. Das „große Haus" im Merkes 277
47. Der Tempel der Ischtar von Akkad, E-masch-dari 286
48. Das griechische Theater 290
49. Der nördliche Hügel von „Hómera" 297
50. Der mittlere Hügel von „Hómera" 299
51. Rückblick 300

Anhang

B. Hrouda, Neue archäologische Tätigkeiten in Babylon 303
H. Schmid, Rekonstruktionsversuche und Forschungsstand der
   Zikkurrat von Babylon 303
W. Andrae†, Das Kleinod von Babylon
   Löwenstraße, Ischtar-Tor und Thronsaalfront 343
S. Fitz, Glasur, Emaille, Firnis 353
A. R. George, Tintir = Babylon 355
E. Haerinck, Babylon unter der Herrschaft der Achaemeniden . . 372
B. Hrouda/C. Wilcke, Ausgewählte Literatur über Babylon . . . 384
E. Haerinck, Ausgewählte archäologische Literatur über Babylon
   in der Achaemeniden-Zeit 388
B. Hrouda, Biographie Robert Koldeweys 389

Antike Quellentexte mit Übersetzungen 390
Griechische Längenmaße 412
Verzeichnis der Abkürzungen 413
Anmerkungen 415
Verzeichnis der Abbildungen 430
Nachtrag: Neue Grabungstätigkeiten in Babylon 437
Register 441

Vorwort
zur ersten bis dritten Auflage

In Babylon ist seit dem Beginn unserer Ausgrabungen bis jetzt ungefähr die Hälfte der Arbeit bewältigt, die im ganzen notwendig oder jedenfalls wünschenswert sein wird, obwohl wir Sommer und Winter jeden Tag mit 200 bis 250 Arbeitern daran gearbeitet haben. Das wird verständlich, wenn man die Größe des Objekts bedenkt, und daß zum Beispiel gewöhnliche Festungsmauern, deren Dicke in andern antiken Städten 3 m oder 6 bis 7 m beträgt, hier in Babylon leicht 17 m oder 22 m Dicke erreichen. Während in vielen antiken Ruinen-Orten die Schuttmassen nicht mehr als 2 bis 3 oder 6 m hoch auf den Fundschichten ruhen, sind hier oft 12 m oder 24 m zu bewältigen, und die ungeheuren Ausdehnungen des einst bewohnten Gebietes entsprechen diesem Grundmaßstab der Ruinen vollkommen.

Das allmähliche Fortschreiten der Aufdeckung, so wichtig und anregend es fur den Ausführenden ist, pflegt für den weniger Beteiligten, namentlich beim Rückschauen über mehrere Jahre, von untergeordneter Bedeutung zu sein. Da eine solche Grabung niemals Garantien für ihre weitere Fortführung liefert, so muß sie stets darauf bedacht sein, daß sich immer zuerst diejenigen Punkte erledigen, die nach Maßgabe des bis dahin Erreichten im Mittelpunkt des Interesses stehen. Danach verschieben sich in den verschiedenen Zeiten die Orte der Grabung in einer Weise, die nur in wenigen Fällen auf Willkür, meistens auf eine folgerechte Entwicklung der jedesmaligen inneren Notwendigkeit zurückzuführen ist. Hier wollen wir uns nur mit der äußerlichen Aufeinanderfolge der Hauptgeschehnisse beschäftigen.

Begonnen wurde am 26. März 1899 an der Ostseite des Kasr, nördlich vom Ischtar-Tor. Hier hatte ich bei meinem ersten Aufenthalt in Babylon, am 3. und 4. Juni 1887, und bei meinem zweiten Besuche, am 29. bis 31. Dezember 1897, viele Bruchstücke emaillierter Ziegel-Reliefs gesehen, von denen ich einige mit nach Berlin nahm. Die eigenartige Schönheit und die kunsthistorische Wichtigkeit dieser Stücke, die der damalige Generaldirektor der Königlichen Museen, Exz. R. Schöne, richtig bewertete, trugen mit zu dem Entschlusse bei, die Hauptstadt des babylonischen Weltreiches auszugraben.

Bis Ende 1899 wurde die Prozessionsstraße Marduks freigelegt bis zur Nordostecke der Hauptburg, und ein Querschnitt durch die Nordfront der Hauptburg gezogen.

1900, Januar bis März, ist der Tempel E-mach ausgegraben, das Zentrum des Amrān, wo Esagila festgestellt wurde, April bis November, und das Zentrum der Hauptburg, Juni, Juli. Im Juli ist die Südburg in ihrem südöstlichen Teil begonnen bis zum Thronsaal mit den ornamentalen Emaille-Ziegeln, bis Juli 1901, und die Verfolgung der Prozessionsstraße in der Ebene, bis November 1902.

1901, Februar bis April, wurde ein Querschnitt über den Hügelrücken zwischen Kasr und Sachn gelegt, der Südwestbau am Kasr erforscht, April bis Mai, und die Ausgrabung in Ischin aswad mit dem Ninŭrta-Tempel ausgeführt, Juli bis Dezember.

1902 ist das Ischtar-Tor ausgegraben, Februar bis November, und der Tempel „Z", Januar, Februar, zu gleicher Zeit Borsippa, Februar bis April, und Farah, Juni 1902 bis März 1903.

1903 folgte die Nordostecke der Südburg mit dem Gewölbebau, Dezember 1902 bis Januar 1904.

1904 wurden die Hügel von Hómera erledigt mit dem griechischen Theater, Januar bis April, und die innere Stadtmauer begonnen, April. In der Südburg schritt man gegen Westen vor, und es wurde der östliche Teil des Nabupolassar-Palastes ausgegraben, April 1904 bis Februar 1905.

1905 wurde die innere Stadtmauer vorläufig erledigt, Januar bis März, die Grabung zeitweilig auf Befehl der türkischen Regierung ausgesetzt, 7. April bis 23. Juni, die beiden Lehmmauern nördlich der Südburg in Angriff genommen, Juni, und die Sargon-Mauer mit dem Beginn der Arachtu-Mauer festgelegt.

1906 ist die westliche Grenze der Südburg mit den beiden Nordwest-Bastionen ausgegraben nebst der Grabenmauer Imgur-Enlils, dem „Perserbau" und der Südwestecke der Südburg, bis Juni 1907.

1907 ist vom Perserbau aus ein langer Suchgraben durch das westliche Gelände gezogen, Dezember 1906 bis März 1907, das östliche Ende der beiden Lehmmauern vor dem Ninmach-Tempel ausgegraben, Juni bis Oktober, und ein kleineres Stück der äußeren Stadtmauer bei „Babil", Juni, Juli. Im Oktober wurde die südliche Kaimauer des Kanals südlich vom Kasr weiter verfolgt, und die Ausgrabungen im Merkes begonnen, die in wechselnder Intensität bis heute, Mai 1912, noch weiter geführt werden.

1908 lag die Hauptarbeit im Merkes. Sie führte unter anderem zur Entdeckung der ältesten Schichten, die bisher erreicht wurden und der Zeit der ersten babylonischen Könige angehören. Im Februar wurde in langsamer Nebenarbeit die Freilegung der „Sachn", am Turm von Babylon, begonnen, die bis Januar 1911 dauerte. Auch wurde im Juli ein Schnitt durch das westlich von der Sachn liegende Gelände geführt, was zur Entdeckung der Arachtu-Mauer und der Nabonid-Mauer an dieser Stelle führte.

1909 lag abermals die Hauptarbeit im Merkes, wo besonders die Schicht der Wohnungen aus Nebukadnezars Zeit in größerer Fläche zusammenhängend freigelegt wurde.

1910 im Januar ging die Hauptarbeit auf die Nordostecke des Kasr über, wo die beiden nördlichen Beendigungen der die Prozessionsstraße begleitenden Mauern aufgedeckt wurden, was jetzt, Mai 1912, nahezu vollendet ist. Auch wurden die hier nach Osten vorgreifenden Mauerschenkel aufgedeckt. Angefangen wurde in Nebenarbeit die Verfolgung der Arachtu-Mauer vom Kasr bis Amrān mit den dieser vorliegenden Ufermauern Nebukadnezars und Nabonids, April 1910 bis Januar 1911, wobei die steinerne Brücke über den Euphrat gefunden wurde, August bis November. Weitergeführt wurde die Forschung im Merkes mit Aufdeckung weiterer Privatbauten und des Tempels der Ischtar von Agade, November 1910 bis Oktober 1911. Ebenfalls in Nebenarbeit wurden die Umrisse des Tempels Esagila festgelegt, Dezember 1910 bis Juli 1911.

1911 ist die Hauptarbeit an der Nordostecke des Kasr weitergeführt, wobei die große Quadermauer mit den Inschriften Nebukadnezars herauskam, April. Die Nebenarbeiten des Vorjahres wurden, wie bereits angegeben, fortgesetzt. Namentlich ist das Straßennetz auf dem Merkes nach Süden hin beträchtlich weiter verfolgt.

1912 ist neben der Weiterführung der Grabung an der Nordostecke des Kasr und auf dem Merkes, die Ausgrabung des Gebäudes mit den mächtigen Umfassungsmauern im Westen der Südburg begonnen, das durch den Suchgraben von 1907 angeschnitten war.

Die Grabungen werden ausgeführt von der Generalverwaltung der Königlichen Museen, jetziger Generaldirektor Exz. W. Bode, in Übereinstimmung mit der Deutschen Orient-Gesellschaft, Vorsitzender Exz. von Hollmann, die unter dem Protektorat Seiner Majestät des Kaisers steht.

Viele von den Inschrift-Übersetzungen verdanke ich dem freundlichen Entgegenkommen des Herrn Geheimrat Delitzsch; und für die Mühe der Drucklegung bin ich Herrn Professor Güterbock zu besonderem Danke verpflichtet.

Meine wissenschaftlichen Mitarbeiter waren: W. Andrae: 26. März 1899 bis 1. Februar 1903, B. Meißner: 26. März 1899 bis 13. April 1900, F. Weißbach: 22. Februar 1901 bis 22. Februar 1903, A. Nöldeke: 8. Mai 1902 bis 11. Januar 1908, F. Baumgarten: 8. Mai 1902 bis 26. März 1903; F. Langenegger: 29. März 1903 bis 23. September 1905, J. Jordan: 29. März bis 3. August 1903, G. Buddensieg: 24. März 1904 bis jetzt, O. Reuther: 16. Oktober 1905 bis jetzt, F. Wetzel: 15. Dezember 1907 bis jetzt, J. Großmann: 24. Dezember 1907 bis 10. Januar 1908, K. Müller: 13. Mai 1909 bis 29. Februar 1912.

Unter den früheren Forschern, die sich mit den Ruinen von Babylon beschäftigt haben, treten hervor: 1811: Rich (Narrative of a journey to the site of Babylon in 1811. London 1839), 1850: Layard (Niniveh und Babylon v. Austin Henry Layard. Übersetzt v. Zenker. Leipzig), 1852—54: Oppert (Expédition scientifique en Mésopotamie. Paris 1863), 1878/79: Hormuzd Rassam (Asshur and the land of Nimrod by H. Rassam. New York 1897).

Es bedeutet keine Herabsetzung der Bemühungen unserer Vorgänger, wenn man feststellt, daß ihre Resultate durch unsere langjährigen Ausgrabungen, soweit es die Erkenntnis der Stadtruine anbelangt, fast in allen Stücken überholt sind, sodaß es sich schwerlich lohnen würde, den häufigen Irrtümern überall ausdrücklich entgegenzutreten.

Auch meine Ansichten über die Bedeutung verschiedentlicher Baulichkeiten, namentlich in bezug auf die schriftlichen Quellen, haben sich im Laufe der Grabung geändert. Das liegt im Wesen einer stetig fortschreitenden, nie mit abschließendem Material arbeitenden Forschung.

Neben den fortlaufenden Ausgrabungsberichten in den „Mitteilungen der Deutschen Orient-Gesellschaft" sind bisher in den „Wissenschaftlichen Veröffentlichungen der Deutschen Orient-Gesellschaft" publiziert: Band I, Koldewey, Die Hettitische Inschrift, 1900. Band II, Koldewey, Die Pflastersteine von Aiburschabu, 1901. Band IV, Weißbach, Babylonische Miscellen, 1903. Band XV, Koldewey, Die Tempel von Babylon, 1911. Alles im Verlage der J. C. Hinrichs'schen Buchhandlung, Leipzig.

Die für uns wichtigen babylonischen Inschriften findet man außer in den eben genannten Werken zum größten Teil in der Keilinschriftlichen Bibliothek von E. Schrader, Band III, 2. Hälfte, Berlin 1890; und in den Neubabylonischen Königsinschriften von St. Langdon, Leipzig 1912. Letztere sind mir erst nach Abschluß der vorliegenden Arbeit bekannt geworden, sodaß ich sie dabei nicht habe benutzen können.

Zur Bequemlichkeit der Leser geben wir im Anhang die Hauptstellen der klassischen Autoren wieder, soweit sie sich auf Babylon beziehen.

Babylon, den 16. Mai 1912

Robert Koldewey

Vorwort zur vierten Auflage

In der vorliegenden Neuauflage werden nunmehr auch die Hauptergebnisse der letzten Jahre der Expedition gegeben, die am 7. März 1917 geschlossen wurde. Die Grabungen bezogen sich in der Hauptsache auf den babylonischen Turm „Etemenanki" auf den westlichen Teil der Südburg des Kasr, auf die Hauptburg des Kasr und auf den Palast des Hügels Babil. Damit sind die wichtigsten Punkte der großen, berühmten Stadt so gut wie erledigt.

Von Expeditionsmitgliedern blieben die Herren Reuther bis 10. Oktober 1912, Wetzel bis 2. März 1914, Neynaber 7. November 1912 bis 9. September 1913, Wachtsmuth 17. November 1912 bis 13. Januar 1915, Bünte 20. September 1913 bis 4. August 1914, Maresch 30. Juli bis 4. August 1914, Vollrath 14. April bis 8. Juli 1914, Lührs 2. Mai bis 4. August 1914, Krischen 16. März bis 18. Mai 1914, Buddensieg blieb mit mir bis zum Schluß der Expedition am 7. März 1917.

In den „Wissenschaftlichen Veröffentlichungen der Deutschen Orient-Gesellschaft" ist erschienen: Band 32, Koldewey, Das Ischtar-Tor in Babylon, 1918.

Das Register hat Herr stud. Joachim Schiele hergestellt.

Berlin, den 12. August 1924

Robert Koldewey

In diese neue Auflage sind die letzten, von Robert Koldewey noch selbst geschriebenen Worte hineingearbeitet. Es war seine letzte Freude in der standhaft getragenen Qual seines langsamen Verlöschens, das am 4. Februar dieses Jahres endete. Leider haben widrige Umstände verhindert, daß er das Erscheinen des Buches in neuer Form noch erleben sollte. Nehmen wir es dankbar hin als Denkmal seines reichen Lebens. Der großen Veröffentlichung der Königsburgen zu Babylon, die er bestens vorbereitet hinterlassen hat, wird durch dieses Buch nicht vorgegriffen. Unsere Pflicht, sie würdig herauszugeben, soll treulich erfüllt werden.

Vorwort zur fünften Auflage

Wir haben uns bemüht, so weit wie möglich den Text von R. Koldewey unverändert zu belassen. Nur dort, wo überholte Anschauungen zu Mißverständnissen geführt hätten, wie beispielsweise bei Namenumschriften oder Datierungen, wurden diese verbessert. Im übrigen sind erläuternde Bemerkungen oder Hinweise in den zum Text gehörenden Anmerkungen aufgeführt.

Im Anhang findet der Leser u. a. auf den Seiten 303—384 Beiträge zu den jüngeren und jüngsten Ausgrabungen in Babylon, zu den Rekonstruktionsversuchen und zum jetzigen Forschungsstand der Zikkurrat von Babylon (H. Schmid), ein nachgelassenes Werk von W. Andrae über Löwenstraße, Ischtar-Tor und Thronsaalfront, das wir in gekürzter Form hier erstmals veröffentlichen, ferner Untersuchungen zu Glasur, Emaille und Firnis (S. Fitz), die Stadtbeschreibung Tintir = Babylon (A. R. George) und eine Studie von E. Haerinck über Babylon unter achaemenidischer Herrschaft. C. Wilcke stellte das Verzeichnis über die Keilschriftliteratur zusammen und modernisierte, soweit nötig, die im Text von R. Koldewey zitierten Übersetzungen der keilschriftlichen Quellen. Schließlich sind die griechischen und lateinischen Quellen über Babylon, seine Kultur und Geschichte mit deutschen Übersetzungen aufgeführt. In den Anmerkungen gibt L. Trümpelmann einige Erläuterungen zu den Terrakotten aus der Spätzeit.

Leider hat sich das Erscheinen dieser fünften Auflage unerwartet lange verzögert, was nicht die Schuld des Herausgebers war. Dadurch sind einige Beiträge im Anhang nicht mehr ganz aktuell. Der Herausgeber bittet hierfür um Verständnis.

Als Vorlagen für die Abbildungen dienten in den meisten Fällen Fotos aus dem Vorderasiatischen Museum der Staatlichen Museen zu Berlin. Dieser Institution, ihren Mitarbeitern und allen Kollegen, die mit ihren Beiträgen den Wert des Buches verbessert haben, gilt der besondere Dank des Herausgebers.

München, im Frühjahr 1984/89

Barthel Hrouda

1.

Die äußere Stadtmauer

Wer sich zur Zeit Nebukadnezars der Hauptstadt von Babylonien von Norden her näherte, befand sich ungefähr da, wo heute der „Nil"-Kanal fließt, vor der kolossalen Festungsmauer, die das gewaltige Babylon umschloß (Abb. 1). Ein Teil davon ist in der Gestalt niedriger, 4 bis 5 km langer Erddämme noch heutzutage erhalten und sichtbar. Nur ein kleiner Teil davon ist bisher von uns ausgegraben, sodaß sich nur einige von den bezeichnendsten Eigentümlichkeiten dieser durch die griechischen Autoren so berühmt gewordenen Festungsanlage im einzelnen beschreiben lassen.

Es war eine 7 m dicke Lehmziegelmauer, davor in einem Abstand von ca. 12 m eine 7,80 m dicke Mauer aus gebrannten Ziegeln, begleitet von der 3,30 m starken Grabenmauer, ebenfalls aus gebrannten Steinen (Abb. 2). Davor lag dann wahrscheinlich der Graben, den wir aber bisher nicht näher untersucht haben, so daß namentlich dessen mutmaßliche Kontreeskarpe[1] noch nicht gefunden ist.

Auf der Lehmmauer saßen, gleichsam rittlings, beiderseits vortretende Türme, die 8,37 m (ca. 24 Ziegel) breit, von Mitte zu Mitte 52,50 m entfernt lagen; es stand also ungefähr alle 100 Ellen ein Turm, denn die babylonische Elle beträgt rund $1/2$ m. Wie die Türme der äußeren Mauer beschaffen waren, läßt sich infolge der Geringfügigkeit der Ausgrabung noch nicht sagen. Der Zwischenraum zwischen beiden Mauern war mit Erdreich ausgefüllt, mindestens bis zu der Höhe, bis zu welcher heute die Ruine erhalten ist, wie man annehmen kann, bis zur Krone der äußeren Mauer. Es ergibt sich dadurch ein Umgang auf der Mauerhöhe, der für ein Viergespann, und selbst für zwei sich begegnende, Raum genug bietet[2]. Und auf dieser Mauerkrone standen sich die oberen Geschosse der Türme einander gegenüber wie Häuschen.

Dieser breite, durch die Erwähnung bei den klassischen Autoren weltberühmt gewordene Umgang auf der Mauerkrone war für die Verteidigung der Riesenstadt in der Tat von außerordentlich hohem Werte. Er ermöglichte jederzeit die rasche Verschiebung der verteidigenden Streitkräfte an diejenige Stelle der Mauer, die vom Angriff besonders bedroht war; denn die Linie war sehr lang. Die noch jetzt meßbare Nordost-Front beträgt 4400 m. Von der Südostseite erkennt man ohne Grabung den Ruinenwall von 2 km Länge. Beide Schenkel erreichten im Altertum, gewiß in gleicher Ausdehnung, den von Norden nach Süden fließenden Euphrat. Aber diese beiden Mauerschenkel, die zusammen mit dem Euphrat die heute vorhandenen Ruinen von Babylon umschließen, erhielten nach den Berichten Herodots und anderer auf dem rechtsseitigen Euphratufer eine Ergänzung durch zwei weitere Mauerschenkel, sodaß das Stadtbild ein vom Euphrat durchströmtes Quadrat bildete. Von diesen westlichen Mauern ist allerdings nichts mehr zu erkennen. Ob die wallartigen Mauerzüge im Süden bei dem Dorfe Sindschar etwa dazu gehören, haben wir noch nicht untersucht. Außerhalb dieser Befestigung hat es, soweit die Untersuchung bis heute vorgedrungen ist, nie eine weitere Mauer um Babylon gegeben. Der Umfang betrug rund 18 km. Herodot gibt statt dessen rund 86, Ktesias rund 65 km an. Es muß da irgendein Irrtum unterliegen. Die 65 km des Ktesias kommen dem Vierfachen des richtigen Betrages so nahe, daß man glauben könnte, er habe die Zahl, die den ganzen Umfang der Stadt bedeutete, irrtümlich für die Seitenlänge des Festungsquadrats genommen. Wir werden auf das Verhältnis der antiken Autoren zu den Ruinen selbst später ausführlicher zurückkommen. Im allgemeinen stimmen gewöhnlich die angegebenen Maße mit den in Wirklichkeit vorhandenen nicht überein. Dagegen treffen die Allgemeinbeschreibungen durchgängig gut zu. Herodot beschreibt die Mauer von Babylon als eine Backsteinmauer, ein Werk aus gebrannten Ziegeln. Dem Beschauer von draußen präsentierte sie sich zweifellos als eine solche; denn von der inneren Lehmziegelmauer sah man von außen kaum die obersten Teile. Die Grabeneskarpe[1] enthält die in Babylon so außerordentlich häufigen Ziegel, welche 33 cm im Quadrat messen, und den üblichen Stempel Nebukadnezars tragen. Die Ziegel der Backsteinmauer sind etwas kleiner (32 cm) und ohne Stempel. Diese kleineren, ungestempelten Ziegel sind zwar häufig älter als Nebukadnezar, können aber sehr wohl auch aus den ersten Regierungsjahren des Königs stammen, wie wir weiter unten sehen werden. Aus welcher Zeit die Lehmmauer stammt, wissen wir nicht. Sie ist gewiß älter. Zu ihr gehörte wahrscheinlich eine Eskarpe, von der sich kleine Reste innerhalb an der Hauptbacksteinmauer erhalten haben. Sie scheint durch die letztere außen abgeschnitten worden zu sein.

Nur von der Lehmmauer kennen wir bisher einige, etwa 15, Türme. Es sind sogenannte Kavaliertürme: sie springen nach innen und nach außen vor und reiten also gleichsam auf der Mauer. Sie waren folglich sicher höher als die Mauer. Im übrigen können wir über die absolute Höhe all dieser Werke aus den Ruinen keine Schlüsse ziehen, da nur die untersten Partien erhalten sind. Die Türme sind 8,36 m breit und liegen 44 m auseinander. Es würden also auf die ganze Front ungefähr 90, und auf den Stadtumfang, falls dieser ein Quadrat bildet, 360 Türme kommen. Wieviel die äußere Mauer hatte, wissen wir nicht. Ktesias gibt die Zahl 250 an. Ein Tor ist bisher nicht gefunden, was bei der Kürze der ausgegrabenen Strecke kaum auffällt.

In parthischer Zeit bestand diese Festungslinie wohl nicht mehr in

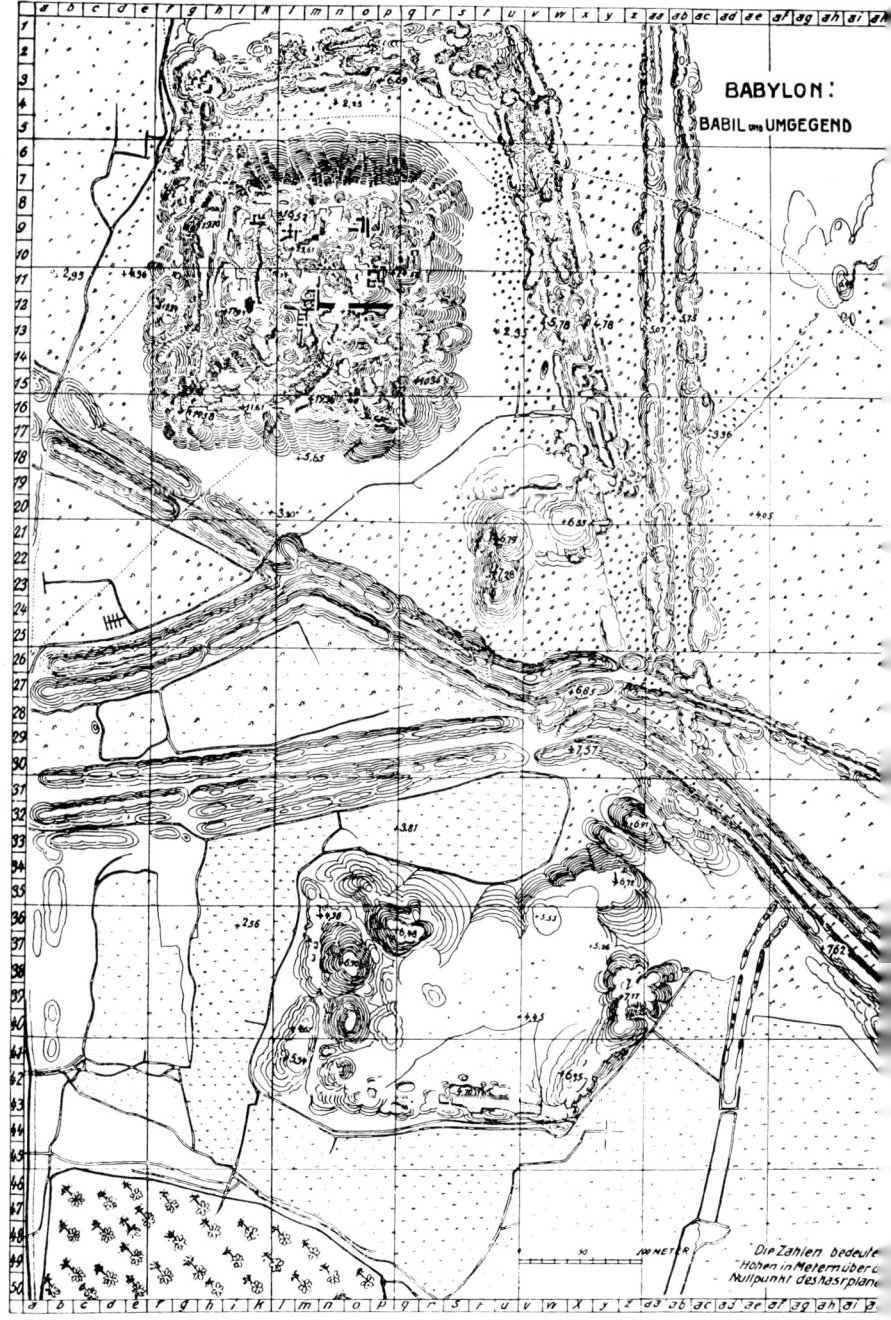

3. Plan vom Hügel „Babil".

mit mächtigen Fluten wie mit dem Wogenschwall der Meere das Land. Ihr Übergang war wie der Übergang des wogenden Meeres, des Salzwassers. Damit ein Durchbruch von ihnen nicht verursacht werden könne, schüttete ich eine Erdaufschüttung an ihnen auf und umgab sie mit Quaimauern von Ziegelsteinen. Das Bollwerk befestigte ich kunstvoll und machte die Stadt Babylon zur Festung." (Übers. H. Winckler, KB III 2, 23/C. Wilcke). Man kann nicht erwarten, über sämtliche in dieser Inschrift besprochenen Einzelheiten schon jetzt volle Klarheit zu erlangen. Das würde erst von einer umfassenden Ausgrabung verlangt werden können, die entschieden und dringend erforderlich ist.

2.

Der Hügel „Babil"

Geht man von dem ausgegrabenen Stück der Stadtmauer aus auf deren Ruinendamme weiter nach Nordwesten, so gelangt man da, wo die Mauer einen kleinen Knick machte, an eine Stelle, an welcher sie von späteren, jetzt trocken liegenden Kanälen in roher Weise durchbrochen wird (Abb. 3). Es sind die Vorläufer des jetzigen „Nil" Kanals. Nil bezeichnet im Arabischen die blaue Farbe, die gewöhnlich aus Indigo hergestellt wird, und hat verschiedenen Wasserläufen auf arabischem Boden den Namen gegeben; das Wort knüpft wohl an den Namen des ägyptischen Nil an. Der heute in Betrieb befindliche „Nil" führt ein paar hundert Meter nordöstlich an der Stadtmauer vorbei, ungefähr parallel mit ihr. Die zum Teil gewaltigen Begleitdämme dieser Kanäle durchschneiden mit ihren unübersehbaren Zügen die sonst so glatte Ebene in empfindlichster Weise. Der Kontrast mit der Ebene bewirkt oft und namentlich am Horizonte, wo ihnen die Luftspiegelung zu Hilfe kommt, daß sie aussehen wie beträchtliche Gebirgszüge. Sie stehen auch in einem auf den ersten Blick weitaus übertrieben scheinenden Verhältnis zu der Wassermenge, die in den Kanälen so langsam fließt. Das ist indessen nur bei den schon längere Zeit in Betrieb befindlichen Kanälen der Fall. Ursprünglich, wenn der Kanal eben erst angelegt ist, enthält in der normalen Strecke jeder der beiden Begleitdämme nicht mehr als die Hälfte des ausgeschachteten Erdreichs, denn diese Bewässerungswerke werden durchgängig, solange es das Gelände irgendwie erlaubt, derart geführt, daß der Wasserspiegel eben etwas höher zu liegen kommt als die anliegende Ebene. Nur auf diese Weise wird es möglich, mit dem verhältnismäßig geringsten Aufwand und ohne besondere Hebevorrichtungen den Feldern das befruchtende Naß in gleichmäßig gelindem Gefälle zuzuführen. Aber das Wasser des Euphrat merklich machen. So ist denn auch von dem langen Zuge der Backsteinmauer, mit Ausnahme des Stücks bei Babil, ohne Ausgrabung nichts zu sehen, während die Lehmmauer, die nur dem Verfall der Zeiten ausgesetzt war, einen deutlich hervortretenden Schuttwall hinterlassen hat. Die Stadtmauer von Seleukeia am Tigris, ebenfalls eine Lehmmauer, überragt sogar ihren eigenen Schuttwall noch um ein beträchtliches. Man kann also nicht sagen, daß eine Backsteinmauer von der nach Herodot 480 Stadien messenden riesigen Ausdehnung auch notwendigerweise erkennbare Spuren hinterlassen haben müßte, und es ist nicht dieses Moment, was uns zwingt, die Existenz einer Ringmauer von solcher Ausdehnung, die seit Opperts Ausgrabungen in Babylon verbürgt erschien, zu bezweifeln. Auch das Riesenhafte an sich, das man wohl für phantastisch erklärt hat, spricht nicht ein für allemal dagegen. Die Chinesische Mauer von 11 m Höhe und 7,50 m Breite übertrifft mit ihrer Länge von 2450 km die Herodoteische um das 29fache. Es sind andere Erwägungen maßgebend, wir werden sie weiter unten darzulegen versuchen. Jedenfalls war die Stadt schon in dem Umfange, wie wir sie jetzt festgelegt haben, die größte des antiken Orients, auch Nineveh nicht ausgenommen. Letzteres kommt Babylon allerdings nahe. Aber die Zeit, in welcher sich der Ruhm von Babylons Größe über die Welt verbreitete, war diejenige Herodots, und damals hatte Nineveh bereits aufgehört zu existieren.

Ein Vergleich mit modernen Städten läßt sich so ohne weiteres kaum ziehen. Man muß immer bedenken, daß es sich in der Antike stets um die Stadt als Festung handelt, um den Mauerring, der den Wohnplatz wie ein schützender Gürtel einheitlich umspannte. Unsere modernen Großstädte sind ganz anderer Natur, sie sind bewohntes Land, offen nach allen Richtungen. Ein vernünftiger Vergleich kann daher nur ummauerte Städte mit Babylon zusammenstellen, und gerade an Ausdehnung des ummauerten Wohngebietes steht Babylon für alte und für neue Zeit immer noch an erster Stelle.

Nebukadnezar spricht in seinen Inschriften oft von diesem großen Werke. Die Hauptstelle bietet die „große Steinplatten-Inschrift" Kol. 6 Z. 22—55: „Damit Schlachtensturm (wörtl.: Rohr der Schlacht, d. h. Pfeil(e)) an Imgur-Enlil, die Mauer Babylons, nicht herankomme: was kein früherer König getan hatte, 4000 Ellen Landes an den Seiten von Babylon, so daß man von ferne nicht herankommen kann, ließ ich eine gewaltige Mauer auf dem östlichen Ufer Babylon umgeben. Ihren Graben grub ich und seine Böschung baute ich aus mit Erdpech und Ziegelsteinen. Eine gewaltige Mauer erbaute ich an seinem Ufer berghoch; ihre weiten Tore fügte ich ein und Türflügel aus Zedernholz mit einem Überzug aus Bronze[3] errichtete ich in ihnen. Damit ein unerbittlicher Feind die Seiten von Babylon nicht bedränge, umgab ich fortifikatorischer Brauchbarkeit. In die Stadtseite der Lehmmauer sind parthische Sarkophage hineingebettet in Höhlen, die in das Mauermassiv eingeschnitten waren.

Während die Backsteinmauern bis unter das heutige Grundwasser hinunter fundamentiert waren, steht die Lehmmauer auf einem künstlich aufgeschichteten Damm, wie denn Lehmmauern überhaupt keine wesentlich tief greifenden Fundamente erhalten. Als Mörtel dient der Lehmmauer ebenfalls Lehm, den Backsteinmauern Asphalt. Im übrigen erkennen wir die Konstruktion dieser Mauern an anderen Stellen der Stadt, wo sie besser erhalten sind, in klarerer und der Besprechung günstigerer Form.

An dem nördlichen Ende unserer Strecke, das den Ruinenhügel „Babil" hakenförmig umschließt, war auch die Lehmmauer durch eine Backsteinmauer ersetzt. Das scheint wenigstens aus den zwei tiefen Raubgräben, die sich hier befinden, auch ohne Grabung gefolgert werden zu müssen. Die Entnahme des geschätzten Ziegelmaterials hat, wenn sie in moderner Zeit erfolgte, dem sonst glatten Boden tiefe Spuren eingegraben, die sich bei in antiker Zeit vorgenommenem Abbau nicht be-

2. *Stück der äußeren Stadtmauer, Grundriß.*

führt namentlich zur Zeit des Hochwassers, wenn die Berieselung stattfindet, eine Menge von in ihm suspendierten Bestandteilen mit, die gerade für die Landwirtschaft besonders geschätzt werden; denn wenn das Wasser, wie es in den Landseen der Fall ist, lange ruhig steht, so wird es allerdings glasklar, aber für die Berieselung ist es nicht mehr zu verwenden, es ist dann „tot", wie der Araber sagt. Da das Wasser in den Kanälen nur langsam fließt, so setzen sich diese Stoffe und namentlich die mitgeführten Sand- und Schlammassen in großen Mengen auf dem Kanalbett ab. Die Folge davon ist die Notwendigkeit einer alljährlich vorzunehmenden Reinigung der Kanäle und ein stetiges Höherwerden der Begleitdämme, auf welche die ausgehobene Erde immer und immer wieder geworfen wird (Abb. 4). Es kommt demnach zweifellos im

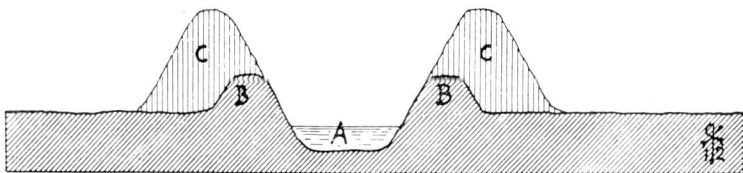

4. *Kanalquerschnitt bei Neubau (B) und nach langer Benutzung (C).*

Leben eines jeden Kanals einmal die Zeit, wo das Reinigen des alten Kanals teurer wird als die Anlage eines neuen. In diesem Moment birgt jeder Kanal mit Zuverlässigkeit den Keim seines Absterbens in sich. Das Versanden des Kanalbettes geht naturgemäß in den an den Flußlauf stoßenden Anfangsstrecken mit besonderer Mächtigkeit vor sich, und daher kommt es, daß man gerade in der Nähe des Flußlaufes diesen Kanalverschiebungen so häufig begegnet. Auf dem Wege von Baghdad nach Hilleh, in der Nähe des Euphrat, kreuzt man tatsächlich oft außerordentlich zahlreiche Gruppen verfallener Kanäle, die großenteils nichts anderes sind als die durch einen Neubau ersetzten älteren Anlagen eines und desselben Bewässerungsbezirkes, der manchmal noch heute in Betrieb ist.

Diese Auseinandersetzungen waren nicht zu vermeiden, wenn der verwirrende Eindruck, den diese Kanalruinen in der Wirklichkeit und auf dem Plan im ersten Augenblick machen, einigermaßen behoben werden sollte. Gerade wenn man sich dem Hügel „Babil", an welchem allein der antike Name bis auf den heutigen Tag haften geblieben ist, von Norden oder Osten her nähert, empfindet man das Störende dieser brutalen Gelände-Verunstaltungen. Man sieht den Hügel kaum, bevor man auf dem nächstliegenden Damm unmittelbar davorsteht. Dann ist allerdings der Eindruck um so bedeutender (Abb. 5).

5. *Ansicht vom Hügel "Babil".*

Bis auf 22 m tritt die Masse mit steiler Böschung aus der Ebene heraus. Ihre Grundfläche bildet ein Quadrat von ungefähr 250 m. Oben auf diesem, von tiefen Schächten und Tunneln durchklüfteten Gebirge aus zerbrochenen Backsteinen und lehmiger Erde fallen zunächst, im Norden und im Südwesten, hochstehende Reste von Mauerwerk auf, deren Lehmziegelschichten von Lagen aus gut erhaltenem Schilfrohr zusammengehalten werden. Sie entstammen einer späteren Zeit, und mögen einem Fort angehört haben, das in sasanidischer oder arabischer Periode auf dem damals bereits zur Ruine gewordenen babylonischen Bau errichtet wurde.

Die zum Teil erstaunlich tiefen Schächte und Stollen verdanken ihre Entstehung der namentlich in den letzten Jahrzehnten in großem Maßstabe betriebenen Ziegelentnahme. Die Gebäude des alten Babylon mit ihren guten gebrannten Backsteinen dienten schon im Altertum, vielleicht bereits in römischer, sicher aber in parthischer Zeit als allgemein benutzter Steinbruch. Die späteren Jahrhunderte scheinen den Ruinen weniger geschadet zu haben; bis in moderner Zeit die Ziegelräuberei wieder bedeutende Ausdehnung gewann. Vor etwa 20 Jahren, da der Euphrat seine segensreichen Fluten etwas weiter oberhalb von Babylon, bei Musseijib, in einen Seitenarm, den Hindījeh, zu ergießen begann, wünschte man, den Lauf durch Erbauung eines Dammes wieder in sein altes Bett hinüberzulenken. An diesem Damme, der bei uns unliebsam berühmt gewordenen „Sedde", baut man seitdem ununterbrochen jedes Jahr, solange es der Wasserstand erlaubt, und zwar mit den Ziegeln von Babylon. Erst in neuester Zeit ist unter dem kraftvollen Eingreifen des Generaldirektors der Ottomanischen Museen, Halil Bey, und des türkischen Kommissars bei den Ausgrabungen, Bedri

Bey, diesem Unwesen gesteuert worden, sodaß jetzt begründete Hoffnung besteht, daß die Ruinen der berühmtesten Stadt des Orients, man kann fast sagen: der Welt, ungeschädigt auf die Nachwelt kommen werden. Ich hatte mich schon bei Beginn der Grabungen bemüht, etwas dagegen zu erwirken; aber nur für das „Kasr" gelang das, in „Babil" wurde weiter geräubert. Selbst auf dem Kasr mußte ich die Arbeiter aus ihren Höhlen herausziehen. Die Leute stellten wir dann in unserer Ausgrabung an; dem Araber ist es schließlich egal, auf welche Weise er sein bißchen Geld verdient. Die Hauptgegner waren die Übernehmer, durch deren Vermittlung die Steine an den Sedde-Bau verkauft wurden. Letztere haben sogar noch in allerjüngster Zeit einen Angriff auf den Turm von Borsippa gemacht, wurden aber durch die türkische Verwaltung an ihrem kulturverbrecherischen Vorhaben noch rechtzeitig gehindert.

Die Ziegelräuber pflegten die Mauern in der Weise Schicht für Schicht abzutragen, daß sie beim allmählichen Tiefergehen das seitlich anstehende Erdreich sorgfältig unberührt ließen; denn die Grube würde ja durch den Einsturz unzugänglich werden. Das setzt uns in den Stand, auch ehe wir noch hier mit unserer Ausgrabung eingesetzt haben, einige lehrreiche Einblicke in das Innere zu tun.

Es war ein aus vielen großen und kleinen Zimmern und Höfen bestehendes Gebäude, ein Palast auf einem etwa 18 m hohen Unterbau. Letzterer ist dadurch hergestellt, daß die Gebäudemauern bis auf den alleruntersten Grund in gleichbleibender Stärke hinabgeführt, die Zwischenräume aber bis zur Höhe des Palastfußbodens mit Erde und Packung aus Ziegelbruchstücken ausgefüllt wurden. Der Fußboden bestand, wie an einem Teile des Kasr, aus Sandsteinplatten, auf deren Seitenflächen die Inschrift steht: „Palast Nebukadnezars, Königs von Babylon, Sohnes Nabupolassars, Königs von Babylon." Außerdem finden sich viele Stücke eines Kalkmörtelstrichs, der aus einer dickeren, gröberen Unterschicht und einem feinen, in der Masse schön rot oder gelb gefärbten, $1/2$ cm starken Überzug bestand. Dieser Estrich gleicht den griechischen aus bester Zeit, so daß man ihn Ausbesserungsarbeiten der persischen Könige oder Alexanders des Großen und seiner Nachfolger zuschreiben darf. Die sämtlich mit Nebukadnezar-Stempeln, wie wir sie am Kasr näher kennen lernen werden, versehenen Ziegel liegen entweder in Asphalt oder in grauem Kalkmörtel, der ebenfalls am Kasr vorkommt.

Nach alledem kann man nicht zweifeln, daß „Babil" ein Palast Nebukadnezars ist. Auf ihn bezieht sich höchstwahrscheinlich die Parallel-Inschrift zur großen Steinplatten-Inschrift KB III 2, 31 III 11—29 (VAB 4, 118): „An der Ziegelsteinmauer, gegen Norden, trieb mich das Herz, einen Palast zum Schutze Babylons zu bauen. Einen Palast wie den

Palast Babylons aus Erdpech und Ziegelsteinen ließ ich darin erbauen. 60 Ellen (breit) legte ich einen starken Wellenbrecher (/Damm) am Euphrat an und schuf trockenes Land und gründete sein Fundament auf die ‚Brust der Unterwelt', unmittelbar über dem (Grund)wasser fest in Asphalt und Backsteinen. Ich erhöhte seine Spitze und verband ihn mit dem Palaste, mit Erdpech und Ziegelsteinen machte ich ihn wie Waldgebirge hoch. Gewaltige Zedernstämme legte ich zur Bedachung darüber. Türflügel aus Zedernholz mit einem Überzug aus Bronze, Schwellen und Angeln, aus Kupfer gefertigt, errichtete ich in seinen Toren. Jenes Gebäude nannte ich ‚Nebukadnezar möge leben, es möge alt werden der Ausstatter von Esagila' mit Namen." (Übers. H. Winckler/C. Wilcke). Die Ausgrabung 1915 ergab den Grundriß von Abb. 5a.[4] Der Eingang liegt im Osten und führt durch Vorräume in den ersten Hof und von da wieder durch Vorräume in den zweiten. Beidemal im Süden liegt der große Saal, der erste einfacher, der zweite reicher gebildet durch Einbeziehung von zwei Seitenräumen, die sich in weit gespannten Gurtbögen zum Mittelraum öffnen. Die zweite Frontöffnung macht den Raum zur Halle. Dahinter liegt der geschlossene Saal und daran ein kleineres innerstes Zimmer. Weit geöffnete Türen verbinden diese drei Räumlichkeiten miteinander. An der Rückwand des Zimmers und ebenso bei dem Saal am östlichen Hof liegt eine Anzahl von senkrechten Kanälen. Sie endigten wohl auf dem Dache in einem Windfang und führten von dort frische Luft nach unten, so wie auch heute die „Bad-Gir" genannten Anlagen in den Häusern von Baghdad. Im übrigen gleicht der Palast dem westlichen der Südburg, kennzeichnet sich aber eben durch die Luftschächte als der Sommerpalast.

3.

Überblick über die Stadt

Von der Höhe von Babil aus hat man namentlich gegen Abend, wenn lange, violette Schatten das im ganzen flache, goldgelbe Ruinenrelief schön plastisch hervortreten lassen, einen vorzüglichen Überblick über die gesamte Stadt (Abb. 6). Keine menschliche Wohnung ist sichtbar. Die Dörfer am linken Euphratufer: Kweiresch, wo unser Expeditionshaus liegt, und weiter südlich Dschumdschuma, verbergen sich derart in den grünen Dattelpalmen, daß man kaum ein Mäuerchen davon durchschimmern sieht. Ähnlich auf dem anderen Ufer: Sindschar und Ananeh. Letzteres mit der Farm Karabet's tritt etwas deutlicher hervor. Nur den Euphrat begleiten Palmen in größerer Menge. Über ihre

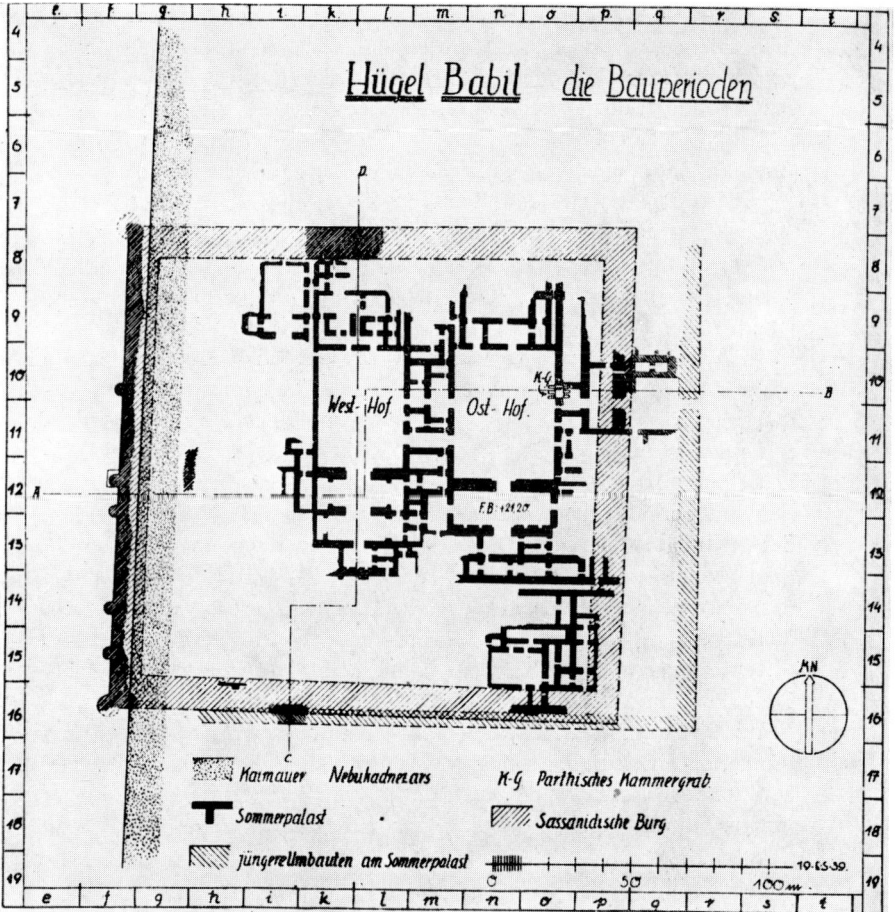

5a. Der Palast „Babil". Die Bauperioden.

ornamentalen Kronen schimmert von Süden her ein Minaret von Hilleh und in blauer Ferne ein ziemlich spitzer Berg mit einem Mauerpfeiler darauf, das ist die Ruine von E-ur-imin-an-ki, dem Turm von Borsippa. Sehen kann man gerade noch im Osten die Kuppe von Oheimir, der Ruine des alten babylonischen Ortes Kisch, gegen Norden die Palmen von Chan Mhauil, und, wenn das Wetter danach ist, den Tell Ibrahim, das alte Kutha. Sonst ist alles scheinbar und weitaus zum größten Teil auch in Wirklichkeit graugelbe Wüste. Die beackerten Flächen sind verschwindend klein, und man bemerkt sie nur in der kurzen Zeit, wo sie grün sind, das sind nur wenige Wochen im Jahr.

Wer von Griechenland kommt, der wundert sich immer, wenn ihm diese Hügel als Ruinen vorgestellt werden. Keine Quader! Keine Säule! Selbst in den Ausgrabungen fast nur Ziegelmauerwerk! Vor den Ausgrabungen überragten nur ein paar Ziegelpfeiler auf dem Kasr das damalige Gelände. Hier in Babylonien sind stets Hügel die heutigen Repräsentanten einstiger Herrlichkeit, und keine Säule zeugt von verschwundener Pracht!

Das Zentrum der Stadt bildet der große Hügel „Kasr", zu deutsch „das Schloß"; es ist das große Schloß Nebukadnezars, das er in Erweiterung von seines Vaters, Nabupolassars, Palaste neu erbaute. In dem jetzigen Namen „Kasr" hat sich also der Ausdruck seiner Wesenheit bis auf den heutigen Tag erhalten. Im griechischen Altertum nannte man es die „Akropolis", im römischen die „Arx". Es ist an Fläche bedeutend größer, um das 3 bis 4fache, als „Babil", an Höhe geringer; es wird daher durch die Palmen großenteils verdeckt. Diese, inschriftlich (Steinplatten-Inschrift Kol. 7 Z. 40) auf der „Erde (*erṣetu*) von Babylon", erbaute Akropolis ist das eigentlich ursprünglichste Babylon, das „Bab-ilāni", die Pforte der Götter[5]; es beherrschte den Zugang zu dem größten und berühmtesten Heiligtum Babyloniens, dem Tempel des Marduk mit dem Namen Esagila. Der liegt etwas weiter südlich, 20 m tief begraben, unter dem großen Hügel „Amrān Ibn Ali", dem dritten der drei großen Hügel von Babylon; den Namen hat er von einem Grabheiligtum Amrāns, des Sohnes Alis, das auf dem Hügel steht. Er ist mit 25 m der höchste von allen Hügeln und verdankt das dem Umstande, daß hier die Bewohnung noch stattfand, als schon alle übrigen Stadtteile verlassen waren, nämlich bis in das arabische Mittelalter hinein. Nördlich dicht dabei liegt die viereckige Ruine des Turms von Babylon, Etemenanki, in einer kleinen, „Sachn" genannten Ebene, die den heiligen Bezirk von Etemenanki darstellt.

Gerade östlich vom Kasr ragt aus der Ebene ein kleiner, aber verhältnismäßig hoher Hügel empor, der seiner roten Farbe wegen „Hómera" heißt. Er birgt kein Gebäude, sondern besteht von unten bis oben aus Ziegelbruchstücken. Wir kommen weiter unten auf ihn zurück. Dicht neben ihm zieht sich fast von Norden nach Süden der niedrige Ruinendamm der inneren Stadtmauer, die den inneren Teil der Stadt in einer im einzelnen noch nicht festgelegten Linie umschloß.

Zwischen Hómera und Amrān, südlich von diesem sowie nördlich am Kasr, bis hin nach Babil überziehen den Boden eine Menge zu Gruppen zusammenfließender, niedriger Erhebungen. Hier lagen die Wohnungen der Bürger von Babylon. Der Begriff davon hat sich bis heute insofern erhalten, als eine dieser Gruppen, südöstlich vom Kasr, von den Arabern „Merkes", das heißt Zentrum der Wohnungen, „City", genannt wird. Gerade hier haben sich die Wohnhäuser und Straßen der

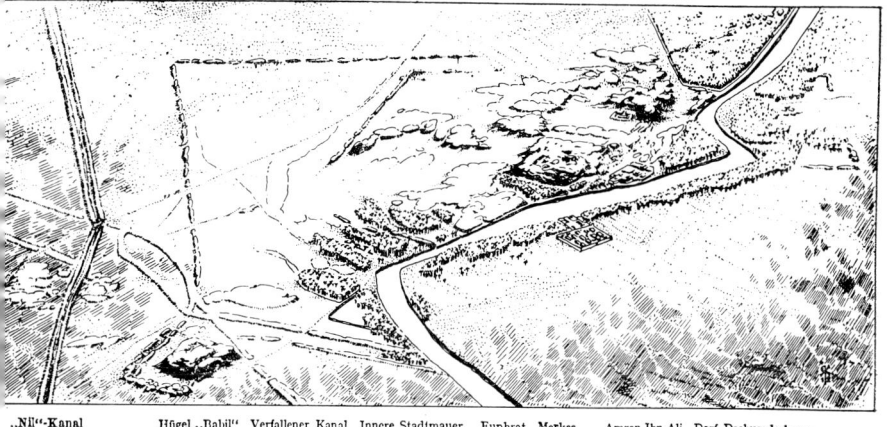

"Nil"-Kanal	Hügel "Babil"	Verfallener Kanal	Innere Stadtmauer	Euphrat	Merkes	Amran Ibn Ali	Dorf Dschumdschuma
Äußere Stadtmauer		Homera			Kasr	Dorf Kweiresch	Dorf Sindschar.
		Verfallenes Dorf Kweiresch			Dorf Ananeh.		

6. Panorama von Babylon, von Nordwesten gesehen.

Stadt von der Zeit der persischen Könige an bis hinauf in die Zeit der ersten babylonischen Könige in der Schuttmasse gut erhalten[6]. Äußerlich sehen diese Ruinen aus wie Gebirge im verkleinerten Maßstabe: Höhen, Kuppen und Täler, Schluchten und Hochebenen wechseln miteinander ab. Im Merkes erhebt sich ein weithin sichtbarer, spitzer, kleiner Berg, der seine Entstehung einer Ausgrabung aus der Zeit vor unserer Expedition verdankt, indem hier der ausgegrabene Schutt zusammengetragen wurde. Auch öffentliche Gebäude bergen diese Ruinen: ein griechisches Theater liegt zwischen Hómera und Merkes, im Merkes selbst ein Tempel, und zwei Tempel in dem „Ischīn aswad" genannten Gebiet südöstlich vom Amrān.

Wo keine Hügel sind, wird zum Teil Ackerwirtschaft betrieben. In der Ecke im Osten, im Winkel der äußeren Stadtmauer, sammelt sich zur Zeit der Bewässerungsarbeiten das überflüssige Wasser zu einem Landsee. Aber auch in diesen niedrigeren Stadtteilen befanden sich im Altertum Wohnungen, nur sind sie unter dem Leichentuch des nivellierenden Flugsandes im Laufe der Zeit begraben.

4.

Der Euphrat und seine Verschiebungen

Der Euphrat liegt zwar jetzt den größten Teil des Jahres trocken (Abb. 7); aber noch zu Beginn der Expedition füllten seine sanften Fluten (Abb. 8)

7. Der Euphrat vom Expeditionshaus aus nach Norden im Jahre 1911.

8. Der Euphrat im Jahre 1907.

das ganze, 100 bis 200 m breite Bett vollständig aus. Er sah im Gegensatz zu seinem cholerischen Bruder, dem Tigris, sehr phlegmatisch aus, vollführte aber seine Arbeit als Alluvialfluß gewissenhaft, indem er an jeder Biegung kontinuierlich das Erdreich des einen, „im Abbruch liegenden" Ufers wegnahm, um es etwas weiter unterhalb an dem „im Anbau liegenden" wieder abzusetzen. Durch langsame, aber emsige und stetige Tätigkeit verändert er seinen Lauf im einzelnen ohne Unterlaß. Er floß demnach auch im Altertum, zu Nebukadnezars Zeit, wohl im allgemeinen von Nord nach Süd, aber nicht im einzelnen genau so wie heute[7]. Sein Lauf führte ihn dicht bei Babil vorbei, das somit den Eintritt des Flusses in die Stadt beherrschte, sicher bespülte er die Westfront des Kasr, gerade da, wo jetzt das Dorf Kweiresch liegt. Von hier aus erkennt man noch heute sein damaliges Bett in der langgestreckten, schmalen Niederung, die unmittelbar am Amrān vorbeizieht; hier haben wir denn auch die steinerne Brücke gefunden, die ihn nach den Beschreibungen der griechischen Autoren überspannte. Das Kasr lag damals auf dem linken Euphratufer, wie heute; dazwischen aber gab es eine Zeit, nämlich die der persischen und griechischen Könige, wo es auf dem rechten Ufer lag, indem der Fluß seine Nord-, Ost- und Südseite mehr oder weniger unmittelbar bespülte.

Es begreift sich, daß bei der fortwährenden Verschiebung des Flusses auch dessen Bett und damit der Wasserspiegel auch in seiner Höhenlage sich verändern mußte. Heutzutage, wo überhaupt wenig Wasser in den Fluß kommt, steht das Grundwasser 1—2 m tiefer als vor 10 Jahren, als es ungefähr dieselbe Höhe hatte, wie zu Nebukadnezars Zeit. Bedeutend tiefer muß es aber gestanden haben, als unter den ersten Königen von Babylon die Häuser im Merkes gebaut wurden, denn diese liegen gegenwärtig im Grundwasser.

Das alles sind verhältnismäßig geringfügige Veränderungen. Es gibt mächtigere, die sich in anderer Weise vollziehen. Mit der Erhöhung des Flußbettes nämlich geht eine Erhöhung der Ufer parallel, die durch die stärkere Vegetation und die energischer betriebene Landwirtschaft in der Nähe der Ufer bewirkt wird, sowie durch gelegentliche Überschwemmungen, bei denen die bedeutendsten Sedimente naturgemäß gerade in der nächsten Nähe des Flußlaufes abgesetzt werden. Der Fluß fließt dann sozusagen auf einem durch die beiden erhöhten Uferstreifen gebildeten Damme; sein Spiegel liegt höher als die Ebene außerhalb der Uferdämme, deren Erhebung übrigens mit dem Auge allein nicht wahrgenommen werden kann, da es sich nur um wenige Meter Höhe auf mehrere hundert Meter Entfernung handelt. Bei einem besonders starken Hochwasser oder infolge einer Unvorsichtigkeit beim Kanalgraben kommt es nun vor, daß der Strom jene natürlichen Uferdämme durchbricht, in die tiefer liegende Ebene sich ergießt und sich weiter unterhalb, wo ihn keine Dämme hindern, wieder einen Weg in sein angestammtes Bett sucht. Das ist in moderner Zeit bei Musseijib vorgekommen, wo der Euphrat, wie schon erwähnt, sein altes Bett von Musseijib bis Samaua verlassen und es mit dem westlich liegenden

Hindījeharm vertauscht hat. In antiker Zeit scheint er in der Gegend von Diwanījēh einmal bedeutend weiter östlich geflossen zu haben. Nuffar/Nippur lag nach einem dort gefundenen Stadtplan an einem Euphrat-Arm, jedenfalls Farah, das alte Schuruppak, wo der babylonische Noah seine Arche zimmerte, das wir ausgegraben haben, und das jetzt zwölf Stunden von Diwanījēh entfernt liegt.[8] Diese großen Verschiebungen des Flusses müssen die geographische und topographische Gestaltung des Landes im Laufe der Jahrhunderte und Jahrtausende außerordentlich verändert haben.[9] Wir stehen daher bei dem Versuch der Motivierung antiker Städteanlagen fast immer vor Rätseln, namentlich, wenn man bedenkt, daß wir auch die antiken Kanäle nicht kennen.[10] Denn was heutzutage an Kanalruinen vorliegt, geht, vielleicht mit wenigen Ausnahmen, auf mittelalterlich-arabische Anlagen zurück. Der große „Habl Ibrahim" ist im ganzen gewiß nicht älter als das. Ob ein antiker Kanal von ähnlicher Ausdehnung in seiner unmittelbaren Nähe floß, wissen wir nicht; erhalten ist davon nichts. Derartige antike Wasserläufe, wie die bei Nippur oder Farah, sind heute über der Erde nicht mehr zu erkennen. Erst die Ausgrabung hat bei Farah das antike Flußufer erkennen lassen.

Wenn man von Babil nach dem Kasr am Flußufer entlang geht, so befindet man sich ganz in der echten babylonischen Landwirtschaft: Gärten, Palmen und Felder, manchmal alles zusammen gleichzeitig auf demselben Landstrich, ein Anblick von reicher Üppigkeit. Es ist aber nur ein Streifen von ungefähr 600 m Breite. Die Palmen wachsen sozusagen allein, nur in den ersten Jahren ihrer Anpflanzung erfordern sie regelmäßige Bewässerung. Von der ausgewachsenen Palme erwartet man, daß ihre Wurzeln stets in das Grundwasser hinabreichen. Gärten und Felder aber müssen begossen werden; denn wir leben hier in der „regenarmen subtropischen Zone", und haben das ganze Jahr über zusammengenommen kaum 7 cm Niederschläge. Für die Bewässerung der Uferstreifen sind die Niveaukanäle unmittelbar nicht zu verwenden, da der Wasserspiegel bis zu dieser Höhe kaum jemals sich erhebt. Hier sind künstliche Hebevorrichtungen, der „Dschird", nötig: ein Stier zieht auf einer unter 30 Grad geneigten, kurzen Ebene einen großen Lederschlauch in die Höhe, wo sein röhrenförmiges Ende, während des Aufzugs durch einen Strick nach oben gehalten, selbsttätig herabfällt und das Wasser in die Kanalrinne abgibt. Der Strick, an dem der Schlauch hängt, läuft über eine, auf zwei vorkragende Palmestämme gelagerte Walze. Ihre Drehungen verursachen ein weithin durch die feierlich stillen Palmenhaine tönendes Geräusch, für jeden Dschird eine ganz charakteristische Melodie, zu welcher der arabische Wächter ein in denselben Intervallen gehaltenes Liedchen singt. Die Anlage liegt immer im Schatten eines oft gigantischen Maulbeerbaums (Abb. 9).[11] Das an

9. Ein „Dschird" gegenüber von Kweiresch.

dem oberen Euphratlaufe übliche Wasserrad, die „Na'ura", kommt hier nicht vor, die Strömung ist zu schwach. Selten ist das durch einen Göpel getriebene Paternosterwerk, der „Dolab", und die von strebsamen Farmern in jüngster Zeit eingeführte Motorpumpe. Es ist klar, daß dieses fortwährende Bewässern zusammen mit den Flußverschiebungen und Überschwemmungen das Land im ganzen allmählich höher bringen muß. Es ist schwer auszumachen, wieviel das beträgt. Denn, wo wir es beobachten können, befinden wir uns immer auf Ruinen, einem Ausnahmegebiet, in welchem die Erhöhung eben infolge der kontinuierlichen Ruinenbildung bedeutend schneller vor sich geht. In den historischen und frühgeschichtlichen Zeiten, die wir hier bis zur Erfindung der Schrift, also bis in das 4. Jahrtausend v. Chr. rechnen können, betrug die meßbare Höhe der Landeserhebung gewiß nur eine geringe Größe. Innerhalb der schier unabsehbaren Zeitläufte der prähistorischen Kultur dagegen kann man wohl sagen, daß sich die Gesamtdecke vielleicht auf eine Höhe von mehreren Metern belaufen wird.[12]

Die ganze Art der Bewässerung, namentlich auch der Dschird, trägt einen entschieden altertümlichen Charakter. Es wird zu Nebukadnezars

10. Araber beim Kanalbau auf dem Stadtgebiet von Babylon.

Zeit kaum anders gewesen sein. Ebenso die Art, wie die Leute ihre Felder dabei durch niedrige Dämme in kleine Vierecke einteilen, um sie dann durch abwechselndes Durchstechen und wieder Verschließen der Dämme nacheinander unter Wasser zu setzen (Abb. 10), — der

11. Der Hakenpflug in Babylon.

primitive Hakenpflug (Abb. 11), — wie das Getreide durch Tiere ausgetrampelt wird —, alles das scheint einen, wenn man es sieht, um Jahrtausende zurückzuversetzen.

An dem Euphratknick, zwischen Babil und Kasr, liegen die kümmerlichen Ruinen des früheren Dorfes Kweiresch, das vielleicht vor 100 Jahren seine Stelle gewechselt haben mag. Die Lehmziegelmauern überragen noch die Schutthügel. Das heutige Dorf Kweiresch liegt unmittelbar neben dem Kasr, zu dessen Besichtigung wir jetzt übergehen. Das nördlichste Haus von Kweiresch ist das von den Arabern „Kasr abiadh" (Weißes Schloß) genannte Haus unserer Expedition (Abb. 12).[13]

12. Tor des Expeditionshauses in Kweiresch.

5.

Das „Kasr". Aufstieg und Prozessionsstraße

Das Kasr ist ein so vielgestaltiges Gebilde, daß es nicht leicht ist, davon eine klare Anschauung zu geben (Abb. 13). Wir wollen es erst einmal durchwandern und dabei versuchen, uns über alles Gesehene Rechenschaft zu geben. Es wird aber zum Schluß nötig werden, die verschiedenen Bauperioden noch einmal übersichtlich zusammenzustellen. Was man auf den ersten Blick sieht, ist fast alles von Nebukadnezar, der seine 43jährige Regierungszeit hindurch fortwährend an seiner Burg gebaut und erweitert haben muß.

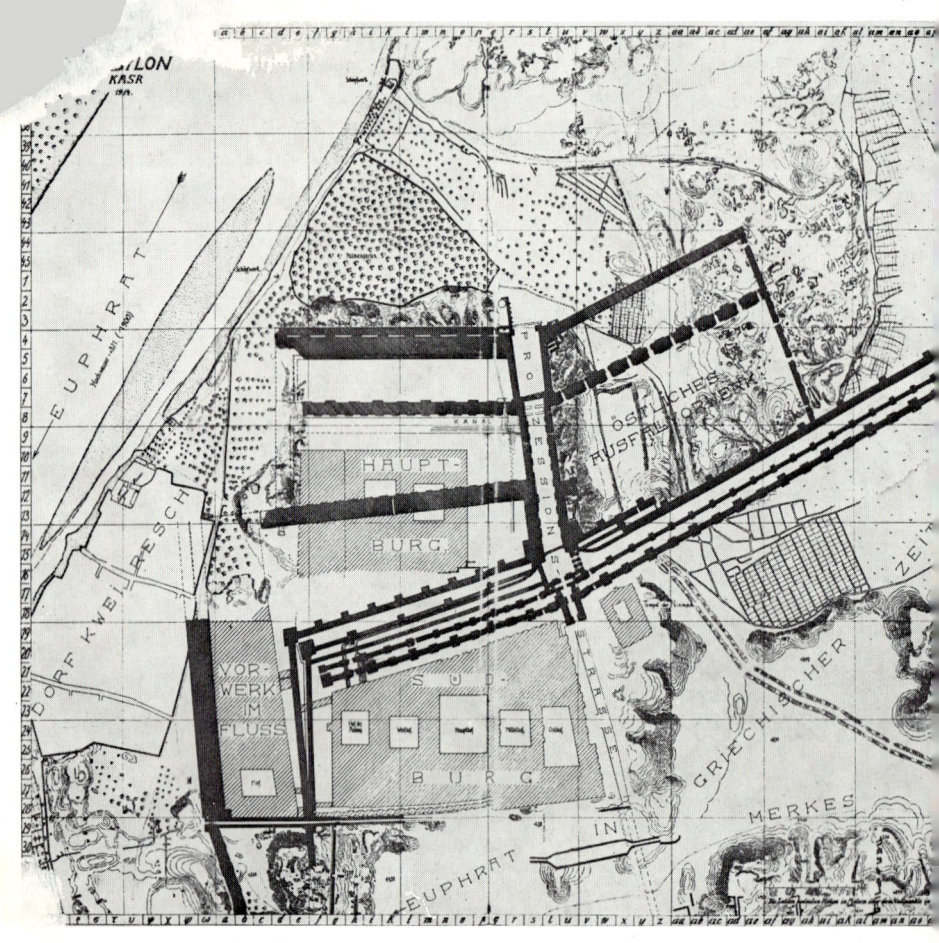

13. Plan des „Kasr".

Der Aufstieg war von Norden her, an der Nordostecke. Gerade die diesjährigen Ausgrabungen haben in dieser Beziehung alle früheren Unklarheiten beseitigt. Da es sich hier darum handelte, tief liegende Mauern in größerer Ausdehnung im Zusammenhang freizulegen, so waren fast sämtliche unserer Arbeiter an dieser Stelle in Tätigkeit. Wir beschäftigen im ganze immer 200 bis 250 Mann, die in Züge eingeteilt sind: ein Meister mit der Spitzhacke lockert das Erdreich auf, das von 16 Leuten mit Tragkörben weggetragen wird; 3 Leute mit Breithacken füllen die Körbe. In diesem Normalzustand treten allerdings je nach Bedürfnis allerlei Änderungen ein. Der Meister erhält 5, der Breithacker 4, der Träger 3 Piaster Tagelohn.[14] Bei der Grabung verwenden wir je nach Zweck und Umständen verschiedene Methoden. Hier die Leute mit breiter Front in einer vorgeschriebenen Richtung schräg nach unten in das Erdreich hinein; wenn sie dabei an die vorher abgesteckte Grenze gekommen sind, gehen sie 5 m weit zurück und wiederholen ihre Tätigkeit. So werden einzelne schräge Lamellen abgetragen, wobei natürlich die etwa zum Vorschein kommenden Mauern stehen bleiben. Die Erde wird mit Hilfe einer Feldbahn etwas von der Grabungsstelle entfernt abgelagert, an einem Orte, den wir vorläufig für unbedeutsam halten. Ist mit einem dieser schrägen Abstiche die tiefste Stelle, gewöhnlich das Grundwasser, erreicht, so wird mit der Front in entgegengesetzter Richtung der Rest in ähnlicher Weise weggenommen. Dabei bleibt ein Teil der schiefen Ebene am Rand der Grube als Transportweg stehen.[15]

Es sind hier die Endigungen von zwei parallel nach Süden verlaufenden Mauern herausgekommen, die wir später mit den „Festungsmauern" betrachten wollen. Sie begleiten eine breite, zunächst auf das Ischtar-Tor zuführende Straße. Diese ist von Nebukadnezar als Prozessionsweg für den Gott Marduk gebaut, zu dessen Tempel Esagila sie in ihrem weiteren Verlaufe führt. Auf ihr liegt jetzt noch der mit

14. Pflasterstein von der Prozessionsstraße.

Asphalt übergossene Ziegelbelag, der als Untergrund für die monumentale Quaderpflasterung diente. In der Mitte lagen mächtige Kalksteinblöcke, Quadrate von 1,05 m Seitenlänge, zu den Seiten rot und weiß geäderte Brecciaplatten von 0,66 m Seitenlänge. Die spitz schließenden Fugen waren oben mit Asphalt vergossen. Auf den Seitenflächen (Abb. 14), die also ursprünglich nicht sichtbar waren, hatte jeder Stein in großen Zeichen die Inschrift: „Nebukadnezar, König von Babylon, Sohn Nabupolassars, Königs von Babylon, bin ich. Die Babelstraße habe ich für die Prozession des großen Herrn Marduk mit Schadû-Steinplatten gepflastert. Marduk, Herr, schenke ewiges Leben!" Auf den Brecciaplatten steht statt „Schadû", was Gebirge bedeutet, die Materialbezeichnung „Durminabanda". Die schönen harten Kalksteine können aus der Gegend von Hit oder Anah stammen, wo ein derartiger Stein bricht; der Transport von dort her auf dem Fluß wird keine besonderen Schwierigkeiten geboten haben. Für die Herkunft des Durminabanda-Steins habe ich bisher keine Belehrung erhalten können. Die großen weißen Steinplatten erwecken den Eindruck, als wenn sie auf Fuhrwerke berechnet wären. Aber die noch an Ort und Stelle liegenden zeigen nicht die geringsten Spuren davon, nur blank und glatt geworden sind sie durch den Gebrauch.

Die Kasr-Straße liegt hoch, 12,50 m über Null; sie stieg von Norden her zum Ischtar-Tor sanft an. Eine spätere, aus persischer (?) Zeit stammende Erneuerung, die aus Ziegelbruch besteht, hat sie ganz horizontal gelegt. Bedeutend tiefer lag sie jedenfalls vor Nebukadnezar. Da dieser aber den ganzen Palast in einem höheren Niveau als seine Vorgänger weiterbaute, mußte auch die Straße auf diese Höhe gelegt werden. So genießt man heutzutage von ihr aus einen herrlichen Überblick über die ganze Stadt bis zu der äußeren Stadtmauer hin. Nebukadnezar spricht von dieser seiner Neuschöpfung ausführlich in der großen Platteninschrift Kol 5, 12ff., 38ff.: „Vom Duku, dem Ort der Schicksalsbestimmung, dem ‚Hochsitz der Schicksale' bis nach Ajjibur-schabu, der Straße von Babylon, gegenüber dem Tore der Herrin, hatte er (= Nabupolassar) mit Durminabanda-Steinen die Prozessionsstraße des großen Herren Marduk, den Weg, geschmückt ... Ajjibur-schabu, die Straße von Babylon füllte ich zur Prozessionsstraße des großen Herren Marduk mit einer hohen Aufschüttung auf und mit Durminabanda-Steinplatten und mit im Gebirge gebrochenen Steinplatten verschönte ich Ajjibur-schabu vom Ká-sikilla-Tor bis zu Ischtar-sakipat-tebi-scha, zur Prozessionsstraße für seine Göttlichkeit, so daß sie mit dem (Teil, das) mein Vater gebaut hatte, zusammentraf, und schmückte den Weg zu Ischtar-sakipat-tebi-scha." (Übers. C. Wilcke.) Ischtar-sakipat-tebi-scha ist das Ischtar-Tor. Es ist also an dieser Stelle nicht von der ganzen Kasr-Straße, sondern nur entweder von dem südlich oder dem nördlich an das Ischtar-Tor anstoßenden Teile die Rede.

Die schöne Aussicht, die man heute von der Kasr-Straße aus hat, war im Altertum allerdings nicht vorhanden;[16] denn die Straße war auf beiden Seiten von hohen Festungsmauern begleitet. Sie bilden, 7 m dick, die Verbindung zwischen dem nördlich vorgeschobenen Vorwerk und dem ursprünglicheren Festungswerk, von dem das Ischtar-Tor ein Teil ist. Sie erschwerten dem Angreifer den Zugang zum Tore wesentlich. Wenn die Verteidiger auf diesen Mauern standen, so war die Straße für den Feind ein Todesweg. Dieser Eindruck von Schrecken und Entsetzen auf den Angreifer, den die Mauern an sich schon machen, wurde wesentlich gesteigert und auch auf den friedlichen Ankömmling schon ausgeübt durch die ergreifende Dekoration mit langen Reihen hintereinander her und auf den Eintretenden zuschreitender Löwen, die in flachem Relief und glänzenden Emaillefarben[17] die Ziegelwände bedeckten.

Diese Emailleziegel gaben mit den Anstoß zur Ausgrabung von Babylon. Schon im Juni 1887 waren mir die buntfarbigen Ziegelbrocken, die den Boden auf der Ostseite des Kasr bedeckten, aufgefallen. Im Dezember 1897 sammelte ich einige davon und brachte sie nach Berlin, wo der damalige Generaldirektor der Königlichen Museen, Richard Schöne, ihre Bedeutsamkeit erkannte. Die Grabung setzte denn auch am 26. März 1899 hier ein mit einem Querschnitt durch die Ostfront des Kasr (Abb. 15). Die schönen farbigen Fragmente kamen

15. Beginn der Ausgrabung am 26. März 1899 an der Ostseite des „Kasr" mit dem Pflaster der Prozessionsstraße.

in großen Mengen zutage, bald auch die östliche von den beiden Parallelmauern, das Pflaster der Prozessionsstraße und die westliche, womit zugleich die nötige Orientierung für die weitere Grabung gegeben war.

Es gibt rechtsschreitende und linksschreitende Löwen (Abb. 16), je nachdem sie an der östlichen oder an der westlichen Mauer saßen. Außerdem kommen solche mit weißem Fell und gelber Mähne und solche mit gelbem Fell und roter, jetzt infolge von Verwitterung grün erscheinender (vgl. S. 115) Mähne vor,[18] der Grund ist entweder hell- oder dunkelblau, die Gestalt, abgesehen von dem Rechts- und Linksschreiten, immer dieselbe; denn das Relief war aus Formen gedrückt. An dem ursprünglichen Orte der Aufstellung, in situ, ist keiner gefunden. Die Mauern waren durch die Ziegelräuber zerstört, aber nicht so weit, daß man nicht noch bemerken konnte, wie die Mauer mit schwach vortretenden Türmen versehen war, die wahrscheinlich ungefähr ebenso weit von einander abstanden, als sie breit waren. Flachfarbige, schwarzweiße Felderstreifen begrenzten an den Turmkanten die durch die Türme gegebenen Abteilungen der beiden 180 m langen Friese, Reihen von großblättrigen Rosetten schmückten den Sockel. Da jeder Löwe ungefähr 2 m lang ist, so können in jeder Abteilung vielleicht 2 Löwen gestanden haben. Das würde auf jeder Seite 60, im ganzen also 120 Löwen ergeben. Das stimmt mit der Anzahl der gefundenen Bruchstücke wohl überein.

Für die Herstellung kommt das Relief und die Farbengebung in Betracht (Vgl. auch S. 346ff.) Dem schließlichen Relief muß ein Arbeitsmodell vorangegangen sein, dessen Teile zur Herstellung der Formen diente, aus denen die Ziegel gestrichen wurden. Das natürlichste wäre, daß man ein Stück Wand von der Größe des Löwen aus Ziegeln von plastischem Ton und mit einem stärker sandhaltigen Mörtel provisorisch aufgebaut hätte, worauf dann das Relief modelliert werden konnte. Das geschah jedenfalls unter Berücksichtigung der Fugen; denn diese sind so angeordnet, daß die Darstellung nicht in zu unliebsamer Weise durchschnitten wird, und jede Ziegelfront ein vernünftiges Stück des Reliefs erhält. Die Fugen bekommen auf diese Weise eine ähnliche Bedeutung wie das Netz der Proportionslinien, mit denen die ägyptischen Künstler ihre Aufgaben vorbereiteten.

Mit Hilfe dieses Modells konnte für jeden einzelnen Stein eine Form angefertigt werden, wahrscheinlich aus gebranntem Ton; denn der Art sind die Formen für die zahlreichen babylonischen Terrakotten. Diese Form bildete dann die eine Seite des Rahmens, aus welchem die Ziegel selbst gestrichen wurden. Des regelrechten Ziegelverbandes wegen mußte natürlich die eine Schicht aus ganzen (33 × 33 cm), die darauf folgende aus halben (33 × 16$^1/_2$ cm) Ziegeln bestehen. Dabei ist der Reliefgrund immer identisch mit der Wandfläche, so daß schon die Pranken mit ihrer Auftrittlinie über die Wandfläche hervorragen, wie es bei keinem Steinrelief der Fall ist. Es ist eben Tonstil, speziell Siegelstil, und dieser spricht sich auch in der Art des Reliefs selbst deutlich aus. Die Ränder der Darstellungen treten nicht, wie bei assyrischen Steinreliefs, mehr oder weniger senkrecht aus dem Reliefgrund hervor (Abb. 17A), sondern in einem stumpfen Winkel (Abb. 17B). Auch gibt es hier keine gemeinsame obere Ebene wie an den assyrischen Steinarbei-

16. Der Löwe von der Prozessionsstraße.

ten. Beide Eigenschaften erleichtern wesentlich das glatte Herauskommen aus der Form. Es sind dieselben Gesichtspunkte, die bei der in Babylonien so außerordentlich hoch entwickelten Glyptik maßgebend waren. Vor unseren Ausgrabungen war kein Stück Nebukadnezarianischer Plastik bekannt.

Die einzelnen Reliefziegel sind vor der Farbengebung wie gewöhnliche Ziegel gebrannt worden. Darauf sind die Konturen in schmelzweichen schwarzen Glasfäden aufgetragen, so daß einzelne Felder entstanden. Diese wurden mit naßflüssigen Emaillefarben ausgefüllt, das Ganze getrocknet und danach in einem zweiten, wahrscheinlich milderen Feuer zum Fluß gebracht. Da die schwarzen Glasfäden denselben Schmelzpunkt haben wie die Emaillefarben, so sind sie mit den Farben selbst vielfach ineinandergelaufen, was dem Kunstwerk den so außerordentlich lebendigen und doch einheitlichen Charakter verleiht, den wir heute bewundern. Bei den persischen Glasuren die wir weiter unten am Perserbau kennen lernen werden, haben diese schwarzen Glasfäden einen höheren Schmelzpunkt und überragen infolgedessen den Glasurgrund nach dem Brande.

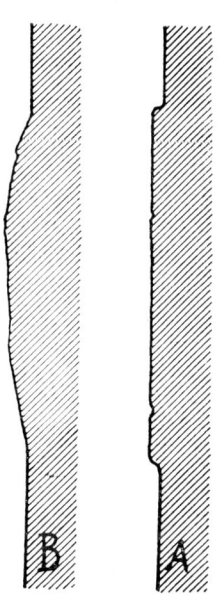

17. *Querschnitt durch den Löwen (B) und durch ein assyrisches Relief (A).*

Gemäß der Darstellung konnten die verschiedenen Ziegel zu einem Ganzen vereinigt werden. Um dieses Geschäft zu erleichtern und namentlich aber wohl, um eine zuverlässige Verteilung auf dem Bauplatz zu ermöglichen, sind die Ziegel auf ihren Oberflächen mit Versatzmarken versehen, die in schlechter Glasur ausgeführt ein System von einfachen Zeichen und Zählstrichen darstellen. Dabei ist das Zeichen auf der einen Seite eines Steines mit dem auf der anderen Seite des anliegenden Steines identisch. Wir werden dasselbe System in der Südburg näher kennenlernen, wo es bei den Glasur-Ornamenten im Haupthof ebenfalls Verwendung gefunden hat. Ein genaueres Studium dieser Einzelheiten war hier in Babylon nicht durchzuführen, weil wir in unseren Räumlichkeiten beschränkt sind und uns mit den Sachen nicht in der wünschenswerten Weise ausbreiten können.

Das Konservieren ist in Berlin unter der umsichtigen Leitung des Herrn Prof. Rathgen mit großer Sorgfalt vorgenommen. Die Altertümer von diesen Ruinenplätzen, besonders die Tonsachen, sind durchgängig mit Salzen, Kochsalz, Salpeter und dergleichen, außerordentlich stark durchtränkt. Diese Stoffe scheiden sich bei längerem Liegen an der Luft kräftig kristallisierend und die Gegenstände vernichtend aus, was durch langandauerndes Auswässern vermieden werden muß. Wir haben hier in Babylon jedes einzelne Stück mit einer Inventarnummer versehen, so daß wir von jedem Fragment genau angeben können, an welcher Stelle der Prozessionsstraße es gefunden ist.[19]

Vortrefflich erkennt man an dem Querschnitt der Mauer, in u 13 des Kasr-Planes (Abb. 13), die Konstruktion: auf jeder Ziegelschicht liegt eine dünne Lage Asphalt, darauf eine ebenso dünne Schicht Lehm, dann wieder eine Ziegelschicht. Die Lagerfuge, die $1-1^1/_2$ cm stark ist, wird also aus Asphalt und Lehm gebildet. In jeder fünften Schicht ist der Lehm durch eine Matte aus geflochtenem Schilf, dessen Stengel durch Klopfen gespalten und bandartig ausgebreitet waren, ersetzt. Die Matte selbst ist verrottet, aber die Abdrücke, die sie im Asphalt hinterlassen hat, sind noch heute ganz frisch zu erkennen; ihr Aussehen stimmt mit den heutzutage in unseren Gegenden hier üblichen Matten absolut überein. Auffallend ist das sichtliche Bestreben, die einzelnen Ziegelschichten, obwohl sie mit Asphalt überzogen waren, doch voneinander zu isolieren, so daß das Kleben verhindert wurde. Diese Isolierung geschieht an anderen Stellen der Burg auch mittels Schilfstroh an Stelle des Lehmes. Nur an ganz vereinzelten Stellen liegen die Ziegel direkt im Asphalt, so daß sie aneinander haften wie ein Fels, so an der 17 m dicken Mauer, die in k 13 durch die Hauptburg zieht, am südlichen, mächtigsten Teil des Ischtar-Tores, auch am Cellapostament im Tempel von Borsippa. Im übrigen ist für die Fugen Asphalt und Lehm oder Asphalt und Schilfstroh durchaus die Regel für die Zeit der babylonischen Könige. Nur in seinen letzten Bauten (Kasr, Hauptburg und Babil) geht Nebukadnezar zum Kalkmörtel über; während Nabonid an seiner Euphrat-Mauer wieder Asphalt verwendet. Die späteren Bauherren: Perser, Griechen und Parther, benutzen Lehmmörtel.

Den Asphaltmörtel in den Festungsmauern von Babylon und die eingeschobenen Matten erwähnt bereits Herodot (I, 179); er gibt an, daß nach je 30 Ziegelschichten eine Flechtmatte gelegen habe. Eine so große Anzahl ist von uns bisher nicht beobachtet worden. Die geringste Zahl ist 5, die höchste 13. In den babylonischen Bauinschriften, namentlich Nebukadnezars, wird neben den gebrannten Ziegeln der Asphalt beim Mauerbau außerordentlich häufig genannt, nie aber der Lehm, der Kalk und das Schilf.

6.

Das Ischtar-Tor

Dem großartigen Zugang auf der Prozessionsstraße entspricht die Wucht und die Größe und die Ausstattung des Ischtar-Tores vollkommen. Es ist noch heute mit seinen 12 m hoch anstehenden Mauern, die überall mit Ziegelreliefs bedeckt sind, die größte und eindruckvollste Ruine von Babylon und mit Ausnahme des höheren, aber formloseren Turms von Borsippa, auch von ganz Mesopotamien. (Vgl. Grundriß auf Abb. 46.)

18. Das östliche Ende der Lehmmauer-Schenkel am Ischtar-Tor von Norden.

Es ist ein Doppeltor; zwei dicht hintereinander liegende Torgebäude, die durch kurze Zwischenstücke zu einem Ganzen verbunden sind, führen durch die ebenso dicht hintereinander liegenden Lehmziegelmauern (Abb. 18). Letztere bildeten in der späteren Zeit nur ein Transept, das sich quer über die Akropolis hinzog und ihrem innersten Teil, der Südburg, einen ganz besonderen Schutz gewährte. (Vgl. die restaurierte Ansicht auf Abb. 43.) Ursprünglich hingen sie wahrscheinlich direkt mit der bei Hómera erhaltenen inneren Stadtmauer zusammen; denn für diese ist nach dort gefundenen Inschriften der Name Nemetti-Enlil gesichert, und das Ischtar-Tor selbst wird auf anderen Inschriften häufig als zu Imgur-Enlil und Nemetti-Enlil gehörig bezeichnet. Imgur-Enlil und Nemetti-Enlil aber sind die beiden oft genannten und berühmten Festungsmauern von Babylon, auf die wir noch zu sprechen kommen werden (S. 153ff.).[20] Jedes der beiden Torgebäude läßt neben dem Eingang zwei stark vortretende Türme (Abb. 19) sehen, und hinter ihm einen Raum, der

19. Gesamtansicht des Ischtar-Tors von Norden her.

eine zweite Tür enthält. Dieser Raum, den man gern Torhof nennt, obwohl er doch wahrscheinlich nicht offen, sondern bedeckt war, schützt vor allen Dingen die nach innen aufschlagenden Torflügel vor den Unbilden der Witterung und vermehrt dabei die Verteidigungsmöglichkeiten offenbar bedeutend. Bei den Pforten, die diesen Binnenraum nicht haben, sind die Türflügel innerhalb der Mauerdicke angebracht, was einen Vorsprung, einen Türanschlag erfordert, der bei den Torgebäuden fehlt. Der Torraum liegt am nördlichen Tore quer, am südlichen längs der Mittelachse. Hier ist er auch von so kolossal dicken Mauern eingeschlossen, daß man glauben möchte, es habe sich darüber ein mächtiger Mittelturm zu besonderer Höhe erhoben, was sich allerdings nicht nachweisen läßt. Diese Annahme kommt auf Abb. 21 zum Ausdruck, während auf Abb. 43 angenommen ist, daß der Torraum von den Türmen überragt wird. Überhaupt sind wir über den Oberbau hier wie bei allen übrigen Gebäuden wenig unterrichtet. Unter den Schmucksachen aus einem Grabe in der Südburg befand sich ein viereckiges Goldplättchen (Abb. 20), das die äußere Ansicht eines großen Torgebäudes darstellt. Man erkennt darauf neben dem rundbogig geschlossenen Tor die beiden, die Mauer überragenden Türme, die mit einem etwas vortretenden Obergeschoß, dreieckigen Zinnen und kleinen runden Schießscharten versehen sind. Von letzteren haben wir stark keilförmige Steine unter den emaillierten blauen Ziegeln gefunden, ebenso Stücke von den abgetreppten Zinnen in blauer Glasur, die ganz im allgemeinen wohl dreieckig aussahen.

20. *Goldplättchen aus dem Sarg im Nabupolassar-Palast. (3:1).*

Das Torgebäude selbst schließt nicht unmittelbar an die Lehmmauer an, sondern unter Hinzufügung von vier Schenkeln aus gebrannten Ziegeln, von denen jeder eine Pforte besitzt. Das Ischtar-Tor hatte also drei Eingänge, einen mittleren mit vierfachem Verschluß, einen rechts und einen links mit je zweifachem Verschluß. Das Hauptgebäude ist so tief hinab fundamentiert, daß wir seine Sohle bei der Ausgrabung wegen des Grundwassers nicht erreichen konnten (Abb. 21). Die Schenkel reichen nicht so tief hinab und die nach Norden abgehenden Mauern noch weniger. Es ist begreiflich, daß die Mauerblöcke, welche besonders tief fundamentiert sind, sich im Laufe der Zeit nicht so stark setzen wie die weniger tief hinabreichenden. Ein Versacken ist aber bei diesem, aus Erde und Lehm bestehenden Baugrund absolut unvermeidlich. So mußten bei ungleicher Fundamentierung notwendigerweise Risse im Mauerwerk entstehen, die in ihrer Unregelmäßigkeit den Bestand des Bauwerks bedenklich schädigen konnten. Aber die babylonischen Baumeister sahen das voraus und richteten sich danach ein. Sie erfanden die Dilatationsfuge[1], die wir in ähnlichen Fällen auch heute verwenden, und die darin besteht, daß die aneinander stoßenden Bauteile ungleicher Gründungstiefe nicht in einem Stück aufgeführt werden, sondern unter Belassung einer von oben bis unten durchgehenden Fuge. So können

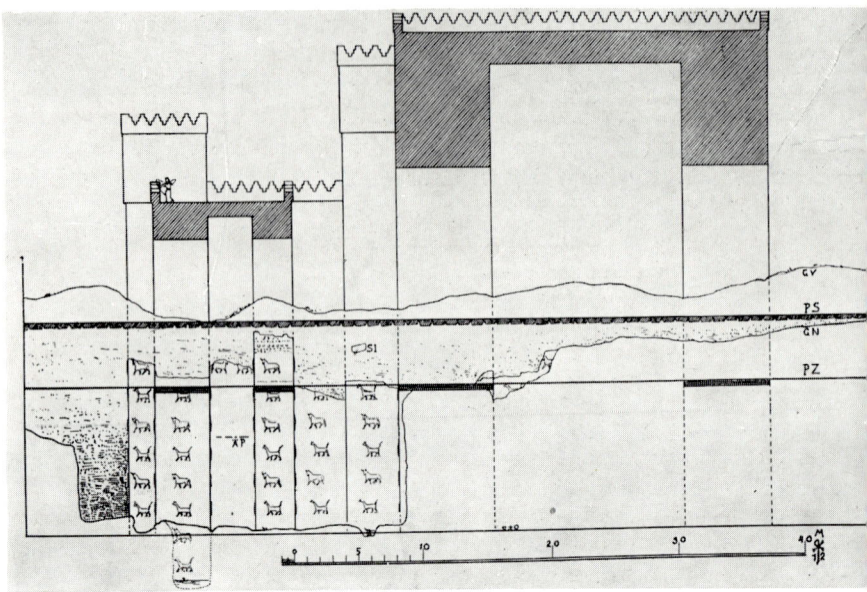

21. *Querschnitt durch das Ischtar-Tor.*

Schraffiert: Obere ergänzte Teile
ÄP   Älteres Pflaster
GN   Geländelinie nach der Ausgrabung
GV   Geländelinie vor der Ausgrabung

PS   Prozessionsstraßen-Pflaster aus Stein
PZ   Prozessionsstraßen-Pflaster aus Ziegeln

sich die beiden Teile unabhängig voneinander setzen. Um aber auch ein etwaiges Kippen nach vorn oder hinten zu verhindern, wird hier in Babylon vielfach an den schwächer gegründeten Teil ein leistenförmiger Fortsatz (Spund) angearbeitet, der in eine nutartige Vertiefung der Hauptmauer eingreift (Abb. 22). Die beiden Blöcke laufen, wie der Maschinenbauer sich ausdrückt, in einer Führung. Bei kleineren Einzelfundamenten läßt man das eigentliche Backsteinfundament auf dem mit Erde ausgefüllten Inneren eines brunnenförmigen Unterbaues aus Lehmziegeln aufsitzen, in welchem es sich nach unten bewegen kann, ohne zu kippen; etwa wie die Auszüge eines Fernrohrs ineinander spielen. Derart ist das kleine Postament am östlichen Turm unseres Tores eingerichtet, ebenso das runde, das westlich davon auf dem Vorplatz des Tores steht (Abb. 23) Auf diesen Postamenten und ähnlichen im nördlichen Torhof und im Zwischenhof werden die „ungestümen Wildtiere aus Kupfer

22. Genutete Dilatationsfuge am Ischtar-Tor.

und die zorngewaltigen Schlangendrachen" gestanden haben, die Nebukadnezar an den Zugängen des Ischtar-Tores aufstellte (Steinplatten-Inschrift Kol. 6). Wo das Südtor an den westlichen Schenkel stößt, sind schon in antiker Zeit merkwürdige, nicht unbeträchtliche Ausarbeitungen in das Mauerwerk hineingehauen, für die ich keine sichere Erklärung habe. Sie waren mit Erde gefüllt und in moderner Zeit nicht berührt. In ähnlicher Weise, später, aber noch in antiker Zeit in das Mauerwerk hineingehauen, befindet sich im nordwestlichen Schenkel ein Brunnen. Eine schmale Treppe führte zu ihm hinab, und zu dieser konnte man auch mittels eines nur 50 cm breiten, durch das Mauerwerk gestemmten Ganges gelangen, der auf den Vorplatz des Tores führt. Der Ausgang liegt ganz versteckt in einer Ecke, wo er kaum gesehen werden konnte.

23. Ansicht des Ischtar-Tors von Westen.

7.

Der Wandschmuck mit den Stieren und „Drachen"

Die Wände des Baues waren über und über mit den Darstellungen von Stieren und Drachen („Muschchusch") bedeckt. Sie sitzen in horizontalen Reihen an denjenigen Teilen der Wände, die dem Eintretenden und Passierenden zugewendet sind (Abb. 24) und an den Fronten der beiden nördlichen Schenkel — nicht an den vom Passanten weniger oder gar nicht sichtbaren Teilen. Die Reihen wiederholen sich übereinander, und ihre Darstellungen wechseln in der Weise miteinander ab, daß immer eine Reihe nur Stiere, die darauf folgende nur Drachen enthält. Niemals kommen in ein und derselben Horizontalreihe Stiere und Drachen zusammen vor. Die einzelne Tierdarstellung umfaßt eine Höhe von 13 Ziegelschichten, und zwischen den einzelnen Reihen lagen 11 ungeschmückte Schichten, so daß vom Fußpunkt der einen Reihe bis zum Fußpunkt der anderen 24 Ziegelschichten gezählt werden. Diese 24 Schichten haben zusammen die Höhe von fast genau 2 m, das sind 4 babylonische Ellen. Da die Ziegel in bezug auf ihren Wert als Läufer

24. Die beiden östlichen Torpfeiler vom Ischtar-Tor.

oder Binder an den Ecken diesen ihren Wert wechseln, so stehen die Reliefs an der einen Seite einer Ecke immer um eine Schicht höher bzw. tiefer als auf der anderen Seite der Ecke. Nachweisbar sind von unten nach oben 9 Reihen Stiere und Muschchusch in Ziegelrelief, wovon die beiden untersten Reihen in dem in den letzten Jahren oft wechselnden Grundwasser stehen und im Jahre 1910 in ein paar Exemplaren freigelegt werden konnten. Darauf stand eine Reihe Stiere in Flachemaille,[17] ein gut Stück davon in situ auf der südöstlichen Laibung des Nordtores (Abb. 25). Auf ihr muß mindestens eine Reihe Muschchusch in Flachemaille und eine Reihe Stiere und eine

25. *Beginn der Ausgrabung am Ischtar-Tor mit dem glasierten Mauerstück.*
1. *April 1902.*

Reihe Muschchusch in Emaillerelief gesessen haben; die ganze Ruine war mit den außerordentlich zahlreichen Bruchstücken dieser obersten Reihen bedeckt. Es läßt sich aber vor der nur in Europa zu ermöglichenden Zählung der erhaltenen Exemplare nicht sagen, ob damit die Anzahl der Reihen in Wirklichkeit erledigt war. Schematisch läßt sich die Aufeinanderfolge der Reihen folgendermaßen ausdrücken.

13. Reihe: Muschchusch in Reliefemaille.
12. Reihe: Stiere in Reliefemaille.
11. Reihe: Muschchusch in Flachemaille.
          Oberstes Straßenpflaster mit den Schadû- und Durminabanda-Blöcken.

10. Reihe: Stiere in Flachemaille; oberste noch in situ gefundene Reihe.
9. Reihe: Stiere in Ziegelrelief, sorgfältig nachgearbeitet.
   Älteres Straßenpflaster von gebrannten Ziegeln.
8. Reihe: Muschchusch in Ziegelrelief.
7. Reihe: Stiere in Ziegelrelief.
   Spuren eines älteren Straßenpflasters (?).
6. Reihe: Muschchusch in Ziegelrelief.
5. Reihe: Stiere in Ziegelrelief.
4. Reihe: Muschchusch in Ziegelrelief.
3. Reihe: Stiere in Ziegelrelief.
2. Reihe: Muschchusch in Ziegelrelief, nur 1910 über dem Grundwasser.
1. Reihe: Stiere in Ziegelrelief, nur 1910 über dem Grundwasser.

Von den unteren 8 Reihen enthielt jede zum mindesten 40 Tiere, von den oberen 5 eine jede 51 Tiere; denn hier kommen je 5 in der südöstlichen Ecke des nördlichen Torhofes und je 6 an den Fronten der nördlichen Schenkel hinzu. Das ergibt eine Gesamtzahl von 575 Tieren als Minimum. Nach der Ausgrabung waren davon 152 Stück sichtbar an Ort und Stelle, ungefähr ebensoviel mögen noch an den nicht ausgegrabenen Stellen verborgen sein.

Dieses Gewimmel von Bestien war allerdings niemals zu gleicher Zeit auf einmal sichtbar. Der Boden, auf dem sich das Tor erhob, ist im Laufe der Zeit mehrmals durch künstliche Aufschüttung erhöht worden. Von den beiden letzten Perioden sieht man die Reste noch an Ort und Stelle zwischen der 10. und 11. und zwischen der 8. und 9. Reihe. Die Pflasterspuren zwischen der 6. und 7. Reihe sind nicht deutlich. Vielleicht lag die Straße bei Beginn des Baues ganz unten in der Höhe der umliegenden Ebene; aber davon läßt sich nichts nachweisen. Man darf vielleicht annehmen, daß auch die unteren Partien des Tores wenigstens eine Zeitlang als solches benutzt worden sind. Jedenfalls aber verschwanden natürlich bei jedesmaliger Erhöhung der Straße die unteren Teile des Gebäudes unter der Schüttung. Bei der Verschüttung ist eine merkwürdige Vorsicht beobachtet, die eine förmliche Pietät vor den eigenen Werken erkennen zu lassen scheint. Es sind nämlich die Reliefs sorgfältig mit Lehm überschmiert worden, die der 8. Reihe sogar mit schönem, reinem, weißem Gipsmörtel, auf dessen ganz unregelmäßiger Oberfläche die Spuren der schmierenden Hände noch wohl hervortreten. Die weißen Putzstellen springen so in die Augen, daß ich anfangs glaubte, hierin die Reste eines, etwa die Bemalung tragenden und die Körperformen der Tiere genauer wiedergebenden Überzuges sehen zu sollen.

Solche Annahme schließt sich aber wegen der offensichtigen Roheit der Putzoberfläche vollständig aus.[21]

An sämtlichen unteren 8 Reihen, also allen, die tiefer liegen als das ältere Straßenpflaster, tritt eine auffällige Vernachlässigung der Wandfläche hervor. Die Ziegellagen treten öfter in ungleichmäßiger Weise gegeneinander vor und zurück. Die Reliefumrisse stimmen hier und da nicht (Abb. 26 und 27). Der Asphalt tritt häufig aus den Fugen und zieht sich in schwarzen dicken Strähnen über Grund und Darstellung. Alle diese Mängel fehlen der 9. Reihe vollständig; außerdem ist hier der Reliefgrund sorgfältig mit Hilfe von Schleifmitteln zu einer vortrefflichen Ebene geglättet und der Stier mit der Raspel überarbeitet. Das scheint doch zu der Annahme zu führen, daß die unteren Reihen überhaupt nicht darauf berechnet sind, frei dazustehen und dem Auge eines Beschauers — wenigstens nicht für eine nennenswert längere Zeit — ausgesetzt zu werden. Vielmehr scheint schon bei Beginn der Baulegung die Absicht bestanden zu haben, die Prozessionsstraße auf das Niveau des „älteren Straßenpflasters" zu erheben. Schon in den untersten Schichten findet sich der dreizeilige Stempel, der für die zweite Hälfte von Nebukadnezars Regierungszeit charakterisiert ist. Von einem noch älteren Bau ist keine Spur vorhanden, obwohl Nebukadnezar von einem solchen spricht.

In der großen Steinplatten-Inschrift (VAB 4, S. 132 V 57—VI 21) sagt der König: „Die Eingänge der beiden Stadttore von Imgur-Enlil und Nemetti-Enlil waren durch die Aufschüttung der Straße (*sulû*) von Babylon zu niedrig geworden. Ich beseitigte diese Stadttore und gründete ihr Fundament unmittelbar über dem Grundwasser fest in Asphalt und Backsteinen und ließ sie aus leuchtend blau glasierten Backsteinen, auf denen Wildochsen und Drachen (muš-ḫuš) gebildet waren, kunstvoll herstellen. Mächtige Zedern ließ ich zu ihrer Bedachung lang hinlegen. Zederne bronzebezogene Türflügel, Schwellen und Angeln aus Kupfer richtete ich in seinen Türen auf. Ungestüme Wildstiere aus Kupfer und grimmige Drachen stellte ich an ihren Schwellen auf. Selbige Stadttore ließ ich zum Anstaunen der Gesamtheit des Volkes prachtvoll ausstatten." (Übers. F. Delitzsch/C. Wilcke.)

Zwischen den beiden Torbauten, in der Höhe des oberen Straßenpflasters wurde ein großer Kalksteinblock mit der Weihinschrift vom Ischtar-Tor gefunden (Abb. 28), der ebenso wie ein zweiter, dicht dabei liegender dem Gewände oder der Überdeckung der Tür angehört haben wird. Die Inschrift besagt: „[Ich, Nebukadnezar, der König von Babylon, der Sohn] Nabupolassars, [des Königs von Babylon, habe] das Tor der Ischtar mit [blauglasierten] Backsteinen für [meinen] Herrn Marduk [gebaut] und unge[stüme] Wildstiere aus Kupfer [und zorngewaltige Schlangendrachen] an seinen Türlaibungen [aufgestellt.] Im

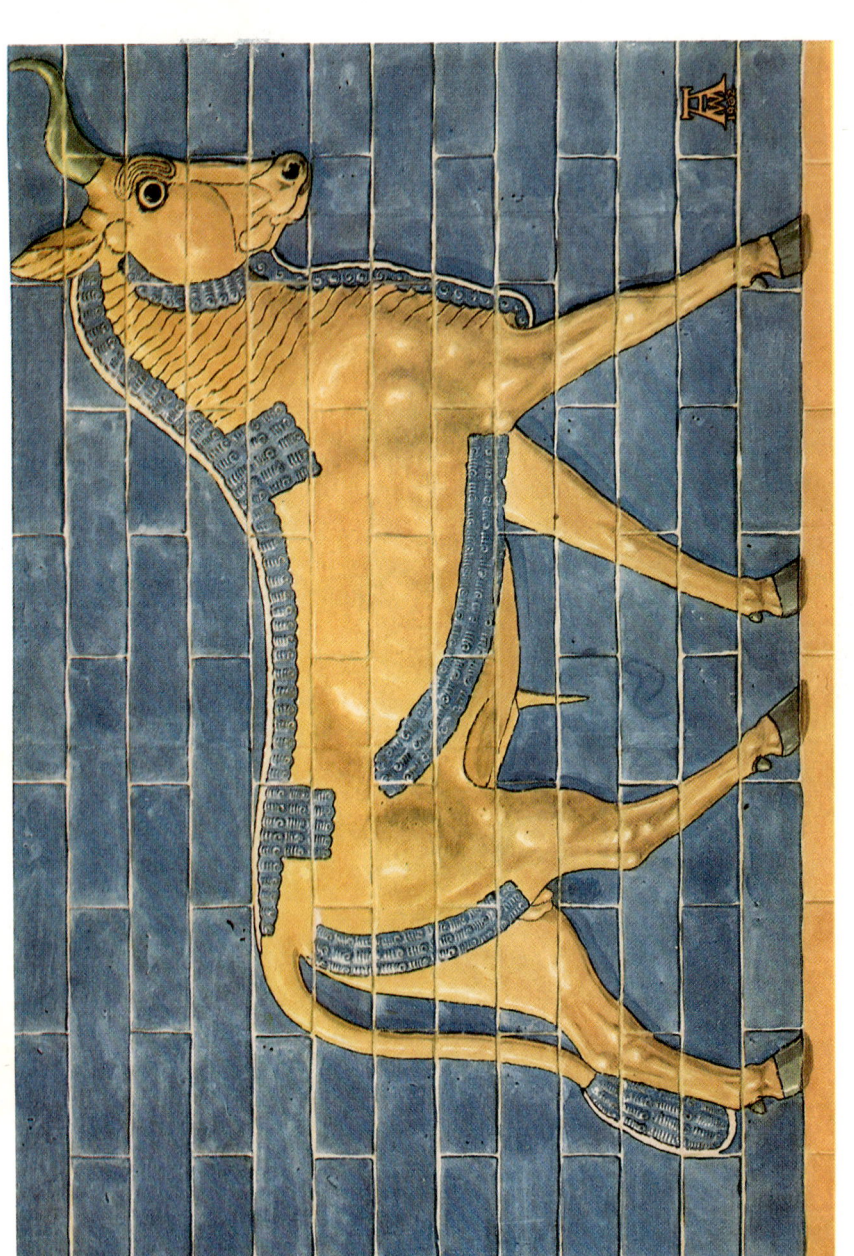

26. Der Stier vom Ischtar-Tor.

27. Der nicht glasierte Stier.

28. Inschrift von Ischtar-Tor.

Ge[birge] gebrochene [Steine ...] aus Stein in Gestalt eines Wildtieres [...] Marduk, mein Herr, [... sch]enke [mir] langes Leben [und ...]". (Übers. C. Wilcke; s. VAB 4, S. 190, 22).

Der Ausdruck „*uqnû*", mit welchem in diesen wie in anderen Inschriften unsere glasierten Ziegel bezeichnet werden, bedeutet sonst auch den Lapislazuli; er entspricht dem Wesen und vielleicht auch der Wurzel nach dem griechischen „kyanos". Technik der Glasur, Markierungssystem und variierende Farbengebung sind genau dieselben wie sie bereits bei den Löwen geschildert worden sind (Abb. 29 und 30).

29. Das glasierte Mauerstück bei der Ausgrabung.

Der Löwe, das Tier der Ischtar, ist ein so beliebtes Motiv in der babylonischen Kunst aller Zeiten, daß seine reichliche und opulente Verwendung am Zugang zum Haupttor von Babylon, dem Tore der Ischtar, nichts Auffallendes hat. Anders verhält es sich mit dem Stier und namentlich mit dem Muschchusch. Der Stier ist das heilige Tier Adads, des Wettergottes. Zwei schreitende Stiere zusammen bilden oft das Postament, auf dem die Statue steht. Oder sein Emblem, der Blitz, steht auf dem Rücken eines liegenden Stiers. Ganz ähnliche Darstellungen bezeichnen den Muschchusch als dem Marduk und zu gleicher Zeit dem Nabu heilig. Marduk nimmt in dem babylonischen Pantheon zu Nebukadnezars Zeit eine außerordentlich hervorragende Stelle ein. Ihm gehört der Haupttempel von Babylon, Esagila; ihm weiht Nebu-

30. Das glasierte Mauerstück vom Ischtar-Tor.

31. Der Muschchusch vom Ischtar-Tor.

32. Der nicht glasierte Muschchusch.

kadnezar die Prozessionsstraße und das Ischtar-Tor selbst. Sein Tier, der Muschchusch, kehrt auf den Kunstgebilden dieser Zeit, Siegeln, Grenzsteinen und dergleichen, häufig wieder. Er war das berühmte und bevorzugte Tier von Babylon, dieser „Drache von Babylon". Die bekannte Erzählung „vom Drachen zu Babel" in den Apokryphen paßt ausgezeichnet in den Rahmen dieser Tatsachen. Man kann sich wohl vorstellen, daß die Priester von Esagila sich dort ein ähnliches Tier, ein Reptil, vielleicht einen Arval, der in dieser Gegend vorkommt, hielten und ihn im Halbdunkel eines Tempelraumes als einen lebendigen Muschchusch sehen ließen.[22] Zu verwundern wäre dabei jedenfalls nicht, wenn dieser die ihm von Daniel zubereiteten Küchlein aus Haaren und Asphalt nicht vertragen konnte.

Die künstlerische Bildung des Muschchusch (Abb. 31 und 32) unterscheidet sich wesentlich von den sonstigen Fabelwesen, an denen die babylonische Kunst so sehr reich ist. Sie ist, wenn auch von Unmöglichkeiten durchaus nicht frei, doch viel weniger phantastisch und widernatürlich als die geflügelten Stiere mit Menschenköpfen, die bärtigen Männer mit Vogelleibern und Skorpionenschwänzen und ähnliche Mischwesen. Es ist, wie der babylonische Name besagt, eine

„schreckliche Schlange". In die Augen fallend ist zunächst das Schuppenkleid und die großen Bauchringe des Schlangenkörpers. Auch der Kopf mit der gespaltenen Zunge ist ganz der einer Schlange, und zwar der in Arabien häufigen Hornviper, denn er trägt zwei gerade emporstehende Hörner, von denen in der genauen Profilstellung des Reliefs nur eines, wie bei dem Stier, sichtbar wird. Dahinter liegen ein paar spiralige Hautfäden, wie sie mit größerer Freigebigkeit den Kopf des so oft dargestellten chinesischen Drachen umwuchern. Der Schwanz endigt in einem kleinen gekrümmten Stachel. Die Beine sind die einer hochläufigen Katzenart, etwa eines Gepard, die Hinterfüße von einem starken Raubvogel (Abb. 33), mit mächtigen Klauen und großen Hornplatten; aber das Tarsalgelenk ist nicht das eines Vogels, sondern eines Vierfüßlers, die Metatarsalien sind nicht oder nur distal verschmolzen. Das auffallendste ist, daß das Tier trotz der Schuppen Haare hat. Ein Büschel Locken fällt am Kopf über die Ohrgegend, und auf dem Hals, wo wohl bei Eidechsen der Kamm sitzt, reiht sich eine Locke an die andere. Diese gleichzeitige Ausstattung mit Schuppen und Haaren sowie die starke Differenzierung der Vorder- und Hinterextremitäten

33. *Beine von Muschchusch und Raubvogel.*

ist sehr charakteristisch für die vorweltlichen Dinosaurier; auch die Kleinheit des Kopfes im Verhältnis zum Gesamtkörper, die Haltung und die übermäßige Länge des Halses entspricht durchaus dem Habitus jener ausgestorbenen Eidechsenart. Es weht ein förmlich selbstschöpferischer Geist in diesem uralten Kunstgebilde, das an Einheitlichkeit des physiologischen Gedankens alle übrigen Phantasietiere weit übertrifft. Wenn nur die Vorderbeine nicht so bestimmt ausgeprägten Katzencharakter trügen, so könnte ein solches Tier gelebt haben. Die Hinterfüße sind auch bei lebenden Eidechsen denen der Vogelfüße oft sehr ähnlich.

8.
Die Prozessionsstraße südlich vom Ischtar-Tor

Das Pflaster der Straße ging durch den Toreingang hindurch. Im südlichen Torhof liegt noch das ältere an Ort und Stelle. Es sind hier drei Lagen Ziegeln in Asphalt, die sich in der Nähe der Wände nach oben krümmen, sodaß eine Mulde entsteht (sichtbar auf Abb. 19). Das kann hier Absicht sein: um zu verhindern, daß das Tagewasser in die Wandfuge eindringe. An anderen Stellen sind ähnliche Krümmungen die Folge der ungleichen Setzung der lockeren Füllmasse und der sterileren Backsteinmauer. Umgekehrt beobachtet man bei Lehmziegelbauten oft eine Aufwölbung des Fußbodens, weil die stärker belastete Lehmmauer sich stärker setzt als die oberhalb des Fußbodens nicht belastete Füllung.

Beim Verlassen des Tores überschreitet man die aus mehreren Ziegellagen bestehende Untermauerung der Torschwelle, die gewiß aus Stein bestand. An die Südseite des Tores haben sich spätere, vielleicht parthische, Baulichkeiten geringen Umfangs parasitär angenistet. Sie lassen den Zugang frei, und es liegen hier noch die starken Pflasterquadern Nebukadnezars der oberen Straße, auf der Nebukadnezar und Daniel und Darius wandelten. Im weiteren Verlauf ist nur das untere Pflaster erhalten. Es zieht sich parallel der Ostfront der Südburg bis zum Ende des Hügels hin, wo ein Altar (?) aus Lehmziegeln von ihm umgeben steht. Eine Zunge zweigte zum Haupteingang der Südburg ab. Eine große Anzahl im südlichen Teil gefundener Kalkstein- und Durminabanda-Pflasterplatten entstammt der jetzt verschwundenen oberen Pflasterung. Es scheint, daß man in dieser Gegend zu griechischer oder parthischer Zeit aus den Kalksteinen Kugeln für Wurfgeschütze fabrizierte, von denen viele gerade hier gefunden worden sind. Sie haben gruppenweise dasselbe Gewicht (Abb. 34): solche von 27,5 cm Durchmesser 20,20—20,25 Kilo, solche von 19 cm 7—7,75 Kilo und solche von 16 cm 4—4,50 Kilo.

Südlich von der Burg überschritt die Straße einen Wasserlauf, der zu verschiedenen Zeiten eine wechselnde Breite und wahrscheinlich auch verschiedene Namen hatte. Zu Nebukadnezars Zeit war es vielleicht der Kanal „Lībilchēgalla", zu persischer und griechischer Zeit der Euphrat selbst, der hier floß.[23] Wir haben vom Hügel bis zum Wiederbeginn der Straße einen Graben gezogen, der überall deutlich den Charakter der Erdschichten als aus Wasser abgelagert erkennen ließ.

34. Geschützkugeln aus Stein.

Die Schichten sind ruinenlos bis auf einen Kanal, der stellenweise nur noch eine Breite von 3 m hat. Dieser Kanal ist in der späteren Weise aus alten Nebukadnezar-Ziegeln gebaut, außen liegen bessere Steine, innen Ziegelbruch, alles in Lehm verlegt. Im Osten hört er sehr bald ganz auf, wohl um in den mit Erdböschungen versehenen Wasserlauf überzugehen. Gegen Westen erweitert er sich zunächst zu einem Becken von dreifacher Breite, zu dessen Wasserspiegel schmale, an den Böschungswänden angebrachte Treppen hinunterführen (Abb. 35), um sich dann wieder zu der geringeren Breite zu verengern. Weiterhin nach Westen kennen wir ihn noch nicht. An den schmalen Stellen sind ungefähr in der Höhe des alten Wasserspiegels Schichten von Kalksteinquadern ziemlicher Größe eingelegt. In dem westlichen Stück enthält die nördliche Böschung ein quadratisches Loch von mehreren Ziegelschichten Höhe. So macht das Ganze den Eindruck einer Schleusenvorrichtung, die vielleicht dazu diente, einen Wasserlauf im Osten von höherem Wasserspiegel mit dem im Westen, von niedrigerem Wasserstande, zu verbinden. Die Anlage mag aus Neriglissars Zeit stammen, wo demgemäß die Überbrückung im Lauf der Prozessionsstraße keine Schwierigkeit hatte. In älterer Zeit scheint die Straße hier auf einem Damm mit gemauerter Böschung verlaufen zu sein, welch letztere unterhalb des Kanalgemäuers sich erhalten hat.

An dem Ostkanal „Lībilchēgalla" baute Nebukadnezar nach VAB 4, 88/89 I 1-II 2: Ich, Nebukadnezar, ..., suchte nach Lībilchēgalla, dem Ostkanal von Babylon, der seit langer Zeit verfallen war, durch die Lockerung des Erdreiches zugeschüttet und mit Schlamm angefüllt war, und erbaute seine Uferwände aus Asphalt und Backsteinen vom Euphratufer bis zu Ajjibur-schabu. Auf Ajjibur-schabu, der Straße von Babylon, fügte ich eine Brücke (über den) Kanal zusammen und schuf einen breiten Weg." (Übers. C. Wilcke) und Neriglissar, VAB 4, 212/213 II 6-11: „Den Ostkanal, den ein früherer König hatte graben

35. *Kanal südlich vom Kasr.*

lassen, seine Uferwände aber nicht gebaut hatte, den Kanal ließ ich graben und erbaute seine Uferwände aus Asphalt und Backsteinen. Reichliches, nicht versiegendes Wasser sicherte ich dem Lande." (Übers. C. Wilcke).

Im Norden der Burg ist ein ganz ähnlicher und in derselben Weise gebauter Kanal gefunden, dessen Überwölbung noch erhalten ist. Meiner Meinung nach wurde durch diesen Kanal das Wasser des

Euphrat, der dort noch „Arachtu" genannt wurde, nach Osten geleitet, wo es das Kasr vielleicht in nicht sehr regelmäßig begrenzter Weise schon in neubabylonischer Zeit umfloß. Dieses östliche Wasser wurde dann durch den vorhin besprochenen Kanal wieder zum Euphrat zurückgeleitet. An der Südwestecke der Kasr-Bauten, wo diese von der Nabonid-Mauer erreicht werden, sind in letzterer die Ausströmungsöffnungen erhalten. Im Süden unseres Wasserlaufs erscheint die Straße wieder, aber in viel niedrigerer Lage. Sie hat, mit asphaltüberzogenen Ziegeln gepflastert, dieselbe Breite wie die südliche Strecke des Kasr und verläuft zwischen den Häusern des Merkes und dem Peribolos von Etemenanki, unmittelbar neben dem letzteren, aber in einer trennenden Entfernung von den profanen Wohnungen der Babylonier. Die erste Strecke, bis zu dem großen Tor von Etemenanki, besaß über der Backsteinpflasterung einen Belag von Durminabanda-Quadern, die an der zum Tor abführenden Zunge noch unberührt liegen (Abb. 36). Sie tragen

36. Ansicht der Prozessionsstraße östlich von Etemenanki.

dieselbe Weihinschrift wie die auf dem Kasr, einige von ihnen aber außerdem auf der Unterseite den Namen Sanheribs, des grausamen Assyrers, der zur Zeit seiner Gnade die Stadt vielfach verschönerte, um sie zuletzt, desto gründlicher zu zerstören, wie er in seiner Inschrift zu Bawian mit Wut berichtet. Nebukadnezar erwähnt von dieser Tätigkeit eines seiner Vorgänger nichts. Nur derjenigen seines Vaters Nabupolassar gedenkt er in der Steinplatten-Inschrift Kol. 5, 12—20 (VAB 4, S. 130/132): „Vom Duku, dem Ort der Schicksalsbestimmung, dem ‚Hochsitz der Schicksale‘, bis nach Ajjibur-schabu, der Straße von Babylon, gegenüber dem Tore der Herrin, hatte er (= Nabupolassar) mit Durminabanda-Steinen die Prozessionsstraße des großen Herrn Marduk, den Weg, geschmückt" (Übers. C. Wilcke). Von diesen Pflasterquadern Nabupolassars sind allerdings keine zweifellosen Reste vorhanden. Aber so gut wie sich Nebukadnezar der Platten Sanheribs bedient, wird er auch wohl diejenigen seines Vaters bei seinen Neubauten wieder verwendet haben.

Wir haben die Straße, wie an der Ostseite des Peribolos von Etemenanki, so auch an dessen Südseite ausgegraben, wo sie zwischen ihm und Esagila bis zum (Urasch?)-Tor in der Nabonid-Mauer und der Euphratbrücke dort zu verfolgen war. In dieser ganzen Strecke liegen öfter mehrere Backsteinpflaster, durch schwache Erdschichten voneinander getrennt, übereinander. Die oberen tragen stets den Nebukadnezar-Stempel, das unterste dagegen ist stempellos und die Ziegel kleineren Formats (32 cm), was immer auf Nabupolassar deuten kann, aber nicht muß. Nördlich vom Ischtar-Tor finden sich nur Nebukadnezarstempel. Danach scheint es sich in der eben angeführten Stelle um die Strecke zwischen Esagila und dem Kasr zu handeln. Das „Herrin"-Tor (*bāb bēlti*) wäre dann in der Ostfront des Kasr zu suchen, Duku entweder in Esagila oder in dem Peribolos von Etemenanki.[24] Die Prozessionsstraße auf dem Kasr hieß Ajjibur-schabu.[25] Nur auf diese

31. Die „Straßeninschrift".

letztere Strecke bezieht sich die oben angeführte Stelle der Steinplatten-Inschrift (Kol. 5, 38).

Wir haben, allerdings nicht in situ, einen Ziegel (Abb. 37) mit einer Inschrift gefunden, die sich auf den Straßenbau Nebukadnezars bezieht, dazu mehrere Fragmente von Ziegelinschriften eben desselben Inhalts:

„Nebukadnezar, König von Babylon, der Ausstatter von Esagila und Ezida, Sohn Nabupolassars, Königs von Babylon. Die Straßen von Babylon, die Prozessionsstraßen Nabûs und Marduks, meiner Herren, die Nabupolassar, König von Babylon, der Vater, mein Erzeuger, mit Asphalt und gebrannten Ziegeln glänzend gemacht hatte als Weg: Ich, der Weise, der Beter, der ihre Herrlichkeit fürchtet, füllte über dem Asphalt und den gebrannten Ziegeln eine mächtige Anfüllung aus reiner Erde, befestigte ihr Inneres mit Asphalt und gebrannten Ziegeln wie eine hochgelegene Straße. Nabû und Marduk, bei eurem fröhlichen Wandeln in diesen Straßen, Wohltaten für mich mögen ruhen auf euren Lippen, ein Leben ferner Tage, Wohlbefinden des Leibes, Fr[eude] des [Her]zens. Vor euch will ich auf ihnen wandeln. Ich möge alt werden für ewig." (Übers. F. H. Weißbach/C. Wilcke.)[26]

Auf der Straße, auch unter dem Prozessionspflaster, liegen hier und da babylonische Gräber; Erwachsene in großen Töpfen, Kinder in flachen elliptischen Tonschalen.[27] Irgendwelche Bezeichnungen über der Erde, Grabmäler, sind nicht beobachtet, auch bei der Lage auf der Straße wohl höchst unwahrscheinlich. So wird es auch wohl auf den sonst üblichen Begräbnisstellen gewesen sein: den Straßen und Plätzen der Stadt, an den Festungsmauern und in den Ruinen verfallener Häuser.

9.

Der Ninmach-Tempel

Hat man das Ischtar-Tor durchschritten, so befindet man sich auf einem hochgelegenen Platz vor der Ostfront der Südburg, wo auch das große Hauptportal der letzteren lag. Er ist, wie die Straße und der Palast selbst, durch künstliche Aufschüttung in verschiedenen Etappen auf dieselbe Geländehöhe gebracht wie die ganze Burg. In der nordöstlichen Ecke liegt der Tempel der Ninmach, der „großen Mutter" (Abb. 38 a—c).[28] Seine Eingangsfront schaut nach Norden, gerade gegen den Mauerschenkel des Ischtar-Tors, mit dem er durch ein kurzes, ein kleines Tor enthaltendes Mauerstück verbunden ist. An die Südostecke schließt eine Lehmziegelmauer, ebenfalls mit einem Tor, an, die wohl am Rande des Tempelplatzes entlang lief. Es ist nur ein kurzes Stück davon erhalten. Auf diese Weise war das profane Gebiet des Platzes von dem sakralen Teil genau geschieden.

Gerade vor dem Tempeleingang liegt ein kleiner, aus Lehmziegeln erbauter Altar, umgeben von einer Area aus Backsteinen, deren Ränder durch hochkantig in die Erde eingelassene Ziegel gesichert sind.

Der Tempel besteht, wie alle bisher von uns gefundenen, aus Lehm-

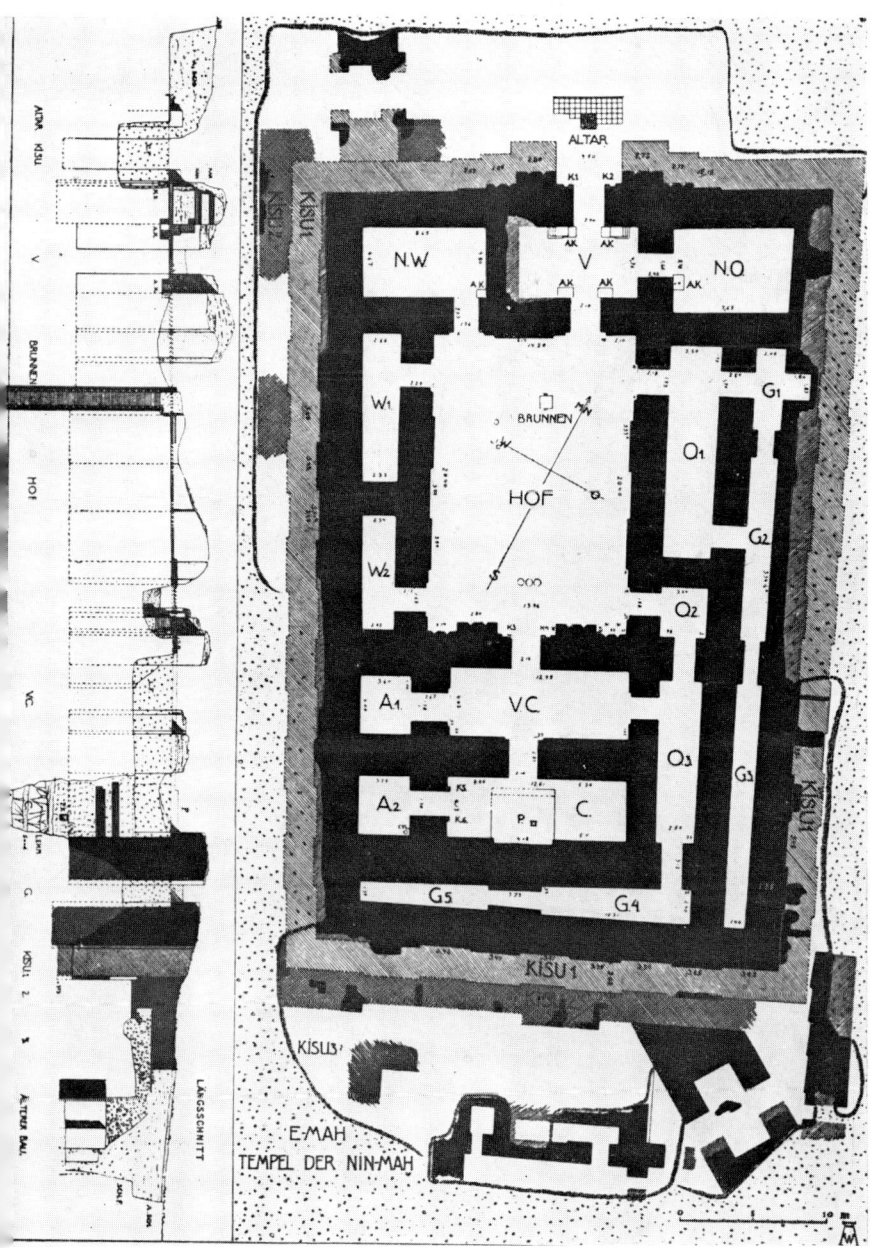

38a. Der Ninmach-Tempel. Grundriß und Schnitt.

38 b. Das Ischtar-Tor, die „Hängenden Gärten der Semiramis" rechts und der Ninmach-Tempel links. Nach einer Luftaufnahme von G. Gerster.

ziegeln. Aber man muß sein ursprüngliches Aussehen nicht nach dem heutigen der Ruine beurteilen; seine Wände waren mit weißem Putz überzogen, sodaß der Eindruck eher der des Marmors war.[29] Die künstlerischen Motive für die Ausstattung sind der Festungsbaukunst unmittelbar entlehnt: eng aneinander gestellte Türme stehen an den Wänden und namentlich an den Türen. Ihre obere Bekrönung, die allerdings nirgend erhalten ist, werden wir uns daher ebenso wie die der Festungsmauern mit den üblichen abgetreppten Zinnen ausgestattet zu denken haben. Dazu tritt bei diesen Sakralbauten eine sehr charakteristische Schmuckform, die den Festungs- und sonstigen Profanbauten fehlt. Das sind senkrecht von oben nach unten verlaufende, im Querschnitt rechteckige oder wie hier am Ninmach-Tempel abgetreppte Rillen. Bei anderen Tempeln, wie dem von Borsippa oder dem ältesten Esagila, tritt an Stelle der Rillen halbrundes Stabwerk. Gesimse, Friese und dergleichen gibt es für gewöhnlich in Altbabylonien ebensowenig wie etwa Säulen und Gebälke.

38c. Der Ninmach-Tempel von Norden. Neue irakische Rekonstruktion.

Im Tor liegen in instruktiver Weise die drei obersten Fußböden, durch Erdschichten von einander getrennt, übereinander. Sie gehören den letzten drei Erhöhungen an, die der Tempel, abgesehen von zwei noch älteren, die wir in der Cella kennen lernen werden, erfahren hat. Unter jedem Fußboden des Tores liegt eine Rinne, die das Tagewasser aus dem Gebäude hinausleitete, und zu beiden Seiten des Eingangs ebenfalls unter dem Pflaster je eine von diesen merkwürdigen, aus sechs Ziegeln zusammengesetzten Kapseln, denen man an fast jeder Tür von einiger Bedeutung in jedem Tempel begegnet. Die eine dieser Kapseln war leer, in der östlichen stand ein Vogel aus Ton, dabei ein Stückchen Ton mit Resten einer kaum verständlichen Inschrift. Derartige Gaben nennen wir wohl Opfer, und diejenigen von den Kästchen, die jetzt leer sind, enthielten gewiß Gaben, die im Laufe der Zeit verrottet und verschwunden sind. Was die alten Babylonier sich aber eigentlich dabei gedacht haben, wissen wir nicht; es geht auch aus den Inschriften, die auf einigen dieser Tonfiguren an anderen Fundstellen erhalten sind, durchaus nicht klar hervor.[79]

Der Verschluß der Tür war zweiflüglig. Die mit dreilappigen Bronzeschuhen (Abb. 39) bewehrten Pfosten dieser Türflügel bewegten sich auf steinernen Pfannen von beträchtlichen Dimensionen. Die gemauerten Kästen, in welche die Pfannen eingelassen waren, sind hier wohlerhalten, die steinernen Pfannen selbst, wie meistens, verschwunden. Die beiden Mauerklötze, durch welche die alten Angelkapseln zum Teil überbaut sind, werden in irgendeiner, jetzt nicht mehr klar ersichtlichen Weise als Fundament für die zum oberen Pflaster gehörigen Angelsteine gedient haben. Die Tür konnte, abgesehen von dem sicher anzunehmenden Riegelverschluß, auch durch einen von innen schräg gegen sie gestemmten Balken noch besonders stark verrammelt werden. Zur Aufnahme dieses Balkens diente eine kleine Vertiefung im Fußboden und ein über letzteren ein wenig hervortretender Stein, genau so, wie es am Urasch-Tor und in Zincirli/Senschirli am Burgtor war. Der gewöhnliche Verschluß bestand gewiß in dem aus der Wand vorziehbaren Balken, wie wir das an dem alten Tor der Südburg sehen werden. Hier handelt es sich nur um eine Verschlußverstärkung, die in unruhigen Zeiten die Priester von E-mach in den Stand setzte, ihr Heiligtum wie eine Festung verteidigen zu können. Türme und Zinnen der Umfassung mögen ihnen dabei geholfen haben.

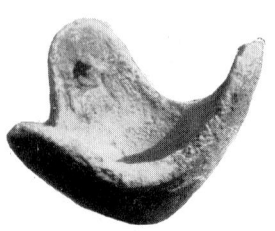

39. *Der bronzene Pfostenschuh von E-mach.*

Verläßt man das Vestibül, wie wir diesen ersten Raum am Tor wohl nennen können, so befindet man sich zunächst in dem verhältnismäßig großen und sicher oben offenen Hofe, von dem aus die übrigen Gemächer direkt oder indirekt zugänglich sind. Gerade gegenüber liegt der Eingang zur Cella (Abb. 40), durch rillengeschmückte Türme ausgezeichnet. Sehr wohl konnte man schon von hier aus durch die geöffneten Cellatüren hindurch das Kultbild auf dem Postamente im mystischen Halbdunkel des Allerheiligsten sehen.[30] Rechts am Wege lag ein gemauerter Brunnen, der wohl bei den Kulthandlungen eine bedeutsame Rolle spielte. Gerade vor dem Cellaeingang bemerkt man im Asphaltüberzug des Ziegelpflasters drei kreisrunde Vertiefungen, die von hier aufgestellt gewesenen Metallgefäßen herzurühren scheinen; ähnliche sieht man auch ungefähr in der Mitte des Hofes. Man erwartet hier Räuchergefäße, Thymiaterien, man weiß es aber natürlich nicht.

Die Lehmfront der Cella war zur Zeit des Hauptfußbodens mit einer dünnen Verbrämung aus gebrannten Ziegeln versehen, von der sich nur spärliche Reste erhalten haben.

Die Opferkapseln zu beiden Seiten des Eingangs unter dem Pflaster fehlen nicht. Sie sind infolge der stärkeren Setzung der Mauern, wodurch sich der Fußboden nach oben aufwölbte, in ihrer Rechtwinkligkeit stark verzerrt, der Fußboden selbst ist in den Ecken mit Hilfe von Asphalt und Ziegelbrocken wieder eingeebnet.

Die Cella hat einen Vorraum von ähnlichen Maßen, auch der kleine Nebenraum wiederholt sich hier. Letzteren haben wir als Adyton be-

40. Hof im Ninmach-Tempel.

zeichnet, ohne eine weitere Begründung als die Analogie mit griechischen Tempelcellen. Es scheint wahrscheinlich, daß das profane Volk überhaupt nicht weiter vorgelassen wurde als bis in diesen Vorraum. Die Zugänglichkeit der Cella wurde nämlich durch das bis ganz nahe an die Tür heran tretende Postament offenbar bedenklich erschwert, eine Sonderbarkeit, die wir bei den meisten Cellen wiederfinden werden. Das zum Hauptfußboden gehörige Postament ist nicht mehr vorhanden. Seine hauptsächlichsten Abmessungen waren aber am Erdreich und an den in der Nische der Rückwand klebenden Asphaltbrocken noch auszumachen. Dagegen sind weiter unten zwei übereinander liegende Postamente aus gebrannten Ziegeln und Asphalt vorhanden, aus denen zwei ältere Benutzungsperioden des Tempels sich erschließen lassen. Die Postamente überragten den Fußboden immer nur sehr wenig und hatten vorn gewöhnlich eine niedrige Stufe. Noch weiter unten an der Grenze der Fundamente lag unter dem Postamente die an dieser Stelle übliche Backsteinkapsel mit dem Tonbild eines Männchens, der einen dünnen goldenen Stab in der Hand hielt.[79] In anderen Tempeln werden wir ihn besser erhalten sehen als gerade hier. In wiederum größerer Tiefe ergab die Grabung eine natürliche Schichtung von Sand und Lehm abwechselnd, als wenn hier einmal längere Zeit Wasser geflossen hätte.

Im Adyton lag am Fundamentende in der einen Ecke der Gründungszylinder Assurbanipals (Abb. 41). Sand umgab ihn, und in der Nähe lagen Tontafeln, die aus Nebukadnezars Zeit datiert sind. Der Zylinder lag also gewiß nicht mehr genau an derselben Stelle, wo ihn Assurbanipal hingelegt hatte, aber sicher ungefähr. Denn Nebukadnezar wird die letzten vier Zeilen dieser Urkunde mit ähnlicher Ehrfurcht gelesen

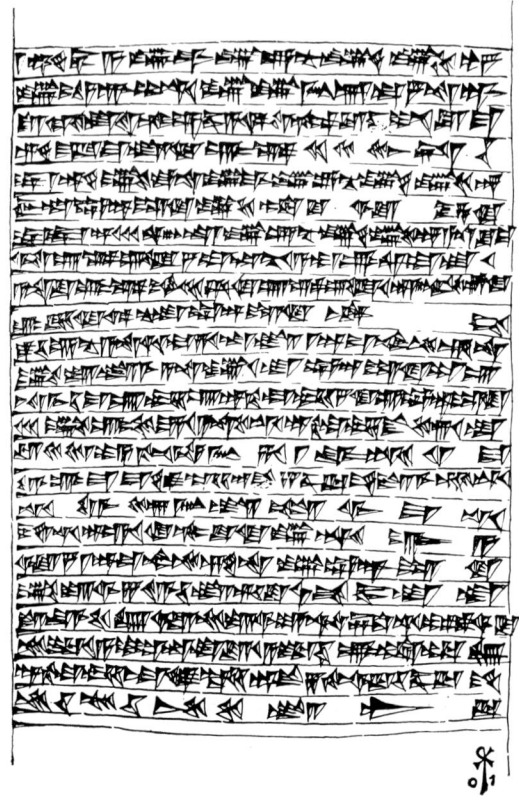

41. Inschrift des Assurbanipal-Zylinders vom Ninmach-Tempel.

haben, wie wir das heute tun: „Wer meinen geschriebenen Namen und den Namen meines (lieben) Bruders mit arglistigem Tun vertilgen, zugrunde richten oder ihren Ort ändern wird, dem möge Ninmach vor Bēl (und) Bēltija zum Bösen sprechen, seinen Namen, seinen Samen in den Ländern vernichten!" (Übers. F. Delitzsch/C. Wilcke.) Zur Gründung des Tempels bekennt sich Assurbanipal in Zeile 12: „Zu eben jener Zeit ließ ich E-mach, den Tempel der Göttin Ninmach in Babil, neu machen." Es ließ sich nicht mehr erkennen, ob und inwieweit die unteren Teile der Mauern noch auf Assurbanipal zurückgehen. Die beiden unteren Postamente haben keine Stempel auf ihren Ziegeln, ebensowenig wie der Hauptfußboden. Daß aber dieser wie die für ihn nötige Auffüllung von Nebukadnezar hergestellt wurde, geht aus Tontafeln mit seinem Namen hervor, die unterhalb gefunden sind, und namentlich aus den Stempeln der Backsteinmauer, die der König rings um den Tempel errichten ließ. Dieser „Kisû[1]", wie die Mauer inschriftlich genannt wird, hatte namentlich den Zweck, die Umfassungsmauer des Gebäudes zu verstärken, als sein Fußboden erhöht wurde. Die dabei frisch eingebrachten Füllmassen mußten drängend auf die Außenwände wirken und machten solche Verstärkung notwendig. Wir finden ihn daher bei vielen Monumentalbauten, sobald sie erhöht wurden. Dieses Erhöhen eines Gebäudes bei Gelegenheit des Neubaues ist so recht eigentlich die Lust des Babyloniers. Höher und immer höher zu bauen, — genau auf dem-

42. Kisû-Inschrift von E-mach.

selben Grundriß, ist die offenkundige Tendenz bei allen baulichen Restaurationsarbeiten.

Im Schutt des großenteils von früheren Ziegelräubern abgebauten Kisû haben wir eine beträchtliche Anzahl von beschrifteten Ziegeln gefunden, deren Legende auf den Tempelneubau und den Kisû Bezug nimmt (Abb. 42): „Nebukadnezar, König von Babylon, Sohn Nabupolassars, Königs von Babylon, bin ich. E-mach, den Tempel der Ninmach in Babylon, habe ich der Ninmach, der Fürstin, der Hehren, in Babylon neu gebaut. Einen gewaltigen Kisû von Erdpech und Ziegelsteinen ließ ich ihn umgeben" usw. (Übers. H. Winckler.) Die Inschrift ist identisch mit der auf kleinen Zylindern, die sich in verschiedenen

Museen befinden, von denen wir indessen keinen gefunden haben. (KB III 2, 67). Man sieht, was Nebukadnezar „gewaltig" (wörtlich: „stark") nennt, es ist eine Mauer von 2,02 m Dicke! Mit der Fußbodenerhöhung hielt übrigens die Erhöhung der unmittelbaren Umgebung, wie es scheint, ziemlich gleichen Schritt. Der Hauptfußboden liegt ungefähr auf derselben Höhe wie die ältere Prozessionsstraße.

Um diesen älteren Kisû, der die ganze Umrißlinie des Tempels mit allen seinen Vorsprüngen genau wiederholt, verläuft ein jüngerer, der nur an einigen Stellen größere Turmvorsprünge hat. Er ist mit Nebukadnezar-Ziegeln gebaut, und reicht nicht so tief hinab wie sein Vorgänger. Selbst von einem dritten Kisû, der wiederum höher fundiert war, scheinen sich im Süden Reste erhalten zu haben.

Im Süden hinter dem Tempel liegen in der Tiefe des alten Kisû Baulichkeiten aus Lehmziegeln, denen wir nicht weiter nachgegangen sind. Sie zeigen, daß der Burgplatz hier von Gebäuden privaten Charakters besetzt war.

Von wem die beiden oberen Fußböden herrühren, die im Eingangstor erhalten sind, läßt sich mit Sicherheit nicht sagen. Ihre Nebukadnezar-Stempel sind dabei nur in beschränkter Weise zu verwerten. Auf dem Hauptpflaster lag ein allerdings ganz unbedeutendes Gemäuer aus Nabonid-Ziegeln.

Oberhalb des obersten dieser Pflaster war das Gebäude in einer späteren Zeit als Ruine eingeebnet und mit einem Lehmziegelbau überbaut, dessen Wände aber die Richtung des alten Tempels beibehielten. Es war zu wenig davon erhalten, als daß man über seine Bedeutung zu einer nennenswerten Klarheit hätte kommen können.

Um den Bau noch weiter zu sichern, wurden ungefähr in mittlerer Höhe zwischen der Fundamentsohle und dem Hauptfußboden hölzerne Balkenanker eingefügt, die von den Umfassungsmauern bis zur gegenüberliegenden Wand reichten. Ihre Höhlungen in den Mauern haben wir in dem Nordost-Zimmer und in dem Raume W_2 gefunden.

Ungefähr nach jeder 8. Schicht liegen in den Lagerfugen dicke, sich überkreuzende Lagen von Schilf, die im Laufe der Zeit zu einer weißen Asche verrottet sind. Sie hatten gewiß den Zweck, das Gemäuer in irgendeinem Sinne fester zu machen. Wie lange sie aber einem solchen Zwecke wirklich nachgekommen sind, läßt sich schwerlich bestimmen.

Die Mauerecken an den Türen waren durch eingelegte, mit Asphaltteer überzogene Hölzer gesichert. Ein solches Holz von der Höhe einer Ziegelschicht lag in der Laibung, je eins, eine Schicht höher an den Seiten, sodaß eine Zarge entsteht, die außerdem zur Befestigung der Tür oder ihres Gewändes gedient haben könnte.

Man möchte sich begreiflicherweise gern eine klarere Vorstellung von dem Zweck und der Benutzungsweise der verschiedenen Räumlichkeiten machen; das hat indes seine Schwierigkeiten. Über die das Gotteshaus betreffenden Kultgebräuche sind wir sehr wenig unterrichtet. Es ist daher von Wichtigkeit, daß wir hier in Babylon nicht nur einen, sondern eine Reihe von vier vollständigen Tempeln haben, bei denen sich gewisse Raumanordnungen wiederholen. Man ersieht daraus sofort, daß einem Tempel unumgänglich notwendig zukommt: die Turmfront, das Vestibül, der Hof, die Cella mit dem Postament in der flachen Wandnische. Unschwer zu erklären ist der kleine Nebenraum neben der Cella als Aufbewahrungsort für kultisches Inventar. Den neben dem Vestibül liegenden Raum darf man mit einigem Recht entweder als Wartezimmer oder als Aufenthaltsort für einen Pförtner auffassen. Auffallend sind die langen, schmalen Gänge in der Nähe der Cella, die sich ganz ähnlich bei andern Tempeln wiederfinden. Sie eignen sich zur Anlage von Treppen oder Rampen, die zu dem flachen Dache führten. Sie mögen auch zum Teil dazu wirklich verwendet worden sein. Nur ist nicht recht erklärlich, weshalb dann zwei ganz ähnliche Anlagen derart dicht beieinander liegen, wie G 1. G 2. G 3 und O 3. G 4. G 5. Ich möchte vorläufig annehmen, daß die Gänge die Reste eines älteren, allerdings noch unbekannten Grundrißtypus darstellen. Es macht im allgemeinen den Eindruck, als wenn das babylonische Urhaus im wesentlichen eine viereckige Ringmauer gewesen sei, innerhalb welcher, dem Eingang gegenüber, von der Ringmauer durch einen schmalen Zwischenraum getrennt, das einräumige Einzelhaus stand. Im Laufe der Entwicklung wären dann weitere Einzelräume hinzugetreten, die an die übrigen Seiten der Ringmauer angebaut wurden. Der Zwischenraum würde sich dadurch erklären, daß durch ihn eine Bewachung des Hauptraumes ermöglicht wurde gegen die Gefahr eines räuberischen Durchbruchs durch die Ringmauer. Das ist, wie gesagt, Hypothese, und rechnet durchaus auf Erfolge zukünftiger Forschung.[31]

Von einem Kultbild ist nichts gefunden. Die Postamente nehmen bei vielen Tempeln zum Teil gigantische Fundamenttiefen an, obwohl sie stets nur wenig über den Fußboden hervorragten. Das läßt darauf schließen, daß sie auf starke Gewichte berechnet waren. Herodot berichtet (I, 183) von der sitzenden Marduk-Statue im Tempel Esagila, daß sie mit ihrem Zubehör 800 Talente Gold wog, und von einem anderen Götterbilde von 12 Ellen Höhe aus massivem Golde. Daß derartige kostbare Gebilde sich nicht auf eine spätere Zeit hinüberretten konnten, versteht sich von selbst.[32] Ihre Kostbarkeit war ihr sicheres Verderben. Will man trotzdem versuchen, von dem Aussehen der Tempelstatue sich eine Vorstellung zu machen, so ist man gezwungen, auf die Terrakotten zurückzugreifen. Sie werden über das ganze Stadtgebiet hinüber zu vielen Tausenden gefunden. Nur eine verschwindende Zahl davon ist unverletzt, überwiegend die meisten liegen überhaupt nur in Form von kleinen Bruchstücken vor. Diese genügen aber, auch wenn sie sehr klein sind, fast immer, um sie einem voll bekannten Typus einzureihen. So gewaltig groß nämlich die Zahl dieser Terrakotten im ganzen ist, so verschwindend gering ist die Zahl der verschiedenen Typen. Sie scheinen als eine Art von Hausgötzen gedient zu haben, halten sich immer in denselben bescheidenen Maßen von ungefähr 12 cm Höhe und sind nur auf der Vorderseite plastisch gearbeitet, aus einer Tonform gedrückt; die Rückseite ist flach und glatt abgerundet.[33] Die Darstellungen liegen stets „en face", männliche werden bekleidet, weibliche unbekleidet gegeben. Erst in griechischer Zeit erhält z. B. die Frau mit dem Kind im Arm Kleider, andere weibliche Typen erhalten sich bis in die späteste Zeit nackt. In technischer Beziehung weist erst die spätere griechische Periode eine Änderung insofern auf, als auch für die Rückseite eine Form angefertigt wird, sodaß Vorder- und Rückseite an den Kanten aneinandergeheftet werden müssen, und das Innere hohl bleibt. Die Terrakotten zeigen heute durchgängig den gelblichen, selten rötlichen Farbton der gebrannten Erde, waren aber ursprünglich bemalt, wie einige besser erhaltene Exemplare lehren. Aus Nebukadnezars Zeit und früher finden sich auch solche mit einer, wie es scheint, einfarbigen Glasur; doch befindet sich letztere durchgängig in einem so verwitterten Zustande, daß man nicht sagen kann, ob sie nicht ursprünglich auch vielfarbig gewesen sei.

Der formale Typus jeder einzelnen dieser nicht eben sehr zahlreichen Götterfiguren tritt bei den zahllosen Exemplaren mit einer so überzeugenden Unabänderlichkeit auf, daß auch das Kultbild des betreffenden Gottes in seinem Tempel dieselbe Gestalt gehabt haben muß. Wenn nun in oder an einem Tempel eine größere Anzahl identischer Typen gefunden wird, so darf man in diesen bis auf weiteres eine Wiederholung des Kultbildes in seiner plastischen Erscheinung vermuten. Man muß sich dabei nur stets bewußt bleiben, daß hier Zufälligkeiten mitspielen können. Jedensfalls bin ich gern bereit, die hier bei den einzelnen Tempeln gemachten Vorschläge zugunsten später vielleicht möglicher, soliderer Erwägungen aufzugeben.[34]

Die Terrakotten vom Ninmach-Tempel (vgl. Abb. 202) zeigen den Typus einer stehenden weiblichen Figur mit ineinander gelegten, gefalteten Händen. Sie trägt wohlfrisiertes Haar, ein Halsband und mehrere Beinspangen. Die Haltung ist vollkommen symmetrisch, das Gesicht rund und voll, wie der Vollmond, und genau so, wie auch das arabische Schönheitsideal es von Frauen verlangt.

Die im Tempel gefundenen Tontafeln enthalten Listen von Baumaterial-Lieferungen, von Arbeitern und von Leuten, welche nicht gearbeitet haben. Auch der Name eines Baumeisters: Labaschi kommt darin vor.

Mit diesem E-mach haben wir den Typus des babylonischen Tempels kennengelernt, der vor unseren Ausgrabungen durchaus unbekannt war. Bei der Betrachtung aller übrigen Tempel werden wir uns bedeutend kürzer fassen können, fortan brauchen wir nur die individuellen Eigentümlichkeiten eines derartigen Baues hervorzuheben.[35]

10.

Die Südburg

Den südlichen, älteren Teil der Akropolis von Babylon haben wir uns gewöhnt, als „Südburg" zu bezeichnen (Abb. 43, 44). Auch diese ist nicht auf einmal gebaut, sondern in Abschnitten. In den Quadratreihen i bis m des Kasr-Planes (vgl. Abb. 13) liegt der älteste Teil. Hier stand wahrscheinlich ein Palast Nabupolassars, den Nebukadnezar zunächst beibehielt, um darin während des Umbaus des östlichen Teils zu wohnen.

43. Die Südburg des „Kasr" von Norden gesehen, ergänzt. Der westliche Teil ist noch nicht fertig ausgegraben.

Dieser östliche, ursprünglich freie oder mit Privathäusern besetzte Teil vor dem alten Palast war von einer Festungsmauer eingeschlossen, von dessen älteren Partien sich einige, namentlich das „Bogentor" im Osten, erhalten haben. Nebukadnezars erste Arbeit bestand darin, daß er die den östlichen Teil dieser Festung umgebenden Mauern aus gebrannten Ziegeln neu baute, den Platz auf ein höheres Fußboden-Niveau hob und ihn mit einem neuen Palast besetzte. Der neue Teil war dann eine

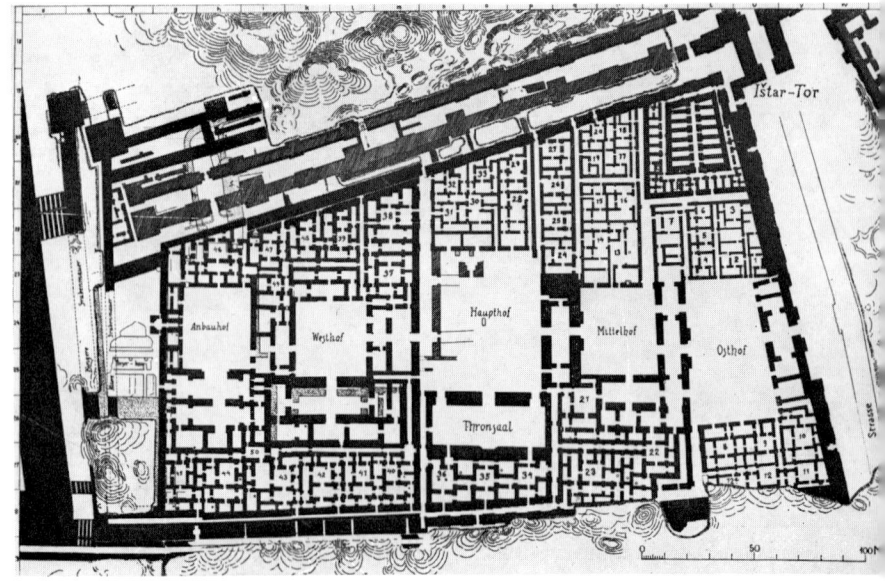

44. *Gesamtplan der Südburg.*

Zeitlang mit dem älteren, niedriger gelegenen, durch Rampenaufgänge verbunden (Abb. 67), die sich unverletzt unter dem Fußboden erhalten haben. Die zweite Bauperiode Nebukadnezars erneuert auch den alten Palast, hebt ihn auf dieselbe Höhe und schiebt die westliche Grenze bis zu der Quadratreihe g des Kasr-Planes vor. So bildet das Ganze wieder eine zusammenhängende, einheitliche Anlage von außergewöhnlicher Klarheit und Größe. Die wiederum später von Nebukadnezar vorgenommenen Palasterweiterungen, welche nördlich und westlich von der Südburg liegen, werden wir später betrachten. Vorläufig wenden wir uns der Besichtigung der Südburg zu, die sich, wie gesagt, als einheitliches Werk Nebukadnezars darstellt. Neriglissars Tätigkeit umfaßte eine Erneuerung der oberen Partien des westlichsten Teiles. Nabonid hat die großen Höfe mit schönen großen Ziegelplatten neu gepflastert, die noch vielfach an Ort und Stelle mit ihrem Stempel liegen, und Artaxerxes baute ein an die Westfront angelehntes Apadana, von welchem Fundamente, Emailleziegel, Stücke von Säulen und Inschriften aus Marmor vorhanden sind (f 25 im Plan, vgl. S. 134 ff.).

11.

Die Ostfront der Südburg

Die Ostfront besteht aus der mit der Prozessionsstraße parallel laufenden Festungsmauer (vgl. Abb. 44). Sie ist mit eng gestellten Kavaliertürmen bewehrt und enthält als Haupteingang ein in einem flachen Rücksprung angeordnetes Tor, das in üblicher Weise von zwei Türmen flankiert wird. Der Rücksprung ist im Norden geringer als im Süden. Die Mauer selbst verläuft nicht in der für den größten Teil des Palastes maßgebenden genauen Nord-Süd-Richtung, und man ist offenbar bemüht gewesen, diese Verschiedenheit in den Richtungen möglichst unmerklich auszugleichen. Das Tor ist vielleicht das der „Herrin" (Steinpl.-Inschrift, Kol. 5, 17).

Südlich neben diesem Tor liegt ein älteres Stück Mauer, das in vieler Beziehung von dem übrigen stark abweicht. Die Ziegel sind kleiner (31,5 × 31,5 × 7,5), Asphalt und Schilf bilden die Fuge, der Asphalt ist außen durchgängig aus der Fuge herausgetreten und an der Wand etwas herabgeflossen, wodurch die Mauer ein schwärzliches Aussehen erhält im Gegensatz zu den anstoßenden Stücken aus Nebukadnezars Zeit, die heller erscheinen, weil bei ihnen der Asphalt nicht austritt.

45. Das Bogentor in der Südburg.

Das Stück enthält eine überwölbte Pforte (Abb. 45), deren Schwelle etwa 6 m tiefer liegt als das Pflaster der Straße. Die Pforte, die wir gewöhnlich „das Bogentor" nennen, wurde bei der allgemeinen Terrainerhöhung mit Lehmziegeln vermauert. Es scheint aber an derselben Stelle auch später eine Pforte von untergeordneter Bedeutung in Gebrauch gewesen zu sein, von deren Gewände sich noch ein kleines Stück erhalten hat; sie müßte dann in das dahinter gelegene Palasthaus geführt haben. Der Verschluß bestand aus zwei unmittelbar hintereinander liegenden Türen, wie man aus den sowohl an der äußeren als auch an der inneren Seite der Mauer um einen Stein hervortretenden Anschlägen schließen muß. Man konnte dann die innere Tür beim Eintreten erst öffnen, nachdem man den kleinen Vorraum betreten und die äußere wieder hinter sich verschlossen hatte. Die äußere Tür war durch einen großen Balkenriegel verschließbar, der beim Öffnen in einen im nördlichen Mauerwerk ausgesparten Kanal zurückgeschoben wurde.

Sehr interessant und sehr charakteristisch für diese Zeit und diese Kunst ist die Konstruktion und die äußere Erscheinung des Bogens. Es waren drei Rollschichten übereinander, jede von einer Flachschicht überdeckt. Die unterste Schicht außen fehlt gegenwärtig, sie war zerstört. Die Ziegel unseres Bogens sind die gewöhnlichen, sie sind nicht keilförmig; verlegt sind sie so wenig radial, daß im Scheitel ein wirklicher dreieckiger Schluß übrig bleibt, der mit Ziegelverhau ausgefüllt ist. Die mittleren Steine sind, ehe sie versetzt wurden, mit Asphalt überzogen, die unteren liegen auf Lehm und Asphalt. Ein nicht mehr ganz klar zu eruierendes System von Ankern aus asphaltgetränktem Pappelholz durchzieht die inneren Kämpferschichten. Nur der untere Bogen bildete einen vollen Kreisbogen, jeder der beiden höheren beginnt erst einige Ziegelschichten höher und faßt folglich nur einen Teil des Halbkreises, ein Kreissegment. Er beginnt aber trotzdem nicht mit einer radial, also in diesem Falle schräg liegenden Schicht, sondern mit einer waagerechten. Man sieht, wie wenig klar und wie inkonsequent durchdacht diese Bogenkonstruktion doch im einzelnen noch ist im Vergleich mit einem römischen Hausteinbogen.

Die Mauer steht unten auf einem glatt durchlaufenden Fundamentabsatz. Die äußere Wand steht gut senkrecht, an der inneren setzen die Schichten ein wenig hintereinander zurück, sodaß eine geringe Böschung entsteht, und die Mauer unten etwas dicker wird als oben. Bei sicher nebukadnezarianischen Mauern fehlt diese Böschung.

An dieses alte, drei Türme enthaltende Mauerstück ist nördlich und südlich die jüngere mit gespundeter Dilatationsfuge (vgl. S. 47) angebaut, zu welchem Zwecke die alte, soweit nötig, abgehackt wurde. Die junge Mauer ist glatt, sie dient aber nur als Fundament für den nicht mehr erhaltenen oberen Teil, der sicher mit Türmen ausgestattet war.

Durch den Neubau wurde die alte Mauer gleichzeitig innen wie durch einen Kisû verstärkt, in welchen die Palasthausmauern mit glatter Dilatation eingreifen.

Das nördliche, sieben Türme lange Stück ist in den unteren Teilen von derselben Art und demselben Alter wie das „Bogentor", in den oberen gleichzeitig mit dem Burgtor; natürlich geht dabei die gespundete Dilatation durch. Auch hier ist innen eine kräftige Verstärkung hinterlegt. Diese durfte nach den Prinzipien der alten Baumeister nicht auf den unteren Fundamentabsatz aufgreifen. Infolgedessen verbleiben in den Mesopyrgien[1] schmale Streifen, die durch selbständige, einen Stein starke Mäuerchen ausgefüllt wurden. In diesen Dingen waren die Architekten Nebukadnezars sehr konsequent! Die Pforte im Norden entspricht ganz dem „Bogentor", sie ist mit jüngerem Mauerwerk geschlossen. Die Pforte in dem an das Ischtar-Tor anschließenden Haken vermittelt den Zutritt zu dem abgeschlossenen Gebiet der beiden Lehmmauern vom Ischtar-Tor. Um diese Pforte frei zu bekommen, ist die Burgmauer hier im Eck zurückgesetzt.

Die übrigen Seiten der Burgmauer betrachten wir lieber später. Wir müssen erst den Palast selbst näher kennen lernen.

12.

Der Osthof der Südburg

Durch das Tor der „Herrin" betreten wir zunächst den üblichen Torhof, an welchen zwei Zimmer mit großen Türen anschließen. Sie eignen sich zum Aufenthalt der Schloßwache, und haben Ausgänge zum Hof. Zwei weitere Räume, die daneben liegen, kann man als Warteräume auffassen.

Nördlich und südlich an dem Osthof (O, s. Abb. 46) liegen, von Gängen oder Gassen aus zugänglich, ähnlich wie in den übrigen Höfen auch, die Wohnungen der hier beschäftigten Beamten. Sie sind hier von geringeren Abmessungen als in den anderen Höfen, was offenbar mit der Steigerung ihrer Bedeutsamkeit zusammenhängt. Die größten Lokalitäten liegen immer an den Südseiten der Höfe. Die Einzelhäuser gruppieren ihre Räume stets um kleine Höfe, die sich durch ihre quadratische Grundform bestimmt von den eigentlichen Wohnräumen unterscheiden. Kleinere haben nur einen Hof, größere zwei und mehrere. So haben wir hier die einhöfigen Anlagen: 1, 2, 3, 6 und 10, die zweihöfigen: 4 + 5, 8 + 9 und 11 + 12, letztere infolge des schmalen Raumes hinter der Mauer etwas in die Länge verzerrt. Es scheint, daß hier eine Königliche Flaschenfabrik betrieben wurde; eine sehr große

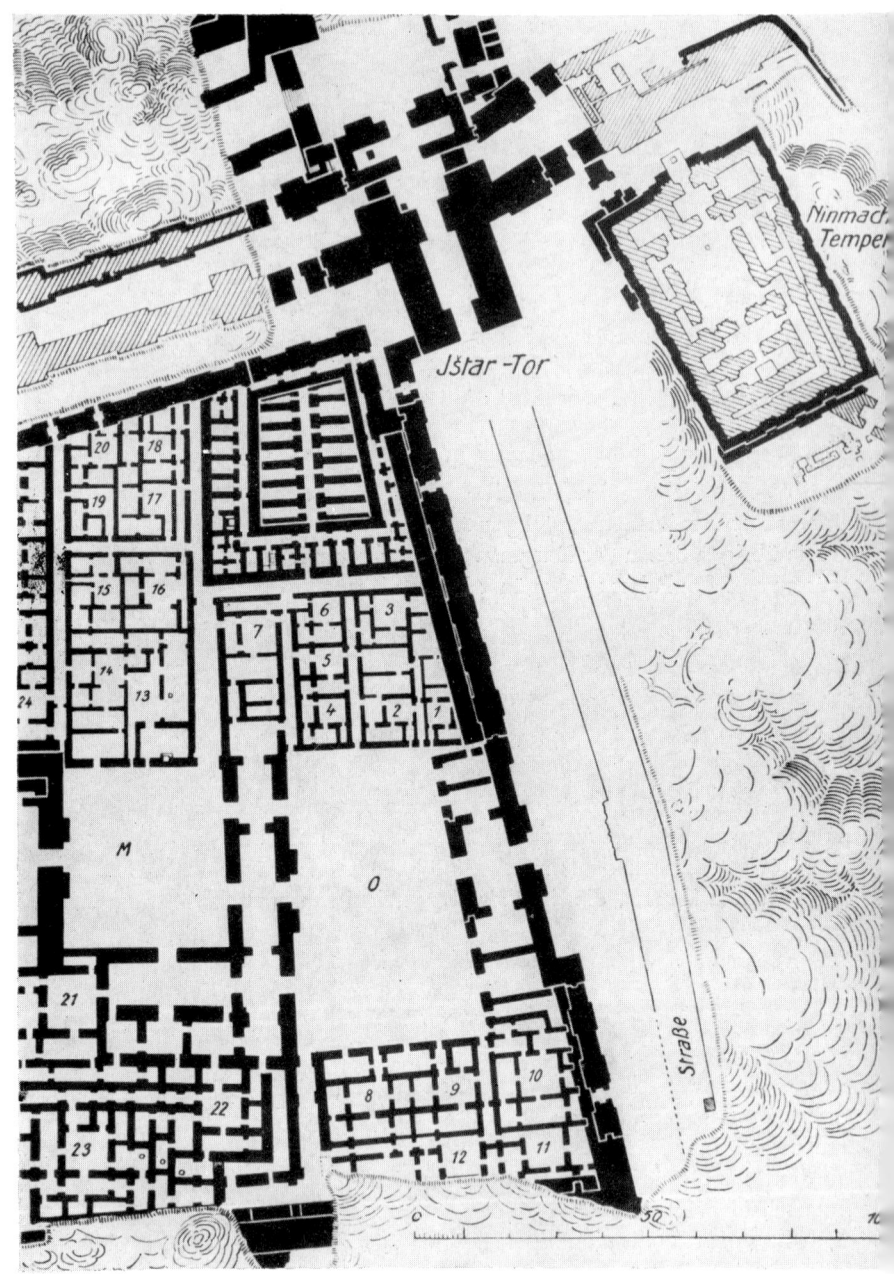

46. *Der östliche Teil der Südburg.*

Anzahl von Stücken dieser schöngeformten Gefäße, die in der griechischen Kunst Alabastra (Abb. 47) heißen, fand sich gerade in diesen Räumen, namentlich solche Stücke, die bei der Fabrikation abfallen. Zum Zwecke der Aushöhlung des Inneren bohrte man nämlich zunächst mit einem Kronbohrer ein zylindrisches Stück heraus, sodaß, nachdem man es abgebrochen hatte, weiteren Bohrinstrumenten Raum geschaffen war. Diese Bohrkerne fanden sich eben hier in Massen.

Das Haus 8 + 9 hat zwei größere Zimmer, die sich nach dem großen Hof (O) zu öffnen, mit den übrigen Räumen aber nicht in unmittelbarer Verbindung stehen. Sie tragen in dieser Weise sichtlich den Charakter von Amtsräumen, die dem Publikum vom großen Hofe aus direkt zugänglich waren, während der Beamte sie über einen kleinen Vorplatz hinüber von seinen Zimmern aus erreichen konnte. So wie an jedem der großen Höfe immer im Süden ein besonders großer Raum liegt, so hat auch jeder der kleinen Haushöfe im Süden den Hauptraum. Dieser wird so der angenehmste im ganzen Hause. Er liegt fast den ganzen Tage im Schatten. In

47. Ein Alabastron.

dem seltsamen Klima von Babylonien wird es verständlich, wenn man bei der Einrichtung des Hauses nur den Sommer und die Hitze in Betracht zieht. Der Sommer dauert acht Monate: von Mitte März bis Mitte November, und Juni, Juli und August zeitigen abnorm hohe Temperaturen, wir haben Maxima von $49^1/_2$ Grad Celsius im Schatten und 66 Grad in der Sonne beobachtet. Die Hitze dauert dabei auffallend viele Stunden am Tage an, sie beginnt des Morgens um 9, erst abends nach 9 wird es etwas milder, und die Minima treten nur des Morgens in der ersten Stunde nach Sonnenaufgang auf. Die Monate Dezember und Februar entsprechen in ihrem Gesamtverhalten ganz dem deutschen Herbst und Frühling. Nur im Januar ist es kalt, wenn die Sonne nicht scheint, sodaß es nachts manchmal friert. Die Frosttage kann man an den Fingern der Hand abzählen. Allerdings wirken die kühlen Tage auf den verwöhnten Körper recht empfindlich. Der Regen ist höchst unbedeutend. Ich glaube, wenn man alle Stunden im Jahr, wo es, wenn auch nur wenige Tropfen, regnet, zusammenzählt, kommt man kaum auf 6 oder 8 Tage. Gemessen hat Buddensieg den Jahresniederschlag mit 7 cm, in Norddeutschland hat man, wie Herr Geh.-Rat Hellmann gütigst mitteilt, 64, und in Indien stellenweise 1150 cm. Es gibt natürlich Ausnahmsjahre. 1898 war ein scharfer, langer Winter. Die Dornbüsche der Wüste waren dick bereift, und beim Reiten erstarrte der Atem zu Eis. 1906 erfroren Hunderte von Palmen in der Gegend von Babylon, und 1911 lag der Schnee fußhoch eine Woche lang auf der ganzen Ebene zwischen Babylon und Baghdad. Aber das sind Ausnahmen, von denen die Leute jedesmal behaupten, daß das seit hundert Jahren nicht passiert sei. Die Folge dieses in der Tat paradiesischen Klimas ist, daß alle Beschäftigung den größten Teil der Zeit im Freien vor sich geht, im Hofe, oder jedenfalls bei stets offener Tür. Fenster scheinen nicht dagewesen zu sein, gefunden ist nie eins, und die Grundrisse sprechen viel eher dagegen als dafür. Abends aber und

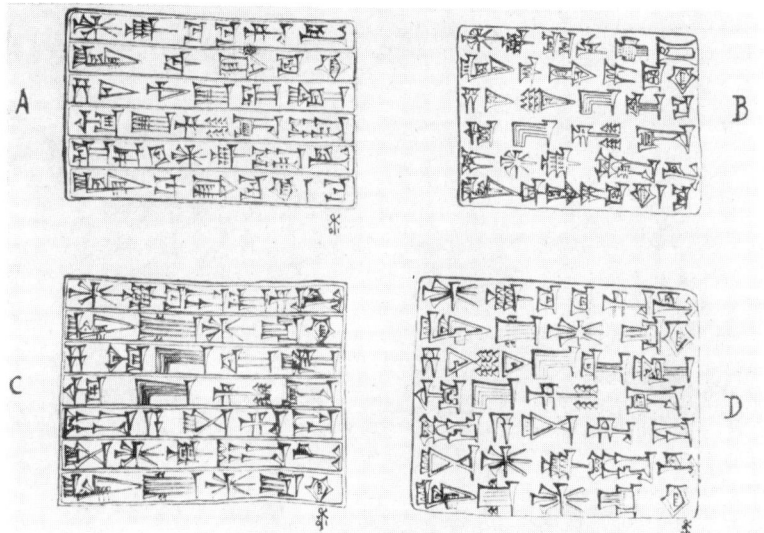

48. Ziegeltempel Nebukadnezars.

nachts lebt man auf den flachen Dächern. So dienen eigentlich die Zimmer mehr als Refugien oder als Aufbewahrungsräume, mit Ausnahme des Hauptraumes, wo jedenfalls der Beamte unweigerlich seinen Sitz haben mußte, er wird aber wohl auch oft im Hofe vor seinem Bureau residiert haben.

In der Südostecke des Kasr kommen die ältesten Ziegelstempel Nebukadnezars vor. Der König scheint hier seinen Neubau begonnen zu haben. Es sind sechszeilige, deren Legende mit „bin ich" (*anāku*) endigt (Abb. 48, 51). Im übrigen kommen die Legenden der verschiedenen Stempelsorten immer auf dasselbe hinaus: „Nebukadnezar, König von Babylon, Pfleger von Esagila und Ezida, Sohn Nabupolassars, Königs von Babylon." Es gibt 6zeilige, 4zeilige, 3- und 7zeilige Stempel; ein einziger ist 5zeilig. Die Vier-, Drei- und Siebenzeiler setzen statt des älteren einfachen „Sohn" (*māru*) das ausführlichere: „erstgeborner Erbsohn" (*aplu ašarēdu*), wonach der folgende Vatername mit „*ša*" eingeführt wird, was demnach den Sechszeilern fehlt.

Nach der Herstellungsart der Arbeitsstempel können wir drei verschiedene Sorten unterscheiden. Bei der einen wurde eine Ur-Inschrift in Ton hergestellt, wobei die Zeichen auf das schönste und sorgfältigste geschrieben waren, und die Hasten den regelrechten dreieckigen Querschnitt zeigen. Von dieser Ur-Inschrift konnte dann der Arbeitsstempel in Ton abgedrückt und gebrannt werden. Wir nennen das „Tonstempel". Ihre Zeilen sind stets durch Linien voneinander getrennt. Bei der zweiten Sorte wurden die Zeichen einzeln aus Holz geschnitzt, zu einem Block verbunden und dieser dann in Formsand abgedrückt. Aus dieser Form wurde der Arbeitsstempel wahrscheinlich in Bronze gegossen. Die Hasten werden dabei von rundlichem Querschnitt. Dieser „Metallstempel" hat den Vorteil großer Tiefe, dabei aber den Nachteil, daß sich die Zwischenräume zwischen den Hasten beim Stempeln leicht verstopfen. So erscheinen auf den Ziegeln die Zeichen manchmal nur in den Umrissen, während die Keile zu einer Fläche zusammengeschmolzen sind. Linien zwischen den Zeilen gibt es bei diesen Metallstempeln gewöhnlich nicht, vielleicht hatte deren Herstellung Schwierigkeiten. Bei der dritten Sorte endlich ist die Urschrift in Stein hergestellt, und zwar durch Schleifen. Die Keile erhalten dadurch einen strichigen Charakter, wie er besonders auf den Steingegenständen mit Weihinschriften aus der Zeit der kassitischen Könige auftritt. Der danach hergestellte Arbeitsstempel kann in Bronze oder in Ton genommen worden sein. Einen Arbeitsstempel selbst haben wir nicht gefunden, was nicht wundernehmen kann, da wir uns mit den Grabungen nicht an den Orten der Ziegelfabrikation befinden. Es ist auch möglich, daß die Herstellung in Wirklichkeit anders verlaufen ist, als ich sie dargestellt habe. Vorläufig muß es mehr darauf ankommen, den Charakter der Stempel nach seiner technischen Seite hin deutlich aufzufassen und möglichst prägnant bezeichnen zu können. Die Sechszeiler und die Siebenzeiler kommen gleichmäßig als Ton- und als Metallstempel vor, niemals „kassitisch". Die Vierzeiler sind fast ausschließlich Tonstempel, die Dreizeiler niemals Metallstempel, sondern entweder Tonstempel oder „kassitisch".

Auch die orthographischen Unterschiede binden sich mit derselben

Entschiedenheit an ganz bestimmt abgegrenzte Gruppen. Die Sechszeiler schreiben „Ba-bi-lu" oder „Ba-bi-i-lu", die Sieben-, Vier- und Dreizeiler ausschließlich „KÁ.DINGIR.RA" für Babylon. Die Schreibweise „TIN.TIR", die auf Steininschriften weitaus die häufigste ist, findet sich auf Ziegeln nur einmal bei einem Dreizeiler und einmal bei einem Vierzeiler. Sehr selten ist ein Vierzeiler, bei dem die Angabe des Vaternamens fehlt (Abb. 49), und als Kuriosum tritt manchmal ein

49. Gestempelter Ziegel Nebukadnezars (ohne Vatername)

siebenzeiliger Metallstempel auf, bei welchem die Zeilen umgekehrt angeordnet sind: was sonst die siebente Zeile ist, ist da die erste. Ob das nur Nachlässigkeit ist, wird man nicht entscheiden wollen. Zu erinnern ist aber daran, daß wir verständige Assyriologen haben, die die Keilschrift von oben nach unten lesen, was der historischen Entwicklung wohl entspricht. Geschrieben ist die Tontafel-Literatur bei Annahme der Rechtshändigkeit von links nach rechts, waren die Schreiber aber linkshändig, so müssen sie von oben nach unten geschrieben haben. Indessen machen nur archaïsche Steininschriften manchmal den Eindruck, als wenn sie von oben nach unten zu lesen wären. Das spätere Schriftwerk wird jeder von links nach rechts nehmen. Es wäre aber schon denkbar, daß gerade Nebukadnezar, der die alten, so prachtvoll monumentalen Zeichen stark bevorzugt, auch in der Zeichenanordnung von oben nach unten auf diesen Stempeln einen Versuch gemacht hätte, alte Sitte wieder einzuführen. Die Stempel sind ja alle in diesen monumentalen, sogenannten „altbabylonischen" Charakteren geschrieben.

Diese Sechszeiler schreiben „ᵈNabû-ku-dúr-ru-ú-ṣur" oder „ᵈNabû-ku-dúr-ri-uṣur", die Siebenzeiler neben dem letzteren „ᵈNabû-ku-du-úr-ri-uṣur". „Ap-lam" anstatt des sonst allgemein benutzten „DUMU.NITA" charakterisiert ausschließlich die vierzeiligen Stempel. Es ist vielleicht praktisch, hier gleich die Stempel der Nachfolger Nebukadnezars einzufügen. Von Amēl-Marduk haben wir überhaupt nur zwei Exemplare gefunden (Abb. 50): einen Dreizeiler, der den Nebukadnezar-Stempeln ganz analog behandelt ist; Neriglissar (vgl. Abb. 51 G) hat Drei- und Vierzeiler mit dem Text: „Neriglissar, König von Babylon, Erneuerer von Esagila und Ezida, Vollbringer guter Taten", Nabonid (vgl. Abb. 51 H) Drei- und Sechszeiler mit dem Text: „Nabonid, König von Babylon, der Erwählte Nabûs und Marduks, Sohn Nabûbalassuiqbis, des weisen Fürsten, bin ich" und „Nabonid, König von Babylon, Pfleger von Esagila und Ezida, Sohn des Nabûbalassuiqbi, des weisen Fürsten". Von Labaschimarduk (Labaši-Marduk) ist bisher kein Stempel gefunden.

50. Ziegelstempel Amēl-Marduks.

Alle diese Stempel tragen allgemeine Legenden; sie sin dna jedem Gebäude verwendbar. Dem gegenüber stehen die Spezialstempel, die ebenso wie die beschrifteten Ziegel in ihren Legenden auf bestimmte Baulichkeiten Bezug nehmen, für welche ausschließlich sie bestimmt sind. Wir haben solche von Nabupolassar, Assurbanipal, Asarhaddon, Sanherib und Sargon, und werden bei den betreffenden Gebäuden von ihnen Kenntnis nehmen.

Außerdem kommen ziemlich häufig entweder allein oder in Begleitung von Keilschriftstempeln solche in aramäischer Schrift (Abb. 52) vor, über deren Bedeutung mir bisher nicht viel besonders Überzeugendes zu Ohren gekommen ist. Es scheinen Namen zu sein, zum Teil in Abkürzungen. Leicht kenntlich ist der Name Nabonids, der sich in aramäisch öfter neben seinem Keilschriftstempel findet. ᷉ᵂᴵᵃᴸ (Abb. 53) stellt sich als eine Abkürzung des Kanalnamens Lībilchēgalla dar, und in 𐤂𐤍 könnte man die Anfangsbuchstaben von Nemetti-Enlil sehen. An Zeichen mehr symbolischer Art findet sich, ebenfalls entweder allein oder in Begleitung von anderen Stempeln, der Löwe, die Doppelaxt, das Zeichen Marduks (ein Dreieck auf einer Stange) oder ähnliches.

Die Fabrikation ging in ganz ähnlicher Weise vor sich wie bei uns. Der gut durchgearbeitete und ziemlich reine Ton wurde in einen viereckigen Holzrahmen gepreßt, der dabei auf einer geflochtenen Rohrmatte lag. Die Ziegel Nebukadnezars zeigen fast immer auf der einen Seite den Abdruck dieser Matte, während andere Könige ohne eine solche Unterlage fabriziert zu haben scheinen. Der Rahmen enthielt häufig an der einen oder an mehreren Innenseiten Einschnitte, die sich

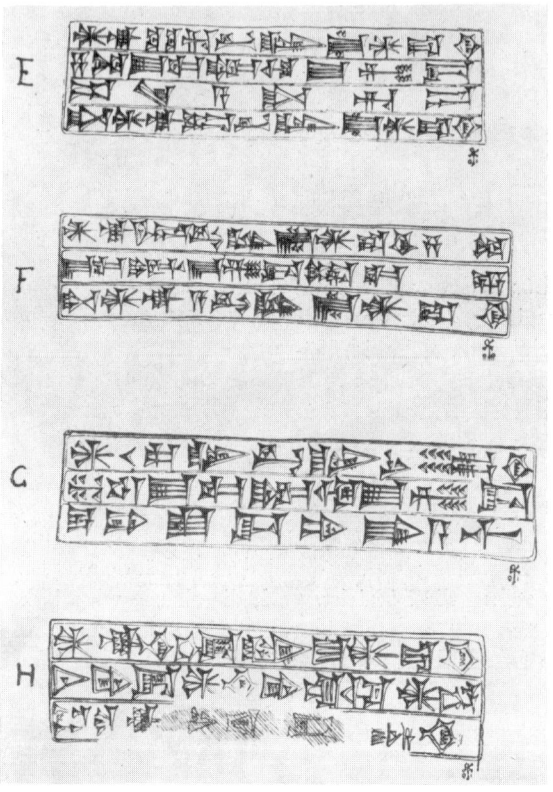

51. *Ziegelstempel Nebukadnezars (E, F), Neriglissars (G) und Nabonids (H).*

in der Form von erhabenen Strichen auf den Schmalseiten der Ziegel abdrückten. So unterscheiden wir einstrichige, zweistrichige (vgl. Abb. 71) bis siebenstrichige Ziegel. In Nebukadnezars erster Zeit tragen die Ziegel keinen, dann nur einen Strich, während sie bei den letzten Bauten, wie denen der Hauptburg, sieben Striche zeigen. So kommt es, daß ein siebenstrichiger Ziegel niemals eine sechszeilige

Legende im Stempel hat; denn die waren damals außer Gebrauch. Außer der Anzahl der Striche wechselt auch ihre Breite, Tiefe und Stellung. Zeichen für ältere Fabrikation ist die Mitte der Ziegelseite und größere Breite, erst in späterer Zeit erscheinen sie in der Nähe der Ecken. So ergibt sich ein reiches Material für die Unterscheidung zunächst nach den einzelnen Fabrikationsstätten, dann aber auch nach dem Alter. Im Laufe der 43jährigen Regierung Nebukadnezars hielt offenbar mit

52. *Aramäischer Beistempel auf Nebukadnezar-Ziegel.*

der allmählichen Vermehrung der Fabrikationsstätten das Bedürfnis nach Unterscheidungsmöglichkeit ihrer Erzeugnisse gleichen Schritt. Die Ziegel sind nun allerdings beim Vermauern nach ihren Marken nicht immer genau voneinander getrennt gehalten, aber im ganzen geben die Stempel zusammen mit den Strichen doch vielfach ein vortreffliches Mittel an die Hand, das relative Alter für die verschiedenen Mauern zu bestimmen.

Das Brennen ging, wie der Zustand der Fabrikate lehrt, in Öfen vor sich, die von den heute hier oder in Bagdad üblichen Ziegelöfen kaum wesentlich verschieden gewesen sein werden. Sie bilden außerhalb der Stadt, wo die Tonlager gut und das Heizmaterial, das Buschwerk der

Steppe, reichlich ist, große phantastische Baugruppen, an die das Volk gern schauerliche Geschichten knüpft. Das Hinein-geworfen-werden in solche geheizte Ziegelöfen war der neupersischen Rechtspflege ein beliebtes Exekutionsmittel, und wenn man die wabernde Lohe aus der Gicht dieser stärksten Heizvorrichtungen an dem babylonischen Nachthimmel aufsteigen sieht, so denkt man unwillkürlich an die eindrucksvolle Erzählung (Daniel III) von den drei Männern im feurigen Ofen: Sadrach, Mesach und Abed-Nego. Herodot berichtet, daß die Fabrikation der Ziegel für die Stadtmauer immer unmittelbar neben der Verbrauchsstätte stattgefunden habe. Das mag ausnahmsweise der Fall gewesen sein. Für gewöhnlich lagen die Öfen gewiß weiter draußen.

53. *Nebukadnezar-Ziegel mit aramäischen Beistempel.*

Die Mauern der Südburg sind von den Ziegelräubern durchgängig bis unter den Fußboden hinab ausgeraubt. Unsere Ausgrabungen reichen gewöhnlich bis zum Fußboden (Abb. 54). Die Mauern haben wir überall bis auf die noch an Ort und Stelle liegenden Ziegel freigelegt. Hier in dem südöstlichen Teile sind wir tiefer gegangen, haben auch die Füllmasse ausgehoben und sind bis an das Grundwasser vorgedrungen. Die Füllmasse besteht fast ausschließlich aus Sand und lehmiger Erde, Flußsedimenten, mit gelegentlichen Einschlüssen von antikem Bauschutt, Kohle- und Aschenresten, Knochen, wenig Scherben. Vielleicht entstammen die Sedimente dem südlich die Burg bespülenden Wasserarm, der dadurch zu besonderer Tiefe und Breite vergrößert wurde. Die Fundamente gehen in gleicher Stärke, ohne Fundamentverbreiterung, durch bis wenig höher als das Grundwasser. In jener Tiefe beginnt Ruinengrund, wie im übrigen Stadtgebiet: Röhrenbrunnen und viele

54. *Ausgrabung in der Südburg von Norden gesehen.*

Scherben, charakterisieren ihn. Bei den Fundamenten ist also alles vermieden, was einem Sacken der Mauern entgegenarbeiten könnte, diese sind vielmehr in senkrechter Richtung frei beweglich. Die Türen sind auch in den Fundamenten offen. Dadurch entstehen gesonderte Mauerblöcke, die sich zweifellos, noch ehe die Fußbodenhöhe erreicht war, noch während des Baues verschieden voneinander senkten. Um durch die Türen hindurch eine Verbindung dieser Blöcke untereinander herzustellen, sind hier von Zeit zu Zeit teergetränkte Pappelbalken eingelegt, die in den Mauerköpfen mit kurzen Querstücken verbunden waren, sodaß eine große ⊢-Klammer entsteht.

Auch den Ziegelverband kann man an dieser Stelle vortrefflich beobachten. Er ist bei dem quadratischen Format, das allerdings zweihändiges Hantieren bedingt, von großer Einfachheit. Die Steine liegen in durchgehenden Kreuzfugen; und wenn in der einen Schicht an der Kante ganze (Binder) liegen, so hat die darauf folgende Schicht halbe (Läufer). An den Ecken und in den Ixeln[1] wechselt der Wert der Kantenreihe. Wo letzteres einmal infolge einer Unregelmäßigkeit nicht geschieht, bedarf man an den Ecken eines Viertelsteins und in den Ixeln eines ausgeeckten ganzen, oder es geht in letzterem Falle die eine Wandfläche einen halben Stein tief in die anschließende Mauer mit durchgehender Fuge hinein. Das ist gerade hier in dieser Burggegend zu sehen. Die Sorgfalt in der Handhabung dieser Mauerregeln läßt allerdings manchmal zu wünschen übrig; die Stoßfugen werden ungleich dick, Flickstücke, die bei uns berüchtigten „Klamotten", werden eingelegt, und bei dickeren Mauern leidet die Regelmäßigkeit oft durch häufig das Mauerwerk quer und längs durchziehende kleine Kanäle von Schichthöhe und -breite, die außen durch ein Flickstück geschlossen werden. Sie scheinen zum Zwecke der Trockenhaltung angeordnet worden zu sein. Ausnahmsweise kommt bei der Arachtu-Mauer Nabupolassars und an dessen Palast, ebenso an dem Aufgangsbau in der Nordostecke des Kasr (t 4) ein Kantenverband vor, in welchem innerhalb derselben Schicht immer ein Ganzer hinter einem Halben neben einem Halben hinter einem Ganzen liegt, sodaß das Mauermassiv mit der Kantenreihe in verzahnter Verbindung steht. Das gehört zu den unrichtigen Konstruktionsgedanken, denen wir im Altertum durchaus nicht so selten begegnen, als begeisterte Liebhaber glauben möchten.

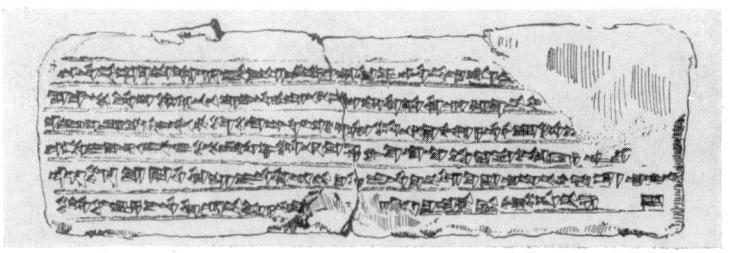

55. *Die sechszeilige Libanon-Inschrift von der Südburg.*

In dem Haushof v 27 fand sich ganz unten ein Ziegel mit einer 6zeiligen Inschrift (Abb. 55) eingemauert, deren Text besagt: „Nebukadnezar, König von Babylon, Sohn Nabupolassars, Königs von Babylon, bin ich. Den Palast, die Wohnung meines Königstums auf der Erde Babylons (oder: „dem Platz ,Babel'" [F. Delitzsch]), die in Babylon (ist), baute ich. Mächtige Zedern vom Gebirge Libanon, dem glänzenden Walde, brachte ich, und zu seiner Bedachung legte ich sie. Marduk, der barmherzige Gott, der mein Gebet erhört: Das Haus, das ich gebaut, an seiner Behaglichkeit möge er sich sättigen! Das Kisû, das ich errichtet, seinen Verfall möge er erneuern. Darin, in Babylon möge alt werden mein Wandel. Meine Nachkommenschaft möge darin in Ewigkeit die Schwarzköpfigen beherrschen!" (Übers. F. H. Weißbach). Der Palast war also mit Libanon-Zedern gedeckt und demnach mit einigen, später zu erwähnenden Ausnahmen, nicht überwölbt. Mit dem „Kisû" wird der König wohl die Verstärkungsmauer meinen, die wir bereits im Osten kennen gelernt haben, und die sich auch an anderen Stellen der Umfassungsmauer findet.

Diese 6zeiligen Schriftziegel, von denen wir im ganzen 80 Nummern gefunden haben, lagen größtenteils im östlichen Teile der Südburg meistens nicht mehr an Ort und Stelle. Über die ganze Südburg verstreut, besonders aber im mittleren Teil, fand sich eine zweite Sorte Schriftziegel, die auf 8zeiliger Legende ungefähr dasselbe besagt wie die vorige (Abb. 56), nur kommen die „Libanon-Zedern" nicht darauf vor: „Nebukadnezar, König von Babil, der Pfleger Esagilas und Ezidas, Sohn Nabupolassars, Königs von Babil, bin ich. Den Palast, die Wohnung meiner Majestät, baute ich auf dem Babilplatze (*erṣet Babili* = „Erdboden von Babylon") von Babil: an der Brust der Unterwelt gründete ich fest sein Fundament und führte ihn aus Asphalt und Backsteinen hoch auf gebirgsgleich. Auf dein Geheiß, Weiser der Götter, Marduk! möge ich mich von der Fülle des Hauses, das ich gebaut,

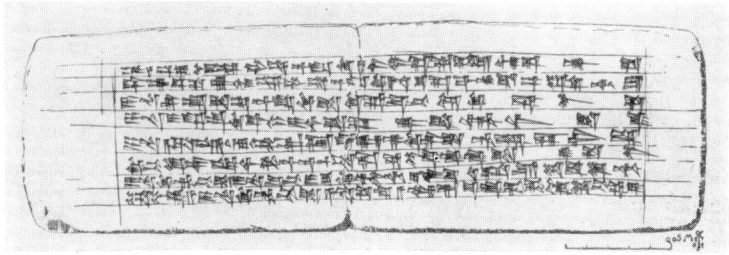

6. *Die achtzeilige Hauptinschrift von der Hauptburg.*

sättigen. In ihm, in Babylon, möge ich das Greisenalter erreichen, möge ich mich sättigen, mit Nachkommenschaft! Meine Nachkommen mögen in ihm für ewige Zeiten die Schwarzköpfigen beherrschen!" (Übers. F. Delitzsch/C. Wilcke. Vgl. KB III 2, 69). Von diesen Achtzeilern haben wir im ganzen 412 Nummern gefunden, viele davon in den Fundamenten des großen Saales am Haupthof und des großen Tores ebenda. Sie saßen hier oft in derselben Schicht (Abb. 57), nur durch wenige nicht beschriftete Ziegel getrennt voneinander. Die Schrift in ihren „neubabylonischen" Charaktern ist immer sehr schön und sorgfältig, die Zeileneinteilung stets dieselbe. Es macht fast den Eindruck, als ob ein bestimmter Rhythmus der Sprache beabsichtigt wäre, der in der Zeileneinteilung zum Ausdruck käme, denn während in einigen Zeilen die Zeichen stellenweise so weit voneinander stehen, daß beträchtliche Zwischenräume auftreten, drängen sich in anderen die Zeichen eng aneinander. Die Zeilen sind durch Linien voneinander getrennt, die zum Teil in der Weise hergestellt sind, daß ein zweikordiger Faden darauf gespannt und in den Ton eingedrückt wurde. Die so zahlreiche,

57. Die Ziegelinschriften in der Südburg an Ort und Stelle.

unabänderliche Wiederholung ein und derselben Inschrift ärgert den Ausgräber sehr. Er würde es lieber sehen, wenn die Texte auf den verschiedenen Ziegeln verschieden wären, und dadurch Gelegenheit geboten würde, mehr Einzelheiten in baulichen Geschehnissen, Benennungen und Gepflogenheiten kennen zu lernen. Aber auf einen solchen Spezialunterricht später Gelehrter kam es dem König von Babylon offenbar sehr wenig an. Die Hauptsache war die Überlieferung des Namens des Königs als Schaffer großer Werke. Und in der Tat haben die Hunderte von Ziegel-Inschriften und die Millionen von Ziegelstempeln dem Könige doch ein Denkmal gesetzt, wie es unvergänglicher kaum gedacht werden kann.

Die Südburg stand nach diesen Inschriften auf dem „Babilplatze". Das ist meiner Meinung nach die Örtlichkeit, auf der ursprünglich die älteste, Babilu oder Bab-ilāni (Pforte Gottes oder Pforte der Götter)[5] genannte Ansiedelung allein stand. Damals war Esagila noch ein davon getrennter Begriff. Erst später, wenn auch schon zu sehr alter Zeit, wurde beides zu einem „Groß-Babylon" vereinigt.[36] Aber noch Asarhaddon sagt auf von uns gefundenen Ziegeln (Nr. 38940), daß er „Babylon und Esagila" neu gebaut habe, und Nabupolassar nennt sich auf den zahlreichen Ziegeln seiner Arachtu-Mauer (Nr. 30522) den „Wiederhersteller von Esagila und Babylon". Die Abmessungen von 190 m Breite und 300 m Länge sind für diese ganz alten Städte reichlich genügend. Die Akropolis von Tiryns würde bei einer Länge von 150 m und einer Breite von 50 m in dem östlichsten Teile der Südburg Platz haben, der den Osthof mit seinen beiden anliegenden Toren umfaßt und von der Nordmauer bis zur Südmauer reicht. Auch Troja in der VI., der mykenischen Schicht ist mit 130 × 180 m bedeutend kleiner als die Südburg, die beiden alten Ringmauern messen nur 80 × 110 und 100 × 110 m. Auf dem „erṣetu" von Babylon ist also zweifellos Raum genug für eine alte Ansiedelung von der in so zurückliegenden Zeiten üblichen Größe. Esagila lag 800 m davon entfernt, und es ist daher gar nicht daran zu denken, daß Babylon und Esagila von Anfang an ein zusammenhängendes Stadtganzes gebildet haben könnten. Dagegen mag das schon bei der Gründung so gewesen sein, daß der Zugang zu jenem Gottessitze durch die Feste Babil vollständig beherrscht wurde, und daß nur durch dieses „Gottestor" der Gottessitz Esagila zugänglich war. Diese Verhältnisse werden sich allerdings schon früh, vielleicht bereits zu Beginn der historischen Zeit, modifiziert haben. Jedenfalls treffen wir zu Hammurabis Zeit[37] bereits auf voll entwickelte Häuser an richtigen Straßenzügen im Merkes, die wir ausgegraben haben, und die Stadt zeigt also schon damals eine bedeutend stärkere Ausdehnung. Die Hammurabi-Zeit, also das zweite Jahrtausend, ist das älteste, was der Grabung vorläufig zugänglich ist. Über die prähistorische Existenz von Babylon werden wir nur durch gelegentliche Funde von Feuerstein- und anderen Steingeräten unterrichtet, die infolge der bei kontinuierlicher Bewohnung eines Ortes dauernd stattfindenden Bodendurchwühlung sich allmählich von den untersten bis in die uns zugänglichen Schichten hinaufgerettet haben.

Kehren wir zur Südburg zurück, und sehen uns noch im Osthof selbst um. Er ist mit Nebukadnezar-Ziegeln gepflastert, schadhaft geworden und ausgeflickt, dann, nach vorhergegangener Übergießung mit Asphalt, durch eine geringe Aufschüttung, die auch die exakte Ebene wieder herstellte, eingeebnet und neu gepflastert mit schönen Tonplatten, die fast genau 50 cm im Quadrat messen und den Stempel Nebukadnezars auf der schmalen Seite tragen. Die Stoßfugen sind dabei mit Gipsmörtel ausgegossen, aber kein Asphalt wurde verwendet. So konnte der Fußboden durch Besprengen stets angenehm feucht gehalten werden; denn die gebrannten Tonplatten saugen die Nässe begierig auf, und daß diese nicht tiefer in die unten liegende Füllmasse eindrang, dazu war eben der Asphaltüberzug des darunter liegenden Pflasters bestimmt.

Ob die Wände der Höfe in Rohbau stehen blieben, oder ob sie mit Putz versehen waren, wissen wir nicht. Aus den bunten Emailleziegeln mit dem Löwen, die in allen Höfen gefunden sind, geht indessen hervor, daß mindestens die Toreingänge jedesmal mit diesen Löwen geschmückt

...rne waren mit einem feinen, auf dickerem Gipsmörtel aufgetragenen Putz versehen, der aus reinem Gips bestand. Davon hat sich ein Stück in dem Raum des Osttores an einer Stelle erhalten, wo die Fußbodenerhöhung mit ihrem Erdreich noch heute die alte Wand geschützt hat.

58. Säulenbasus in der Südburg.

Im Hofe lag eine Säulenbasis (Abb. 58) und ein Kapitell aus feinem, weißem Kalkstein. Die Basis hat die kugelige Form und das stegumränderte Rundblattornament, wie es die Basis von Kalach (Nimrūd) zeigt. An dem arg abgestoßenen Kapitell erkennt man noch das runde Säulenauflager und zwei stark hervortretende Massen, die wohl als die Reste von zwei Stierköpfen anzusehen sind, wie sie bei den Kapitellen von Persepolis auftreten. Die Stücke lagen auf 1 m hohem Schutt, und sind also nach der Palastzerstörung erst hierher verschleppt. Vielleicht entstammt die Basis dem runden Postament, das vor dem Ischtar-Tor bei der nordwestlichen Bastion steht. Im Hofe ist für eine Säule durchaus kein Platz. Höchstens käme der „Gewölbebau" (vgl. S. 106) für Säulen in Betracht.

13.

Der Mittelhof der Südburg

Den Mittelhof (M, s. Abb. 46) betritt man durch ein Tor, das dem Osttor ganz analog gebildet ist. Nur ist hier jeder der Nebenräume noch mit einem Beiraum versehen, der mit ihm durch eine große, nicht verschließbare Öffnung und mit dem anliegenden Palasthause durch eine Tür verbunden war. Hier liegt der Begriff des „Bureaus" ganz klar.

Ich stelle mir diese Torräume gern als Gerichtslokalitäten vor, und denke mir, daß die Richter in den nur von den Häusern aus erreichbaren Beiräumen und die Parteien in den Nebenräumen sich aufhielten, in die man von den Höfen und auch von dem Torraum aus gelangen konnte. Das Tor als Gerichtslokal spielt seine Rolle auch im Alten Testament. Beweise für diese Art der Benutzung unserer Räume haben wir aber nicht.[38]

Besonders geräumig ist hier wieder das südliche Haus mit zwei Höfen (21 + 22) und einem großen Saal zum Mittelhof hin. Es ist gewiß das des obersten Beamten des Reiches. Der große Saal hat hinter sich drei hofähnliche Räume, die mit ihren jedesmaligen Nebenräumen als die zum Amt gehörigen Kanzleien gedient haben könnten. Von diesem und dem dabei liegenden, ebenfalls raumreichen Hause um 23 hat man direkten, wenn auch durch zahlreiche Türen absperrbaren Zugang zu den westlich daneben liegenden königlichen Privatkanzleien.

Nördlich liegt zunächst ein zweihöfiges Haus (13 + 14) mit zwei nach dem Mittelhofe zu sich öffnenden Amtszimmern und sechs einhöfige (15. 16. 17. 18. 19. 20). Den Zweck des langen großen Raumes neben dem Hof 13 kennen wir leider nicht. In dem Amtszimmer daneben liegt ein gemauerter Brunnen, wie ihn die übrigen Häuser größtenteils nicht haben.

Das Pflaster des Hofes ist dem des vorigen ganz gleich, bis auf eine Erneuerung durch Nabonid, der hier seine von ihm gestempelten, 50 cm großen Platten über den älteren Belag streckte.

14.

Der Gewölbebau

Von der Nordostecke des Mittelhofes führt ein breiter Gang zu einem Gebäude in der Nordostecke der Südburg, das in jeder Beziehung eine Ausnahmestellung unter allen Baulichkeiten der Burg und selbst der ganzen Stadt — man kann gewiß auch sagen: des ganzen Landes — einnimmt.[39]

59. *Der Gewölbebau von Nordwesten.*

Es sind 14 gleichwertige Kammern zu beiden Seiten eines Mittelganges und von einer starken Mauer umgeben. Um dieses, ein wenig unregelmäßige Viereck verläuft ein schmaler Korridor, dessen andere Seite nördlich und östlich großenteils von der Burgmauer gebildet wird, während westlich und südlich wieder Reihen gleichwertiger Kammern an ihm liegen. In einer dieser westlichen Kammern liegt ein Brunnen, der in hervorragender Weise von allem, was wir sonst an Brunnen in Babylon oder anderwärts in der antiken Welt haben, abweicht. Es sind drei nebeneinanderliegende Schächte: ein quadratischer in der Mitte

60. Bogen vom Gewölbebau.

und zwei längliche zu beiden Seiten, eine Anlage, für die ich weiter keine Erklärung sehe, als daß hier ein mechanisches Schöpfwerk arbeitete von der Art unserer Paternosterwerke, bei dem sich die zu einer Kette vereinigten Schöpfkästen über einem auf dem Brunnen angebrachten Rade drehten. Das Rad wird dabei durch ein Göpelwerk in dauernde Umdrehung versetzt. Die Vorrichtung, die heutzutage in dieser Gegend auch üblich ist und „Dolab" (= Kasten) genannt wird, ergibt einen kontinuierlich fließenden Wasserstrom, über dessen mutmaßliche Verwendung wir weiter unten sprechen werden.

Die Ruine (Abb. 59) liegt vollständig unterhalb des Niveaus der Palastfußböden, es sind die einzigen „Kellerräume", die in Babylon vorkommen. Sie waren in einer der südlichen Kammern auf einer aus Lehmziegeln mit Backsteinbelag gemauerten Treppe von dem Korridor aus zugänglich.

Sämtliche Räume waren im Rundbogen überwölbt (Abb. 60). Die Bögen bestehen aus mehreren, durch Flachschichten voneinander getrennten Rollschichten (Abb. 61), genau wie beim Osttor der Burg. Hier müssen wir uns des Unterschiedes bewußt werden, der zwischen Bögen, unterirdischen Gewölben und freistehenden Gewölben existiert. Der Bogen, innerhalb einer Mauer, findet in letzterer stets das nötige Widerlager. Seine Konstruktion hat niemals Schwierigkeiten gehabt, und wir begegnen ihm daher auch schon in den allerältesten Zeiten:

61. Bogenansätze vom Gewölbebau.

a Nippur und ebenso in Farah während des dritten Jahrtausends. In arah gibt es einen unterirdischen Kanal, der aus lauter nebeneinander ‚estellten Bögen besteht, und in Babylon und Assur gibt es unter-'rdische Gruftgewölbe, die in das zweite Jahrtausend hinaufsteigen. Auch diese unterirdischen Gewölbe haben keine Schwierigkeiten; denn das Erdreich, in welchen sie vollkommen stecken, gibt ihnen von selbst das nötige Widerlager. Ganz anders wird aber die Sache, wenn ein Gewölbe von einer freistehenden Mauer zur anderen gespannt werden soll. In diesem Falle muß der Bau selbst derart eingerichtet werden, daß der Schub der Wölbungen durch die Mauern allein ausgeglichen wird. Diesen bedeutungsvollen Schritt scheint in Mespotamien erst Nebukadnezar gewagt oder wenigstens angebahnt zu haben.[40] Jedenfalls sind bisher im Zweistromland ältere Kammergewölbe als unsere auf der Südburg, die einen größeren zusammengehörigen Komplex von Räumlichkeiten überdecken, nicht vorhanden. Die Gewölbe, welche Place auf die Gemächer von Chorsābād gesetzt hat, sind ohne Ausnahme erdichtet. Sargon kennt nur den Mauerbogen, was, wie wir gesehen haben, nichts

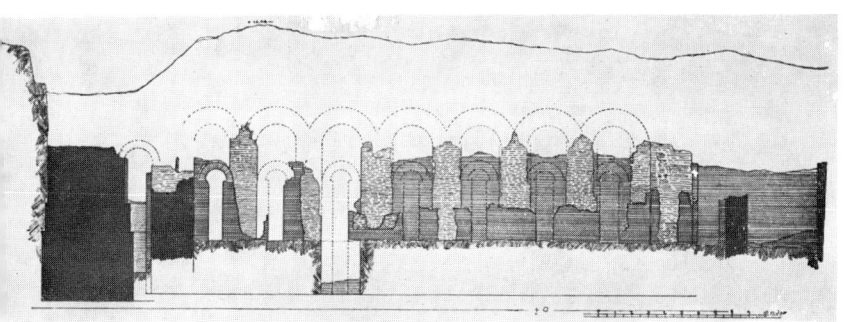

62. Querschnitt durch den Gewölbebau.

Merkwürdiges an sich hat, und die in schräg liegenden Schichten erfolgte Kanalüberdeckung. Diese assyrisch-babylonischen Paläste waren durchgängig mit Holzbalken überdeckt, wie unsere Südburg mit „Zedern vom Libanon". Vielleicht war auch der Thronsaal am Haupthof überwölbt, doch ist das nicht sicher. Der Gewölbebau trägt aber deutliche Zeichen einer Anfängerkunst: Vorsicht und Unbeholfenheit in der Anordnung der Gewölbe. Selbstverständlich ist nichts von Kreuzgewölben, Kuppeln oder dergleichen vorhanden. Es sind alles einfache Tonnen. Die Mittelkammern werfen ihren Schub im Norden auf die dicke Burgmauer, im Süden auf die im Gegensinn gespannten Randkammern (Abb. 62).

Bei Betrachtung des Grundrisses fällt sofort auf, daß die Mittelkammern bei denselben Spannweiten dickere Mauern haben als die Randkammern. Das läßt sich nur dadurch erklären, daß die ersten stärker belastet waren als die letzten, eine Vermutung, die durch die ringherum laufende Dilatationsfuge bestätigt wird, durch welche die Gewölbe selbst von der dicken Vierecksmauer getrennt werden. Die Gesamtheit der 14 Tonnengewölbe konnte sich auf diese Weise innerhalb des umgebenden Vierecks von oben nach unten frei bewegen wie der Auszug eines Fernrohrs. In dieser Beziehung ist der „Gewölbebau" ein bisher ohne Analogie dastehendes Gebäude. Seine Eigenart wird noch dadurch hervorgehoben, daß an ihm Haustein verwendet war, wie die zahlreichen, jetzt allerdings formlosen Steinreste und Splitter beweisen, die in der Ruine gefunden sind. Beim Ausgraben macht das einen bedeutend stärkeren Eindruck als beim Bericht.

Wir haben nur zwei Stellen, an welchen Haustein in größeren Massen vorkommt: am Gewölbebau und an der Nordmauer des Kasr. Und — merkwürdig: in der gesamten Literatur über Babylon einschließlich der Keilinschriften ist ebenfalls nur an zwei Stellen von Haustein die

Rede, das ist bei der Nordmauer des Kasr und — bei den „hängenden Gärten"! Die Straße und die Euphratbrücke, bei der ebenfalls Haustein benutzt wurde, kommen hier ja nicht in Betracht. Dazu kommt, daß sowohl die Ruinen als auch die schriftlichen Nachrichten nur von einem einzigen Gebäude zu berichten wissen, das von allen übrigen in der auffälligsten Weise abwich, der Gewölbebau des Kasr und der »κρεμαστὸς κῆπος«. Darum halte ich beide für identisch.

Daß der Nachweis im einzelnen auf Schwierigkeiten stößt, wird niemanden wundern, der mehr als einmal antike Realberichte mit den Befunden der Gegenwart in Übereinstimmung zu bringen hatte. Man kann immer froh sein, wenn die Hauptsachen stimmen! Zur Bequemlichkeit des Lesers lasse ich hier zunächst die Auszüge aus den alten Schriftstellern folgen, welche die hängenden Gärten beschreiben.[41]

1. Berossus in Josephus, antiq. Jud. X, 11: Ναβουχοδονόσορος .... τειχίσας ἀξιολόγως τὴν πόλιν καὶ τοὺς πυλῶνας κοσμήσας ἱερπρεπῶς προσκατεσκεύασε τοῖς πατρικοῖς βασιλείοις ἕτερα βασίλεια ἐχόμενα αὐτῶν· ὧν τὸ μὲν ἀνάστημα καὶ τὴν λοιπὴν πολυτέλειαν περισσὸν ἴσως ἂν εἴη λέγειν, πλὴν ὡς ὄντα μεγάλα καὶ ὑπερήφανα συνετελέσθη ἡμέραις πεντεκαίδεκα. Ἐν δὲ τοῖς βασιλείοις τούτοις ἀναλήμματα λίθινα ἀνοικοδομήσας καὶ τὴν ὄψιν ἀποδοὺς ὁμοιοτάτην τοῖς ὄρεσι καταφυτεύσας δένδρεσι παντοδαποῖς ἐξειργάσατο, καὶ κατεσκεύασε τόν καλούμενον κρεμαστὸν παράδεισον, διὰ τὸ τὴν γυναῖκα αὐτοῦ ἐπιθυμεῖν τῆς οἰκείας διαθέσεως, ὡς τεθραμμένην ἐν τοῖς κατὰ Μηδίαν τόποις.

2. Ktesias bei Diodor II, 10: Ὑπῆρχε δὲ καὶ ὁ κρεμαστὸς καλούμενος κῆπος παρὰ τὴν ἀκρόπολιν, οὐ Σεμιράμιδος ἀλλά τινος ὕστερον Σύρου βασιλέως κατασκευάσαντος χάριν γυναικὸς παλλακῆς· ταύτην γάρ φασιν οὖσαν τὸ γένος Περσίδα καὶ τοὺς ἐν τοῖς ὄρεσι λειμῶνας ἐπιζητοῦσαν ἀξιῶσαι τὸν βασιλέα μιμήσασθαι διὰ τῆς τοῦ φυτουργείου φιλοτεχνίας τῆς Περσίδος χώρας ἰδιότητα. (2) Ἔστι δ᾽ ὁ παράδεισος τὴν μὲν πλευρὰν ἑκάστην παρεκτείνων εἰς τέτταρα πλέθρα, τὴν δὲ πρόσβασιν ὀρεινὴν καὶ τὰς οἰκοδομίας ἄλλας ἐξ ἄλλων ἔχων, ὥστε τὴν πρόσοψιν εἶναι θεατροειδῆ. (3) Ὑπὸ δὲ ταῖς κατεσκευασμέναις ἀναβάσεσιν ᾠκοδόμηντο σύριγγες, ἅπαν μὲν ὑποδεχόμεναι τὸ τοῦ φυτουργείου βάρος, ἀλλήλων δὲ ἐκ τοῦ κατ᾽ ὀλίγον ἀεὶ μικρὸν ὑπερέχουσαι κατὰ τὴν πρόσβασιν· ἡ δ᾽ ἀνωτάτω σῦριγξ οὖσα πεντήκοντα πηχῶν τὸ ὕψος εἶχεν ἐφ᾽ αὑτῇ τοῦ παραδείσου τὴν ἀνωτάτην ἐπιφάνειαν συνεξισουμένην τῷ περιβόλῳ τῶν ἐπάλξεων. (4) Ἐπειθ᾽ οἱ τοῖχοι πολυτελῶς κατεσκευασμένοι τὸ πάχος εἶχον ποδῶν εἴκοσι δύο, τῶν δ᾽ ἐξόδων τὸ πλάτος δέκα· τὰς δ᾽ ὀροφὰς κατεστέγαζον λίθιναι δοκοί, τὸ μὲν μῆκος σὺν ταῖς ἐπιβολαῖς ἔχουσαι ποδῶν ἐκκαίδεκα, τὸ δὲ πλάτος τεττάρων. (5) Τὸ δ᾽ ἐπὶ ταῖς δοκοῖς ὀρόφωμα πρῶτον μὲν εἶχεν ὑπεστρωμένον κάλαμον μετὰ πολλῆς ἀσφάλτου, μετὰ δὲ ταῦτα πλίνθον ὀπτὴν διπλῆν ἐν γύψῳ δεδεμένην, τρίτην δ᾽ ἐπιβολὴν ἐπεδέχετο μολιβᾶς στέγας πρὸς τὸ μὴ διικνεῖσθαι κατὰ βάθος τὴν ἐκ τοῦ χώματος νοτίδα.

'Επὶ δὲ τούτοις ἐσεσώρευτο γῆς ἱκανὸν βάθος, ἀρκοῦν ταῖς τῶν μεγίστων δένδρων ῥίζαις· τὸ δ' ἔδαφος ἐξωμαλισμένον πλῆρες ἦν παντοδαπῶν δένδρων τῶν δυναμένων κατά τε τὸ μέγεθος καὶ τὴν ἄλλην χάριν τοὺς θεωμένους ψυχαγωγῆσαι. (6) Αἱ δὲ σύριγγες τὰ φῶτα δεχόμεναι ταῖς δι' ἀλλήλων ὑπεροχαῖς πολλὰς καὶ παντοδαπὰς εἶχον διαίτας βασιλικάς· μία δ' ἦν ἐκ τῆς ἀνωτάτης ἐπιφανείας διατομὰς ἔχουσα καὶ πρὸς τὰς ἐπαντλήσεις τῶν ὑδάτων ὄργανα, δι' ὧν ἀνεσπᾶτο πλῆθος ὕδατος ἐκ τοῦ ποταμοῦ, μηδενὸς τῶν ἔξωθεν τὸ γινόμενον συνιδεῖν δυναμένου. Οὗτος μὲν οὖν ὁ παράδεισος, ὡς προεῖπον, ὕστερον κατεσκευάσθη.

3. Strabo XVI 1, 5: διόπερ τῶν ἑπτὰ θεαμάτων λέγεται καὶ τοῦτο (näml. die Mauern von Babylon) καὶ ὁ κρεμαστὸς κῆπος, ἔχων ἐν τετραγώνῳ σχήματι ἑκάστην πλευρὰν τεττάρων πλέθρων· συνέχεται δὲ ψαλιδώμασι καμαρωτοῖς, ἐπὶ πεττῶν ἱδρυμένοις κυβοειδῶν ἄλλοις ἐπ' ἄλλοις· οἱ δὲ πεττοὶ κοῖλοι πλήρεις γῆς, ὥστε δέξασθαι φυτὰ δένδρων τῶν μεγίστων, ἐξ ὀπτῆς πλίνθου καὶ ἀσφάλτου κατεσκευασμένοι καὶ αὐτοὶ καὶ οἱ ψαλίδες καὶ τὰ καμαρώματα. ἡ δ' ἀνωτάτω στέγη προσβάσεις κλιμακωτὰς ἔχει, παρακειμένους δ' αὐταῖς καὶ κοχλίας, δι' ὧν τὸ ὕδωρ ἀνῆγον εἰς τὸν κῆπον ἀπὸ τοῦ Εὐφράτου συνεχῶς οἱ πρὸς τοῦτο τεταγμένοι. ὁ γὰρ ποταμὸς διὰ μέσης ῥεῖ τῆς πόλεως σταδιαῖος τὸ πλάτος· ἐπὶ δὲ τῷ ποταμῷ ὁ κῆπος.

4. Curtius Rufus, hist. Alex. V, 1: Super arcem, vulgatum Graecorum fabulis miraculum, pensiles horti sunt, summam murorum altitudinem aequantes multarumque arborum umbra et proceritate amoeni. Saxo pilae, quae totum opus sustinent, instructae sunt, super pilas lapide quadrato solum stratum est patiens terrae, quam altam iniciunt, et humoris, quo rigant terras: adeoque validas arbores sustinet moles ut stipites earum VIII cubitorum spatium crassitudine aequent, in L pedum altitudinem emineant frugiferaeque sint, ut si terra sua alerentur. Et cum vetustas non opera solum manu facta, sed etiam ipsam naturam paulatim exedendo perimat, haec moles, quae tot arborum radicibus premitur tantique nemoris pondere onerata est, inviolata durat, quippe XX [pedes] lati parietes sustinent, XI pedum intervallo distantes, ut procul visentibus silvae montibus suis imminere videantur. Syriae regem Babylone regnantem hoc opus esse molitum memoriae proditum est, amore conjugis victum, quae desiderio nemorum silvarumque in campestribus locis virum conpulit amoenitatem naturae genere hujus operis imitari.

Es würde zu weit führen, wenn ich hier alle einzelnen Punkte besprechen wollte, die für und gegen meine Annahme sprechen. Ich kann die Entscheidung ruhig der Zeit überlassen. Nach Berossus müssen die hängenden Gärten auf dem Kasr gelegen haben; denn er verlegt sie ausführlich und ausdrücklich in die durch Nebukadnezar ausgeführten Erweiterungsanlagen des Nabupolassar-Palastes. Es käme also höchstens noch die „Hauptburg" in Frage. Eine definitive Lösung kann nur die

Ausgrabung bringen. Eine scheinbar größere Schwierigkeit liegt in der Angabe der Seitenlänge des Vierecks, die auf 4 Plethren (ca. 120 m) angegeben wird (Strabo und Diodor). Das ist, wenn man das Maß auf den Zentralbau bezieht, genau das Vierfache der Wirklichkeit. Wer sich an diese Zahlen klammert, wird natürlich meine Hypothese ablehnen. Ich bin zu oft getäuscht worden durch antike Zahlenangaben, als daß ich diesen stets zwingende Beweiskraft beimessen könnte, und halte es hier, ähnlich wie bei Herodots Stadtmauermaß, für möglich, daß Umfang und Seitenlänge miteinander verwechselt worden sei. Der Zentralbau ruht auf den 16 Mauern, die direkt unter den Gewölben liegen und den 4 Umfassungsmauern, zusammen 20. Reizvoll ist daher für den Nichtphilologen die Vorstellung, daß der überlieferte Text bei Curtius: „haec moles ... durat, quippe XX lati parietes sustinent" auch ohne das zwischen XX und alti ergänzte „pedes" sprachlich zu rechtfertigen wäre. Die bei Diodor und bei Curtius angegebene Gewölbe-Spannweite von 10 bzw. 11 Fuß kann man als mit der Ruine stimmend ansehen. Ich möchte auf alle diese Einzelheiten wenig Wert legen und mich allein an die Hauptsachen halten. Und da ergeben die Nachrichten ein Gebäude von genau denselben, von allen anderen sich stark unterscheidenden Eigentümlichkeiten, wie die Ruine des „Gewölbebaues". Die Ergänzung des Nichtvorhandenen ist an der Hand der Beschreibungen und auf Grund der Ruine in verschiedener Weise ausführbar.

Entweder wurde das, jedenfalls über den Seitenkammer-Reihen zu ergänzende Obergeschoß von dem höher geführten Zentralbau überragt, oder die Gewölbedecke der Zentralkammern trug direkt die Erdschicht für die Baumpflanzung, sodaß ein innerer, zu ebener Erde gelegener, bepflanzter Hof entsteht. In letzterem Falle kann man sich die umlaufende Korridormauer als Fundament für Pfeiler oder Säulen vorstellen, von denen dann die im Osthof gefundene Base stammen könnte. Ein baumbepflanzter Hof mit Pfeiler-Hallen daran würde eine so starke Ähnlichkeit mit dem Festhaus von Assur (W. Andrae, Das wiedererstandene Assur, München 1977², Abb. 42, 44—46) zeigen, daß man versucht sein könnte, auch hier in dem Gewölbebau das „Esiskur", das „Opferhaus des erhabenen Festes des Herrn der Götter, Marduk", zu erkennen (Steinplatten-Inschrift IV Z. 7), wenn nicht verschiedene Schwierigkeiten vorläufig dagegen sprächen.[42] Der praktische Erfolg der ganzen Anordnung bestand zweifellos darin, daß das ganze Gebäude in höchstem Grade gegen die Wirkungen der hohen Sommertemperatur geschützt war.

Der ganze Bau liegt unter Dach, der Zentralbau entspricht den Höfen bei anderen Häusern, nur daß er überdeckt ist. Eine abnorm hohe Erdschicht schützt wieder das Dach. Denn die stetig bewässerte Vegetation muß die Luft in wohltätigster Weise abgekühlt haben, die durch das Laub der Bäume in die Kammern, die διαίτας βασιλικάς des Diodor, eindrang. Vielleicht spielte sich in diesen kühlen Räumen ein großer Teil der Amtstätigkeit des Palastpersonals während des Sommers ab. Heutzutage verhängt man sich hier namentlich bei den türkischen Regierungsgebäuden im Sommer die Fenster mit einem Gestell, das aus zwei weitmaschigen aus Palmrippen gefertigten Gittern besteht, zwischen die eine Lage „Agul" eingeklemmt wird; das ist ein stachliges, stark wasserhaltendes Wüstenkraut. Diese wird dauernd mit Wasser begossen und kühlt den Raum, indem der Wind durchbläst, in ausgezeichneter Weise ab, verdunkelt ihn allerdings stark; aber daraus machen sich die Kanzlisten nichts, denn man kommt hier besonders im Sommer mit einer außerordentlich geringen Menge Licht aus. Der Bau war jedenfalls auf starken Verkehr berechnet: zwei Türen in der Südmauer führen zu ihm, und der Gang vom Mittelhof her ist besonders breit.

An den Vorteilen guter Temperatur-Isolierung nahm das Kellergeschoß im ganzen Umfange teil. Es war, wie die erhaltenen Gewölbeansätze zeigen, jedenfalls sehr dunkel, und kann daher wohl nur als Lagerraum für Vorräte aller Art gedient haben, wozu sich die vielen gleichwertigen Kammern gut eignen. Mit einer derartigen Verwendung mögen die zahlreichen Tontafeln in Zusammenhang stehen, die im Treppenraum der Südkammern gefunden sind, und deren Inhalt sich auf Getreide bezieht.

Die Sicherung des Daches gegen Eindringen der ständigen Feuchtigkeit entspricht nach den Beschreibungen der Alten den babylonischen Baugewohnheiten sehr gut. Auf einer Lage von Schilf und Asphalt, die zunächst über einem mächtigen, zum Teil in den Ruinen wiedergefundenen Quaderbelag gestreckt war, ruhten zwei Ziegelschichten in Mörtel. Diese waren mit einer Bleidecke von der hohen, darauf aufgebrachten Erdschicht isoliert.

Die hängenden Gärten haben seit Jahrhunderten, oder vielmehr seit Jahrtausenden die höchste Bewunderung der Welt erregt.[43] Daran trug nicht zum wenigsten die legendäre Verbindung der Sache mit dem Namen der Semiramis bei, die gerade bei Diodor abgelehnt wird.[44] Auch der Ausdruck „hängend" hat den Ruhm dieser Anlage zweifellos sehr gefördert, obwohl die Ausdrücke „κρεμαστός" und „pensilis" für den antiken Techniker lange nicht so viel Wunderbares hatten, als für uns. Pensilia sind dem Römer „Balkone", und die hatten an sich nichts besonders Erstaunliches für ihn. Was die hängenden Gärten in die sieben Weltwunder einreihte, war eben die Anlage eines Gartens auf der Decke eines benutzbaren Gebäudes.

107

15.

Der Haupthof der Südburg

Das Tor zum Haupthof (Abb. 63) ist bedeutend größer, geräumiger und in den Mauerstärken kräftiger, also hochragender, als die beiden vorhergehenden. Die beiden Nebenräume fehlen auch hier nicht. In dem nördlichen befindet sich das Fundament zu einem Treppenaufgang, der zu einem oberen Geschoß oder zum Dache führte; er gehört zu den wenigen dieser Art, die wir überhaupt in Babylon nachweisen können. An diesem Beispiele sowie an den Freitreppen bei der Kanalmauer in Südosten des Kasr, bei dem Brunnen und bei der Quermauer am Ischtar-Tor, dem Aufgang an der Nordost-Bastion des Kasr, erkennt man, wie Treppen behandelt wurden. Die langen, schmalen Gänge in den Tempeln können demnach ebenfalls zur Anlage von Aufgängen gedient haben. In den Privathäusern trifft man niemals auf derartige Anlagen. Nun muß man doch aber wohl mit Sicherheit annehmen, daß die Leute zu ihren, den langen Sommer über so außerordentlich angenehm benutzbaren Dachterrassen gelangen konnten. Es bleibt daher vorläufig nichts anderes übrig, als anzunehmen, daß diese Zugänge in den Privathäusern aus Holz und in der allereinfachsten Weise konstruiert waren (vgl. Abb. 238). Den heutigen Dorfbewohnern genügt oft ein an die Wand gelehnter Palmstamm, in den die Stufen roh eingehauen sind. Auf die Frage nach der Mehrstöckigkeit der Häuser wirft dieser durchgängige Mangel an Treppen ein bedenkliches Licht. Herodot (I, 180) spricht von drei- und viergeschossigen Häusern. Erhalten sind solche nicht, und die Lehmmauern der Privathäuser in der Stadt kaum stark genug, um ein einziges Obergeschoß zu tragen. Die Backsteinmauern der Südburg-Häuser könnten allerdings an sich sehr wohl mehrere Geschosse gehabt haben, wenigstens viele von ihnen.[45] Entscheiden können wir also die Frage bisher nicht, werden uns jedoch von der Wahrheit wenig entfernen, wenn wir annehmen, daß das gewöhnliche Haus nur ein Geschoß hatte. Dagegen mögen einzelne deren mehr gehabt haben, wobei dann hölzerne Treppen die Kommunikation abgegeben haben können.[46]

Der Haupthof bildet einen gewaltigen Platz von 55 m Breite und 60 m Länge. Er war zuletzt mit Tonplatten gepflastert wie die übrigen und diente am Ende der sasanidischen Zeit als Friedhof. Zahllose flache Trog- und Pantoffelsärge aus Ton, vielfach schön blau glasiert, durchsetzten das Erdreich bis auf den unteren Fußboden, oft zu mehreren übereinander. Sie waren durch die Ziegelräuber stark durchwühlt und zertrümmert.

Gerade in der Mitte befindet sich ein nicht sehr großes Wasser-

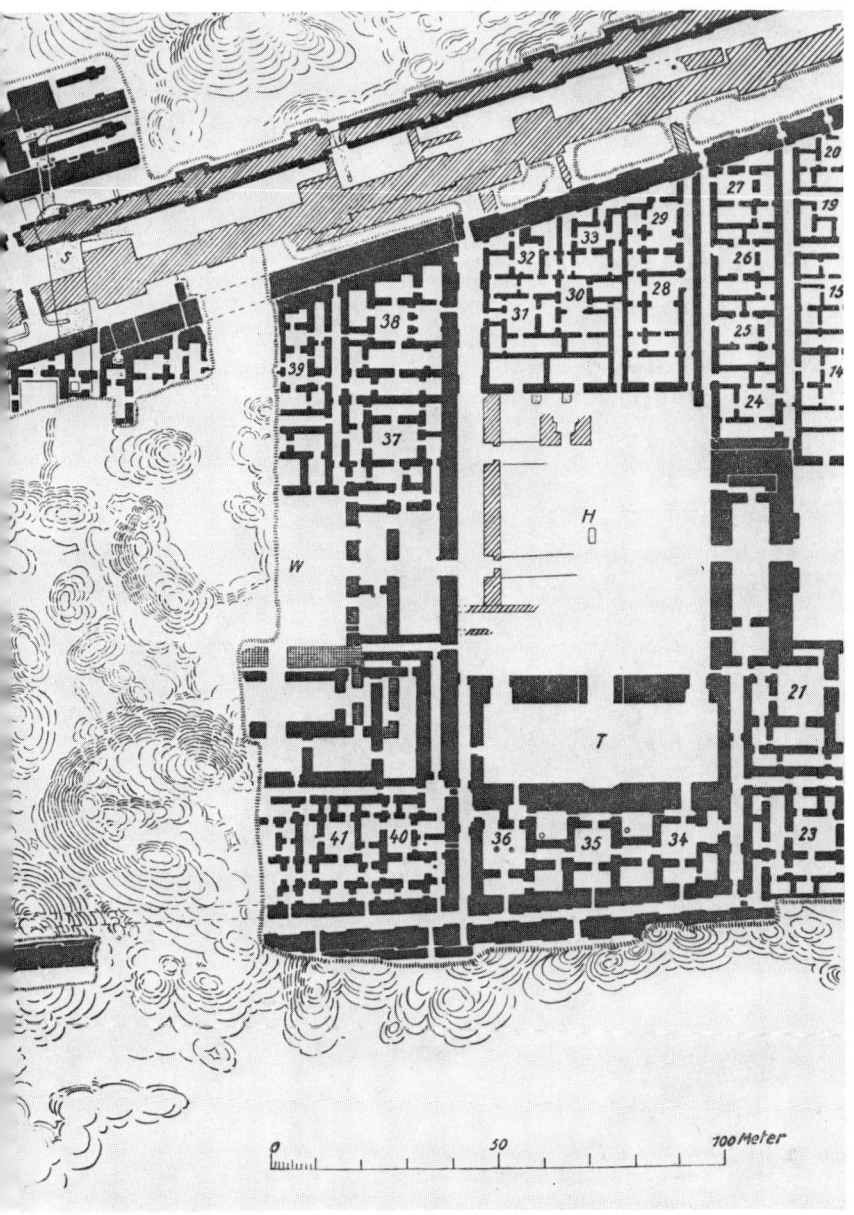

63. Der mittlere Teil der Südburg.

becken. Es ist durch den Ziegelfußboden durchgeschnitten, stammt also vielleicht nicht aus Nebukadnezars, sondern aus der persischen Zeit. Ein Abfluß leitete das Wasser nach dem Kanal des Ganges im Westen. Von einem Zufluß war nichts zu bemerken. Die Wände sind durch aufrechtstehende Ziegel gebildet, und das Ganze ist innen erst mit Asphalt und darauf mit Gipsmörtel überzogen. Gips löst sich zwar im Wasser auf, tut dieses aber außerordentlich langsam; beim Bau unseres Expeditionshauses in Assur waren die nötigen Wasserreservoire in Gipsmörtel hergestellt, und der Gipsputz auf den Wänden, dem Dache und den Ballustraden unseres Hauses in Babylon hat jetzt zwölf Jahre ausgezeichnet gehalten. Das Bassin entspricht der in neupersischen Häusern so unentbehrlichen „Hude", worin alles gewaschen wird, was es im Hause an Eß- und Trinkgeschirren gibt und noch manches andere.

Nördlich liegt ein zweihöfiges Haus (28 + 29) und ein vierhöfiges (30 + 31 + 32 + 33). Das an ersterem liegende Bureau ist mit ihm durch eine Tür verbunden, während die beiden Bureaus vor letzterem nur vom Haupthofe zugänglich sind. In der Nordostecke führen zwei Gänge nebeneinander nach Norden. Der eine enthält die Zugänge zu 28 und 29, der andere zu den östlichen Häusern. Diese münden einzeln auf den Gang. Dabei sind aber die drei nördlichen auch unter sich durch Türen verbunden. Das sieht so aus, als wenn sie je nach Bedürfnis als Einzelwohnungen oder als Komplex benutzbar gehalten werden sollten. Ihr Gang führt wie der östlich von ihnen liegende auf eine Pforte in der Burgmauer. Um die beiden Eingänge am Haupthof streng voneinander zu sondern, ist der Trennungsmauer noch ein besonderer Block vorgelegt, der in den Hof vortritt.

Südlich liegt der größte Raum der Burg, der Thronsaal der babylonischen Könige.[47] Er zeichnet sich in jeder Beziehung vor allen anderen Räumlichkeiten aus, sodaß schon deshalb über seine Bestimmung als Hauptrepräsentationsraum kaum ein Zweifel walten kann. Wenn man sich irgendwo die Erzählung von dem verhängnisvollen Gastmahl Belsazars lokalisieren will, so kann man das in diesem kolossalen Raume gewiß mit dem größten Rechte. Er ist 17 m breit und 52 m lang. Der weiße Saal im Schlosse zu Berlin mißt 16 × 32 m. Die Mauern der Breitseiten übertreffen mit 6 m Dicke die der Schmalseiten bedeutend, und legen den Gedanken nahe, daß sie ein Tonnengewölbe trugen, was sich allerdings sonst nicht beweisen läßt.[48] Eine große Mitteltür und zwei ebenfalls beträchtliche Seitentüren öffnen sich zum Hof. Der Mitteltür gerade gegenüber liegt in der Rückwand eine doppelt umrahmte Nische, in der gewiß der Thron stand, sodaß die im Hofe Wartenden von dort aus den König sehen konnten, so wie man das Tempelbild im Ninmach-Tempel ebenfalls schon vom Hofe aus sehen konnte. Der Fußboden besteht nicht wie sonst aus einer einzelnen Ziegellage, sondern aus min-

64. *Ornamente vom Thronsaal.*

destens sechs, die außerdem noch in Asphalt allein verlegt waren, und so eine zusammenhängende Platte bildeten, die an den Wänden auf einem Mauervorsprung auflagerte. Daß die Wände dieser Räume mit weißem Gipsputz versehen waren, haben wir beim Osttor gesehen. Hervorragend geschmückt war die Hoffront mit ornamentreichen Glasur-Ziegeln.[17] Auf dunkelblauem Grund standen gelbe Säulen mit hellblauen Kapitellen, die durch Palmettenranken miteinander verbunden sind, dicht nebeneinander. Die Kapitelle gemahnen mit ihren kräftig geschwungenen Doppelvoluten an Formen, die uns aus alter Zeit von Cypern und Palästina her bekannt sind (Abb. 64). Darüber verlief ein von gelb-schwarz-weißen Quadratbändern begleiteter Fries aus weißen Doppelpalmetten.[49] Die Lokaltöne des Ornaments werden durch weiße Begleitstreifen in wirkungsvoller Weise von dem dunkeln Grund abgehoben. Dem Ganzen liegt offenbar eine phantastisch abgekürzte Idee einer Säulenstellung zugrunde, wie sie der König und seine Leute wohl im Westen bei seinen Kriegszügen gesehen haben konnten, wie sie aber dem Babylonier der Scholle im ganzen fremdartig erscheinen mußte; denn der kannte für gewöhnlich weder Säulen noch Gebälke.

Die Technik ist dieselbe wie bei den Flachemaillen vom Ischtar-Tor, es fehlen nicht die schwarzen Umrißlinien der einzelnen Farbenfelder. Auch die Versatzmarken finden sich hier in ganz analoger Weise verwendet. Sie sind hier besser zu beobachten gewesen als anderswo, da ein großer Teil der gefundenen Ziegel noch im ursprünglichen Zusammenhange lag. Nach der Zertrümmerung der Mauer durch die Ziegelräuber fiel nämlich die äußere Schale nach Norden zu um, und wir konnten sie daher Stück für Stück abnehmen, als wenn ihr nichts geschehen wäre. Am besten übersieht man bisher die Bezeichnungsweise an den Kapitellen (Abb. 65). Die Bezeichnung geschieht hier durch mit Merkpunkten kombinierte Zählstriche. Sie sind auf der oberen Lagerfläche des Steines angebracht mit einer schlechten, etwas geschwärzten Glasur. Die Zeichen für die Schichten stehen in der Mitte, die für die Aneinanderreihung bestimmten dicht an den Stoßfugen. Jedes Stoßfugenzeichen bildet das Spiegelbild desjenigen von der Stoßfuge des benachbarten Steins. Die oberste Schicht der oberen Volutenreihe trägt einen, die zweitoberste zwei Striche und so weiter bis sieben. Die sieben Schichten der unteren Volutenreihe sind in derselben Weise gezählt, die Strichgruppen aber durch einen vorgesetzten Punkt von denen der oberen Volutenreihe unterschieden. Für die Nebeneinanderreihung der Steine ist immer ein Zwischenornament mit dem rechts anstoßenden Kapitell zu einer Einheit zusammengefaßt. Alle Steine, die ein und derselben Einheit angehören, tragen dieselbe Anzahl Zählstriche. Die Zählung verlief von links nach rechts. Die Zählstriche sind durch einen Querstrich durchschnitten, der, um dem Zeichen

65. *Versatzmarke von den Glasurziegeln.*

Richtungsautorität zu geben, mit einem Punkt versehen ist. Diese Richtung verläuft bei den Steinen vom Zwischenornament parallel zur Stoßfuge, bei denen von den Voluten parallel zur Front. Es ist ja wahrscheinlich, daß die einzelnen Gruppen wenigstens zum Zwecke der Vorzeichnung, die sich in roter Farbe unter der Glasur noch erkennen läßt, provisorisch zusammen gebaut waren, um den Linienzügen so den prachtvollen einheitlichen Schwung zu sichern, der uns in der Ausführung erfreut. Aber von dem Beginn des Glasur-Auftrags an ließen sich die Steine bei den Transporten, beim Trocknen, beim Brennen und all diesen Manipulationen, die bis zum Versetzen am Bau unvermeidlich sind, unmöglich auseinander halten. Die Versatzmarken dienen dann allein dazu, sie am Bau wieder richtig zusammenfinden, und sie gruppenweise den betreffenden Maurern einhändigen zu können.

Die Steine sind, um die Fugen zu verringern, ein wenig keilförmig gestaltet. Die Lagerfuge besteht aus Lehm auf Asphalt, der, wie das auch sonst bei sorgfältigem Mauerwerk zu beobachten ist, nicht bis an die Vorderkante der Wand heranreicht, sondern einen halben Stein davon zurückbleibt, wodurch das sonst so häufige Bekleckern der Wandfläche vermieden wurde.

Die Farben sind bei schwarzen Konturfäden und dunkelblauem Grund: weiß, hellblau, gelb und rot. Dieses Rot erscheint heute durchgängig grün.[17] Wo aber diese Art Glasurfarbe in größerer Dicke sich findet, wie zum Beispiel bei heruntergelaufenen Tropfen, findet man stets, daß ein Kern von leuchtendem Rot von einer Schale Grün verdeckt ist, was offenbar als Folge einer im Laufe der Zeit eingetretenen oberflächlichen Veränderung der Farbe aufgefaßt werden muß. Wir haben auch mehrfach größere Stücke bereits im Altertum zerschlagener Rohemaille gefunden, bei denen derselbe Tatbestand zu beobachten war; die grüne Außenhaut betrug dann immer 2—3 mm, was gerade hinreicht, um bei der gewöhnlichen Glasur der Ziegel den roten Ursprungszustand vollkommen verschwinden zu lassen. Das ist von Wichtigkeit, weil gerade der rote opake Glasfluß von Eigenfarbe der Herstellung, namentlich in den neueren Jahrhunderten, ganz besondere Schwierigkeiten bereitet, während der durchsichtige bekanntlich auch heute keine Hindernisse findet. Auch bei der Beurteilung des Farbensinns der alten Babylonier darf man nicht vergessen, daß dieses schöne Rot in ihrer Skala nicht fehlte. Wir können wohl uns einen rothaarigen Löwen vorstellen, aber keinen grünhaarigen (vgl. oben bei den Ziegelreliefs S. 37f.).

Außer den genannten Ornamenten finden sich noch einige, die einem Blütenfriese angehörten, über dessen Anbringung an der Front des Thronsaales, dem sie zweifellos angehörten, sich bisher nichts Bestimmtes hat ermitteln lassen. Man muß immer bedenken, daß zum erschöpfenden Studium dieser wie vieler ähnlicher Gegenstände größere Räumlichkeiten erforderlich sind, als unser Expeditionshaus in Babylon sie bieten kann. Man muß sich mit den Sachen auszubreiten vermögen, und das können wir hier nicht. Wir müssen immer dafür sorgen, daß die Funde möglichst bald in Kisten verpackt werden, wo sie dann für die später wünschenswerte Vergleichung unzugänglich werden. Diese beim Arbeiten unter unseren wirklich nicht leichten Verhältnissen unvermeidlichen Schwierigkeiten habe ich, namentlich für alle Kleinfunde: Terrakotten, Rollsiegel, Geräte, Keramik und dergleichen, immer schmerzlich empfunden.

Entsprechend der Bedeutung des Hauptsaales sind die rückwärtigen Räumlichkeiten ebenfalls vom gewöhnlichen abweichend angeordnet, haben indessen einige Ähnlichkeit mit den Binnenräumen am großen Saal des Mittelhofes. Es sind drei hofartige Räume, jeder mit einem südlich anstoßenden Beiraum versehen, aus welchem man ins Freie, das heißt in den Gang hinter der Burgmauer, gelangen kann. Die beiden seitlichen Höfe stehen mittelst eines Zwischenzimmers mit dem Thronsaal, und mittelst eines anderen Zwischengemachs mit den seitlichen Korridoren in Verbindung. Außerdem kommunizieren sie durch den

Mittelhof 35 auch miteinander. In den an die Rückwand des Thronsaales anstoßenden beiden Zimmern neben 35 liegt je ein gemauerter runder Brunnen, und jedes dieser Zimmer ist vom Grundwasser an bis zum Fußboden vollständig ausgemauert mit Ziegelbruchwerk in Asphalt und Lehm. Die Brunnen liegen beidemal in der Südwestecke des Zimmers. Der Zweck dieser großartigen Ummauerung der Brunnen, aus denen das Trinkwasser für den königlichen Hof geschöpft wurde, kann wohl nur in dem Wunsche erkannt werden, ein unter allen Umständen zweifellos reines Getränk zu erhalten, das außerdem ja auf dem Wege vom Flusse her durch das Erdreich aufs beste filtriert in den Brunnen eindrang. Eine hochgradig differenzierte Einschätzung des Trinkwassers als eine naturgemäße Folge unseres Klimas ist noch heute diesen Gegenden eigen. Die Leute unterscheiden so viel Sorten Wasser, wie wir sie nur für alkoholische Getränke kennen: süße, salzige, tote, brakige usw. Und wie wir von leichtem und schwerem Bier, so spricht der Orientale von leichtem und schwerem Wasser. Das Euphratwasser ist berühmt. Es gilt als leichter als das Tigriswasser. Einer unserer früheren Gouverneure von Baghdad trank nur Euphratwasser, das er sich in täglichen Sendungen von Musseijib schicken ließ, ein anderer reiste mit vielen Schläuchen Euphratwasser von Baghdad bis Konstantinopel, so wie ein berühmter moderner Reisender auf dem weiten Wege nach Heil im Zentrum von Arabien nie etwas anderes getrunken hat als Champagner. Heutzutage ist das Wasser in den Brunnen auf dem Stadtgebiete von Babylon meist nicht gut, brakig oder salzig, wie auf vielen Ruinengebieten. Woher das kommt, ist mir noch immer nicht recht klar. Im Altertum war das gewiß nicht so, sonst wären die auf allen Ruinen so außerordentlich zahlreichen Brunnen nicht zu erklären. Der Ruinenboden ist so salzreich, daß die Araber im Frühsommer die sich dann auf der Oberfläche bildenden Erdkrusten sammeln und aus ihnen zugleich Kochsalz und Salpeter, letzteres für ihr Schießpulver, gewinnen.[50] Die Ruinen selbst sind infolge davon, verglichen mit der Ebene, in hohem Grade vegetationsarm und heben sich im ganzen grau und tot aus, der wenigstens während der nicht ganz regenlosen Frühlingswochen, grünen „Wüste" hervor.

In dem Hofe 36 wurden in späterer, wahrscheinlich persischer Zeit, zwei Säulen aus doppelten Palmenstämmen, die nur roh behauen waren, errichtet, um den Hof nachträglich ganz oder zur Hälfte zu überdecken. Sie standen auf dem Ziegelpflaster, dessen Platten ebenso wie in den Nebenräumen 40 × 41 cm messen, und waren unten basenförmig mit einem rundlichen Klotz außen abgeputzten Mauerwerks umkleidet (Abb. 66). Im Inneren des Klotzes haben sich die Abdrücke der Palmenstämme erhalten, die oben ebenfalls mit Putz versehen waren. Derartige Säulen beschreibt Strabo (XVI 1, 5): „διὰ δὲ τὴν τῆς ὕλης σπάνιν ἐκ

66. Die späteren Säulenbasen im Hof 36 der Südburg.

φοινικίνων ξύλων αἱ οἰκοδομαὶ συντελοῦνται καὶ δοκοῖς καὶ στύλοις· περὶ δὲ τοὺς στύλους στρέφοντες ἐκ τῆς καλάμης σχοινία περιτιθέασιν, εἶτ' ἐπαλείφοντες χρώμασι καταγράφουσι, τὰς δὲ θύρας ἀσφάλτῳ."[41] Von Schilftauen, die um den Palmstamm gewickelt waren, ließ sich natürlich nichts mehr erkennen, daß die Stämme aber mit Putz überzogen waren, ist ziemlich sicher.
Die Rückwand des Thronsaalgebäudes ist in eigentümlicher Weise gezackt. Da die Mauer schiefwinklig zum Gebäude verläuft, so mußten entweder die Zimmer ebenfalls schiefwinklig werden, oder, wenn man diese rechteckig bilden wollte, würde die Innenwand der Mauer mit deren Außenwand nicht parallel verlaufen sein. Das letztere würde dann zur Folge gehabt haben, daß in den einzelnen Ziegelreihen keilförmige Stücke vorgekommen wären, die dem Ziegelverband recht nachteilig und dem Maurer unbequem waren. Treppt man dagegen die Außenwand in der beschriebenen Weise ab, so können die Innenräume gut rechteckig werden und die Ziegelreihen ebenfalls rechtwinklig, einem guten Verbande entsprechend, liegen. Dabei gewinnt das Äußere der Gebäude ein höchst charakteristisches Gepräge, das die gesamte Profanarchitektur Babylons in der jüngeren Zeit des babylonischen Königtums ausschließlich beherrscht (vgl. Abb. 156). Sämtliche Straßen der von uns im Merkes ausgegrabenen Stadt zeigen diese mit lauter einseitigen Vorsprüngen versehenen Wände, die in der späteren griechisch-parthischen Zeit, wo viel mit Ziegelbruch gemauert wurde, auch dann noch beibehalten wurden, wenn die technische Entschuldi-

gung dafür fehlte. Es handelt sich also nicht um eine reine Handwerksform, sondern um eine aus der Technik hervorgegangene Kunstform von seltsamer, aber großer Eigenheit.[51]
Die Häuser 28. 29. 30 fügen zwischen ihre Höfe und die wie üblich südlich daran liegenden Haupträume jedesmal einen großen Raum, eine Halle, ein, welche sich in weiter Öffnung, einem Bogen, nach dem Hofe zu öffnet. Das muß für den Sommer ein sehr angenehmer Raum gewesen sein, denn die Öffnung liegt den ganzen Tag im Schatten. Diese in weitem Bogen nach dem Hof zu geöffnete Halle spielt namentlich in den Palästen der parthischen und sasanidischen Zeit eine führende Rolle in den Grundrissen von Ktesiphon, Hatra, Assur und anderen Städten jener Perioden; sie beherrscht aber als „Iwān" auch noch heute einen großen Teil der orientalischen Architektur, wie dem Besucher von Mossul, Aleppo und zahlreichen anderen Städten in lebhaftem Gedächtnis zu bleiben pflegt. Hier in Babylon tritt der Gedanke erst schüchtern und anfängerhaft auf; die Häuser 13. 14 und 16 haben ähnliche Räume. In den Häusern 25. 26 und 27 öffnet sich die Eingangshalle iwānartig zum Hofe. Man erkennt die Unsicherheiten in der Verwendung einer Idee, die erst nach Jahrhunderten, und nicht ohne abermalige Befruchtung vom Westen her, zu einer herrlichen Blüte sich entfalten sollte.[52]

In der Nordwestecke des Haupthofes führt ein breiter, durch dreifachen Bogenverschluß gesicherter Gang zu einer Pforte in der Burgmauer. Hier schließt der östliche Teil der eng betürmten Burgmauer an den westlichen Teil an, von dem nur das turmlose Fundament erhalten ist. In dem Gange liegt ein großer, mit vorgekragten Schichten überdeckter Kanal, der die Tagewässer vom Haupthofe durch die Mauerpforte abführte und weiterhin am Palaste entlang nach Westen zu bis zum Euphrat. Derselbe Kanal führte aber gleichzeitig auch nach Süden zu ab durch die südliche Burgmauer, wo für ihn, da letztere bereits bestand, ein Durchlaß ausgehauen wurde. Natürlich hat er von der Mitte aus gerechnet ein Gefälle nach Norden zu und ein Gefälle nach Süden zu.

Die ganze Westseite des Haupthofes wird von der glatt von Süden bis Norden durchlaufenden Front des ältesten Palastteils eingenommen, den wir den „Nabupolassar-Palast" nennen. Letzterer war auf seinem älteren, tieferen Niveau noch in Gebrauch, als der neue östliche Teil auf höherer Fußbodenlage bereits fertig war. Um trotzdem den Verkehr nicht unnötig zu erschweren, wurde der Haupthof durch eine Lehmmauer im Westen abgeschlossen, die zwischen sich und dem älteren Palast einen, mit letzterem in derselben Höhe liegenden Zwischenraum von der Breite des nördlichen Ganges ließ. Eine breitere und eine später verengerte Pforte führten durch die Lehmmauer. Rampen überwanden

67. Rampe zwischen Nebukadnezar- und Nabupolassar-Palast.

den Höhenunterschied (vgl. Abb. 67). Sie waren in der ersten Zeit wie flache Trichter angelegt, indem sie von den Türen aus nach allen Richtungen bergan führten. Bei der ersten Pflastererneuerung aber wurden sie in vernünftiger Weise durch Wangenmauern aus Lehmziegeln auf zwei Seiten eingeschlossen. Nachdem dann schließlich auch der alte Palast auf die gleiche Höhe mit dem jüngeren gebracht war, wurden die Rampen eingeebnet und alles mit den großen schönen Tonplatten belegt, die auf den Schmalseiten Nebukadnezars Stempel tragen. Infolgedessen haben sich die beiden Rampen mit ihrem alten, gerauhten Kalksteinplattenbelag vortrefflich erhalten können. Die Lehmmauer blieb aber auch dann noch bestehen und wurde erst, bei einer letzten Erhöhung des Pflasters geschleift. Dieses letzte Pflaster, das wieder gewöhnliche Ziegel mit Nebukadnezarstempeln hat, ist durch den späteren Friedhof nahezu ganz vernichtet.

Das ist nun der Palast, den Nebukadnezar im Grotefend-Zylinder (KB III 2, 39 Kol. 3 Z. 27) speziell als Regierungs- und Verwaltungspalast in den Worten bezeichnet: „Damals baute ich den Palast, den Sitz meines Königtums, das Band der großen Menschenscharen, den Wohnsitz des Jauchzens und der Freude, wo die Stolzen gebeugt werden, in Babylon neu, gründete fest sein Fundament auf dem uralten

Untergrund, am Rande der Unterwelt (wörtl. ‚an der Brust' der weiten Erde) mit Asphalt und Backsteinen, gewaltige Zedernstämme brachte ich vom Libanon, dem hellen Walde, zu seiner Bedachung, eine gewaltige Mauer aus Asphalt und Ziegelsteinen ließ ich ihn umgeben, das königliche Amt und das herrschaftliche Zeremoniell ließ ich darinnen erstrahlen." (Übers. H. Winckler/F. Delitzsch/C. Wilcke.)

16.

Der Nabupolassar-Palast

Deutlich von dem bisher betrachteten östlichen, offiziellen Teil des Palastes geschieden beginnt am Haupthof der intimere, westliche Teil, dessen unterste Schichten den ältesten Palastbau darstellen, den wir bisher auf dem Kasr nachweisen können. Wir haben ihn den „Nabupolassar-Palast" genannt, ohne dafür eine schriftliche Urkunde an Ort und Stelle gefunden zu haben. Wir stützen uns bei dieser Annahme auf folgende Erwägungen. Nebukadnezar sagt in der „großen Steinplatten-Inschrift" 7, 34: „In Babylon, meiner Lieblingsstadt, die ich liebe, war der Palast, das vom Volke bestaunte Haus, das Band des Landes, der helle Wohnraum, das königliche Heiligtum auf dem Erdboden von Babylon, das inmitten von Babylon von Imgur-Enlil bis zum Lībilchēgalla, dem Ostkanal, vom Euphratufer bis zu Ajjibur-schabu (reicht), welches Nabupolassar, der König von Babylon, der Vater, mein Erzeuger, aus Lehmziegeln gebildet und in ihm gewohnt hatte — infolge Hochwassers war sein Fundament schwach geworden und infolge der Auffüllung der Straße von Babylon waren jenes Palastes Tore zu niedrig geworden. Seine Lehmziegelwände riß ich nieder, öffnete seine Baugrube und erreichte die Tiefe des Wassers, angesichts der Wasser gründete ich fest sein Fundament und führte ihn mit Asphalt und Backsteinen hoch auf gebirgsgleich. Mächtige Zedern ließ ich lang hinlegen zu seiner Bedachung. Zederne, bronzebezogene Türflügel, Schwellen und Angeln aus Kupfer richtete ich in seinen Toren auf. Silber, Gold, Edelgestein, aller erdenkbare ausgebreitete Kostbarkeit, Besitz, Eigentum, wie es des Rühmens würdig ist, stapelte ich in ihm auf, häufte, was einen herrlichen Krieger ausmacht, den königlichen Schatz, darin auf." (Übers. F. Delitzsch/C. Wilcke.) Nebukadnezar spricht hier allerdings von der ganzen Südburg. Man braucht aber daraus nicht zu folgern, daß auch Nabupolassars Palast denselben Umfang gehabt habe; denn die alten Könige nehmen es in dieser Beziehung nicht so genau (vgl. weiter unten die Inschrift Neriglissars). Die Lehmziegel-Mauern, aus denen der alte Palast bestand, können wir natürlich nicht mehr an

Ort und Stelle finden, da Nebukadnezar sie niedergerissen hat, wie er sagt, — wohl aber die Fundamente, die er nur ausbesserte und verstärkte, und die dann nicht aus Lehmziegeln, sondern aus gebrannten Ziegeln bestanden haben werden. Diese Art der Gründung einer Lehmziegelmauer auf Backstein-Fundament ist gerade für Nabupolassar nachweisbar erhalten an der Nordwestecke seiner Arachtu-Mauer. Sie kommt auch schon an den aus Hammurabis Zeiten stammenden Häusern im Merkes vor. Diese Backstein-Fundamente Nabupolassars sind meiner Meinung nach in dem westlichen Teile der Südburg erhalten. Auf ihnen hat dann ohne Änderung des Grundrisses Nebukadnezar seine Erneuerungen aufgebaut.

Der alte Bau ist namentlich im Norden und im Süden bis tief hinab frei gegraben. Die Ziegel haben das kleinere Format 32×32 cm und keinen Stempel. Sie liegen in Asphalt und Schilf und sind vielfach zerborsten und zusammengedrückt. Die Wandflächen aber sind mit Asphaltanstrich versehen, der auch über die geborstenen Stellen hinüberläuft, so daß man die Tätigkeit des Restaurators deutlich wahrnimmt. Auch hat Nebukadnezar im Norden einen Verstärkungsstreifen aus Bruchstein-Mauerwerk in Asphalt und Schilf in die Zimmerfundamente eingefügt, die die Nordfront auf einer Breite von etwa 10 m begleitet. Das alte Mauerwerk reicht bis zu einer Höhe von ungefähr 7 m über Null. Darüber liegen die gewöhnlichen 33er Ziegel mit Nebukadnezars 4zeiligem Stempel, ebenfalls in Asphalt und Schilf, die Randreihen in Lehm. In den unteren Schichten des Neubaues finden sich häufig Platten von $44 \times 44 \times 6$ cm vermauert, die sich dadurch als alte und früher schon benutzte Fußbodenplatten zu erkennen geben, daß ihnen vielfach noch der alte Fugenverguß in Gips anhaftet. Nebukadnezar hat also den alten Nabupolassar-Fußboden, wie natürlich ist, aufgenommen und ihn zum Teil als Mauermaterial verwendet. Sein neuer Fußboden bestand aus zehn Schichten in Asphalt allein verlegter Ziegel, auf die unter Zwischenfügung von etwas Ziegelschotter die $38,5 \times 38,5$ cm messenden Platten gestreckt wurden. Von dem Belag hat sich aber fast nur in den südlichen Zimmern ein geringer Rest gefunden. Dieser neue Fußboden lag wahrscheinlich bereits höher als der alte, aber immer noch 7 m tiefer als der in dem großen Ostteil. Von dem schließlichen Umbau, der alles auf ein und dasselbe hohe Niveau brachte, sind nur Spuren da, darunter der Vergrößerungsbau des Hauptsaales am Westhof (W).

Mit der Quadratreihe i schließt im Westen der alte Palast ab. Er war aber ursprünglich hier nicht zu Ende; die nach Westen blickende Wand ist hier beim Neubau des westlichsten Streifens abgehackt. Im Süden steht dagegen noch die alte Palastwand stark geböscht da (Abb. 68). Hier hat Nebukadnezar seinem Mauerwerk in den unteren Schichten längs- und querverlaufende Pappelbalken zu einer rostartigen Verstär-

68. *Zwischenraum zwischen dem Nabupolassar-Palast und der Burgmauer im Süden.*

kung eingefügt. Auch sind die anstoßenden Zimmerfundamente östlich mit Bruch- und westlich mit Lehmziegelmauerwerk ausgebaut. Von der Ostseite ist nur im Norden etwas sichtbar. Es zeigt, daß die Türpfeiler von dem dreifachen Bogenverschluß des breiten Ganges unten an dem alten Bau, wie zu erwarten ist, nicht vorhanden waren, denn die östlichen Gebäude existierten ja damals noch nicht. In der Nähe der Ecke befindet sich eine Nut für hier in Dilatation anstoßendes Mauerwerk. Nabupolassars Festungsmauer, die hier wohl ursprünglich in der Flucht der Palastmauer anschloß, ist jedoch durch Mauerwerk Nebukadnezars ersetzt, der die seinige etwas weiter nach Norden vorschob.

Sehr eindrucksvoll steht die Nordfront noch wohlerhalten da (Abb. 70). Sie ist in der Zackenmanier behandelt, die wir bereits kennen gelernt haben. Da die Richtungsabweichung von den Gebäudemauern ziemlich bedeutend ist, so werden die Zacken kurz, und es kommen auf die 80 m Frontlänge rund 80 Vorsprünge, ein eigenartiger Anblick, den man in keiner anderen Architektur haben kann. Die Zackenmauer steht auf einem glatten Fundamentabsatz auf in der Höhe, wo wohl ursprüng-

69. *Papsukal-Statuette im Nabupolassar-Palast.*

lich der Nabupolassar-Fußboden lag. In derselben Höhe ist dem Mauerwerk ein Pappelholzrost eingelegt, bei welchem immer ein Balken an der langen und einer an der schmalen Seite der Zacke liegt. Man erkennt das auf der Photographie deutlich. Wo die Pforte auf den Hofgang führt, ist die betreffende Zacke derart vergrößert, daß die Tür bequem Platz hat.

Eine besonders klare Anordnung der Räume um die beiden Höfe A und W (Abb. 70a) stellte sich durch die völlige Ausgrabung 1913 überzeugend heraus. Den Eintritt von Osten vermittelt ein dreiräumiger Bau, der wesentlich anders geartet ist als die üblichen Torgebäude; auch fehlen ihm die sonst bei Eingängen von einiger Bedeutung üblichen Tortürme. Von dem ersten, besonders großen Raume aus kann man direkt zu dem Doppelhause 37 + 38 gelangen. Zwei Türen führen zu dem Raum am Hofe und wiederum zwei zu letzterem. An diesen Türen stehen noch die großen Angelsteinkapseln. Sie sind infolge ungleicher Grundsetzung stark verzerrt, aber bereits in diesem verzerrten Zustande innen mit Gipsmörtel überzogen.

Die Häuser dieses Palastabschnitts zeichnen sich durch größere Stärke ihrer Mauern und eine wohltuende Regelmäßigkeit ihrer Grundrißbildung aus. Zu dem Hofe 38 gelangt man auf einem Gange vom Westhofe aus und gleichzeitig auf dem breiten Gange vom Haupthofe her, letzteres durch Vermittlung einer Halle, die sich, wie bei 25. 26. 27, in drei Türen zum Hofe 38 öffnet. An den Wandstücken zwischen den Türen springen Pfeiler vor, denen ebensolche an der Ostwand entsprechen. Sie werden Gurtbögen als Deckenträger gestützt haben, obwohl man die Ursache davon nicht recht einsieht. In diesem sowie

70. *Nordwand des Nabupolassar-Palastes.*

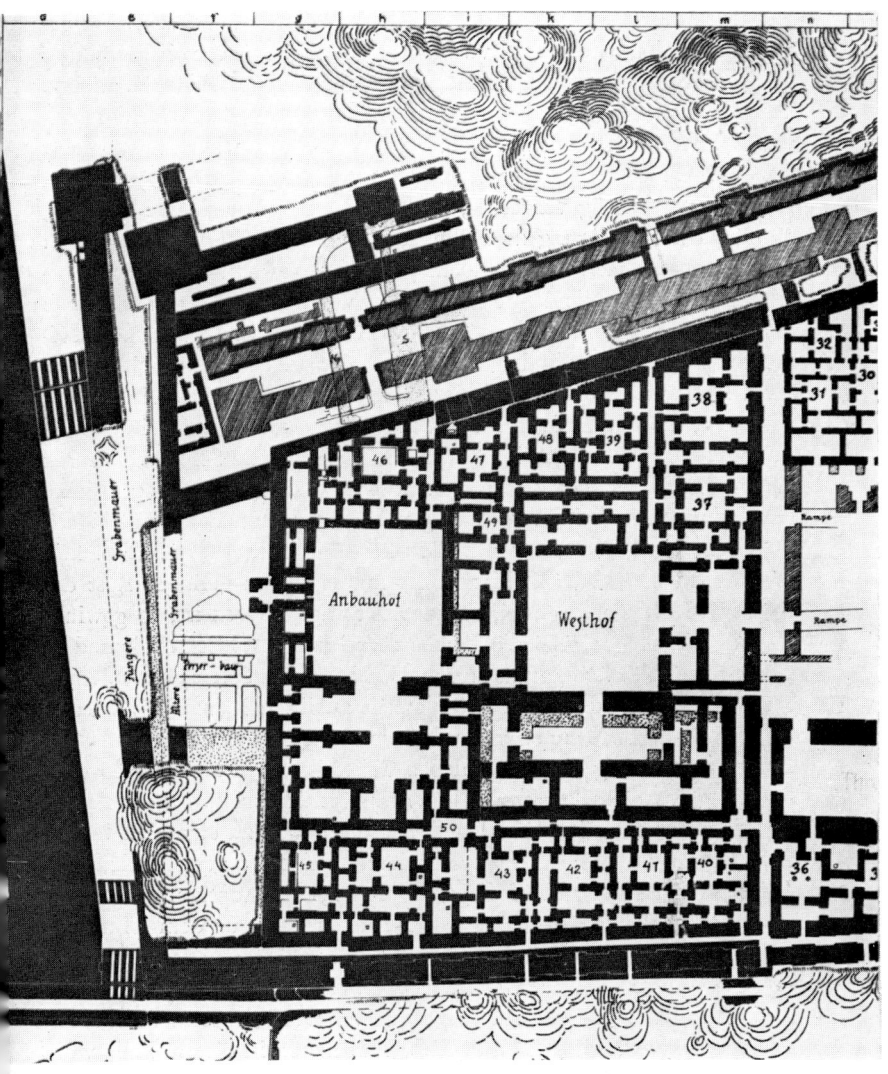

70a. Der westliche Teil der Südburg.

in dem benachbarten und ebenfalls in dem noch weiter östlich gelegenen Hause ist die Unregelmäßigkeit des Zimmer-Areals zur Bildung einer alkovenartigen Nische benutzt, so daß man diese Zimmer wohl als Schlafzimmer wird bezeichnen können. In einer der Türen fand sich eine „Papsukal"-Statuette, wie wir sie sonst nur in Tempeln gefunden haben (Abb. 69).[80]

An der Nordwestecke, wo der Palast, wie gesagt, abbrach, aber ursprünglich nicht endigte, ist von Norden her ganz unten eine Höhlung in das dicke Mauerwerk hineingebrochen, das zur Aufnahme eines Tonsarges von außerordentlicher Größe gedient hat. Nach der Beisetzung ist die Öffnung mit Nebukadnezar-Ziegeln wieder zugemauert worden. Da die draußen vorbeistreichende Festungsmauer, die den Eingang vollständig verdeckte, ebenfalls von Nebukadnezar herrührt, so muß die Beerdigung zu Nebukadnezars Zeit stattgefunden haben. Das kann man sich nur in einem ganz besonderen Falle hoher Ehrerbietung denken, die dem Toten erzeigt werden sollte. Dem entsprach die Ausstattung vollkommen. Zwar war der Platz schon vor uns geöffnet und beraubt, aber in dem Schutt, den der mächtige Sarkophag noch barg, fanden sich neben goldenen Perlen eines Schmuckes viele Goldplättchen, die mit Hilfe kleiner Löcher zum Aufnähen auf einen Stoff geeignet gemacht waren. Es sind meist kleine runde Schildchen. Aber auch quadratische, etwas größere sind dabei, die in Formen gedrückte Darstellungen enthalten: ein bärtiger Mann opfernd vor dem Zeichen Marduks, ein Festungstor mit Türmen und Zinnen (vgl. Abb. 20). Wenn man bedenkt, daß hier sicher nur ein ganz geringer Rest des einstigen Inhalts von den Grabräubern übrig gelassen ist, so gewinnt man den Eindruck, daß die Leiche in reichem Goldschmuck und in einem mit Goldflittern in ausgedehntem Maße benähten Gewande beigesetzt war, und daß die Persönlichkeit zu ihren Lebzeiten am Hofe von Babylon gewiß eine sehr bedeutsame Rolle gespielt hat.[53]

Die Ausgrabung dieses westlichen Teiles der Südburg ist 1913 vollständig geworden. Der Plan (Abb. 70a) läßt erkennen, daß der Anbau (s. Abschnitt 18) mit dem alten Palast zusammen zu einer, die beiden Höfe A und W umfassenden einheitlichen Anlage verschmolzen ist. Jedesmal im Süden der Höfe liegt, wie üblich, der Hauptraum: am ersten Hofe ein großer Saal, der in den Abmessungen nur dem Thronsaal nachsteht, mit einem durch eine Tür in der Rückmauer verbundenen inneren Zimmer. An diese Mittelgruppe schließen sich die durch besondere Größe auffallenden Nebenräume an. Der Raum neben dem Mittelzimmer kennzeichnet sich durch den Brunnen in diesem Falle wohl als Küche.

Südlich von dieser Raumgruppe, offenbar der Privatwohnung des Königs, liegen, durch einen langen Gang getrennt und zugleich verbunden, vier ganz gleichartige Wohnungen, 40—43, jede mit Hof, Südsaal, Nebenräumen, einem Eingang von dem südlich angrenzenden Gang zwischen Palast und Burgmauer und einem von dem nördlichen Gang aus, von welchem man durch die doppelt verschließbare Tür in das Innenzimmer der Königswohnung gelangen konnte. Alle diese Eigentümlichkeiten lassen vermuten, daß hier vier Frauen des königslichen Haushalts wohnten; für die Königin selbst war dann die reiche Baugruppe an dem Hofe A bestimmt. Diese Gruppe umfaßt den Anbau, den es zu Nabupolassars Zeiten noch nicht gab. Im Norden des Hofes haben wir wieder die Räume eines Verwaltungsbeamten im Hause 46. Im Süden liegt vor dem Saal, der wesentlich kleiner ist als der des Königs, eine Halle, die sich durch weitgespannten Bogen zum Hofe öffnet. Südlich am Saal liegt wieder das innere Zimmer. Saal und Halle sind an ihren Schmalseiten durch Nebenräume erweitert, die durch weite Gurtbogenöffnungen mit dem mittleren

71. *Zweistrichiges Mauerwerk in der Südburg.*

Teil der Haupträume zusammenhängen. Diese reichere Ausbildung des Innenraums tritt hier zuerst in der Baugeschichte des Orients auf; sie wiederholt sich im Palast der Hauptburg und dem des Hügels Babil.
Südlich von dieser Gruppe liegen zwei Wohnungen, 45. 44, in ähnlicher Anordnung wie die östlich benachbarten. Die größere, 44, könnte der Vorsteherin des Haushalts der Königin gehören. Wollte man von der Hauptgruppe aus den Palast nach Süden verlassen, so war das nur möglich durch eine dieser Wohnungen. Von der großen Halle aus kann man unmittelbar nach Westen und über den Hof A durch die Tür mit

dem Turm zu dem Platz vor dem Perserbau gelangen. Aber dieses Gebiet scheint ganz in sich abgeschlossen zu sein. Der hoch aufgefüllte Platz südlich vom Perserbau eignet sich, da er keinerlei Bebauung zeigt, zur Anlage eines Privatgartens für den königlichen Hof. Der Anbau wird als solcher kenntlich durch die von Nord bis Süd durchgehende Fuge in den tieferen Schichten zwischen den Gruppen A

72. *Pforte in der Südmauer der Südburg.*

und W. Die älteren Mauern sind in dem großen Saal bei W gut erhalten, die jüngeren sind mit zweistrichigen Nebukadnezar-Ziegeln gebaut, und man sieht hier gut, wie eigenartig ein solches Mauerwerk wirkte (Abb. 71). Wir finden hinter dem Saal wieder die wahrscheinlich drei gleichwertigen Räume, wie sie auch hinter den großen Sälen am Haupt- und Mittelhof liegen. In den Räumen neben dem Hofe 41 liegen zwei gemauerte Rundbrunnen, um die herum die Zimmerfundamente wieder mit Bruchstein-Mauerwerk angefüllt worden sind.

17.
Die Festungsmauern südlich und nördlich vom Nabupolassar-Palast

Die Festungsmauer südlich vom Nabupolassar-Palast, die ziemlich tief ausgegraben ist, zeigt schon in den unteren Teilen Nebukadnezar-Ziegel, während dicht dabei im Osten die Ziegel keine Stempel tragen.

73. *Die Südmauer am Nabupolassar-Palast von Westen.*

Für den Kanal in dem langen Gang vom Haupthof her ist ein Durchlaß in die Mauer hineingehauen. Merkwürdig sind die drei pfortenartigen (Abb. 72) überwölbten Durchlässe, die keine Türanschläge, wie sie sonst bei derartigen Pforten üblich sind, zeigen. Das Mauerwerk liegt in Asphalt und Schilf.

Auf dieser älteren Mauer beginnt bei ungefähr 7 m über Null ein Neubau, ebenfalls mit Nebukadnezar-Ziegeln. Er steht auf einem vorspringenden, glatten Fundament, und seine Türme entsprechen den unteren nicht. Um dem vorspringenden Fundament Aufsitz zu gewähren, ist der Zwischenraum am Palast zugemauert (Abb. 68). Dabei ist das Mauerwerk in einzelne Blöcke abgeteilt, von denen immer der eine einseitig auf den Nachbarblock in treppenförmigen Vorsprüngen übergreift. Das ist in gewissem Sinne das Gegenteil der Dilatationsfuge, und man hat wohl darauf gerechnet, daß eine Verschiedenartigkeit der Senkung sich in diesem Falle schon während des Baues in so genügender Weise vollzog, daß die höher gelegenen Partien zu einem unbedingt festen Körper vereinigt werden konnten.

74. *Fundament der Festungsmauer im Norden der Südburg.*

Außen ist ein verstärkender Kisû vorgelegt, der die Pforten offen läßt, aber den Kanaldurchbruch verschließt (Abb. 73).

Wo der Neubau angeht, sind Längs- und Querhölzer rostartig eingelegt. Der Neubau läßt sich in ähnlicher Weise an der ganzen Südseite erkennen, tritt aber hier besonders klar hervor.

Im Norden ist zum Zwecke des Neubaues der Festungsmauer ein dickes Fundament unmittelbar vor die Palastfront gelegt, dessen Gründung in ähnlicher Weise wie an dem Zwischenraum im Süden, in einzelnen, treppenförmig übereinander hinübergreifenden Blöcken vor sich ging (Abb. 74). Oberhalb des Fundamentabsatzes am Palast reicht sie mit allmählich vorkragenden Schichten so dicht an die Palastwand, daß sie sich geradezu an diese anlehnt (vgl. Abb. 69) und mit ihr zusammen weiter oben, wo sie jetzt nicht mehr erhalten ist, ein einheitliches Mauerwerk gebildet haben wird. Darauf konnte dann die eigentliche, betürmte Festungsmauer, so wie sie von Osten her herantritt, in derselben Flucht weitergeführt werden. Wie sie aber westlich über den alten Palast hinaus weiter ursprünglich verlief, wissen wir nicht. Denn hier ist das Fundament ebenso wie der Palast selbst geradezu abgehackt, um dem westlichen Erweiterungsbau Anschluß zu gewähren.

75. *Zwischenraum zwischen Lehmmauer und Südburg-Mauer mit Kanälen.*

An der Nordfront des Palastes entlang zieht sich ein gemauerter Kanal, der die Abwässer aus dem Palast und auch vom Plateau der Festungsmauer sammelte und nach Westen zu abführte (Abb. 75). Das Niveau des Zwischenraums zwischen dem Palast und der Lehmmauer lag ursprünglich ganz tief, wurde aber in einzelnen Absätzen allmählich erhöht in ungefähr gleichem Maße wie das Palastpflaster gehoben wurde. Die Abbildung 75 zeigt die verschiedene Konstruktion dieser Kanäle. Über den niedrigen Seitenmäuerchen liegen entweder einfache gewöhnliche Ziegel oder halbmondförmige Formsteine, die auf die hohe Kante gestellt sind. Größere Kanäle, wie der am Haupthof oder solche in der „Hauptburg", sind mit vorgekragten Schichten überdeckt, das Gewölbe selbst aber ist an diesen kleineren Kanälen ersichtlich vermieden. Kleinere Rinnen werden auch wohl in der Weise hergestellt, daß zwei Flachziegelreihen unten zusammenstoßen, während die obere Öffnung wieder durch flachliegende Ziegel überdeckt ist, was einen dreieckigen Querschnitt ergibt, wie er an der Nordwestecke der „Sachn" vorkommt. Das Plateau der Festungsmauern ist ebenfalls regelmäßig abgewässert. Zu diesem Zwecke sind senkrechte Kanäle in die Türme eingelegt. Sie wurden bei Backstein-Mauern aus dem Mauerwerk ausgespart, und liegen in der Mitte der Türme um die Breite eines Steins von der Front entfernt. Derartige Abflußrinnen sieht man an den Türmen der Südseite am Nabupolassar-Palast und im östlichen Teil der Nordmauer. Bei Lehmziegel-Mauern war es natürlich nötig, die Rinne selbst aus gebrannten Steinen herzustellen, so daß ein von der Rinne senkrecht durchsetzter Pfeiler entsteht (vgl. Abb. 95), der von dem Lehmziegelwerk auf drei Seiten umschlossen wird, während die vierte bündig mit der Außenwand liegt. Wir werden diesen merkwürdigen Gebilden, die oft eine große Mächtigkeit entwickeln, bei der inneren und bei der äußeren Stadtmauer ebensowohl wie an einigen Tempeln begegnen.

18.

Der westliche Erweiterungsbau

Westlich an den Nabupolassar-Palast stößt ein Erweiterungsstreifen von 40 m Breite, der, nach den Ziegelstempeln zu urteilen, in den tieferen Schichten von Nebukadnezar, in den oberen von Neriglissar herrührt. Es ist die letzte Erweiterung der Südburg, soweit sie diese allein betrifft. Die späteren beziehen sich auf die „Hauptburg" und auf diese mit der Südburg zusammengenommen, was eine Vergrößerung des Ganzen nach Norden und Westen zu bedeutete (Abb. 76).

Der Bau ist von Anfang an darauf berechnet, auf dieselbe Höhe wie der östliche gebracht zu werden. Seine Fundamentierung ist aber anders. Die Mauern stehen auf einem stark verbreiterten Fundamentabsatz, und sämtliche Räume sind bis zur Höhe des beabsichtigten Fußbodens mit Mauerwerk ausgefüllt. Im Füllmauerwerk liegen öfter in den Raumecken kleine ausgesparte Vertiefungen, die vielleicht beim Abstecken der Baulinien in irgendeiner Weise Hilfe leistete. Große Sorgfalt ist darauf verwendet, die Westwand vor Feuchtigkeit zu bewahren. An sie trat eine hohe Aufschüttung heran, die bis an die „Grabenmauer Imgur-Enlils" reichte und im Norden und Süden von besonderen

76. Der westliche Teil der Südburg.

Stützmauern aus Ziegelbruch getragen wurde. Zur Isolierung ist die Wand mit Asphalt überzogen und mit Flechtmatten belegt, auf denen hochkantig gestellte Ziegel liegen. Gewissermaßen liegt also auf dieser Wand eine hochkantige Ziegelschicht nebst dem üblichen Fugenmaterial. Die Stützmauern greifen mit genuteter Dilatation in die Palastecken ein.

Von der Anordnung der Räume war bereits im Abschnitt 16 die Rede. Jetzt nach der vollständigen Ausgrabung bemerkt man namentlich die Neuerungen, welche in diesem Palastteil auftreten, wie die Saalgruppe bei A oder die nördliche Pforte der Westseite in dem stark vorspringenden Turm, eine auffallende, sonst in Babylon nicht vorkommende Anlage.

An der Südwestecke wurde im Schutt der untere Teil eines großen, beschrifteten achtseitigen Prismas gefunden.

19.

Der „Perserbau"[54]

Der Raum zwischen dem Palast und der „Grabenmauer Imgur-Enlils" zerfällt in zwei Teile, deren südlicher durch eine Packung von Ziegelbruch in Lehm ausgefüllt wird. Für sie ist eigenartig, daß ihre Lagerfugen fast ebenso hoch sind als die Ziegel selbst, und das ist wieder bezeichnend für persische Bauart, soweit sie in Susa bekannt geworden ist. Die Sandfüllung des nördlichen Teils trug ein Gebäude, das zwar größtenteils vernichtet ist, von dem aber doch so weit genügende Reste vorliegen, daß wir es unbedenklich der Zeit der persischen Könige zusprechen dürfen.

Vorhanden sind die, wenige Reste von gutem Ziegelmauerwerk enthaltenden Fundamentgräben, die auf einen apadana-artigen Grundriß schließen lassen, wie er an den bekannten Palästen von Persepolis (Abb. 77) auftritt: ein Säulensaal mit einer von zwei Fronttürmen eingefaßten Säulenvorhalle. Merkwürdigerweise wird der so klare Charakter dieser prachtvollen Gebäudeform noch immer auf das sonderbarste verkannt. Denn in der auch in neueren Handbüchern so verbreiteten Rekonstruktion sind nur die Säulen übrig geblieben, die Fronttürme aber nebst sämtlichen Gebäudemauern weggelassen, sodaß diese Rekonstruktion auf den Kenner genau denselben Eindruck machen muß wie auf den Naturhistoriker ein entknöchelter Truthahn.

Der Fußboden in den Räumen sowie auf dem Platze nördlich vor dem Gebäude bestand aus einem Estrich von Kalkmörtel und Kieseln in drei Schichten: einer groben dicken Unterschicht (der Festucatio

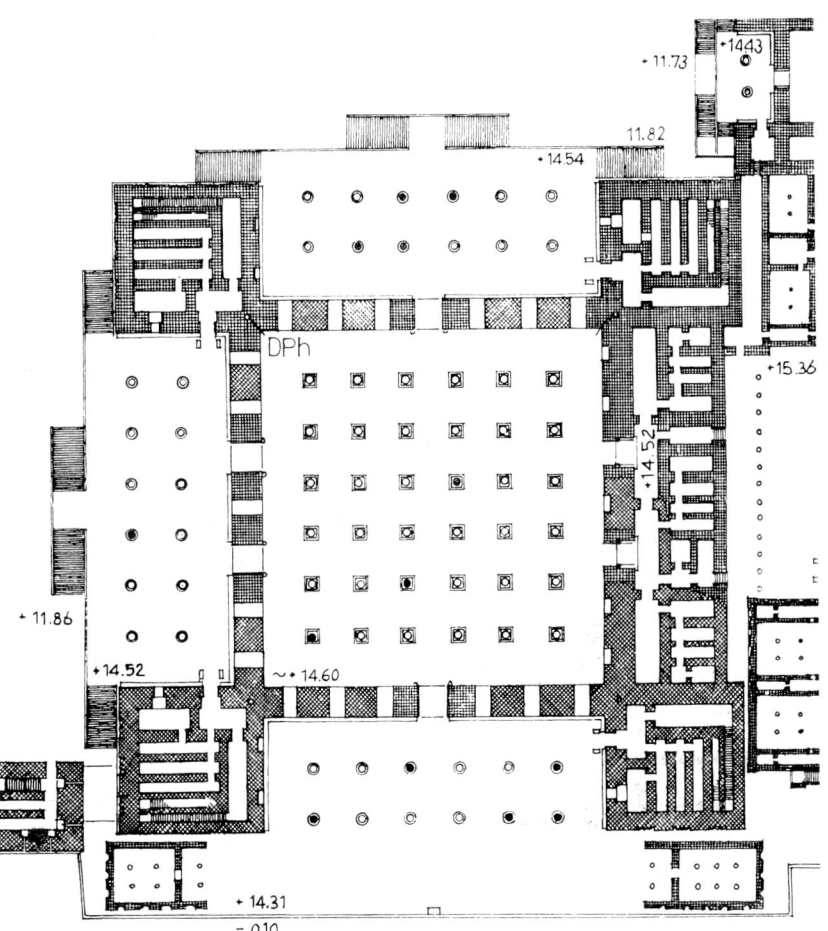

77. Apadana (Thronsaal) des Xerxes in Persepolis. Nach F. Krefter, Teh. Forschungen 3, Beilage 36.

des Vitruv), einer feineren dünneren Oberschicht und einem dünnen, schön rot gefärbten Überzug. Das ist ganz griechisch, und man freut sich, diesen edlen Putz im 5. Jahrhundert in Babylon ebenso vertreten zu finden wie in Athen. Reste eines Fußbodens von genau derselben Beschaffenheit finden sich auf der Ruine „Babil", wo Nebukadnezar nach der Parallel-Inschrift zur großen Steinplatten-Inschrift (KB III 2, 31) ebenfalls einen „*appu dannu*" genannten „Wellenbrecher" (/Damm)[4] erbaute.

Unter den wenig zahlreichen, aber mannigfaltigen Resten des Gebäudes, die sich auf der Ruine fanden, zeigen Stücke einer Plinthe aus schwarzem Kalkstein Keilschriftzeichen, die die Reste des Namens des Königs Darius unschwer erkennen lassen (Abb. 79). Säulenbasen aus demselben Material wiederholen genau die Formen der Basen von Persepolis (Abb. 78). Ziegel, welche wie diejenigen von Persepolis nicht aus Ton, sondern aus einer künstlichen, mit Sand gemischten Kalkmasse bestehen, tragen Darstellungen in farbiger Glasur[17] (Abb. 80), deren Felder ebenso wie bei den Glasurziegeln vom Ischtar-Tor durch schwarze Glasfäden gebildet sind. Es sind Flach- und Reliefdarstellungen von Ornamenten und Figuren, deren reiche Gewänder mit den Webemustern der persischen Garde von Persepolis verziert sind. Ein Frauenantlitz in weißer Glasur ist das einzigste dieser Art, was wir bisher haben.

78. Säulenbasis vom Perserbau.

Hier ist der Ort, wo man sich ins Gedächtnis zurückrufen kann, was Diodor, dessen Darstellung auf Ktesias, den Leibarzt des Königs Artaxerxes Mnemon, zurückgeht, über die polychromen Kunstwerke des Königsschlosses von Babylon berichtet. Er erwähnt (II, 8) zunächst, daß es zwei Schlösser gab: eins auf dem östlichen Euphratufer, in dem heutigen Hügel „Babil", und eins auf dem westlichen Ufer, das heutige „Kasr". Dann heißt es weiter: τοῦ μὲν γὰρ [εἰς τὸ] πρὸς ἑσπέραν κειμένου μέρους ἐποίησε τὸν πρῶτον περίβολον ἑξήκοντα σταδίων, ὑψηλοῖς καὶ πολυτελέσι τείχεσιν ὠχυρωμένον, ἐξ ὀπτῆς πλίνθου· ἕτερον δ' ἐντὸς τούτου κυκλοτερῆ κατεσκεύασε, καθ' ὃν ἐν ὠμαῖς ἔτι ταῖς πλίνθοις διετετύπωτο θηρία παντοδαπὰ τῇ τῶν χρωμάτων φιλοτεχνίᾳ τὴν ἀλήθειαν ἀπομιμούμενα. οὗτος δ' ὁ περίβολος ἦν τὸ μὲν μῆκος σταδίων τεττεράκοντα, τὸ δὲ πλάτος ἐπὶ τριακοσίας πλίνθους, τὸ δ' ὕψος, ὡς Κτησίας φησίν, ὀργυιῶν πεντήκοντα· τῶν δὲ πύργων ὑπῆρχε τὸ ὕψος ὀργυιῶν ἑβδομήκοντα. κατεσκεύασε δὲ καὶ τρίτον ἐνδοτέρω περίβολον, ὃς περιεῖχεν ἀκρόπολιν, ἧς ἡ μὲν περίμετρος ἦν σταδίων εἴκοσι, τὸ δὲ μῆκος καὶ πλάτος τῆς οἰκοδομίας ὑπεραῖρον τοῦ μέσου τείχους τὴν κατασκευήν. ἐνῆσαν δ' ἔν τε τοῖς πύργοις καὶ τείχεσι ζῷα παντοδαπὰ φιλοτέχνως τοῖς τε χρώμασι καὶ τοῖς τῶν τύπων ἀπομιμήμασι κατεσκευασμένα· τὸ δ' ὅλον ἐπεποίητο κυνήγιον παντοίων θηρίων ὑπάρχον πλῆρες, ὧν ἦσαν τὰ μεγέθη πλέον ἢ πηχῶν τεττάρων. κατεσκεύαστο δ' ἐν αὐτοῖς καί ἡ Σεμίραμις ἀφ' ἵππου πάρδαλιν ἀκοντίζουσα, καὶ πλησίον αὐτῆς ὁ ἀνὴρ Νίνος παίων ἐκ χειρὸς λέοντα λόγχῃ.[41]

79. Inschrift vom Perserbau.

Die Mauerlängen sind ungefähr um das Vierfache, andere Maße noch stärker übertrieben. Aber die drei Periboloi sind wohl zu erkennen, wie wir später sehen werden. Der mittlere war κυκλοτερῆ angelegt, das heißt doch wohl: „ringförmig, in sich geschlossen, nicht auf einer Seite offen, wie der äußere Peribolos", jedenfalls darf man es nicht

80. Glasierter Kunststein vom Perserbau.

mit „kreisförmig" übersetzen, denn einen derartigen Peribolos gibt es in Babylon nicht. An diesem mittleren Peribolos waren wilde Tiere in naturgetreuen Farben abgebildet, die auf den Ziegeln, als diese noch feucht waren, ausgearbeitet wurden. Das sind offenbar die Löwen, Stiere und Drachen von der Prozessionsstraße und dem Ischtar-Tor. Der mittlere Peribolos des Diodor umfaßt die Süd- und Hauptburg

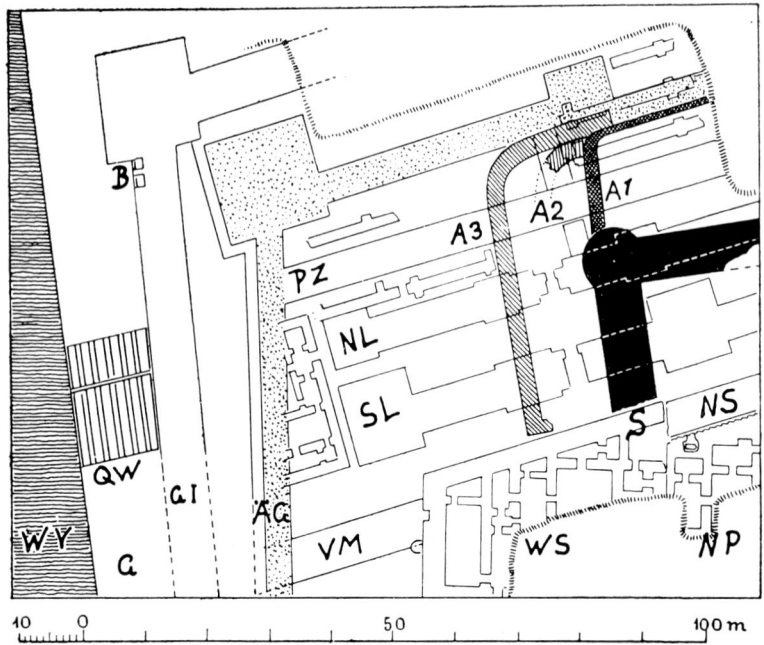

81. Die nordwestliche Ecke der Südburg.

A1	Arachtu-Mauer Nabupolassars, erste Periode	NS	Nördliche Mauer der Südburg
A2	Arachtu-Mauer, zweite Periode	PZ	Parallele Zwischenmauer
A3	Arachtu-Mauer, dritte Periode	QW	Quermauer mit Wasserdurchlässen
ÄG	Ältere Grabenmauer	S	Sargon-Mauer
B	Brunnen	SL	Südliche Lehmziegelmauer
G	Graben	VM	Verbindungsmauer
GL	Grabenmauer Imgur-Enlils	WS	Westlicher Teil der Südburg
NL	Nördliche Lehmmauer	WV	Westliche Vorwerke der Südburg
NP	Nabupolassar-Palast		

zusammengenommen. Auf Wänden und Türmen im dritten Peribolos, der nichts anderes als die Südburg allein sein kann, befanden sich ebenfalls farbige naturwahre Darstellungen, die eine Jagd auf wilde Tiere zum Gegenstand hatten, wobei Ninus und Semiramis eigenhändig beteiligt waren. Wir haben an keiner anderen Stelle menschliche Darstellungen unter den Ziegelglasuren gefunden, sie würden uns schwerlich entgangen sein. So ist kaum zu bezweifeln, daß Diodor unsere Glasuren vom Perserbau beschrieben hat, und daß das weiße Frauenantlitz dasselbe ist, in welchem Ktesias das Bild der Semiramis sah. Ob Diodor unter den wilden Tieren auch die begreift, die an den Torwänden der übrigen Höfe dieses dritten Peribolos, oder, wie wir sagen: der Südburg saßen, mag dahin gestellt bleiben, es ist nicht besonders wichtig. Daß wir aber derartige Kunstwerke, die ein berühmter antiker Historiker beschrieben hat, an den Orten, wo er sie gesehen hat, zu unseren Tagen ausgraben konnten, das ist ein außerordentlich seltener Fall in der Kunstgeschichte.

20.

Die Festungs- und Kaimauern im Westen und Norden der Südburg

Wir gehen nun zur Betrachtung des Festungswerkes über, das mit der Südburg in unmittelbarem und mittelbarem Zusammenhange steht. Es ist nicht ganz leicht, sich von diesen Gebilden immer ein klares Bild zu machen. Die Mauern sind im Laufe der Zeit verschoben, die Gebiete vergrößert, alte Mauern werden kassiert, und das Gesamtbild ändert sich fortwährend, und zwar in ausgedehntestem Maße gerade während der 43jährigen Regierungszeit Nebukadnezars. Aus älterer Zeit haben wir nur die „Arachtu-Mauer" Nabupolassars und die Stützmauer des Assyrers Sargon nordwestlich vom Nabupolassar-Palast, im Plan mit „A" und „S" bezeichnet (Abb. 81). Wir wollen vorläufig diese verschiedenen Mauern einzeln betrachten, um ihre Wesenheit und ihren Verlauf kennen zu lernen, und dann zum Schluß versuchen, ein Bild von der Gesamtheit dieses ziemlich verwickelten Befestigungssystems in seinem allmählichen Werden zu gewinnen.

21.

Die Grabenmauer Imgur-Enlils

Den Westen von der bisher ausgegrabenen Südburg haben wir anfangs durch einen langen und breiten Graben erforscht (Abb. 83, 84), der in seinem westlichen Teil die zum Teil außerordentlich starken Mauern der „westlichen Vorwerke" freigelegt hat.

Nicht weit von der Südburg ergab der Schnitt zwei Mauern, von denen die dickere, westliche der Ersatz für die ältere, dünnere (ÄG) darstellt. Sie haben also nicht zu gleicher Zeit bestanden. Die dickere (GI) (Abb. 85) enthielt in den oberen Schichten, dicht nebeneinander eingemauert, eine ganze Anzahl von beschrifteten Ziegeln (Abb. 82) mit der

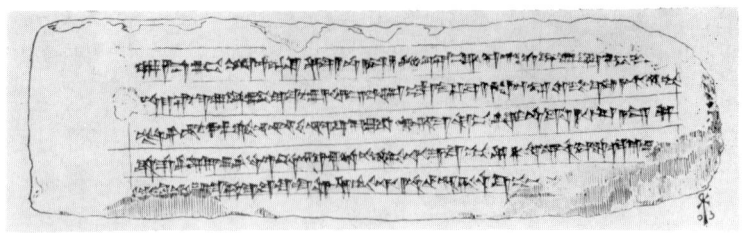

82. *Schriftziegel von der Grabenmauer Imgur-Enlil.*

83. *Der Graben westlich von der Südburg während der Ausgrabung.*

folgenden gleichlautenden Legende: „Nebukadnezar, König von Babylon, der erhabene Fürst, der Pfleger Esagilas und Ezidas, Sohn Nabupolassars, Königs von Babylon, bin ich. Seitdem Nabupolassar, der Vater, mein Erzeuger, Imgur-Enlil, die große Mauer Babylons machte, ließ ich, der inbrünstige Beter, der Verehrer des Herrn der Herren, seinen Graben graben und richtete seine Ufer aus Asphalt und Backsteinen berggleich auf. Marduk, großer Herr! Sieh das kostbare Werk meiner Hände freudig an und mein Helfer, mein Beistand mögest du sein! Ferne Tage schenke zum Geschenk!" (Übers. F. Delitzsch/ C. Wilcke.) Danach liegt also hier die Böschung, die „Eskarpe", des berühmtesten und ältesten Festungswerkes von Babylon vor, das den Namen „Imgur-Enlil", „Enlil hat es gewährt", führte. Und zwar bezieht sich Nebukadnezar auf ein Imgur-Enlil, das Nabupolassar gebaut hatte. Dieses Imgur-Enlil Nabupolassars existiert, vielleicht mit Ausnahme einiger Reste, nicht mehr. Wir haben aber eine Gründungsurkunde Nabupolassars, die dieses Imgur-Enlil betrifft. Der kleine, gut erhaltene Zylinder ist in der Südburg (u 22) dicht an der Burgmauer, südlich vom Gewölbebau im Schutt, also nicht in situ, gefunden. Sein

84. Der Graben westlich von der Südburg nach vollendeter Ausgrabung.

Text besagt: „Nabupolassar, König von Babylon, der Auserwählte Nabûs und Marduks, bin ich. Imgur-Enlil, die große Mauer Babylons, welche vor mir schwach geworden, eingefallen war, gründete ich in dem uranfänglichen Abgrund, baute ich neu mit Hilfe des Heers, des Aufgebots meines Landes, ließ ich nach den vier Winden Babylon umschließen, setzte ihm seine Spitze auf wie in der früheren Zeit. Mauer! sprich zu Marduk, meinem Herrn, zu meinem Besten!" (Übers. F. Delitzsch/C. Wilcke.) Daraus geht hervor, daß Nabupolassars Imgur-Enlil ein auf allen vier Seiten geschlossenes Rechteck war, und daß es aus gebrannten Ziegeln bestand; denn für Lehmziegel ist die angegebene tiefe Gründung weder möglich noch nötig. Die östliche Burgmauer könnte somit in den alten Teilen ein Stück von Nabupolassars Imgur-Enlil sein.

Die Grabenmauer vereinigt sich im Süden mit der Burgmauer in genuteter Dilatation, aber die Nut ist in die Grabenmauer hineingehauen, sie setzte sich ursprünglich nach Süden weiter fort und ist älter als die

85. Die Grabenmauer Imgur-Enlils im Westen der Südburg.

Burgmauer an dieser Stelle. Im Norden biegt sie in östlicher Richtung um, und die Ecke ist durch eine mächtige Bastion bezeichnet. An der Außenseite in der Ecke bei der Bastion sind zwei Brunnenschächte in das Mauerwerk eingehauen, deren Einlässe durch gitterförmig durchbrochene Steinplatten geschlossen sind.

Der Verlauf der nördlichen Strecke liegt noch unter dem Schutt begraben bis auf ihre östliche Endigung, die wieder in einer großen vortretenden Bastion nördlich vom Ischtar-Tor erfolgt, wo sie sich an die genau analog gebildete Bastion der älteren Grabenmauer anlehnt.

Diese ältere Grabenmauer verläuft überhaupt ganz ähnlich, nur etwas mehr innerhalb der jüngeren. Sie ist auch, wie diese, in Asphalt mit Schilf verlegt, hat aber kleinere und stempellose Ziegel von 32 × 32 cm. Im Querschnitt beim Perserbau haben wir sie tief unten noch gefunden und ihre nördliche Partie ausgegraben nebst ihrer Eckbastion, in deren Ecke ein, diesmal gemauerter, Brunnen liegt. Eine Tontafel, die sich auf den Bau des Brunnens bezieht, fand sich dicht dabei. Die Mauer steht auf einem breiten Fundament-Bankett. Sie setzt sich in östlicher Richtung fort, schließt mit einem starken Turm an die Arachtu-Mauer Nabupolassars an und erscheint beim Ischtar-Tor mit der eben erwähnten vorspringenden Bastion wieder. Hier erkennt man einen jüngeren Aufbau, eine Erhöhung, zu deren Befestigung starke Verankerungsbalken eingefügt sind. Der untere Teil ist etwas geböscht und, später, mit Asphalt überzogen, wie die früher erwähnten Wände des Nabupolassar-Palastes.

In der gut gebauten, aber nicht tief hinab fundamentierten Quermauer zwischen der Bastion und dem Ischtar-Tor führte eine breite Pforte mit einer Treppe von der Höhe der älteren Prozessionsstraße hinab nach Westen.

Es wäre möglich, daß sich die Bastionsanlage auf der anderen Seite der Straße symmetrisch wiederholt. Die Stelle ist aber noch nicht ausgegraben.

22.

Die Arachtu-Mauer Nabupolassars und die Mauer Sargons des Assyrers

Nordwestlich vom Nabupolassar-Palast ziehen sich tief unter den hier der Südburg vorgelagerten drei Festungsmauern vier alte Mauerreste hin, deren Auffindung für die Topographie Babylons von der größten Bedeutung geworden ist. Alle vier sind die abgerundeten Ecken, wenn

86. Beschrifteter Ziegel von der Sargon-Mauer.

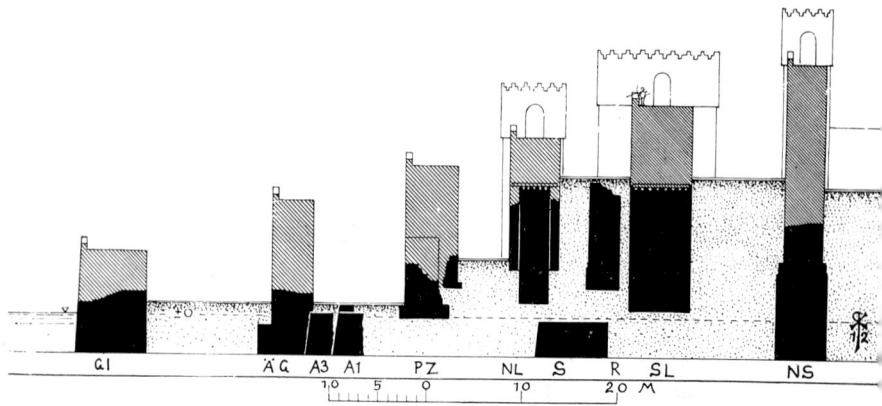

A1 Arachtu-Mauer Nabupolassars, erste Periode.
A3 Arachtu-Mauer Nabupolassars, dritte Periode.
ÄG Ältere Grabenmauer.
GI Grabenmauer Imgur-Bels.
NL Nördliche Lehmmauer.
NS Nördliche Mauer der Südburg.
PZ Parallele Zwischenmauer.
R   Ruine einer älteren Lehmziegelmauer.
S   Sargon-Mauer.
SL Südliche Lehmziegelmauer.

87. *Querschnitt durch die Festungsmauer nördlich der Südburg.*

man so sagen darf, von Ufermauern, sie zeigen an ihren nördlichen und westlichen Fronten starke Böschung. Alle vier sind auch in förmlich verschwenderischer Weise mit bestempelten und beschrifteten Ziegeln ausgestattet, sodaß über ihre Bedeutung und Bestimmung nicht die geringste Frage obwalten kann. Jede dieser Ufermauern stellt eine Erneuerung der vorhergehenden dar und bezeichnet ein Hinausschieben der Uferlinie nach Norden und nach Westen. Sie bestehen aus guten gebrannten Ziegeln und sind meist in reinen Asphalt verlegt (Querschnitt auf Abb. 87).

Die Mauer Sargons ist die dickste, aber sie reicht mit ihrer Krone nur bis — 0,27 m hinauf, wo sie mit einer starken Lage Asphalt abgedeckt ist. Gebrannte Ziegel haben auf dieser Schicht nie gelegen, vielleicht ungebrannte, aber davon war nichts zu erkennen. Wo sie gegen die Südburg anläuft, ist sie, um deren Neubau zu ermöglichen, abgehauen worden. Die Ecke wird durch eine kreisförmig vorspringende Bastion gebildet. In einer bestimmten Schicht der Außenwände sowohl der Bastion als auch der glatten Strecke sitzen, einer neben dem anderen, die beschrifteten Ziegel (Abb. 86) mit der folgenden Legende: „Marduk, dem großen Herrn, dem göttlichen Schöpfer, dem Bewohner von Esagila, dem Herrn Babils, seinem Herrn, Sargon, der mächtige König, König des Landes Assur, König des Alls, Gebieter Babylons, König von Sumer und Akkad, der Pfleger Esagilas und Ezidas. Imgur-Enlil zu bauen stand sein Sinn: er ließ Backsteine (in einem) reinen Brennofen herstellen, baute mit Pech und Asphalt an der Seite des Ischtar-Tores am Euphratufer in der Wassertiefe einen Kai und gründete Imgur-Enlil und Nemetti-Enlil gleich der Aufhäufung eines Berges fest auf ihm. Dieses Werk möge Marduk, der große Herr, gnädig ansehen und Sargon, dem ihn pflegenden Fürsten, Leben verleihen! Gleich dem Grundstein Babylons mögen feststehen seine Regierungsjahre!" (Übers. F. Delitzsch/C. Wilcke).

Die beiden großen Festungswerke Imgur-Enlil und Nemetti-Enlil sind, soweit sie Sargon als sein Werk bezeichnet, hier nicht mehr nachzuweisen. Sie werden durch Nabupolassars und Nebukadnezars Südburg-Bauten vernichtet worden sein. Sie können aber nicht direkt auf unserer Mauer gestanden haben; dazu ist diese mit 8 m Breite zu dünn.

88. *Bestempelter Ziegel von Nabupolassars Arachtu-Mauer.*

Zwei ordentliche Festungsmauern, wie die gerade hier über der Sargon-Mauer mit einem Zwischenraum von einem Meter Ruinenschutt hinüberziehenden Lehmmauern, nehmen mit ihren Turmvorsprüngen eine Breite von 23 m ein. Sie müssen also dahinter gelegen haben, und die Sargon-Mauer diente im wesentlichen als Uferbefestigung, genau so, wie die „Grabenmauer Imgur-Enlil", die wir vorhin betrachteten.

Wichtig ist, daß Sargon die Örtlichkeit bezeichnet, an der unsere Mauer steht: „an der Seite des Ischtar-Tores am Euphratufer". Hier floß also zu Sargons Zeit der Euphrat.

Die Nabupolassar-Inschriften auf den Ziegeln seiner an die Sargon-Mauer unmittelbar anschließenden Mauern sind zum Teil gestempelt, zum Teil gemeißelt und zum Teil geschrieben. Sie sitzen aber ohne irgendwelches System an den drei Perioden der Mauern durcheinander gemischt dicht nebeneinander. Auf den Stempel-Legenden (Abb. 88) sagt der König, daß er helle gebrannte Ziegel habe streichen lassen und mit ihnen die Mauer des Arachtu gemacht habe. Zur Zeit Nabupolassars floß also hier der Arachtu, und zwar genau an derselben Stelle, wo nach den Sargon-Ziegeln der Euphrat floß. Die Schwierigkeiten, die sich aus diesem Tatbestande ebenso wie aus einer Reihe von Angaben in der Babylonischen Literatur ergeben, lassen sich auf zwei verschiedene Weisen überbrücken. Entweder ist Arachtu nur ein anderer Ausdruck für Euphrat oder man kommt zu der ziemlich komplizierten Annahme, nach welcher der Euphrat im Lauf der Zeit mehrfach sein Bett gewechselt und mit dem des Arachtu vertauscht hätte. Der alte Euphrat müßte dann an dieser Stelle einen nach Westen gerichteten Bogen geschlagen haben, den der Arachtu in gradlinig südlichem Laufe abschnitt, sodaß eine halbmondförmige Insel entstand. Das wäre dann der Zustand, den Sanherib vorfand, als er die Zikkurrat Etemenanki in den Arachtu warf. Zu Sargons Zeit hingegen müßte das westliche Bett des Euphrats versandet gewesen sein, und seine Wogen wären direkt in dem früheren Arachtu und damit an unserer Sargon-Mauer vorbei geflossen. Nabu-

89. Beschrifteter Ziegel von Nabupolassars Arachtu-Mauer.

polassar hingegen hätte den Arachtu wieder hergestellt, da zu seiner Zeit der Euphrat seinen ersten, westlichen Lauf wieder aufgenommen hätte, während Nebukadnezar den Arachtu kassiert und seine Burg bis an den Euphrat selbst ausgedehnt hätte. Das ist, wie gesagt, eine recht verwickelte Annahme. Es ist aber die einzigste, welche demjenigen übrig bleibt, der die direkte Identität von Euphrat und Arachtu ablehnt.[55]

Der Bau der Südburg hat die Arachtu-Mauer an dieser Stelle vernichtet. Aber unmittelbar südlich von der Südburg ist sie durch die Ausgrabung wieder frei gelegt und bis in die Nähe des Hügels Amrān verfolgt. Auch hier sitzen zahlreich die Arachtu-Ziegeln Nabupolassars im Mauerwerk.

Auf den beschrifteten Ziegeln (Abb. 89) heißt es, daß „Nabupolassar usw. der Wiederhersteller von Esagila und Babylon, die Mauer des Arachtu für Marduk, seinen Herrn gemacht" habe. Darin muß die ausdrückliche Nebeneinanderstellung von Babylon und Esagila als zweier gleichwertiger Begriffe auffallen. Es stimmt aber durchaus zu dem, was oben über das ursprüngliche und eigentliche Babylon im engeren Sinne gesagt wurde, das neben dem in ältester Zeit selbständigen Esagila stand.

Die auf den gebrannten Ziegeln eingemeißelten Inschriften (Abb. 90) besagen, daß „Nabupolassar usw. mit einer Kaimauer aus gebrannten Ziegeln zum Schutz die Mauer von Babylon umgeben" habe. Von diesen haben wir nur 4 Stück gefunden. Sie sitzen alle an den nördlich von der Südburg gelegenen Mauern. Die älteste Nabupolassar-Mauer sitzt mit ihrem Beginn auf dem runden Turm der Sargon-Mauer auf. Ihre Ziegel, die in reinen Asphalt verlegt sind, haben ein recht ungleichmäßiges Format. Ihre Seitenlängen wechseln zwischen 30, 31, 32, 33 und 34 cm. Das letztere Format haben die mit den eingemeißelten Inschriften. Die Mauer ist außen kräftig geböscht und innen stark abgetreppt. Sie reicht nur bis 20 cm unter Null hinauf, und auf ihr saß an der Nord-Süd-Strecke Mauerwerk aus Ziegelbruch.

90. Gemeißelter Ziegel von Nabupolassars Arachtu-Mauer.

An die abgerundete Ecke setzt ein nach Westen zu nur kurz erhaltenes Stück an, das einer zweiten Bauperiode angehört (Abb. 91).

Unmittelbar davor liegt der Bau der dritten Periode, der nach Osten nur wenig über die Ecke hinaus greift, dessen nordsüdliche Strecke dem ältesten Bau aber einen Landstreifen von ungefähr 16 m Breite hinzufügt. Er reicht höher hinauf, nämlich bis auf 1 m über Null, und trägt im Westen Bruchmauerwerk, im Norden Lehmziegel. Diese Mauer geht unter den beiden Lehmmauern hindurch und bricht an der Südburg in einem Rücksprung ab. Letzterer ist wohl der eine Teil eines Auslasses, dessen zweiter, entsprechender Teil durch den Bau der Südburg zerstört wurde. An dieser Stelle ist ein Kantenverband angewendet, der sonst selten vorkommt. Es liegen nämlich immer ein ganzer Stein und dahinter ein halber, und dann daneben ein halber und dahinter ein ganzer. In der darauffolgenden Schicht ist dieselbe Reihenfolge um einen halben Stein seitwärts verschoben. Derselbe Kanten-Verband findet sich mit Nebukadnezar-Ziegeln an dem Treppenaufgang bei der Nordost-Ecke des Kasr.

Man sieht jetzt, daß die „ältere Grabenmauer" weiter nichts ist, als ebenfalls eine „Arachtu-Mauer", die sich mit dem größten Teil ihrer

91. Ansicht der Nordwestecke der Südburg mit den Arachtu-Mauern.

Nordstrecke ihrem Vorgänger ohne Zwischenraum vorgelagert hat, während ihre Weststrecke dem älteren Gebiete abermals einen Streifen Land hinzufügte.

23.

Die westlichen Vorwerke

Westlich vor die Südburg, also da, wo ursprünglich der Euphrat floß, lagert sich ein merkwürdiger Bau, der durch seine ungeheuren, 20 bis 25 m dicken Mauern auffällt. Er ist noch nicht ganz ausgegraben. Der Oberbau ist in noch nicht sehr weit zurückliegender Zeit von den modernen Ziegelräubern entfernt worden, von deren verderblicher Tätigkeit das jetzige Gelände durch viele Erhebungen und Vertiefungen

Kunde gibt. Es ist überall solides, kompaktes Mauerwerk aus guten Nebukadnezar-Ziegeln in Asphalt. Zwischen dem Gebäude und der Grabenmauer Imgur-Enlil ist ein schmaler Wassergraben belassen. Nur nördlich und südlich waren hier Verbindungsstücke eingefügt, die unten am Wasser jedesmal von mehreren Wasserdurchlässen durchbrochen sind. Die westlichen Begrenzungen sind noch nicht klar. Im übrigen war das längliche Viereck des Grundrisses durch Quermauern in verschiedene Abteilungen zerlegt, von denen die südliche freiblieb, die anderen durch wohnungsähnliche Zimmer-Komplexe eingenommen werden. Ein großer Treppen- oder Rampenaufgang ist in der Nordostecke des südlichen freien Platzes erkennbar. Während des Baues hat der Grundriß an verschiedenen Stellen kleinere Veränderungen erfahren.

Die von Süden herkommende Nabonid-Mauer setzt mit einem Turm an die Südwestecke des Baues an. Durch den Turm ist der von Osten kommende Kanal hindurch geführt.

Auf dieses Gebäude bezieht sich offenbar die Stelle in Nebukadnezars Sippar-Zylinder (KB III 2, 49 Kol. 2 Z. 19): „Zum Schutze von Esagila und Babylon war kein trockenes Land im Euphrat gelegen. Eine große Befestigung ließ ich im Flusse (*ḫa-al-ṣi ra-bi-tim i-na nāri*) aus Erdpech und Ziegelsteinen bauen. Ihr Fundament errichtete ich auf der Wassertiefe, ihre Spitze erhöhte ich wie Waldgebirge." (Übers. H. Winckler/ C. Wilcke).

24.

Die drei großen Festungsmauern nördlich vor der Südburg

Wir gehen jetzt zur Betrachtung der drei Festungsmauern über, die die Richtung der alten Arachtu-Mauern beibehalten, aber über sie hinüberziehen und nach Westen weiter vorgreifen.

Die nördlichste besteht aus Ziegelbruch und reicht von der Quermauer am Ischtar-Tor bis über die ältere Grabenmauer hinaus, wahrscheinlich bis an die Grabenmauer Imgur-Enlils. Vor ihr lag ein Gebäude, von dem sich einige parallele Mauerzüge erhalten haben. In den letzteren sind durch aufrecht stehende Ziegel die Höhlungen hergestellt, in welchen die Balken zu einem Obergeschoß ruhten; das Untergeschoß, dessen Fußboden erhalten ist, hat die nur sehr geringe Höhe von etwa 1,50 m. Entsprechende Balkenhöhlungen sind in die Bruchsteinmauer eingehauen, ebenso wie einzelne Nischen, die wohl zur Erweiterung des schmalen Raumes dienen sollten.

Die beiden Lehmziegelmauern sind natürlich jünger als die darunterliegenden Nabupolassar-Mauern, aber doch älter, als Nebukadnezars jetziges Ischtar-Tor. Wo die südliche, dickere, an den Schenkel des Tores anstößt, lag ein Zwischenraum von 1 m Breite, der nur nördlich durch eine dünne Lehmmauer gestopft ist. Man sieht hier auch, daß die Lehmmauer zum Zwecke der Erbauung des Ischtar-Tores abgehackt wurde. Zur Zeit der Erbauung des letzteren haben jedoch beide Mauern einen Umbau und namentlich eine Erhöhung erfahren, bei welcher an der dünneren deren letzte Strecke etwas nach Norden vorgebogen wurde, um einen glatten Anschluß an den dortigen Torschenkel zu gewinnen.

Die 6 m dicke, kaum merklich geböschte südliche Mauer trägt bei einer Kurtinen[1]-Länge von 15,30 m in regelmäßigem Wechsel große quergestellte und kleinere langgestellte Türme (vgl. Abb. 81). Sie schließt im Westen mit einem besonders großen Turme ab. Im zweiten Mesopyrgion von Westen liegt eine Pforte. Ihr ältester Türanschlag besteht aus gebrannten Ziegeln ohne Stempel (32 × 32 bis 31 × 31 cm). Der Fußboden liegt nur 2 m über Null. In einer zweiten Periode ist auch die Laibung mit Backstein-Verkleidung versehen, die Nebukadnezar-Stempel trägt, und der Fußboden ist auf +2,65 gehoben, später auf +4,50. Zu der letzten Zeit existierte der unserer Pforte gegenüberliegende Teil der Südburg noch nicht, denn dieser Fußboden wurde durch eine stark geböschte Stützmauer getragen, die gerade vor der Südburg liegt. Sie besteht aus Lehmziegeln, und im Inneren wird jede zweite Schicht aus Ziegelbruch gebildet. Es ist möglich, daß diese Stützmauer gerade den Zweck hatte, den Weg hier zu halten, als diese Burgstrecke gebaut wurde. Eine weitere Periode umfaßt eine Verstärkung des Gewändes und eine Erhöhung des Fußbodens auf +5,50. Dies ist ein doppelter Ziegelbelag, unten Bruch, oben Nebukadnezar-Platten von 51 cm Seitenlänge, der den Zwischenraum zur Südburg vollständig ausfüllt. In ihn hinein und in zu dem Zwecke in die Lehmmauer eingebrochene Höhlen sind Bestattungen in Ziegelsärgen vorgenommen, deren giebelförmige, aus hochkantig gestellten Ziegeln hergestellte Bedachungen für die griechische und die davon abhängige Kultur charakteristisch sind. Es ist der letzte Fußboden großen Stils, der hier liegt, und man wird kaum fehlgehen, wenn man ihn wegen seiner Ähnlichkeit mit den Südburg-Fußböden noch auf das babylonische Königtum bezieht. Auf ihm steht auch eine Verstärkung, die eine Strecke weit der Lehmmauer südlich angelagert ist.

Alle diese Pflaster führen von Westen nach Osten aufwärts. Jedes hat unter sich den zugehörigen Kanal, der die Abwässerung nach Westen zu vornahm.

Auf dem 5. Turm von Westen bemerkt man bei einer Höhe von 13 m über Null die Leeren für einen starken Längsrost. Er trug wahrscheinlich die Balken eines jetzt nicht mehr erhaltenen Querrostes und beide hatten den Zweck, einer Erhöhung der Mauer als neues Fundament zu dienen. Die Ecken der Türme sind hier und da durch eingelegte, an den Ecken übereinander greifende Holzanker gefestigt.

92. *Zwischenraum zwischen den beiden Lehmmauern.*

In dem Zwischenraum zwischen den beiden Mauern liegen wieder verschiedene Fußböden übereinander, darunter im östlichen Teile bei 13 bis 14 m über Null die großen Tonplatten Nebukadnezars. Schwächere Lehmziegelmauern haben sich im mittleren Teile angenistet, die sich auch über die damals also zerstörte nördliche Mauer hinüberziehen. Dagegen liegt bei dem dritten Turm von Osten ein Stück von einer starken älteren Lehmmauer, die durch den Bau der Doppelmauer zerschnitten worden ist. Sie ist über 3 m dick, nach Norden stark gebösct und reicht bis 3 m über Null hinab. Ihre Richtung ist etwas anders als die der Doppelmauer, nämlich ungefähr dieselbe wie die der Sargon-Mauer. Daß sie selbst auf Sargon zurückgehen, ist trotzdem unwahrscheinlich. Wir haben an dieser Stelle besonders tief gegraben, bis auf

1 m unter Null (Abb. 92), und können daher mit Sicherheit sagen, daß ein Fundament, wie das der Sargon-Mauer, hier nicht vorhanden war. 20 cm unter Null lagen Reste eines Pflasters aus Ziegeln von 29 × 29 cm. Die nördliche Mauer bestand ursprünglich allein aus Lehmziegeln, erhielt aber zur Zeit der Erbauung des Ischtar-Tors eine beiderseitige Verbrämung aus Ziegelbruch in Asphalt und Lehm. Diese reicht im Osten bis 4,5 m über Null hinab, im Westen, wo ja das ganze Gebiet niedriger lag, bis auf 2,20 m. Die Verbrämung war nur ein Teil des Umbaus (vgl. Abb. 87). Wo die alte Lehmziegelmauer aufhörte, begann eine massive Backstein-Mauer von der Dicke der Lehmmauer einschließlich beider Verbrämungen. Das fand an dem westlichen Teile bei einer Höhe von 13 m statt, wo ebenso wie bei der südlichen Mauer der starke Balkenrost in seinen Leeren erhalten ist. Am Westende begann die Backstein-Mauer bereits bei 3,50 m, sie liegt hier noch an Ort und Stelle auf der Lehmmauer auf. So stellt sich diese Mauer als eine Backstein-Mauer dar mit einem älteren Lehmziegelkern in ihren unteren Teilen. Daß die Verbrämung von Anfang an nicht beabsichtigt war, geht daraus hervor, daß in einzelnen der Lehmtürme noch die Leeren von gemauerten Abflußrinnen sich erhalten haben, wie wir sie an Stadtmauern und Tempeln finden. Die Rinnen selbst sind bei der Einfügung der Verbrämung entfernt und durch das Mauerwerk der letzteren ersetzt. Im übrigen hat die Mauer bei dem Umbau, abgesehen von ihrer Verdickung, wenig Veränderungen erfahren. Die Türme entsprechen in keiner Weise denen der Hauptmauer. Nur im östlichen Teile ist wenigstens dasselbe Prinzip zur Geltung gekommen, wonach immer ein größerer, quer gestellter Turm mit einem kleineren, lang gestellten abwechselte. Den westlichen Abschluß bildet aber auch hier ein besonders starker Turm genau in der Flucht desjenigen der Hauptmauer.

Die Pforte im Westen bildet in ihrer Lage, ihren Verbrämungen und Umbauten eine ziemlich genaue Analogie zu derjenigen in der Hauptmauer. Aber außer dieser hatte die Lehmmauer noch 4 andere Pforten, von denen jedoch nur die im 5. Mesopyrgion auch in dem Umbau beibehalten wurde. Von ihr aus führte ein Kanal mit 2 Einfluß-Schächten die Tagewässer in starkem Fall nach Süden wohl zu dem allgemeinen Stammsiehl hinter der Hauptmauer.

Vor die beiden Mauerköpfe im Westen lagert sich ein Gebäude von dem gewöhnlichen Grundriß mit einem Hof und umliegenden Zimmern. Es war über die damals schon zerstörte ältere Grabenmauer hinübergebaut und könnte wohl die Wohnung des Mauer-Kommandanten vorstellen.

Zwei Lehmmauer-Schenkel ähnlicher Art setzen sich auch östlich an das Ischtar-Tor an. Sie sind nicht lang. Die dickere bricht im zweiten Mesopyrgion ab und wird hier von einer späteren geböschten Ufermauer getragen, die in südöstlicher Richtung abbiegt, wo wir sie noch auf 25 m verfolgt haben. Der nördliche Schenkel ist noch kürzer. Die Grabung an dieser Stelle, die bedeutend tiefer gedrungen ist, als die Sohle der Lehmmauer reicht, ergab Schlamm und Flußsedimente, die wahrscheinlich dem Wasser des Euphrat entstammen, der zu persischer Zeit die Ostseite der Akropolis bespülte. Zu Nebukadnezars Zeit erstreckten sie sich gewiß weiter nach Osten und verbanden sich in irgendeiner, vorläufig nicht näher festzustellenden Weise mit der

93. *Das nördliche Ende der inneren Stadtmauer von Südwest.*

„inneren Stadtmauer", die als „Nemetti-Enlil" Assurbanipals nach dort gefundenen Inschriften zu bezeichnen ist. Das ist darum sicher, weil auch das Ischtar-Tor als zu „Imgur-Enlil und Nemetti-Enlil" gehörig ebenfalls inschriftlich genannt wird. Es wird sich daher empfehlen, daß wir einen kleinen Abstecher von 1000 m nach Osten machen, um dieses Festungswerk zu besichtigen. Wir werden danach wieder zum Kasr zurückkehren.

25.

Die innere Stadtmauer

Ein niedriger Damm (Abb. 93), der östlich dicht bei Hómera ungefähr von Nord nach Süd in einer Länge von 1700 m durch die Ebene zieht birgt die Ruinen der inneren Stadtmauer (vgl. Abb. 249). Es ist eine Doppelmauer mit einem Zwischenraum von 7,20 m. Die westliche,

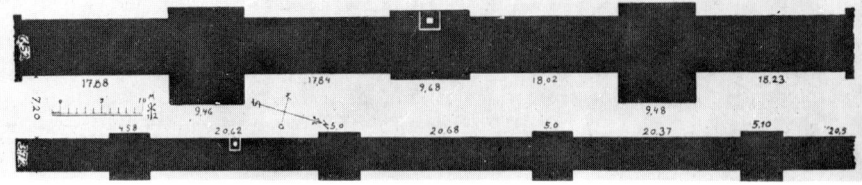

94. *System der inneren Stadtmauer.*

6,50 m dicke hat in regelmäßigen Abständen von 18,10 m abwechselnd quer gestellte große, und längs gestellte kleinere Türme mit einer Frontbreite von 9,40 bzw. 9,70 m, die größeren haben eine Tiefe von 11,40, die kleineren von 8,06 m (Abb. 94). Die Lehmziegel messen 32 cm im Quadrat. In die Westseite der kleineren Türme sind senkrechte Abwässerungskanäle eingelegt aus gebrannten Ziegeln von 30 bis 32 cm im Quadrat. Sie münden unten nach außen in dreieckigen Öffnungen aus vorgekragten Schichten. Die nur 3,72 m dicke östliche Mauer hat in gleichmäßigen Abständen von 20,50 m Türme von 5,10 m Frontbreite bei 5,80 m Tiefe. Ihre Lehmziegel messen 33 cm im Quadrat. Auch hier waren Abwässerungskanäle, aber in den Kurtinen eingelegt (Abb. 95). Die Sohle der dicken Mauer reicht bis auf 67, die der dünnen bis 19 cm unter Null herab. Nur die dicke Mauer zeigt Reste eines älteren Baus, auf dem sie steht, und spätere Ausbesserungen durch streckenweise vorgelegte Stützmauern aus Ziegeln von 33 cm.

In dem Zwischenraum, dicht bei der dünneren Mauer, aber nicht in situ, sondern in dem Schutt, den die verfallenen Mauern gebildet haben, sind mehrere Gründungs-Zylinder Assurbanipals (Abb. 96) gefunden mit dem folgenden Wortlaut: „Marduk, dem König der Gesamtheit der Igigu und Anunnakku, dem Schöpfer Himmels und der Erde, dem Bestimmer des Endziels (?), dem Bewohner Esagilas, dem Herrn Babylons, dem großen Herrn. Ich, Assurbanipal, der große König, der mächtige König, der König des Alls, König des Landes Assur, König der vier Weltgegenden, Sohn Asarhaddons, des großen Königs, des mächtigen Königs, des Königs des Alls, Königs des Landes Assur, des Beherrschers Babylons, Königs von Sumer und Akkad, des Besiedlers Babylons, Erbauers Esagilas, Erneuerers der Tempel aller Städte, der in ihnen die Riten einrichtete und ihre regelmäßigen Opfer, die aufgehört hatten, einsetzte, die Satzungen, die Ordnungen wie vor alters wieder herstellte, Enkel Sanheribs, des großen Königs, des mächtigen Königs, des Königs des Alls, Königs des Landes Assur, bin ich. — Unter meiner Regierung hielt der große Herr Marduk unter Frohlocken in Babylon seinen Einzug, bezog in Esagila für ewig seine Wohnung. Die regelmäßigen Opfer

Esagilas und der Götter Babylons setzte ich ein, die Schutzherrschaft über Babylon behielt ich bei; daß der Starke den Schwachen nicht schädige, bestellte ich Schamasch-schumukin, meinen lieben Bruder, zur Königsherrschaft über Babylon. Auch füllte ich Esagila mit Silber und Gold, Edelgestein und machte Etuscha gleich der Sternbilderschrift glänzend. — Zu eben jener Zeit Imgur-Enlil, die Mauer Babylons,

95. *Wasserleitung an der inneren Stadtmauer.*

Nemetti-Enlil, seine Außenmauer (*šalḫû*), die alt geworden und eingefallen, zugrunde gegangen waren, um die Befestigung Esagilas und der Tempel Babylons stark zu machen, ließ ich mit der Macht meiner Truppen schleunigst (?) Nemetti-Enlil, seine Außenmauer, mit der Kunst des Ziegelgottes neu machen und führte seine Stadttore auf; Türflügel ließ ich machen und stellte sie in seinen Toren auf. — Zukünftiger Fürst, unter dessen Regierung selbiges Werk verfallen wird, befrage weise Künstler! Imgur-Enlil, die Mauer, Nemetti-Enlil, die Außenmauer mache gemäß ihrer alten Würdigkeit! Meine Namensurkunde sieh, und salbe mit Öl, opfere ein Opferlamm, lege sie neben deine Namensurkunde, so wird Marduk deine Gebete erhören. Wer meine Namensurkunde oder den Namen meines lieben Bruders mit arglistigem Tun zugrunde richten, meine Namensurkunde neben seine Namensurkunde nicht legen wird, den möge Marduk, der König des Alls, zornig anblicken und seinen Namen, seinen Samen in den Ländern vernichten!" (Übers. F. Delitzsch/C. Wilcke.)

Die Inschrift betrifft also speziell den Bau von Nemetti-Enlil allein, und es wäre von Wichtigkeit zu wissen, von welcher der beiden Mauern sie stammt. Das ist aber bisher nicht zu entscheiden. Die Zylinder liegen zwar dicht bei der dünneren, der äußeren Mauer, es ist aber zu berück-

96. Gründungszylinder Assurbanipals für Nemetti-Enlil.

sichtigen, daß die dicke Mauer an ihrem Fußende durch ihren Verfall ein bedeutend mächtigeres Schuttprisma schafft, als die dünne, und daß folglich Gegenstände, wie die Zylinder, die aus ihrem Gemäuer stammen, viel dichter an die dünne als an die dicke Mauer auf diesem Schuttprisma heranrollen müssen. Wenn die Zylinder der dicken Mauer angehörten, so war Nemetti-Enlil eine Doppelmauer, gehörten sie der dünnen Mauer an, so kann die dicke Imgur-Enlil darstellen, sicher ist das jedoch bisher nicht. Die Entscheidung kann erst eine weitere Ausgrabung bringen, bei welcher ein größerer Teil der dicken Mauer abgetragen werden müßte, um die etwa heute noch im Gemäuer steckenden Urkunden zutage zu fördern. Die Ruinen werden durch ein solches systematisches Abtragen dermaßen verunstaltet, daß ich mich bisher immer noch gescheut habe, diese Arbeit auszuführen. Sie muß aber wohl vor Beendigung der Grabung geschehen. Ähnlich, aber doch etwas anders, liegen die Schwierigkeiten für die beiden Lehmmauern auf dem Kasr. Auch hier wäre die einfachste Lösung darin zu suchen, daß man die dicke Mauer mit Imgur-Enlil, die dünne mit Nemetti-Enlil identifizierte. Dagegen erheben sich jedoch mannigfache Schwierigkeiten. Die „Grabenmauer Imgur-Enlils" liegt im Westen der Südburg an einer Stelle, wo es diese Lehmmauern gar nicht mehr gibt. Nabupolassar hat nach der oben angeführten Zylinder-Inschrift Babylon an allen vier Seiten mit der Mauer Imgur-Enlil umgeben, und die beiden Lehmmauern umschlossen ein Gebiet, das zweifellos nach Westen zu offen war. Gewißheit und Aufklärung kann auch hier erst von der Fortführung der Ausgrabung erwartet werden.[20]

97. Kanal durch die innere Stadtmauer.

An der Stelle des 14. Turms von Norden in der dicken Mauer befindet sich unten ein Mauerstück von der Größe des Turmes aus gebrannten Nebukadnezar-Ziegeln in Asphalt. Ein kleiner, mit hochkantig übereck gestellten Ziegeln überdeckter Kanal führt durch den Mauerblock und setzt sich nach Osten noch 19 m weiter fort. Dieses 4,20 m breite Kanalgemäuer macht den Eindruck einer Straße, und man erwartet innerhalb der Stadtmauer hier ein Tor (Abb. 97). Beide Mauern sind aber an dieser Stelle so ruiniert, daß davon jetzt jedenfalls nichts mehr zu erkennen war. Das Mauerwerk des Kanals ist an den Seiten mit Pfeilerchen versehen, die in das Erdreich wie Zähne eingriffen und offenbar ein Abrutschen des nach Osten zu abwärts gerichteten Mauerkörpers verhindern sollten. Der Kanal selbst setzt sich auch nach Westen zu fort.

Abgesehen hiervon ist in der ganzen $1^1/_2$ km langen Strecke keine Andeutung von einem Torbau gefunden. Kurz vor dem südlichen Ende liegt ein kleiner Hügel mit Backstein-Mauern in Asphalt, die vielleicht von einem Tore herrühren, aber noch nicht ausgegraben sind. An und auf den Mauerruinen liegen viele Tonsärge, manchmal bis zu 30 Stück von einem Turm bis zum anderen. Sie sind auf einer Seite bauchig erweitert, manche auch anthropoid, und werden der persischen oder der jüngsten babylonischen Zeit angehören.

Die Untersuchung der inneren Stadtmauer kann nicht als abschließend betrachtet werden.

Wir kehren nun zum Kasr zurück, um die nördlichen Erweiterungen kennen zu lernen, die sich an die Südburg anschließen.

26.

Die Hauptburg[56]

Das Stück des Kasr, welches im Süden durch die beiden Lehmmauern, im Norden durch das tiefe Tal in den Quadraten 7 des Kasr-Planes begrenzt wird, nennen wir die „Hauptburg". Sie war von einer Festungsmauer umschlossen, die im Osten an der Prozessionstraße entlang läuft, nördlich in dem genannten großen Tale nach Westen zu umbiegt, wo sie einst wohl den damaligen Euphrat erreichte. Die Hauptburg in dieser Ausdehnung ist indessen nur die Ausführung eines zweiten Projektes Nebukadnezars, nämlich des wirklich zur Vollendung gekommenen. Von einem ersten Projekt, das nicht zur Vollendung gekommen zu sein scheint, und das nur die Hälfte des später bebauten Areals umfaßte, haben wir in der Mitte der Hauptburg den Rest einer starken Mauer gefunden, die den nördlichen Abschluß bilden sollte. Sie zieht in k 13 des Kasr-Planes von West nach Ost und bog an der Prozessionsstraße in südlicher Richtung ab, um sich an die Bastion der dortigen Grabenmauer am Ischtar-Tor anzuschließen. Die Mauer, aus gebrannten Ziegeln in reinem Asphalt, ist mit ihrer Dicke von 17 m eine der stärksten massiven Festungsmauern, die wir haben. An der ausgegrabenen Stelle führt eine Pforte hindurch, die sich ausnimmt wie ein langer Gang. Nach Norden zu treten Türme hervor. Ihren Verlauf nach Westen und eventuell nach Süden kennen wir noch nicht. Sie ist nur bis zu einer Höhe von 6,80 m über Null erbaut und steht bei 4,24 auf jenem Fundament-Absatz.

98. *Mauerpfeiler in der Hauptburg.*

Bei dem zweiten, ausgeführten Projekt wurde in dem gesamten Gebiet eine Terrasse aus Ziegelbruch errichtet, deren Oberfläche bei 8 m über Null liegt. Auf dieser Terrasse stehen die Fundamentmauern des Palastes, die noch heute teilweise bis zu 15,50 m aufragen. Ungefähr in dieser Höhe muß auch der antike Fußboden gelegen haben. Die Zwischenräume zwischen den Fundamentmauern waren mit Bruchziegelwerk ausgemauert. Es ist also im Vergleich mit der Südburg eine ungeheure Sorgfalt auf eine gleichmäßige Fundamentierung verwendet. Das Gebiet liegt gerade nördlich vor der Arachtu-Mauer; das führt zu dem Schlusse, daß die Hauptburg auf ursprünglichem Wasserboden aufsitzt, und daß sich daraus die abweichende Art der Fundamentierung in ähnlicher Weise erklärt, wie die des westlichsten Teiles der Südburg, der ja ebenfalls über die alte Arachtu-Mauer hinübergriff.

In den großen Höfen, um die sich die Palastanlage hier wie in der Südburg gruppierte, ist das Füllmauerwerk nicht in einer einheitlichen Masse hergestellt, sondern in der Form von langen Blöcken, die eine

Höhe und Breite von ungefähr 2 m haben. Diese verlaufen in der einen Schicht von West nach Ost, in der darauffolgenden von Nord nach Süd, was sich deutlich in m 12 und dann in der Südost-Ecke beobachten läßt.

Die hellgelben Ziegel in den oberen Partien gehören zu den besten und härtesten, die Nebukadnezar hat streichen lassen. Sieben- oder dreizeilige Stempel sind fast ausschließlich verwendet. In den engen, vielfach kaum meßbaren Fugen liegt feiner, weißer, steinharter Kalk-

99. Pflastersteine mit Inschrift, oben Amēl-Marduks, unten Nebukadnezars.

mörtel und hier und da Matten oder Schilf, was aber der jetzigen Härte des Mauerwerks keinen Eintrag tut. In den unteren Teilen sind die Ziegel rötlicher und weicher, auch der Kalk lockerer und grau, an den Kanten rötlich. Die Ziegelräuber haben daher hier vorgezogen, durch unterirdische Arbeit namentlich des tiefern Materials sich zu bemächtigen, da die Steine hier leichter und besser ausbrechen. Dadurch wurde den höher aufragenden Mauern vielfach ihr Auflager geraubt, und sie stehen nun schief gesenkt und geborsten da, als wenn sie durch ein Erdbeben zusammengerüttelt wären (Abb. 98).

Während der Bauausführung ist das Projekt in Einzelheiten vielfach geändert worden. Wände wurden verlegt, Türen verrückt, sodaß alle 10 bis 20 Schichten ein neuer Grundriß entsteht. Es scheint, daß der königliche Bauherr hier seine Wünsche sehr speziell und sehr energisch

100. Die Nordostecke der Hauptburg von Norden.

zum Ausdruck gebracht hat; denn von selber ändern die Architekten ihre Pläne während des Baus nicht gern so außerordentlich häufig. Die Ausstattung war noch glänzender als im Südpalast. Es haben sich Reste von großen Reliefs gefunden, die aus einer schönen, blauen, den Lapislazuli nachahmenden Paste bestanden. Die Bildwerke waren aus einzelnen Stücken zusammengesetzt, von denen jedes nur einen kleinen Teil, eine Haarlocke oder dergleichen, umfaßte. Die einzelnen Stücke, an deren Rückseite ein prismatischer Fortsatz angearbeitet war, wurden auf einem gemeinsamen Untergrund befestigt, dessen Beschaffenheit wir nicht kennen. Als Fußboden, jedenfalls in den Höfen, dienten Platten aus weißem und buntem Sandstein, Kalkstein und schwarzem Basalt. Sie messen 66 cm im Quadrat und tragen auf den Seitenflächen den Namen Nebukadnezars, eine auch den Amēl-Marduks (Abb. 99). Die Decken bestanden auch hier nicht aus Gewölben, sondern, wie aus der weiter unten angeführten Inschrift hervorgeht, aus Zedern-, Zypressen- und anderm Holz. An den Eingängen standen ähnlich wie an assyrischen Palästen, gigantische Basaltlöwen, von denen wir gewaltige Pranken und andere Teile in der Nordost-Ecke gefunden haben.

Was die Grabung, welche bis 1915 dauerte, freigelegt hat, zeigt der Plan 100a. Die Anlage hat große Ähnlichkeit mit dem westlichen Teil der Südburg. Das tritt namentlich hervor in der Differenzierung und der Ausbildung der Säle südlich der beiden Höfe. Diese Anlage und die Art der Eingangsräume an der Ostfront kennzeichnen den Palast als besonders für den königlichen Hof bestimmt; die Reichsverwaltung

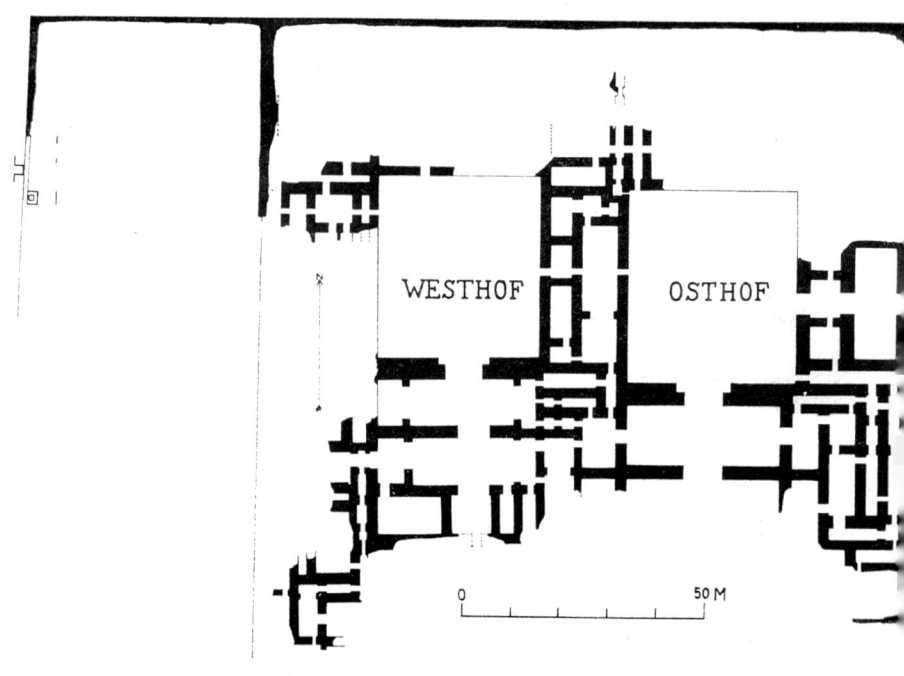

100a. Der Palast der Hauptburg nach der Ausgrabung 1914.

blieb in der Südburg. Es ergaben sich, zum Teil in großer Tiefe, wertvolle Proben von den künstlerischen und wissenschaftlichen Schätzen, die Nebukadnezar und seine Nachfolger gerade in diesem Palastteil aufgehäuft hatten zum „Staunen der Menschheit", wie der König in seinen Inschriften sagt. Dabei muß man sich immer gegenwärtig halten, daß das Kasr nicht einmal, sondern mehrfach von den Ziegelräubern um und um gewühlt ist; denn der Hügel führt nicht umsonst neben dem des „Kasr" den Namen „Mudschellibeh", das heißt: „der Umgekehrte". Hier in der Hauptburg tritt das noch mehr zutage als in der Südburg, denn hier lieferten auch die Zwischenräume zwischen den Fundamentmauern, die in der Südburg meist aus Erde bestanden, das gierig gewünschte Ziegelmaterial.

Bei der Nordost-Ecke (Abb. 100), in q 8 des Planes, stand schon vor unserer Ausgrabung das Rundbild eines großen Löwen aus Basalt, der über einen unter ihm liegenden Mann wegschreitet.[57] Letzterer streckte die rechte Hand an die Flanke des Tieres, die linke an dessen Schnauze. Diese ist ihm von abergläubischen Händen abgehauen. Auch finden sich immer wieder an ihm die Spuren von Flintenkugeln und von Steinen, die gegen ihn geschleudert werden; denn er gilt als ein gefürchteter

101. *Der Basaltlöwe der Hauptburg.*

„Dschin". Auf der einen Seite haben ihm die Araber ein tiefes, jetzt mit Zement ausgefülltes Loch in seine Flanke gehauen, und das hängt so zusammen: Es kam einmal ein Europäer, erkundigte sich schon vorher nach dem Löwen, den er aus der Reise-Literatur wohl kennen konnte, und den ihm die Araber auch zeigten. Er besah ihn genau, suchte aus vielen kleinen Löchern, die der Basalt zeigt, das richtige aus, steckte einen Schlüssel hinein, dreht um und hatte dann auf einmal die ganze Hand voll Goldstücke. Der scherzhafte Fremde ging weg, arabisch sprach er nicht. Der gute Araber aber, um der Schätze habhaft zu werden hämmerte besagtes Loch in den Löwen, was ihm eine ungeheure Mühe gemacht haben muß, denn der Stein ist von großer Festigkeit. Das Bild ist nicht fertig ausgearbeitet, es steckt noch in der Bosse. Es sieht daher altertümlicher aus als es ist und wird schwerlich älter sein als Nebukadnezar (Abb. 101).[58] Über die Bedeutung streiten die Leute. Die einen sehen darin Daniel in der Löwengrube, die anderen Babylonien über dem besiegten Ägypten. Aber die Darstellung eines konkreten Vorgangs ist um die Zeit durchaus nur Sache des Reliefs, und, dem Kunstwerk eine abstrakte Idee zugrunde zu legen, der babylonischen Kunst fremd.

Dicht bei dem Löwen, etwas tiefer, ist eine schöne große Stele aus weißem Kalkstein gefunden, die der „Statthalter von Suchi und von Mâri" zu seinen Ehren hat anfertigen lassen (Abb. 102). Sein Name war Schamasch-rēsch-ussur, und seine Länder lagen in der Gegend des Chābūr am Euphrat. Er hat sich selbst inmitten seiner verehrten Götter-

102. Die Schamasch-resch-ussur-Stele.

bilder dargestellt und die Namen immer gleich dabei geschrieben. In seiner Linken trägt er die Keule mit dem kugeligen Steinknopf, dieselbe, die auch heute hier noch üblich ist und „Hattre" genannt wird; ein Asphaltkopf anstatt des steinernen verschafft derselben Form den Namen „Mugwar". Die Rechte, im Gelöbnis zur Faust geballt, erhebt er zur Statue des Wettergottes Adad, die mit Blitzbündeln in den Händen und der Federkrone auf dem Haupte langbärtig und langhaarig vor ihm steht. Von seinem schmalen Bandgürtel, der zweimal den Leib umschlingt, ist das Ende schräg durchgezogen; so tragen auch heute unsere städtischen Araber ihre Bandgürtel. Neben Adad steht, etwas kleiner, die Statue der Ischtar. Sie erhebt begrüßend die Rechte und stützt sich mit der Linken, auf der ihr Stern, die „Venus", ruht, auf den Bogen. Ihre Haartracht unterscheidet sich von der männlichen durch die vor dem Ohr lang herabhängende Locke. Die dritte Statue ist großenteils abgebrochen. Merkwürdig, aber auch auf andern Götterdarstellungen sich findend, sind die drei großen Schilde, die die Gestalten vorn auf dem Gewande ihres Unterkörpers tragen. Sie hängen

103. Die „Spät"hethitische Stele, Vorderseite. *104. Die „Spät"hethitische Stele, Rückseite.*

wohl aneinander und sind nach hinten durch geschmückte Bänder gehalten. Als goldene Bleche wird man sie sich vorzustellen haben; sie kommen bei menschlicher Tracht nicht vor.[59] Die Statuen stehen auf Postamenten, die mit dem Schema des Gebirges geschmückt sind: Reihen von halbkreisförmigen Kuppen, es ist dasselbe Schema, mit welchem der heutige Kattundrucker in Persien das Gebirge auf seinen „Perde" genannten Vorhängen zum Ausdruck zu bringen sucht.[60] Außer den drei Götterbildern sind durch ihre Embleme vertreten: Marduk durch das gestielte Dreieck auf dem Postament, Nabû durch den Pfahl,[61] Schamasch durch die geflügelte Sonnenscheibe, die allerdings halb weggebrochen ist, und Sin durch die Mondsichel. Der Relief-Charakter ist der flächenmäßige, lineare des assyrischen Provinzialstils aus dem achten Jahrhundert v. Chr.

Auf der Steinfläche, welche das in sie hineingetiefte Relief umgibt, befindet sich in mehreren Kolumnen eine neubabylonisch geschriebene Inschrift, deren Inhalt Weißbach folgendermaßen zusammenfaßt: „Zunächst ein Überfall feindlicher Nachbarn (der Tu'mānu-Leute), die teils getötet, teils unterworfen werden (Kol. 2, 17—26). Wiederherstellung des verfallenen Kanals von Suchi und Einweihung desselben durch eine Probefahrt (2, 27—37). Anpflanzung von Dattelpalmen und Aufstellung des Thrones in Ribānisch (2, 38—41). Gründung und Ausstattung der Stadt Gabbarini (?). Fluchformel (Kol. 3). Hiermit

105. Fußbodenplatte Adad-niraeis II.

war die Inschrift ursprünglich zu Ende. Der Statthalter setzte jedoch seine Friedenswerke, Anpflanzung von Palmen und Einführung von Bienen (?), weiter fort und beschrieb dies später in der 4. und 5. Kolumne eingehender."

Die Stele war mit Hilfe eines unten vorstehenden Zapfens in eine Plinthe eingelassen, wie das bei allen solchen Stelen der Fall ist. Sie scheint nicht auf friedlichem Wege nach Babylon gekommen zu sein, sonst hätte wohl der Fürst nicht noch einen Nachtrag zu seiner Inschrift anfertigen lassen.

Ebenfalls als Beutestück anzusehen ist die späthethitische Stele, welche östlich vom Löwen gefunden ist (Abb. 103. 104). Auf der Vorderseite des ziemlich großkörnigen Dolerit-Blockes steht der Gewittergott (Teschub) mit dem Blitzbündel in der Linken, der Axt in der Rechten und dem Schwert am Gürtel. Er trägt einen kurzärmeligen

Rock, Schnabelschuhe und eine merkwürdige Mütze mit kugelförmigem Ende und seitlich aufgebogenen Hörnern, dazu Schmuckringe an den Handgelenken und am rechten Fuß. Die Lippen sind ausrasiert und eine lange Haarsträhne fällt ihm über die Schultern. Die gewölbte Rückseite enthält eine lange, vorzüglich erhaltene Inschrift in hethitischen Hieroglyphen.[62] Eine ganz ähnliche Darstellung befindet sich auf der Ostseite des äußeren Burgtores von Zincirli, und unsere Stele stammt zweifellos aus derselben nordsyrischen Gegend. Ihr Reliefstil steht zwischen demjenigen des Burgtores und des Stadttores von Zincirli, und ihre Ent-

105 a. „Archaische" Statuen auf der Hauptburg in Fundlage.

stehungszeit mag daher auf ungefähr das neunte Jahrhundert v. Chr. zu veranschlagen sein.

Derselbe ertragreiche Fundort lieferte auch eine Fußbodenplatte aus Basalt, deren Inschrift sie als vom Palaste Adad-niraris II., des Sohnes Asurdans II., Sohnes Tiglatpilesars II. bezeichnet (Abb. 105). Ob dieser Palast Adad-niraris II. (912—891) hier oder in Assyrien gestanden hat, läßt sich nicht entscheiden, jedenfalls scheint die Platte als Sehenswürdigkeit in der Hauptburg Nebukadnezars aufgestellt gewesen zu sein.

Fünfzehn Doleritfragmente mit Inschrift gehören Stelen an von der Art, wie eine kurz vor Beginn unserer Ausgrabungen von den Ziegel-

105 b. „Archaische" Statuen aus der Hauptburg.

räubern in der Nordost-Ecke der Hauptburg gefunden wurde. Es waren aufrechtstehende halbzylindrische Blöcke, auf beiden Seiten beschrieben, auf denen Nabonid von seinen Ausstattungen der Tempel in Babylon und anderen Orten eingehend berichtet (vgl. Scheil, Inscription de Nabonide, Recueil de travaux rel. à la philologie etc. XVIII S. 15.)

Ein Doleritblock, der von einer dicken und großen Stele stammt, ist in r 9 des Kasr-Planes gefunden. Sie enthielt in spätbabylonischer Schrift ein Duplikat der berühmten Inschrift, welche Darius I. (522 bis 486) auf den Felsen von Bīsutūn in altpersischer, neuelamischer und babylonischer Sprache hatte eingraben lassen.

Die zahlreichen Stücke von Bauzylindern, die auf dem Kasr herausgekommen sind, beziehen sich meistens, wie natürlich, auf die Palastbauten, das Ischtar-Tor und die Festungsmauern. Die größte Zahl stammt von Nebukadnezar, wenige von Assurbanipal, Nabupolassar,

Nabonid und Neriglissar. Eine Anzahl von namentlich in der Hauptburg gefundenen entstammt aber Gebäuden außerhalb des Kasr, z. B. Etemenanki, und Gebäuden außerhalb von Babylon. So haben wir eine Inschrift Nabonids von E-chul-chul in Harran, eine von E-babbar in Sippar und eine Nebukadnezars von E-ul-la in Sippar, auch ein E-an-na Assurbanipals kommt vor und andere. Derartige Dokumente wurden also, wie es scheint, in der Hauptburg systematisch gesammelt und aufbewahrt.

Schöne, „archaische" Diorit-Statuen lagen, sozusagen in Haufen (Abb. 105a), unter hohem Schutt, eine davon mit Inschrift. Der harte, wetterbeständige Stein hat die Oberfläche vorzüglich erhalten, sodaß man die sehr sorgfältige Bildhauerarbeit an den Locken des langen wohlgepflegten Bartes, den Fransen des Gewandes und der weichen Formgebung noch heute bewundern kann (Abb. 105b).[63]

Der Palast reichte im Norden nicht ganz bis an die dortige Festungsmauer heran. Die Fundamente seiner Front bestehen aus gutem Vollziegel-Mauerwerk in Asphalt und Schilf, das allmählich in das dahinterliegende Fundamentwerk aus Bruchziegel in Kalkmörtel übergeht.

105c. *Zusammengesetzte Statue des Puzur-Ischtar aus der Hauptburg.*

Zwischen Palast und Festungsmauer blieb ein Streifen frei, in welchem ein ursprünglich 13 m breiter Kanal vom Euphrat her bis fast heran an die Ostmauer floß. Von ihm aus gingen kleinere, 1,20 m breite und mit überkragten Schichten überdeckte Kanäle durch das massive Fundament der Hauptburg hindurch, um hier das Wasser zu verteilen. Sie waren durch viereckige Brunnenschächte mit dem Niveau des Palastes verbunden. Die Ufermauern des Kanals bilden vor der Palastfront und vor der nördlichen Festungsmauer, als deren Fundamentabsatz sie heraustreten, einen 2 m breiten Umgang, auf dessen Höhe wir unseren Nullpunkt gelegt haben, der als Grundlage für das ganze Nivellement der Stadt und ihrer Bauten dient. In dieser Höhe ungefähr lag der Wasserspiegel zu Nebukadnezars Zeit, denn hier beginnen die vorspringenden Überdeckungsschichten der kleineren Seitenkanäle; auch liegt das Pflaster in der Pforte der Nordmauer nur etwa 1,50 m höher als dieser Nullpunkt. Der große Kanal war ursprünglich oben offen. Er ist später durch einen kleineren, nur 1,80 m breiten, ersetzt, der sich an seiner südlichen Uferwand entlang zieht und gewiß eingedeckt war. In dieser späteren Zeit führte zwischen Palast und Nordmauer eine 9,50 m breite Straße entlang, die aus drei in reinen Asphalt gelegten Ziegelschichten bestand. Auf ihr lagen parthische Häuser und Ziegelgräber. Wir haben sie in dem Einschnitt am Hügel „Atele" (n 8) geschnitten. Auf diesem, bis +18 m aufragenden Hügel stand noch zu Opperts Zeit ein „Nebek"-Raum, von welchem die Araber glaubten, daß er aus einem Zeltpfahl erwachsen sei, den Ali hier eingeschlagen hatte. Aus einem Steckling des Baumes ist der einsame „Nebek" geworden, der jetzt etwas weiter nördlich in der langen Niederung der Nordburg grünt.

Ich habe den Kanal früher für den „Lībilchēgalla" gehalten, weil hier Ziegel mit dem aramäischen Stempel „Lībilchē" gefunden wurden. Später sind derartige Ziegel auch an anderen Stellen des Kasr herausgekommen, wodurch meine damalige Begründung hinfällig geworden ist.

Hauptsächlich auf den Palast der Hauptburg, aber unter Einschluß der Festungsmauern der Nordburg, auf die wir später zurückkommen, bezieht sich die Stelle in der „großen Steinplatten-Inschrift" 8, 19 bis 9, 28 (KB III 2, S. 27): „Dieweil den Wohnort meiner Majestät in einer anderen Ortschaft mein Herz nicht liebte, an einem beliebigen Ort ich ein Herrschaftsheiligtum nicht baute, das königliche Eigentum nicht in allen Landen hinterlegte, ward in Babylon meine Wohnstätte für die Würde meiner Majestät unzulänglich. Dieweil die Furcht Marduks, meines Herrn, in meinem Herzen wohnt, änderte ich, um in Babylon, seinem Schatzhaus, meinen Königssitz zu erweitern, seine Straße nicht, tat ich seinem Heiligtum keinen Abbruch, dämmte nicht ab seinen Kanal, sondern suchte mir einen Wohnraum in der Weite. Damit kein Rohr der Schlacht (Speer?) Imgur-Enlil, der Mauer Babylons, sich nahe, machte ich 490 Ellen Landes jenseits von Nemetti-Enlil, der Außenmauer von Babylon, zum Schutze 2 mächtige Mauern aus Asphalt und Backsteinen als Mauer (*dūru*) berggleich, baute zwischen ihnen einen

Backsteinbau (*pitiq agurri*) und machte oben auf ihm einen großen Wohnraum zu meiner Königswohnung aus Asphalt und Backsteinen hoch und fügte sie zu dem väterlichen Palast. In einem einwandfreien Monat, an einem günstigen Tag gründete ich ihr Fundament fest an der Brust der Unterwelt und führte ihre Spitze hoch auf gebirgsgleich. Binnen 15 Tagen vollendete ich ihren Bau und machte strahlend den Herrschaftssitz. Mächtige Zedern, das Produkt hoher Berge, dicke Föhren (?) und erlesene Prachtzypressen ließ ich lang hinlegen zu seiner Bedachung. Türflügel aus musukannu, Zedern, Zypressen, Ebenholz und Elfenbein, eingefaßt von Silber und Gold und mit Bronze bedeckt, kupferne Schwellen und Angeln richtete ich in seinen Toren auf und ließ von einem blauen Kranze (*kilīlu*) seine Spitze umgeben. Eine mächtige Mauer ließ ich ihn aus Asphalt und Backsteinen (gefügt), berggleich umschließen." (Übers. F. Delitzsch/C. Wilcke.)

Mit dem „blauen Kranze" ist entweder der auf blauem Grunde stehende Löwenfries gemeint oder die oben erwähnten Reliefs aus Lapislazuli-Paste. Daß als Mörtel nur Asphalt und nicht auch der in der Hauptburg so viel verwendete Kalk genannt wird, braucht bei der üblichen Ungenauigkeit in Einzelheiten kaum Wunder zu nehmen. Wunderbar aber und wenig glaublich ist die Angabe, daß der Palast in 15 Tagen erbaut und vollendet worden sein soll. Es muß in den Worten irgend etwas liegen, was bisher noch nicht richtig gedeutet ist. Ohne Vorbehalt geglaubt ist aber die Nachricht bereits im Altertum. Berossus (Josephus, ant. Jud. X, 11) schöpft, wie es scheint, aus derselben Inschrift, wenn er sagt, daß der mit dem väterlichen Palaste zusammenhängende, zweite Palast trotz seiner Pracht und Größe in 15 Tagen vollendet sei.

27.

Die Festungsmauern der Hauptburg

Die Hauptburg, die ja im Süden an die Arachtu-Mauer grenzt, wird im Osten und Norden durch zwei starke Festungsmauern geschützt, während die Westseite vielleicht offen lag, bis Nabonid hier seine Euphratmauer zog.

Die westliche Mauer von 7 m Dicke ist in ihrem südlichen Teile auf die alte Mauer von Nebukadnezars erstem Projekt aufgesetzt, die wir in der Mitte der Hauptburg angetroffen haben. In ihr lag wohl der Hauptzugang zum Palast. Die Strecke ist aber noch nicht vollständig ausgegraben. An die Mauer lehnten sich kleine Lehmhäuser, die auf das obere Nebukadnezar-Pflaster aufgesetzt sind und unter dem spätesten Pflaster, das die Straße horizontal legte, begraben worden sind. Auf der anderen Seite der Prozessionsstraße verläuft eine Parallelmauer von ebenfalls 7 m Dicke. Ihr Anschlußstück am Ischtar-Tor, das der „Quermauer" auf der anderen Seite entspricht, ist wie letztere

106. *Pforte mit Kanal in der Nordmauer der Hauptburg.*

weniger tief fundamentiert, hat später eine Verstärkung erfahren und enthält zwei Pforten dicht nebeneinander. Eine dritte Pforte liegt nicht weit vom nördlichen Ende. Der Mauerfuß war im Osten durch eine Erdanschüttung verdeckt, der mit seinem oberen Umgang bis fast zur Höhe der Prozessionsstraße reicht. Am Rande des Umgangs zieht sich eine schwache Vormauer hin, die, vielleicht in persischer Zeit errichtet, das ganze nördliche Kasr umgeben zu haben scheint, wobei sie einige nach Osten vorgreifende ältere Mauern abschnitt.

Beide Mauern endigen im Norden in einer starken Bastion. Diese markiert die Ecke, an welcher die eine nach Westen, die andere in

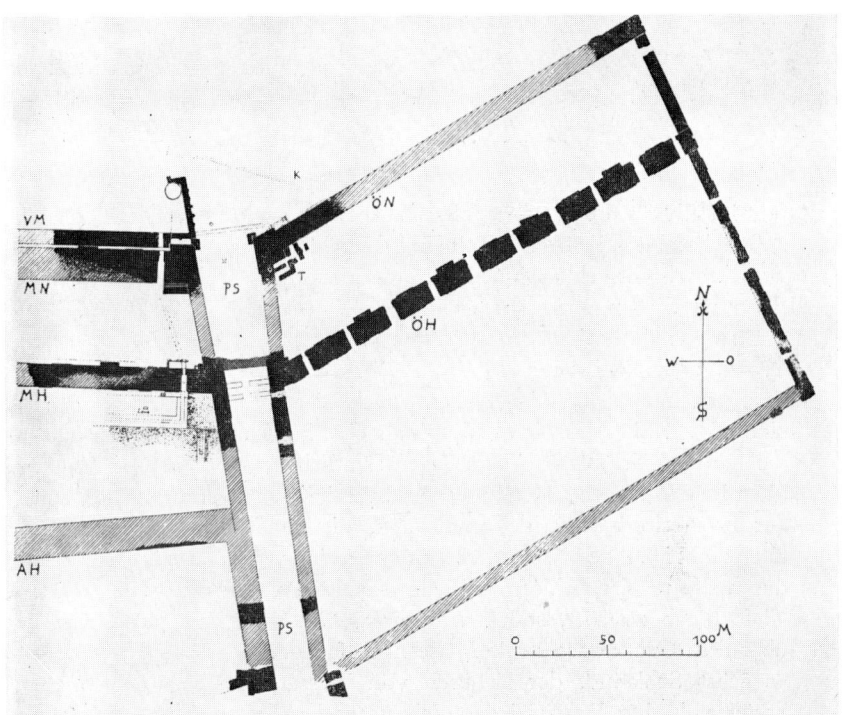

107. Plan der nördlichen Bastionen vom „Kasr" Nordost.

AH Alte Mauer der Hauptburg.	ÖH Östlicher Schenkel der Hauptburgmauer.
K Kanal.	
MH Mauer der Hauptburg im Norden.	ÖN Östlicher Schenkel der Nordburgmauer.
MN Mauer der Nordburg.	PS Prozessionsstraße.
	T Treppen- oder Rampenaufgang.

östlicher Richtung in stumpfen, aber gleichen Winkeln von der Prozessionsstraße abbiegen. Quer über die Prozessionsstraße sind zwischen den Bastionen zwei Lehmziegel-Mauern, jede mit einer Tür in der Mitte, hinübergebaut, sodaß ein Torhof entsteht, der zusammen mit den Bastionen die äußere Erscheinung eines richtigen Festungstores bot. Dieses Tor wurde kassiert, als die Straße durch das letzte Bruchstein-Pflaster in ihrer ganzen Länge horizontal gelegt wurde.

Die nach Westen abbiegende Mauer deckt den Palast der Hauptburg nach Norden. Nicht weit von der Ecke liegt eine Pforte (Abb. 106), die in der geringen Höhe von 1,50 m mit Palmholzbalken überdeckt war.

Aufrecht gesetzte Ziegel bildeten die Höhlungen für die Balkenauflager, in denen man die Abdrücke des Holzes im Asphalt noch erkennt. In der Mitte des stark asphaltierten Pflasters führt ein Schacht zu dem kleinen Kanal darunter. Dieser überdeckte Raum scheint indessen nur eine Art unterirdischer Kammer gewesen zu sein, die den Zutritt zum Brunnenschacht ermöglichte; die eigentliche Pforte wird höher, ungefähr im Niveau des Palastes gelegen haben. In der Ecke bei der Bastion außen hat Neriglissar mit seinen Stempel-Ziegeln einen viereckigen Brunnenschacht gebaut. Wir haben die Mauer bisher noch nicht bis zu ihrem westlichen Ende verfolgt.

Dagegen sind wir der nach Osten abbiegenden Mauer bis zu ihrer Beendigung nachgegangen (Abb. 107). In der etwa 250 m langen, mit eng gestellten Türmen bewehrten Strecke liegt in jedem Mesopyrgion eine Pforte. Sie stellt sich dadurch als eine klar durchdachte Ausfallsanlage dar. Die Türanschläge liegen sämtlich im Norden. Die Mauer biegt im Osten nach Süden zu um und vereinigt sich dann mit einer von der Prozessionsstraße herkommenden, die noch nicht im einzelnen untersucht ist. Alle diese östlichen Mauern sind von der Stelle an, wo sie durch die persische Vormauer abgeschnitten werden, bis zu großer Tiefe hinab zerstört, sodaß wir nur wenige Schichten Mauerwerks über dem Grundwasser mit Mühe noch fanden. Über der Ruine liegt zunächst Schlamm, der sichtlich von Wasser herrührt, das einmal darüber hinging. Darauf liegen dicht unter dem heutigen Gelände späte Häuserreste aus Lehmziegeln oder Ziegelbruch. In der Linie der nördlichen Mauer lag oberhalb der Ruine ein anthropoider Tonsarg (vgl. Abb. 200) mit ägyptischbärtigem Gesicht. Ich glaube, daß der Euphrat, als er in persischer Zeit seinen Lauf nach Osten verlegte, wodurch das Kasr auf das rechte Flußufer kam, gleich anfangs diese östlichen Mauern zerstört hat, daß aber gerade ihre Ruine eine anfangs schlammige Halbinsel bildete, die der eigentliche Fluß noch weiter östlich umströmte. Aber diese Verhältnisse sind bisher nicht ganz klar zur Beurteilung gekommen.

Die Anlage der die Prozessionsstraße begleitenden Doppelmauer wird in der Inschrift eines großen Zylinders besprochen, den wir am Ostabhang des Amrān-Hügels gefunden haben. Er war dort in technischem Gebrauch gewesen und ist dadurch stark abgerieben. Die hier in Betracht kommende Stelle lautet (VAB 4, 188, 21—38): „Damals war ich darauf bedacht, die Befestigungen Babylons zu verstärken. 360 Ellen Landes an den Seiten Nemetti-Enlils, der Außenmauer, nach außen, vom Euphratufer bis zur linken Laibung des Ischtar-Tores, baute ich zwei starke Kaimauern aus Asphalt und Backsteinen zu einer Mauer bergegleich. Dazwischen errichtete ich eine Backsteinkonstruktion; oben darauf baute ich einen großen Wohnraum zu meinem königlichen Wohnsitz hoch aus Asphalt und Backsteinen, verband ihn mit dem Palaste, der inmitten der Stadt (gelegen ist), und ließ meine herrschaftliche Wohnung erglänzen. Ferner von der rechten Laibung des Ischtar-Tores bis zum unteren „Band" von Nemetti-Enlil im Osten — 360 Ellen Stirnseite — baute ich von Nemetti-Enlil nach außen eine starke Mauer aus Asphalt und Backsteinen bergehoch. Die Befestigungen verstärkte ich kunstvoll. Die Stadt Babylon schützte ich." (Übers. F. H. Weißbach/C. Wilcke).

Wie wir sahen, hat das Ischtar-Tor einen mittleren und zwei seitliche Durchgänge. Diese letzteren sind offenbar mit der „rechten" und „linken" Schwelle des Ischtar-Tores gemeint. Die Entfernung von der Wand bei der Schwelle bis zur nördlichen Seite der Bastion beträgt an der Ostmauer 192 m, an der Westmauer 196 m. Das ergibt als Maß für Nebukadnezars Elle 0,533 oder 0,544 m. Die Maße müssen aber nach Fertigstellung der Ausgrabung noch einmal genauer genommen werden. Das Maß von 490 Ellen, das in der großen Steinplatten-Inschrift an ähnlicher Stelle auftritt, begreift die nördlichen Verlängerungen der Mauern in sich, mit welchen wir uns gleich beschäftigen werden.

28.

Die Nordburg

Die Nordburg, wie wir das von den Quadraten 6 an nördlich gelegene Stück des Kasr nennen, befindet sich gegenwärtig noch in Ausgrabung.[64] Es liegen aber doch schon verschiedene Tatsachen vor, die eine Besprechung, wenn auch mit Vorbehalt, erlauben. Die Grabungen betreffen den östlichen Teil: die Verlängerung der Prozessionsstraße und ihr Ende im Norden.

Die ganze Anlage, so wie sie bisher zum Vorschein gekommen ist, stellt sich im großen Ganzen als eine Wiederholung derjenigen dar, die wir im vorigen Kapitel besichtigt haben. Auch die Abmessungen und die Richtungen der Mauern bleiben denen der älteren ganz analog. Es sind wieder zwei die Prozessionsstraße begleitende Mauern, die in Bastionen endigen, um von da nach Westen und Osten abzubiegen.

Die östliche Mauer haben wir auch hier bis zu ihrem Ende verfolgt, wo sie nach Süden zurückbiegt bis zum Anschluß an die Ecke der älteren. Es liegt die Annahme nahe, daß der Bauherr eine Verlängerung dieser Anlage nach Osten hin wenigstens beabsichtigt habe. Und in der Tat fand sich am Ostende der inneren, älteren Mauer eine Nut im Mauerwerk, die auf eine solche Absicht deutet. Von einer Mauer selbst aber haben wir nicht die geringste Spur gefunden, obwohl wir danach sorgfältig gesucht haben, sowohl dicht bei der Mauerecke als auch weiterhin im Osten. In diesen Suchgräben ist nichts anderes herausgekommen als die späten Häuserruinen oben, und unten ruinenloser Schlamm. Die Anlage bestand also so wie sie ist auch im Altertum bis zu ihrer Zerstörung ohne eine Verlängerung nach Osten.

108. *Aufgangsbau zur Akropolis, im Hintergrunde: Hómera.*

An den Ecken der Bastionen bei der Straße sind kleinere Ecktürme angefügt, die diesen Hauptzugang zur Akropolis noch besonders schützten. Die spätere, persische Vormauer scheint den Eingang abermals verengert und verstärkt zu haben.

In die innere Ecke der Ostbastion ist ein Aufgangsbau angebaut (Abb. 108), der das tiefliegende Gebiet zwischen den beiden Parallelmauern mit der Prozessionsstraße und namentlich wohl mit der Mauerkrone und dem Bastionsplateau verband. Es war ein Wendelgang, der um eine Kernmauer herum verlief, ob mit oder ohne Stufen, wissen wir nicht. Vor die nach Osten gehende Pforte ist noch einmal ein mit 2 Ausgängen ausgestatteter Schutzbau vorgelegt.

Von der Westmauer ist der Anschluß an die Bastion ausgegraben. Ihr weiterer Verlauf markiert sich durch das tiefe Tal, das nach Westen

109. Quadermauer der Nordburg, von West nach Ost gesehen.

zu bis in die Nähe des Euphrat reicht (Abb. 109). Im Norden liegt unmittelbar ohne Zwischenraum vor der Bastion eine Quadermauer aus ungeheuren, durch hölzerne in Asphalt verlegte Schwalbenschwanz-Klammern miteinander verbundenen Kalksteinblöcken, von denen bisher 4 Schichten über dem Grundwasser frei liegen (Abb. 110). In den oberen Schichten greift das Backstein-Mauerwerk über die Quadern hinüber. An der drittobersten Quaderschicht trägt jeder Block die in großen altbabylonischen Charakteren eingemeißelte Inschrift (Abb.

110. Quadermauer der Nordburg mit Inschrift.

111): „Nebukadnezar usw. bin ich. Die Mauer des Palastes Babylons habe ich mit Gebirgssteinen gemacht (folgt Gebet)."
Vergleicht man mit diesem Tatbestande die Stelle der Steinplatten-Inschrift (9, 22), wo es heißt: „Jenseits der Backstein-Mauer baute ich eine große Mauer aus mächtigem Gestein, dem Erzeugnis großer Berge, und führte gleich einem Berge seine Spitze hoch auf", so wird es klar, daß in der vorhergehenden Stelle von der Hauptburg einschließlich der Nordburg geredet wird. Folglich muß sich die darin angegebene Mauerlänge von 490 Ellen auf die ganze Strecke vom Ischtar-Tor bis zur Nordfront der nördlichsten Bastion beziehen. Diese Länge beträgt nach vorläufiger Messung 251 m. Das würde eine Elle von 0,512 m[65] ergeben.

111. Inschrift von der Quadermauer der Nordburg.

Dicht bei der Bastion führt durch die westliche Mauer eine Pforte, die der von der Hauptburg-Mauer ganz analog angelegt und ausgebaut ist. Besonders klar zu erkennen ist hier die Konstruktion des Kanals, der durch die Pforte geht und sicher mit dem in der Hauptburg-Mauer zusammenhing. Soweit er in der Backstein-Mauer liegt, ist er mit überkragten Schichten überdeckt, in dem Quaderteil dagegen mit großen, quer gelegten Kalksteinblöcken (Abb. 112). Vor der Mauer im Norden lag Wasser, der nasse Graben der Festung, ein Teil des Euphrat bzw. des „Arachtu" (?). Um ein feindliches Eindringen in die Festung, das durch diese Kanäle im Wasser wohl hätte erfolgen können, zu verhindern, ist das Kanalprofil durch mächtige, gitterförmig durchbrochene Quadern auch unter Wasser geschlossen. Überhaupt bemerkt man, daß jeder die Festungswerke durchbrechende Wasserweg in dieser sorgfältigen Weise gegen ein feindliches Eindringen entweder durch steinerne oder durch aus Ziegeln hergestellte Gitter-Verschlüsse geschützt

112. Pforte mit Kanal in der Quadermauer.

wurde. Es muß also doch wohl eine eventuelle Überrumpelung auf dem Wasserwege von den antiken Baumeistern wenigstens befürchtet worden sein, wenn auch die Erzählung von der auf solche Weise vor sich gehenden Eroberung Babylons durch die Perser von den Historikern als Legende bezeichnet wird.[66]

Die Mauer war ebenso wie die Hauptburg-Mauer mit abwechselnd schwächer und stärker hervortretenden Türmen bewehrt. Eine spätere Verstärkungsmauer begleitet die Hauptmauer im Norden. Der nasse Graben, der vor dieser Mauer lag, und den wir auch vor dem östlichen Schenkel zu ergänzen haben werden, war durch einen Damm überbrückt, der den sanften Aufstieg zur Prozessionsstraße

113. Der Kanal nördlich von der Nordburg.

einleitete. Dieser Damm war von Böschungsmauern begleitet, von denen wir die westliche ausgegraben haben. Sie griff mit kurzen Mauervorsprüngen in das Erdreich ein. An ihrem nördlichen Ende ist später eine kreisrunde Zisterne eingelassen worden.

Es führte also über das, die Akropolis im Norden schützende Wasser ein Damm hinüber, der den Hauptzugang zur Akropolis vermittelte. Durch den Damm ist ein schmaler, überwölbter Kanal geführt (K auf Abb. 107). Er leitete das Wasser von Westen nach Osten. Das Gewölbe ist in schräg und hochkantig gelegten Schichten hergestellt (Abb. 113) und wie das aus Nebukadnezar-Bruchziegeln bestehende Mauerwerk in Lehm gelegt. Die Technik ist ganz dieselbe wie die an dem Kanal im Süden des Kasr. Dicht an der Stelle, wo der Kanal vom Hauptwasser abzweigte, ist ein Ziegel mit dem Arachtu-Stempel Nabupolassars eingelassen. Der Kanal selbst ist wohl schwerlich als Arachtu zu bezeichnen. Aber man darf aus der pietätvollen Wiederverwendung des alten Ziegels vielleicht schließen, daß das Wasser, von dem der Kanal hier abzweigte, diesen Namen führte.

Vergegenwärtigt man sich nach dem Gesagten den Aufbau dieser hier angehäuften Massen von turmstrotzenden Festungsmauern, die den Eingang zur Burg bewehrten, so kann es kaum einen imposanteren Zugang zu einem antiken Tore gegeben haben als diesen, der auf der allmählich ansteigenden, mit den langen bunten Löwenreihen an den beiderseitigen Mauern geschmückten „Prozessionsstraße" zum Ischtar-Tore und damit zu dem eigentlichen „Bab-ilāni" führte.[5]

29.

Rückblick auf das „Kasr"

Der allmähliche Aufbau und die Entwicklung der Bauten auf dem Kasr zur Akropolis von Babylon läßt sich den Hauptsachen nach in folgende Epochen zusammenfassen:

1. Sargons Ufermauer. Die dazu gehörigen Mauern Imgur-Enlil und Nemetti-Enlil fehlen.
2. Palast Nabupolassars aus Lehmziegeln auf Backstein-Fundament, umschlossen von einer Ringmauer, die den „*erṣet Babili*" umfaßte und zu welcher das „Bogentor" gehörte. Erbauung der Arachtu-Mauern in drei Perioden nacheinander.
3. Nebukadnezar ersetzt die Lehmziegel seines Vaters durch Backstein-Mauern, restauriert die Ringmauer, erbaut die ältere Grabenmauer, erneuert den Ninmach-Tempel Assurbanipals.
4. Erbauung der „beiden Lehmmauern", die vielleicht als Imgur-Enlil und Nemetti-Enlil aufzufassen sind, und worin das alte, nicht mehr vorhandene Ischtar-Tor lag.
5. Erbauung des östlichen Teiles der Südburg. Erhöhung der Ringmauer. Erhöhung des Ninmach-Tempels und der Prozessionsstraße.
6. Neubau des Ischtar-Tores mit den Ziegelreliefs. Erhöhung der beiden Lehmmauern.
7. Errichtung der Grabenmauer Imgur-Enlils. Erhöhung des Nabupolassar-Palastes.

8. Erweiterung des Palastes nach Westen. Die ganze Südburg liegt jetzt auf dem hohen Niveau. Ausbau des südlichen Wasserarms (Lībilchēgalla?), der auch im Osten die Südburg umgibt.

9. Projekt des Vorbaus nach Norden, wovon die 16 m dicke Mauer in der Hauptburg ein Rest ist.

10. Erbauung der Hauptburg mit den beiden, die Prozessionsstraße begleitenden Parallelmauern nebst deren nach Westen und Osten gehenden Schenkeln. Erhöhung der Prozessionsstraße und Steinpflasterung. Erhöhung des Ischtar-Tores mit den Glasur-Reliefs. Erhöhung des Ninmach-Tempels.

11. Verlängerung der Parallelmauern nach Norden, Erbauung von Schenkelmauern und der Steinmauer.

12. Neriglissars und Nabonids Restaurationen in wenigen Spuren.

13. Zusammenfassen des gesamten Kasr durch die persische Vormauer zur Akropolis, seitdem der Euphrat sein Bett auf deren Ostseite verlegt hat. Erbauung eines Palastes in der westlichen Südburg durch Darius I.

14. In parthischer Zeit Beginn des Verfalls und des Abbaus. Häuser aus Ziegelbruch und Ziegelgräber zwischen den Ruinen. Der Euphrat kehrt in sein altes Bett zurück.

15. Großer Friedhof aus spätparthischer oder sasanidischer Zeit in dem Haupthof der Südburg.

Daß diese Perioden nicht immer rein auseinander gehalten werden können, läßt sich nicht in Abrede stellen. Sie sollen nur ein ungefähres Bild von der bisher analysierbaren Entwicklung geben und werden dauernder Berichtigung und Vervollständigung bedürfen.

30.

Der Peribolos von Etemenanki

Wenn man von der Südwestecke des Kasr zum Amrān hinübergeht, kommt man zunächst an einem kleinen Hügel vorbei, den wir den „Südwestbau" genannt haben. Er besteht großenteils aus Lehmziegel-Gemäuer, das aus später, parthischer (?) Zeit stammt. Wir haben bisher wenig daran gegraben. Wir passieren hier die längliche Niederung, welche den alten, früher hier gelegenen Wasserarm heute darstellt. Darauf besteigt man einen ebenfalls in westöstlicher Richtung gelagerten Höhenzug, der, wie ein Querschnitt durch ihn ergeben hat, aus den Ruinen babylonischer Lehmziegel-Häuser besteht. Sie liegen in mehreren Schichten übereinander, genau wie wir sie später im Merkes sehen werden. Es ist gewöhnliches Stadtgebiet.

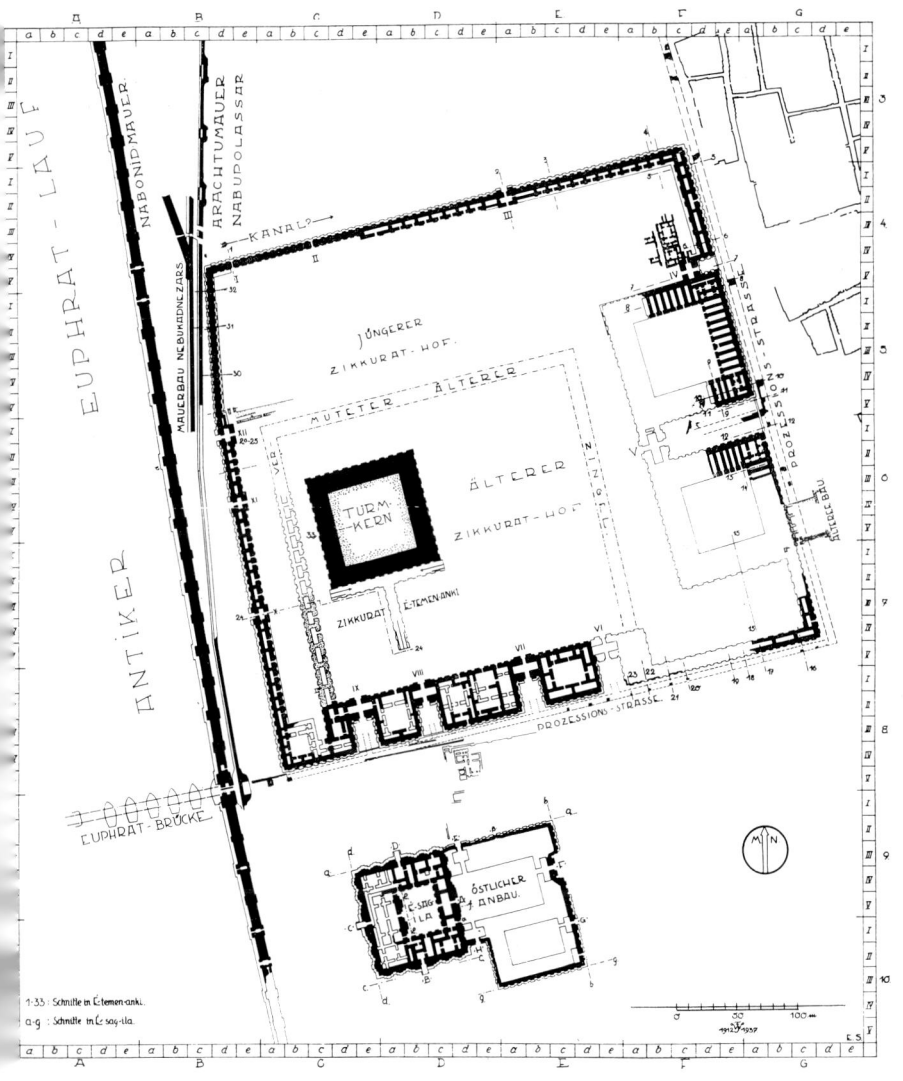

ESAGILA und ETEMENANKI, LAGEPLAN
(mit Bezeichnung der Tore und der Schnitte)

114. Plan von Esagila und Etemenanki.

Jenseits dieses Höhenzuges dehnt sich eine ziemlich beträchtliche und merkwürdig gleichförmige Ebene zum Hügel Amrān Ibn Ali hin, durch die diagonal der Weg von unserem Dorfe Kweiresch nach Hilleh führt. Sie heißt „Sachn", wörtlich: die Pfanne, bedeutet aber im heutigen Sprachgebrauch den freien, von Arkaden umschlossenen Platz, der um die großen Wallfahrtsmoscheen, wie die von Kerbela oder Nedschef, herumläuft. Unsere „Sachn" aber ist nichts anderes als die heutige Erscheinungsform des alten heiligen Bezirks, in welchem sich die Zikkurrat „Etemenanki", das „Haus (namens) Fundament Himmels und der Erde", der Turm von Babylon, erhob, umgeben von einer Ringmauer, an die sich allerlei mit dem Kult zusammenhängende Baulichkeiten lehnten (Abb. 114).

Diese Ringmauer bildete nahezu ein Quadrat, das durch Quermauern in verschiedene Abteilungen, deren bisher drei kenntlich sind, geteilt war. Alle diese Baulichkeiten bestanden größtenteils aus Lehmziegeln. Nur der Turm in der Südwest-Ecke hatte um seinen sehr beträchtlichen Lehmziegelkern noch eine dicke Mauer aus gebrannten Ziegeln, die aber bis tief hinab durch die Ziegelräuber entfernt sind. Wir sehen heute nur den tiefen und breiten Raubgraben, der auch die Lage einer großen Freitreppe erkennen läßt, die von Süden her zu ihm hinauf führte. Die Ruine ist im Jahre 1913 ausgegraben.[67]

Mehrere Neubauten und Ausbesserungsarbeiten sind mit diesen Gebäuden vorgenommen, die sich namentlich an der Ringmauer zu erkennen geben. Gut und lehrreich erhalten ist das an dem östlichen Ende der Nordfront. Zu unterscheiden ist der Stammbau und eine vorgelegte Verstärkungsmauer, der Kisû. Er besteht an dieser Stelle aus Lehmziegeln, an der Westfront dagegen, wie der Kisû von E-mach, aus gebrannten Ziegeln. An dem Stammbau liegen drei Perioden übereinander, ebensoviele im Kisû. In jeder Bauperiode sind die aus den Wänden schwach vortretenden, eng gestellten Türme verschieden eingeteilt, was die Unterscheidung, da die Lehmziegel-Schichten häufig unmittelbar aufeinander stehen, wesentlich erleichtert (Abb. 115). Innerhalb des untersten Kisû liegt etwas weiter westlich ein senkrechter Wasserabzug von der Art, wie wir sie an der inneren Stadtmauer kennen gelernt haben. In ihm saßen beschriftete Ziegel Asarhaddons (Abb. 116) mit der Nachricht, daß er die Zikkurrat Etemenanki erbaut habe. Die beiden oberen Schichten des Kisû müssen also einer jüngeren, die unterste Schicht des Stammbaus einer älteren Zeit als der Asarhaddons zugehören. Die übrigen Grabungen haben außerdem 12 Stempelziegel Assurbanipals (Abb. 117) und 4 beschriftete Ziegel Nebukadnezars (Abb. 118) ergeben, welche sämtlich den Bau von Etemenanki betreffen. Wenn diese Ziegel auch nicht für den Peribolos, sondern für den Turm selbst bestimmt waren, so kann doch ihre gelegentliche Verwendung

115. Ostseite des Peribolos von Etemenanki.

innerhalb des ersteren keineswegs auffallen. Was von uns so weit wie möglich ausgegraben ist, bezieht sich namentlich auf den Stammbau, dessen spätere Um- und Neubauten die alten Baulinien fast ängstlich bewahren. Wir brauchen daher hier die verschiedenen Epochen nicht überall genau auseinander zu halten.

Die Umfassungsmauer des Bezirks ist zum großen Teil eine Doppelmauer, bei der durch Quermauern gleichwertig Breitkammern geschaffen sind. Die Schmucktürme stehen im Inneren immer zwischen zwei Türen solcher Kammern, im Äußeren aber, wo zum Teil noch die an den Türmen sowie an den Zwischenräumen sitzenden zwei Zierrillen erhalten sind, haben Türme und Zwischenräume ungefähr gleiche Breite.

An anderen Stellen der Ringmauer sind, stets in Verband mit der Außenmauer, Gebäude angebaut, die wohl einen monumentalen, aber keinen Tempelcharakter tragen (Abb. 114). Zwei große Bauten lagen an der Ostseite: jedes mit

116. Ziegelinschrift Asarhaddons von Etemenanki.

117. Ziegelinschrift Assurbanipals von Etemenanki.

einem großen Hof und lauter gleichwertigen Tiefkammern darum; in den Ecken ein kleines Hofhaus. An der Südseite liegen vier kleinere, aber immer noch in monumentalen Abmessungen gehaltene und sehr ansehnliche Hofhäuser. Im Osten des nördlichen Teiles treten kleine gewöhnliche Privathäuser zu selbständigen Straßenzügen zusammen.

Zwei Pforten im Norden und zehn ausgebildete Tore mit Binnenhof und Turmfront führen ins Innere. Von ihnen liegen die zwei östlichen und die vier südlichen am Ende von Buchten, die durch die zurücktretende Außenmauer gebildet werden, sodaß hier geräumige Vorhöfe entstehen; die südlichen vier Tore sind auch an der nach innen blickenden Seite mit der typischen Turmfront ausgestattet. Das größte, nämlich südliche Tor der Ostseite ist zerstört, wir können es aber ohne jede Bedenken ergänzen.

Die Südost-Ecke ist stark zerstört. Nicht weit von der Südwest-Ecke zieht sich eine Kammermauer nach Norden und bildet mit der Außenmauer zusammen einen langen schmalen Hof, an welchem keine anderen Räumlichkeiten als die Mauerkammern liegen. Dieser schmale Hof reichte wahrscheinlich bis zur Höhe des nördlichsten Tores in der Westmauer. Sie scheint hier gegen eine andere Mauer angelaufen zusein, die in der Verlängerung der Nordfront des großen Gebäudes an der Ostseite herüber kam, von der aber nur ihr Anfang im Westen erhalten ist. Diese begrenzte ein nördliches Areal, in welchem die oben erwähnten Privathäuser liegen.

Auf diese Weise entstehen drei innere Abteilungen des Peribolos: der nördliche Hof (NH auf Abb. 114) mit den kleinen Häusern, der lange schmale Westhof (WH) und der Haupthof (HH), der die Zikkurrat Etemenanki (ET) und sämtliche übrigen monumentalen Gebäude enthält (Abb. 119).

Nördlich dicht bei der Zikkurrat liegen in der Tiefe ältere Baulichkeiten, die unter ganz anderer Orientierung verlaufen, und an der Ostfront tritt ebenfalls in großer Tiefe ein großes altes Gebäude (Ä) auf, über das der Stammbau des Peribolos hinwegzieht. Beides hat mit dem Heiligtum als solchem überhaupt nichts zu tun.

Über die Benutzungsart aller dieser Baulichkeiten können wir nur Vermutungen anstellen. Die Mauerkammern eignen sich bei ihrer

118. Ziegelinschrift Nebukadnezars von Etemenanki.

119. Wiederhergestellte Ansicht des Turms von Babel in seinem Peribolos und mit Esagila rechts und Euphratbrücke links (Modell im Vorderasiatischen Museum Berlin).

Einfachheit sehr zur Aufnahme einer großen Zahl von Pilgern, die für sich wohnen und direkt mit den großen Höfen in Verbindung stehen wollen. Die Gebäude im Süden möchte ich für Priesterwohnungen halten. Tempel sind es unter keinen Umständen, denn es fehlen alle notwendigen Eigenschaften solcher: Turmfront, Postament-Nische und dergleichen. Die Priester von Etemenanki werden als Vertreter des Gottes Marduk eine sehr bedeutende Stellung eingenommen haben, und diese monumentalen Privathäuser im Süden unseres Peribolos entsprechen ganz den Erwartungen, die man an den Vatikan von Babylon in bezug auf die Unterbringung seines leitenden Verwaltungsapparates stellen darf. Die zahlreichen Kammern in den beiden großen Gebäuden im Osten wird jeder als Vorratskammern auffassen, wo der Besitz des Heiligtums, Requisiten für Prozessionen und dergleichen aufbewahrt wurde. Wir haben in einer dieser Kammern, die meist noch nicht ausgeräumt sind, ein großes Steingewicht in der für diese Gewichte üblichen Form einer Ente gefunden (Abb. 120). Es wiegt 29,68 kg und wird in der auf ihm eingemeißelten Inschrift als „Ein richtiges Talent" bezeichnet. Sämtliche Gebäude sind stark zerstört, oft bis unter die alte Fußbodenhöhe. An der Nordost-Ecke des Peribolos ist ein Kudurru mit Götter-Emblemen gefunden[68] (Abb. 121).

Der Hauptzugang war zwischen den beiden eben genannten Vorratsgebäuden, wo eine besonders tiefe und breite Bucht auf eine besonders

120. Entengewicht mit Inschrift.

121. Oberer Teil
eines Kudurru mit
Göttersymbolen.

121a. Die erhaltenen Treppenstufen zum babylonischen Turm.

121b. Wiederhergestellte perspektivische Ansicht des babylonischen Turms aus Südosten nach R. Koldewey (vgl. H. Schmid im Anhang S. 303ff.).

121 c. Die Reste des babylonischen Turms heute.

große Toranlage schließen läßt, die allerdings nicht mehr erhalten, aber mit Sicherheit zu ergänzen ist. Bis hierher reicht die Durminabanda-Pflasterung der Prozessionsstraße vom Kasr her, sie zieht sich in die Bucht fort, wo die mit der Seitenaufschrift Nebukadnezars versehenen Pflasterblöcke noch liegen. Letztere tragen zum Teil auf ihrer Unterseite Namen und Titel Sanheribs (vgl. Abb. 36).

Der Peribolos wird in dem Ripley-Zylinder Neriglissars (KB III 2, 79 II 8 ff.) „*igār si-ḫir-tim* = Umfassungsmauer" genannt. „Der Peribolos von Esagila gen Norden, darinnen die reinen Priester von Esagila wohnen, dessen Grund ein früherer König gelegt, es aber nicht hoch aufgeführt hatte, war durch die Aufschüttung zu niedrig geworden, seine Mauern waren schwach geworden. Sein Verband war nicht stark, seine Laibungen waren nicht gefestigt. Es erging eine Benachrichtigung des großen Herrn Marduk, das Zeremoniell zu reinigen und ihn (den Tempel) zu versorgen. Zur Reinigung und um die Opfer vollkommen zu machen, um Frevel und Versäumnis nicht entstehen zu lassen, überprüfte und inspizierte ich seine alte Gründung(surkunde) und über seine alte Gründung stellte ich fest seinen Fundamentsockel. Ich erhöhte ihn und machte seine Erhebung bergeshoch. Seine Torlaibungen stellte ich fest hin und fügte in sein Tor Türflügel ein. Mit einem starken Kisû aus Asphalt und Backsteinen ließ ich es umgeben." (Übers. C. Wilcke).

Danach stammt der Backstein-Kisû, den die Ausgrabung auf der Westseite gefunden hat, von Neriglissar.

Der Turm selbst ist 1913 ausgegraben. Es traf sich glücklich, daß die unteren Teile gut erhalten waren, sodaß der Grundriß mit allen Einzelheiten genau festgestellt werden konnte (Abb. 256). Er bildet, aus gutgebrannten Ziegeln gebaut, ein Quadrat von 91,55 m Seitenlänge. In dessen Mitte liegt ein Kern aus ungebrannten Lehmziegeln von 61,15 m Seitenlänge, der den älteren, wahrscheinlich sehr alten Bestandteil des Turmes darstellt, während die Backstein-Umfassung von Nabupolassar und Nebukadnezar herrührt.[69] An der Südfront liegt der Aufgang, bestehend aus drei breiten, aber steilen Treppen, zwei von beiden Seiten, eine in der Mitte, deren Reste auch heute noch die eindrucksvolle Möglichkeit gewähren, den babylonischen Turm zu besteigen, — wenn auch nicht bis oben hin! (Abb. 121a und c.) Alle Außenwände sind durch schwach vortretende, unmittelbar aus der Erde aufsteigende Türme oder Pfeiler gegliedert. An jeder Seite steht je ein Eckpfeiler von 14 Ziegelsteinen Breite, dazwischen 10 Zwischenpfeiler von 11 Steinen Breite mit 11 Zwischenräumen von 12 Steinen. Die Ziegel messen 33 cm im Quadrat. Aus dem Steigungsverhältnis der erhaltenen Treppenstufen läßt sich die Höhenlage des zugehörigen Podestes genau berechnen. Die Vordertreppe war etwas länger als die Seitentreppen, sie muß also etwas höher hinaufgeführt haben und war wohl für die Priester allein bestimmt, die Seitentreppen für das Volk (Abb. 121b).[70]

Für alle übrigen Vorstellungen, die man sich von dem Bau gern machen möchte, sind wir auf die schriftlichen Nachrichten angewiesen, die uns das Altertum erhalten hat.

In den klassischen Zeugnissen sind die Maßangaben unzuverlässig. Nur die allgemeinen Beschreibungen sind benutzbar. Strabo XVI, 1, 5 gibt die Breite gleich der Höhe an. Herodot 1, 181 nennt den Komplex „das eherntorige Heiligtum des Zeus Belos". Die Zikkurrat im Inneren des Heiligtums, deren Höhe gleich der Breite ist, beschreibt er als einen „massiven Turm", auf dem ein zweiter, dritter, bis zu acht Türmen stand, oben darauf ein „großer Tempel". Der Aufgang lag außen an allen vier Seiten dieser Türme. Etwas anderes bedeutet der griechische Ausdruck nicht, vgl. den Text S. 390ff. Die Deutung auf einen schneckenförmigen Aufgang ist wohl zu Unrecht in Herodots Worte hineingelegt worden. Eine Zikkurrat-Ruine mit schneckenförmigen Aufgang gibt es weder in Assyrien noch in Babylonien.[71]

In welcher Weise die acht Türme Herodots, die aufeinander standen, abgesetzt waren, wird nicht gesagt. Es können stufenförmige Absätze gewesen sein oder nur ornamentale Linien; aus den Worten Herodots ist darüber nichts zu entnehmen.

Die große Höhe des Turmes betont Nabupolassar (VAB 4, 60—61,

I 32ff.) ebenso wie Nebukadnezar in seiner von Etemenanki stammenden Zylinderinschrift. Ersterer sagt: „Zu jener Zeit gebot mir Marduk, ... den Turm Babils, der in der Zeit vor mit geschwächt worden, zum Einsturz gebracht war, sein Fundament an die Brust der Unterwelt fest zu gründen, während seine Spitze himmelan strebe" (Übers. F. Delitzsch). Ähnlich Nebukadnezar: „Etemenankis Spitze zu erhöhen, daß sie himmelan strebe, legte ich Hand an" (Übers. C. Wilcke). In beiden Inschriften werden als verwendete Stoffe Lehmziegel, gebrannte Ziegel, Asphalt, Lehmerde und mächtige Zedern vom Libanon genannt. Letztere können kaum zu anderem gedient haben als zu Bedachung des Tempels oben auf dem Turm.

Mehr Aufklärung ist in einer Tontafelinschrift enthalten, die bis zum Jahre 1913 nur in dem vom Entdecker Smith gegebenen Auszug bekannt war, dann aber, in Privatbesitz wieder aufgetaucht, durch P. Scheil im Wortlaut veröffentlicht wurde. In den Mitteilungen der Deutschen Orient-Gesellschaft Nr. 59, Mai 1918, habe ich dieses wichtige Schriftstück ausführlich behandelt und meine Wiederherstellung des Turmes eingehend begründet. (Zu diesem problematischen Text haben sich zuletzt geäußert: W. von Soden, Ugarit-Forsch. 3 [1971] 253ff. und M. A. Powell, ZA 72 [1982] 106ff.; dazu von Soden, ZA 73 [1983] 92—93.)

Die Schrift ist unterzeichnet von dem Verfasser Anubelschunu im Monat Kislimmu, 26ter Tag, Jahr 83 des Königs Seleukos, das ist der 12. Dezember 229 v. Chr. Es werden verschiedene Angaben über Esagila und Etemenanki gemacht, zum Teil „gemäß Nachricht" oder „nach einer Tontafel-Kopie von Borsippa", zum Teil „gemäß Prüfung". Was im Jahre 229 noch stand, kann kaum etwas anderes gewesen sein als der ruinenhafte Zustand, den Alexander der Große nach seinem unvollendeten Wiederherstellungsversuch fast hundert Jahre vorher übrig gelassen hatte. Nur das unterste Geschoß war unberührt. Es wird als ein Quadrat von 15 nindan Seitenlänge angegeben. Das sind 180 Ellen, und da wir an dem Bau selbst 91,55 m gemessen haben, so ist eine Elle von 0,50861 m zu berechnen, was für die übrigen Maßangaben von Wichtigkeit ist.[72] Die Höhe wird gleich der Breite und der Länge angegeben. Sieben stark abgetreppte Geschosse werden beschrieben. Diese Abtreppungen sind die Folge von Alexanders Abräumung der damals baufälligen Teile, die den Zweck hatte, die beabsichtigten Ergänzungen mit dem alten Kern in unzweifelhaft feste Verbindung zu legen. Die angegebenen Höhen der Geschosse können richtig sein, weil anzunehmen ist, daß gerade bei Geschoßbeginn durch den Bau hindurch starke, aus Holz oder Matten bestehende Ankerschichten gelegt waren, die sich auch in der zum Teil abgeräumten Ruine kenntlich machten.

Für ein Heiligtum oben war der Raum auf der Ruine äußerst knapp.

Von dem ursprünglichen großen Tempel aber gibt die Inschrift genaue Nachricht über Benennung, Abmessungen in Ellen, Anordnung und Lage der einzelnen Abteilungen nach den Himmelsrichtungen um den in der Mitte liegenden Hof. Vom Inventar wird „das Bett 9 Ellen lang, 4 Ellen breit" und „der Tisch" hervorgehoben, während Herodot sagt: „in diesem Tempel befindet sich eine große wohlbereitete Lagerstätte und daneben steht ein goldener Tisch". Schon danach kann man schwerlich bezweifeln, daß der Tempel der Inschrift und der große Tempel Herodots auf dem Turm ein und dasselbe Gebäude sind.

Nach den angegebenen Maßen bildete das Gebäude ein Quadrat von 160 Ellen Seitenlänge, es verbleiben demnach auf jeder Seite 10 Ellen, also ungefähr 5 m, für die allmähliche Verjüngung des Turmes nach oben und die Hervorhebung der einzelnen Geschosse, was ohne Frage auch zur Anordnung der Treppenaufgänge genügt. Als baulichen Schmuck hat man sich alle oberen Endigungen mit den üblichen abgetreppten Zinnen ausgestattet zu denken. Nebukadnezar hebt schriftlich die Verwendung von blauglasierten Ziegeln hervor, die wohl namentlich oben, am Tempel, saßen und weithin in das lichtdurchzitterte Land leuchteten, wie heute die Azurkuppeln der Moscheen. Daß jedes der übrigen Geschosse mit besonderen Farben, wohl gar mit denen der sieben Planeten, ausgestattte war, beruht auf verkehrten und längst veralteten Inschriftübersetzungen Opperts und gänzlich aus der Luft gegriffenen Vermutungen Rawlinsons.[73]

Im Gegensatz zu diesem oberen Tempel, dem Hochtempel, nennt Herodot das südlich davor gelegene Esagila den κάτω νηὸς, den unteren Tempel. In dem Hochtempel befand sich nach Herodot der schon erwähnte goldene Tisch und das Lager, nach Ktesias drei goldene Bildnisse des Zeus, der Hera und der Rhea.

Die Bestimmung der Zikkurrat als Tempelträger ist mit diesem allem, wie mir scheint, erwiesen. Daß das Dach eines solchen Hochtempels dem babylonischen Astronomen einen willkommen Standplatz bot, ist leicht einzusehen. Nötig hatte er es, sich über den brütenden Dunstkreis der Ebene zu erheben. Bei ihrer großen Trockenheit ist die Luft auf weitere Entfernungen fast stets unsichtig, der Horizont bis auf 10 oder 20 Grad hinauf ein düsterer Ring von Staub, in welchem auch Mond und Sonne oft seltsam zerrissene Formen annehmen, wenn man sie überhaupt beobachten kann. Es gibt zwar während des Sommers mit Ausnahme der „Bachura", das ist ein Wetterbild im August, keine Wolken, dafür aber Sandwinde, bei denen die Sonne aussieht wie eine blutrote Scheibe. Die manchmal gerühmte Klarheit des babylonischen Himmels ist größtenteils eine Fiktion von Reisenden, die den europäischen Nachthimmel kaum anders als bei brennenden Großstadtlaternen zu beobachten pflegen.

Die Ostseite des Peribolos, die der Nordseite fast gleich ist, mißt rund 409 m. Herodot gibt als Maß für das ganze Heiligtum zwei Stadien im Quadrat an, für das Quadrat der Zikkurrat ein Stadium Seitenlänge; die Ruine zeigt, wie oben erwähnt, 91,55 m.

Aber was sind alle diese schriftlichen Nachrichten im Vergleich zu der Klarheit der Anschauung, die wir aus der Ruine selbst gewinnen, wenn sie auch stark zerstört ist! Das kolossale Massiv des Turmes, den die Juden des Alten Testaments als Inbegriff menschlicher Überhebung betrachteten, inmitten der stolzen Priesterpaläste, der weiten Vorratshäuser, der zahllosen Fremdengelasse — weiße Wände, bronzene Tore, drohende Festungsmauern ringsum mit hochragenden Portalen und einem Wald von 1000 Türmen —, es muß ein überwältigender Eindruck der Größe, der Macht und der Fülle gewesen sein, wie er ähnlich selten in dem weiten babylonischen Reiche gewonnen werden konnte. Ich habe einmal gesehen, wie das überlebensgroße silberne Standbild der Maria, beladen mit Weihgeschenken, Ringen, Edelsteinen, Gold und Silber, auf einer Tragbahre von 40 Männern getragen, im Portal des Domes von Syrakus hoch über den Köpfen des wimmelnden Volkes erschien, um in feierlichem Zuge bei rauschender Musik und unter dem stürmischen Beten der Menge hinaus gebracht zu werden in die Gärten der Latomien. So ähnlich denke ich mir eine Prozession des Gottes Marduk, wenn er von Esagila aus, vielleicht durch den Peribolos hindurch, seinen Triumphzug auf der Prozessionsstraße von Babylon hielt.

Herodot muß den Bezirk noch in verhältnismäßig gutem Zustande gesehen haben. Unter Alexander bedurfte er des Neubaues, und es wurden 600 000 Tagelöhne für Reinigung des Gebiets und Wegschaffung des Schuttes verwendet (Strabo XVI, 1). Wir haben während der elf Jahre unserer Tätigkeit für das große Reinmachen von Babylon ungefähr 800 000 Tagelöhne ausgegeben.

Ehe wir nunmehr zu dem mit Etemenanki eng zusammengehörigen Tempel Esagila (S. 201 ff.) übergehen, wollen wir uns die westlich von dem Bezirk liegenden Mauern und die Euphratbrücke ansehen.

31.

Die Euphratbrücke

Die Prozessionsstraße, deren stark asphaltiertes Ziegelpflaster dicht an der Südseite des Peribolos entlang läuft, endigte im Westen vor dem Landpfeiler einer Brücke aus gebrannten Ziegeln in Asphalt. Sieben Strompfeiler sind ausgegraben. Der westlichste weicht in der Anlage etwas ab und könnte vielleicht der dortige Landpfeiler (Abb. 122) sein, doch ist das noch nicht klar. Die ganze bisher festgestellte Länge beträgt 123 m. Die Pfeilerlänge von 21 m dürfte die Breite der Gangbahn beträchtlich überschreiten. Die Pfeiler sind 9 m dick und stehen 9 m auseinander. Sie sind stark geböscht, ihre Ziegel haben das kleine Format (31 × 31 cm) und keine Stempel, was darauf schließen läßt, daß der Bau aus Nebukadnezars erster Zeit oder der Nabupolassars stammt.

122. Der westliche Pfeiler der Brücke über den Euphrat.

In ausgesparten Kanälen, die die Pfeiler quer durchsetzen, werden, soweit wir bis jetzt urteilen können, verankernde Balken gelegen haben, die 50 cm voneinander abstehen. 2 m höher als diese Balkenlage liegt eine zweite ebensolche. Die Seiten der Pfeiler sind gebogen und laufen vorn in einer Spitze zusammen, die sich gegen den Strom, gegen Norden, wendet. Die Rückseite stellt ebenfalls eine flache Bogenlinie dar. Den Pfeiler-Grundriß bildet also die Wasserlinie eines Schiffes.

Herodot (I, 186), Diodor (II, 8, nach Ktesias) und andere berichten über diese Brücke. Danach war Haustein daran verwendet, und es ist höchst wahrscheinlich, daß die Ziegelpfeiler mit Quadern abgedeckt waren, auf denen die Balken der Gangbahn lagen. Daß Nebukadnezar seine Quadern durch Schwalbenschwanz-Klammern verband, was auch für die Brücke angegeben wird, wissen wir von der Nordmauer des Kasr. Bei Diodor wird die eigentümliche, den Stromverhältnissen vorzüglich Rechnung tragende Gestalt der Pfeiler besonders hervorgehoben. Die Maße stimmen allerdings auch hier wieder durchaus nicht. Die Länge soll 5 Stadien, die Breite 30 Fuß, die Pfeiler-Entfernung 12 Fuß betragen haben. Aber wegen dieser Unstimmigkeit die Existenz noch einer zweiten steinernen Brücke anzunehmen, scheint mir nicht rätlich. Es ist die älteste Steinbrücke, von der wir Nachricht haben, und ihr berechtigter Ruhm geht zur Genüge aus der Tatsache hervor, daß sie als einzige in die wenigen Nachrichten der alten Historiographen übergegangen ist.

Das alte Flußbett markiert sich deutlich gerade in dieser Gegend, wo eine lange Niederung zwischen Ruinenhöhen bis zum Dorfe Kweiresch reicht. Südwestlich, dicht beim Brückenende, steigt eine von diesen Ruinenhöhen ziemlich hoch an. Ihre Westseite ist von dem modernen Euphrat zu einem senkrechten Steilabfall abgefressen, und die Lehmmauern der zwischen dem üblichen Stadtruinen-Schutt im Hügel steckenden Häuser treten hier im Abstich zutrage. Sie reichen bis unter den gewöhnlichen Wasserstand.

[R. Koldewey bezog den Text Mc Gee, B II Kol. II 8 ff. des Eulla-Zylinders von Nebukadnezar auf den Bau einer Euphratbrücke durch Nabupolassar, da er im Anschluß an C. F. Lehman-Haupt (1904) die Worte ma-ka-at a-bar-ti Puratti = „makâtu des jenseitigen Ufers des Euphrat" als Brücke über den Euphrat gedeutet hatte. Der korrigierte Text lautet: „Die Ufermauer des Arachtu ... vom Ischtar-Tor bis zum Urasch-Tor hatte mein väterlicher Erzeuger mit Asphalt und Ziegeln erbaut, Backsteinpfeiler auf dem jenseitigen Ufer des Euphrat errichtet." (Vgl. KB III 2, 21 Z. 7 u. S. 41 Z. 38).[74]]

32.

Das Brückentor

Zwischen den Landpfeiler der Brücke und den ersten Strompfeiler schiebt sich ein Torgebäude ein, das im Zuge einer langen, nach Norden ziehenden, nach darin vorkommenden Stempel-Ziegeln von Nabonid erbauten Festungsmauer liegt (Abb. 122a). Das Tor hat den bei Stadttoren üblichen Grundriß mit Binnenhof und zwei kräftigen Fronttürmen. Die Ziegel tragen, soweit man sieht, den Stempel Nebukadnezars, und liegen in Asphalt wie die Mauer selbst. Im Eingang liegt das mehr-

122a. Wiederhergestellte Ansicht der Stadt Babylon von Westen.

schichtige Ziegelpflaster und auch die südliche große Angelkapsel der Westtür. In der Mitte der Osttür überragt ein hochkantig gesetzter Ziegel etwas das Pfaster, um den Türflügeln als Anschlag zu dienen. Das Pflaster liegt etwas höher als das der älteren Prozessionsstraße, nämlich 3,10 m über Null, darüber lagern noch 12 m Schutt des Amrān-Hügels. Der Torbau hat den Land- sowie den Strompfeiler zum Teil angeschnitten; sie sind beide zum besten des Neubaues teilweise ausgehackt.

Da wir die Arachtu-Mauer von der Südburg her bis zum Peribolos verfolgt haben, und dieses das erste große Tor nach dem Ischtar-Tor in dieser Gegend ist, so dürfte nach der eben vorher erwähnten Inschrift unser Tor das Urasch-Tor sein.[24] Dabei ist es gleichgültig, ob unser Bau bereits derjenige ist, der zu Nebukadnezars Zeit existierte, oder ob er jünger ist und von Nabonid herrührt. Denn in letzterem Falle befand sich in derselben Gegend, wenn auch vielleicht nicht genau an derselben Stelle, wie man annehmen muß, auch vorher schon ein Tor, das den Namen Urasch-Tor führte. Vielleicht gehört diesem älteren Torbau das kräftige Mauerwerk an, das gleich westlich von dem Landpfeiler liegt. Es sind zwei Vorsprünge, zwischen denen eine in hohen Stufen abgetreppte Mauer liegt. Die Ausgrabung ist hier noch nicht beendet.

33.

Die Nabonid-Mauer

Südlich von dem eben beschriebenen Tor haben wir die zugehörige Festungsmauer noch nicht weit verfolgt. Die Ruine liegt hier bereits unter dem hohen Schutt des Amrān-Hügels und ist schwer zugänglich.

Dagegen hat die Grabung die Mauerruine nördlich bis an das Dorf Kweiresch freigelegt.

Die 7,67 m dicke Mauer steht mit ihren Kavaliertürmen[1] an der Flußseite auf einem stark vortretenden Bankette, wie die „ältere Grabenmauer", die Arachtu-Mauer und die Nordmauer der Hauptburg. Man kann das also wohl als eine Eigentümlichkeit von Mauern ansehen, die an einem Wasserlaufe liegen. Stärker und schwächer vortretende Türme wechseln in dem gleichen Abstande von etwa 19 m miteinander ab. Die stärkeren sind 7,30, die schwächeren 6,30 m breit. In einigen dieser Türme befinden sich Pforten mit doppelseitigem Türanschlag, in denen eine ziemlich steile Rampe zum Fluß hinabführt. Bei dem mangelhaften Erhaltungszustand der Mauer läßt sich noch nicht sagen, ob etwa in jedem Turm eine solche Pforte lag, oder in welchem Abstande sonst. Das Pflaster liegt 0,47 m über Null. Im Norden, kurz vor der Südburg, biegt die Mauer für zwei Mesopyrgien nach Westen etwas aus, um dann mit einem Turm an das „westliche Vorwerk" (S. 148) anzuschließen. In dem Turm lag der Durchlaß für den „Ostkanal", der an der Südburg vorbeifloß. Die Ausbiegung ist offenbar zu dem Zwecke gemacht, damit das „westliche Vorwerk" der Südburg mit eingeschlossen werden sollte.

Etwa in der Nähe der Nordwest-Ecke des Peribolos haben wir einen Querschnitt durch die Höhen gezogen, die die Mauer bedecken und darin diese sowie die Arachtu-Mauer Nabupolassars und Nebukadnezars gefunden. Der Schnitt ist etwas weiter nördlich auf der anderen Seite der Flußbett-Niederung nach Westen verlängert und hat hier Gebäudemauern aus gebrannten Ziegeln von ziemlicher Stärke ergeben. Aber eine Flußmauer, die derjenigen auf dem linken Ufer entspräche, haben wir bisher nicht aufgedeckt. Diese Untersuchung ist jedoch noch nicht beendigt. Die Mauer ist wahrscheinlich dieselbe, die von Herodot (I, 180) $αἱμασιή$, die sich an die Schenkel der äußeren Stadtmauer anschloß, und von Ktesias (Diodor II, 3) $κρηπίς$ genannt wird.

34.

Die Arachtu-Mauern am Peribolos von Etemenanki

Unmittelbar vor dem nördlichen Stück der Westfront des Peribolos zieht sich die Arachtu-Mauer Nabupolassars hin, deren Beginn im Norden wir bei der Südburg besprochen haben. Gleich bei Beginn des vorhin erwähnten Querschnitts stießen wir auf ein Stück, in welchem ein Schriftziegel saß, der über die Bedeutung der Mauer aufklärte. Später sind im weiteren Verlauf der Mauer noch zahlreiche Ziegel der selben Art ebenfalls in situ gefunden. Die Texte sind identisch mit den bereits früher mitgeteilten (S. 143 ff.). Die Mauer liegt tiefer als die Backstein-Verbrämung des Peribolos an dieser Stelle. Die Arachtu-Mauer, die im Wasser steht, reicht mit ihrer Ruine nur bis 0,33 m unter Null hinauf, während die Verbrämung bis auf 2,24 m über Null hinabreicht. Die Oberfläche des Flußbanketts an der ohne Zwischenraum davorliegenden 6 m dicken Nebukadnezar-Mauer liegt gerade auf der Nullinie. Die Nabupolassar-Mauer besteht aus 31er Ziegeln ohne Stempel, die Vormauer aus 33er mit dem Nebukadnezar-Stempel. Beide blicken mit der glatten Front nach Westen, die Rückseite ist unregelmäßig, da sie sich an das Erdreich anlehnte.

Die Mauern laufen zusammen bis zur nördlichen Ecke des Peribolos. Von da an zieht die Nabupolassar-Mauer in gerader Linie nach Norden bis zu einem Abstande von etwa 20 m von der Südburg, wo sie als Ruine abbricht. Ihre Linie trifft ungefähr auf die westliche Begrenzung des Erweiterungsbaues und muß also ursprünglich noch einmal eine Biegung gemacht haben, um sich mit dem Beginn an der Sargon-Mauer zu vereinigen. Von der Nebukadnezar-Mauer zweigt an der besagten Stelle ein Stück in einem ganz geringen Winkel ab, das, wenn man es verlängert, auf die „ältere Grabenmauer" stoßen würde. Ein anderer Zweig ist hier mit doppelt genuteter Dilatation eingefügt und verläuft in der Richtung auf das nördliche Stück der Nabonid-Mauer. So liegen hier zum Teil vier Mauern nebeneinander, die vier verschiedenen aufeinander folgenden Veränderungen in der Richtung angehören.

An derselben Stelle führt ein Wasserauslaß durch jede der Mauern hindurch, der wohl das Tagewasser, das sich nördlich vor dem Peribolos sammelte, abführen sollte. Etwas weiter nördlich haben sich zwei Treppenabstiege in der Nabupolassar-Mauer erhalten, die in einer zweiten Bauperiode zugemauert worden sind. Sie finden ihre Analogie in den Tordurchgängen der Nabonid-Mauer.

Überhaupt liegen die drei Mauern so nahe beieinander und führen so sehr in derselben Richtung, daß, wenn man den Arachtu für einen Kanal des Euphrat halten wollte, er hier so dicht an den Euphrat gedrückt würde, daß seine Existenz in Frage käme. Die Euphrat-Mauer Nabonids ist hier offenbar geradezu an die Stelle der Arachtu-Mauer Nabupolassars getreten, was wiederum für die Identität von Euphrat und Arachtu spricht (vgl. S. 146). Daß die Nabonid-Mauer und die steinerne Brücke Euphrat-Bauten sind, darf eine methodische Forschung gegenwärtig nicht bezweifeln. Man müßte sonst annehmen, daß es außer den von uns gefundenen Bauwerken noch eine zweite Ufermauer Nabonids gegeben habe, die am Euphrat lag und noch eine zweite steinerne Brücke, die über den Euphrat führte. Ohne der weiteren Forschung vorgreifen zu wollen, möchte ich den Arachtu nicht für einen Kanal oder einen Arm des Euphrat, sondern für eine vielleicht halbkreisförmige Erweiterung des Flusses halten (vgl. Hommel, Geographie u. Geschichte d. Alt. Orients, S. 283 Anm. 1: Arach Mond, fem. Arachtu?), die einen speziellen Namen führte, und für die man sich ebensowohl des Namens Arachtu wie des Namens Euphrat bedienen konnte, ähnlich wie beim „Binger Loch" am Rhein. Es war vielleicht der Hafen von Babylon.[75]

Seine eigene Mauer erwähnt Nebukadnezar unter anderem auf dem Ehursagila-Zylinder (KB III 2, 41 Z. 41): „Ich ... baute die Ufermauern des Arachtu aus Asphalt und Ziegelsteinen, und verstärkte sie zusammen mit den Ufermauern, die mein Vater errichtet hatte."

35.
Esagila, der Tempel des Marduk
(A. Der Hauptbau)

Der altberühmte Tempel Esagila, nach Jastrow (Religion of Babylonia S. 639) „das luftige Haus" (wörtlich: „Haus, das das Haupt erhoben hat" — C. Wilcke), der Tempel des Marduk, liegt unter dem Hügel Amrān Ibn Ali (Abb. 123) begraben in einer Tiefe von 21 m unter der Hügeloberfläche. Wir haben bis jetzt einen Teil davon ausgegraben, die Umrißlinien und verschiedene Räumlichkeiten durch tiefe Schächte und Stollen festgestellt. Es sind zwei aneinander stoßende Gebäude, ein westlicher, sehr regelmäßig und prächtig gebauter Hauptteil und ein östlicher Anbau, von dem bisher nur die äußere Umrißlinie vorliegt. Wir betrachten zuerst den Hauptbau.

Der fast quadratische Tempel, dessen Nordfront 79,30 und dessen Westfront 85,80 m lang ist, enthält im Inneren einen Hof von 31,30 m Breite und 37,60 m Länge. Im Westen lag, wie die mächtige Turmfront im Hof an dieser Stelle lehrt, die Hauptcella, die des Marduk. Die Räume sind noch nicht ausgegraben. An der Südseite befindet sich gegen Osten eine kleinere, an ihrer Wandnische kenntliche Cella. Sie liegt an der Ostseite eines quadratischen Raumes, auf dessen Westseite eine Tür zu einem kleinen Raume führt, der vielleicht ebenfalls eine Cella darstellt.

Eine dritte Cella ist an der Nordseite des Hofes ausgegraben. Es ist wahrscheinlich das Heiligtum des Gottes Ea, der in griechischer Zeit mit Serapis identifiziert wurde (vgl. Tempel von Babylon, S. 43). Hier befragten die Generale Alexanders bei dessen Erkrankung den Gott um Rat, ob der König sich zu seiner Heilung hierher transportieren lassen sollte. Türen führen zu zwei Räumen nördlich hinter der Cella, eine sonst bei Cellen nicht vorkommende Anlage. Ist meine eben ausgesprochene Vermutung richtig, so würden diese Räume die Dormitorien dar-

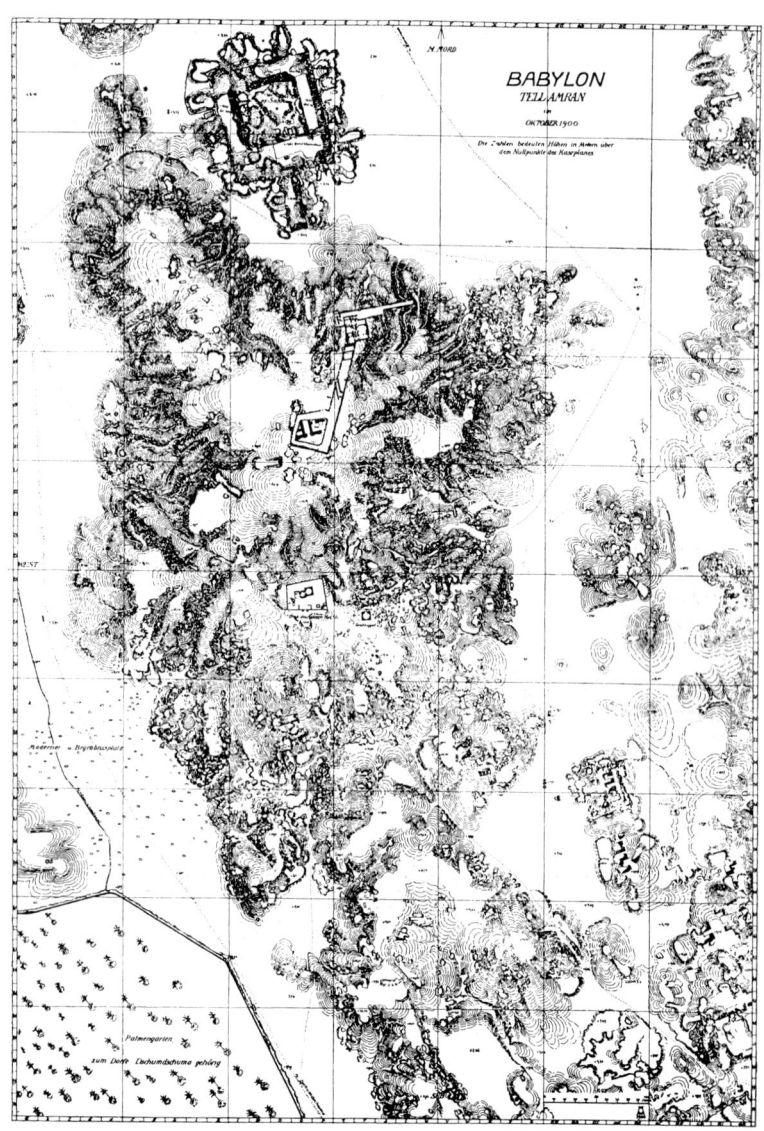

123. Plan vom Hügel Amrān.

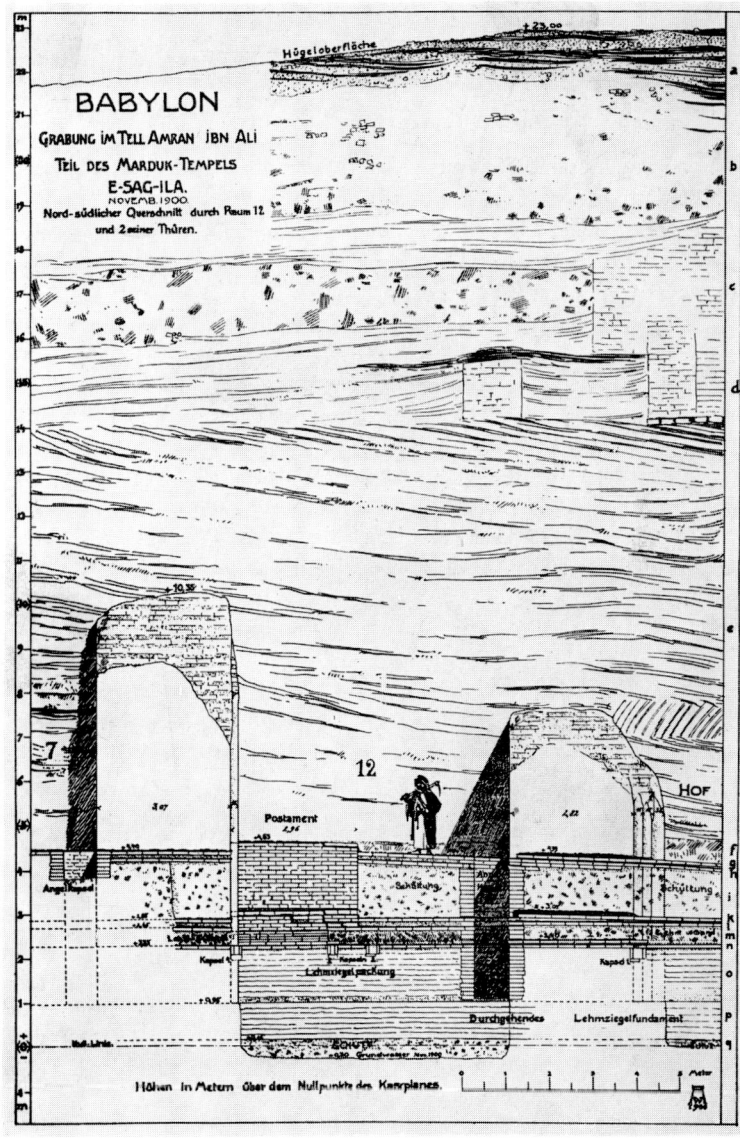

124. *Schnitt durch Esagila.*

stellen können, in welchen die Auskunft gebenden Träume empfangen wurden. In der Cella, die auch im Osten einen Nebenraum hat, stand noch das Statuen-Postament vor der Wandnische. Auf dem Asphaltüberzug seiner Oberfläche hatte sich der Abdruck eines hölzernen Thrones erhalten, der hier im Brand zusammengebrochen und verkohlt war. Von dem reichen Schnitzwerk erkannte man noch die Fußfiguren, welche das Wassergefäß halten, mit dem Ea, der Gott der Wassertiefe,

125. Assurbanipal-Ziegel von Esagila.

abgebildet zu werden pflegt, den schönen Kopf eines Drachen, einen Fisch und ähnliches[78a]. Das Postament überragt den gepflasterten und mit Asphalt überzogenen Boden nur wenig und hat vorn eine niedrige, von zwei kleinen Wangen begleitete Stufe.

Der Fußboden ist verschiedene Male erhöht worden, was die mächtigen Angelkapseln an den Türen und das Postament stets mitgemacht haben (Abb. 124). Von den sechs Fußbodenlagen sind die beiden oberen von Nebukadnezar, die beiden mittleren von Assurbanipal, der auf den Stempelinschriften (Abb. 125) sagt, daß er „die Ziegel von Esagila und Etemenanki gemacht" habe (Ziegel: 37 × 37 cm). In diesem Fußboden befand sich auch ein Ziegel (40 × 40 cm) Asarhaddons, nach dessen Stempel er zum „Pflaster von Esagila" gehörte (Abb. 126). Der Name des Tempels „Esagila" ist damit auch inschriftlich vollständig gesichert. Auf Ziegeln, die wir in der Umgegend gefunden haben, wird Esagila oft zusammen mit Etemenanki oder zusammen mit Babylon genannt (Abb. 127). Die beiden unteren Fußböden tragen keine Stempel. Die Hofmauern dieser unteren, älteren Schichten sind mit Stabwerk verziert, während die Wände oben glatt sind.

126. Asarhaddon-Ziegel von Esagila.

An den Türen und vor den Wandpfeilern finden wir wieder die Ziegelkapseln, in deren einer die Tonfigur eines bärtigen Mannes mit Stierfüßen, der eine Palme oder etwas derartiges hält, lag (Abb. 128).[79]

Der oberste Fußboden liegt im allgemeinen 4,50 m über Null. Die, einschließlich des 2 m dicken Kisû, 6 m dicken Umfassungsmauern bestehen, wie der ganze Bau, aus Lehmziegeln, der Kisû aus gebrannten Steinen (32 × 32 cm) ohne Stempel; er sollte daher älter sein als Nebukadnezar. Letzterer scheint demnach einen durchgreifenden Neubau hier nicht ausgeführt zu haben.

Das System der Wandgliederung ist das von E-mach in einer gesteigerten Fassung. Es liegt hier jeder Turm zwischen zwei Nebentürmen, so daß eine Einheit von drei Türmen entsteht. Dasselbe ist an dem großen Tempel des Nabû in Borsippa der Fall.[76] Genau in der Mitte einer jeden Seite liegt ein großes, mit stark vortretenden Türmen geschmücktes Tor. Zu dem nördlichen, westlichen und südlichen führen gepflasterte, mit seitlichen Wangen ausgestattete Rampen empor. Es ist alles großartiger als bei anderen Tempeln. Besonders ist hier auch die

127. Asarhaddon-Ziegel von Esagila und Babylon.

symmetrische Einteilung, die bei anderen Bauten viel zu wünschen übrig läßt, vortrefflich gewahrt. Das Auftreten von einem Tor auf jeder Seite steht einzig da. Obwohl sie äußerlich alle vier gleichwertig erscheinen, hat das Osttor als Hauptzugang den Vorzug, durch ein stattliches Vestibül direkt in den Hof zu führen, während der Eingang vom Nord- und Südtor her erst durch ein kleines Vestibül und dann durch einen seitlich davon gelegenen Korridor geht. Auch an den Hofwänden sind Türen und Türme in ganz symmetrischem Wechsel angeordnet.

Eine bedenkliche Ähnlichkeit zeigt unser Tempel mit dem, was Smith in dem oben besprochenen Inschrift-Auszuge von den „Tempeln", die an der Zikkurrat liegen, berichtet. Smith kannte noch nicht den Unterschied zwischen Esagila und dem Bel-Heiligtum Herodots.

Seine „Tempel" haben Maße und Verhältnisse, die wegen ihrer übermäßigen Länge für solche durchaus unmöglich sind. Für Innenräume sind sie vielfach zu weit gespannt. Es können also nur Flächenmaße einzelner Teile eines Tempels mit Einschluß der zugehörigen Mauern sein. Rechnet man alle diese Flächen zusammen, so kommt fast genau dasselbe heraus wie die bebaute Fläche von Esagila. Ferner lassen sich jene Flächen mit Leichtigkeit so zusammenordnen, daß sie den Grundriß von Esagila mit wenigen Abweichungen ausfüllen. Schließlich liegen auch hier die Hauptcellen, die des Marduk und der Ṣarpānītūm, im Westen, die des Ea im Norden, und die des Anu und Enlil könnten wenigstens ihr Gegenstück in der Doppelcella im Süden von Esagila finden. Danach beziehen sich die Maße der Smith'schen „Tempel" entweder direkt auf Esagila oder etwa auf den Tempel auf der Zikkurrat, der dann ungefähr dieselbe Anordnung und Größe gehabt hätte wie Esagila. Es ist zu erwarten, daß die weiteren Ausgrabungen von Esagila auf diese höchst interessanten Fragen das gewünschte Licht werfen werden.[77]

Hinweise auf Esagila und Berichte über dessen Neubauten und Ausstattungen sind in babylonischen Inschriften begreiflicherweise häufig, besonders bei Nebukadnezar, der sich auf jedem seiner Millionen Ziegel den „Versorger von Esagila" nennt. Er sagt in der Steinplatteninschrift II 30—III 35 (VAB 4, 124—127):
„Silber, Gold, erlesene kostbare (Edel-)steine, Kupfer, Musukannu- und Zedernholz, alle erdenkbare Kostbarkeit, rotglänzenden Überfluß, den Besitz der Berge, den Reichtum der Meere, den gewichtigen Ertrag brachte ich als üppig gestaltetes Geschenk vor ihn in meine Stadt

128. Tonfigur aus einer Ziegelkapsel von Esagila (Stiermensch)[68].

Babylon und legte (es) im Esagila, seinem herrschaftlichen Palast, als Ausstattung nieder. Etuscha, die Cella Marduks, des Enlils der Götter, ließ ich sonnengleich erglänzen. Als ihren Wandputz ließ ich sie mit rotem Golde statt mit Gips und Asphalt (und) mit Lapislazuli und Alabaster den Kultsockel des ‚Hauses' verkleiden. Ká-chi-li-sù, das üppige Tor, und das Tor des Ezida von Esagila ließ ich zu schrecklichem Sonnenglanz machen. Duku, die Stätte der Schicksalsentscheidungen vom Ubschukinnakku (-Hof), den ‚Hochsitz' der Schicksale, auf dem beim Neujahrsfest am Anfang des Jahres am 8. und 11. Tage Lugal-dimmer-ankia (Beiname Marduks = König über die Götter von Himmel und Erde), der Herr der Götter, Platz nimmt, während die Götter des Himmels und der

Erde seiner ehrfürchtig harren, gebeugt sind und dann vor ihn treten und er mir ein Schicksal für lange Tage, ein Schicksal des Lebens darauf bestimmt (Kol. III) — dieser ‚Hochsitz' ist der königliche Hochsitz, der ‚Hochsitz der Enlil-Herrschaft' des Weisen unter den Göttern, Marduk, den ein König vor mir aus Silber hergestellt hatte — ihn ließ ich mit lauterem Golde, einem Schmuck des Schreckensglanzes, bekleiden. Das Gerät des Tempels Esagila schmückte ich mit goldgelb glänzendem[78] Golde und das (Prozessionsschiff) ^{giš}má-tuš-a mit (rötlich?) funkelndem Golde und Edelsteinen gleich den Sternen des Himmels. — Die Tempel Babylons ließ ich erbauen und versorgte sie. Die Spitze des Etemenanki erhöhte ich mit Backsteinen von reiner blauer (Farbe). — Esagila zu bauen, treibt mich mein Herz, habe ich beständig im Auge. Die besten meiner Zedernstämme, die ich aus dem Libanon, dem hellen Walde gebracht habe, suchte ich für die Bedachung des Etuscha, seiner herrschaftlichen Cella, mit Bedacht aus; die starken Zedern(balken) überzog ich für die Bedachung des Etuscha mit leuchtendem Gold. Die Tragbalken unter den Zedern(-balken) des Daches schmückte ich mit Gold und ausgesuchten Edelsteinen. Für den Bau des Esagila flehte ich täglich zum König der Götter, dem Herrn der Herren." (Übers. F. Delitzsch/ C. Wilcke.)

Die vier Tore von Esagila erwähnt Neriglissar in seiner Zylinder-Inschrift VAB 4, 210f. I 18ff.: „Ich versorge Esagila und Ezida; die Heiligtümer halte ich in Ordnung. Stets forsche ich nach den ursprünglichen Kultordnungen. Die kupfernen Schlangendrachen (*mušḫuššu*), die auf der Stützmauer (*kisû*) der Tore von Esagila mit einem Überzug aus ... (und) Silber an der Torlaibung dauerhaft stehen, hatten die früheren Könige in dem Osttor, dem Tor der großen Lamassu-Gottheit, dem Tor des Überflusses und dem Tor des Staunens nicht aufgestellt. Ich aber, der Demütige, Unterwürfige, der es versteht, den Göttern Ehrfurcht zu erweisen, habe (sie) geformt und acht (!) zorngewaltige Schlangendrachen aus Kupfer, die die Bösen und die Feinde mit tödlichem Gift (= tödlicher Furcht?) erfüllen, mit Silber überzogen und im Osttor, dem Tor der großen Lamassu-Gottheit, im Tor des Überflusses und dem Tor des Staunens auf den Stützmauern (*kisû*) wie früher mit einem Überzug aus ... (und) Silber an den Torlaibungen, wie es ihnen seit jeher zukam, aufgestellt." (Übers. C. Wilcke.) Die acht Schlangendrachen (muschchuschschu) lagen gewiß auf den Wangen der Eingangsrampen, zwei an jedem Tor.[79]

Herodot nennt den Tempel den κάτω νηός, darin befand sich nach ihm ein großes Sitzbild des Zeus, das nebst Thron, Schemel und Tisch aus Gold im Gewichte von 800 Talenten angefertigt war.

Nach Kleinfunden, die auf dem Pflaster gemacht sind, muß dieses noch zu seleukidischer Zeit frei gelegen haben. Das Gebäude stand dann lange ohne Dach, es bildete sich eine Schuttschicht von 3 bis 4 m Höhe. Erst dann stürzten die Lehmmauern um, die wir in dieser Lage bei der Ausgrabung vorfanden (Abb. 129). Auf diesen Trümmerhaufen ist lange Zeit Schutt und Abraum abgelagert worden, der sich bei der Ausgrabung in höchst unliebsamer Weise als eine schauderhafte, schwarze, mehlige Masse kundgab. Erst in einer Höhe von 14 m über Null beginnen wieder Lehmziegel-Häuser, die immer schwächer wurden,

129. Ausgrabung von Esagila.

je höher der Wohnschutt stieg, bis sie schließlich fast ganz verschwinden. Die obersten Schichten enthalten wohl Wohnreste, darunter viele arabische, glasierte Scherben, aber kaum Mauern, so daß das damalige Babylon, dessen bewohntes Areal sich allein auf diesen Hügel beschränkte, sehr ärmlich gewesen sein muß. Da im elften Jahrhundert Hilleh gegründet wurde, so ist anzunehmen, daß die Bewohnung von Babylon damals aufhörte. Das Grabheiligtum Amrān Ibn Ali (Abb. 130), etwas südlich vom Tempel, besteht aus zwei Kuppeln innerhalb einer

130. Das Grab des Amrān Ibn Ali.

Hofmauer, an der einige Hallen und Nebengebäude liegen. Es ist das letzte Gebäude auf dem Stadtgebiet von Babylon, denn das Dorf Kweiresch liegt da, wo früher der Euphrat floß.

36.

Der östliche Anbau (B) von Esagila

Vor die Ostfront von Esagila legt sich ein Anbau, von dem bisher nur die äußeren Umrisse in unterirdischen Stollen ausgegraben sind. Das Viereck springt nach Süden über die Flucht des Haupttempels vor. Es besteht wie dieser aus Lehmziegeln mit einem Backstein-Kisû. Die Nordfront mißt 89,40 m, die Ostfront 116 m. Außer einigen Pforten führen 4 Tore ins Innere: Zwei dicht am Hauptbau im Norden und im Süden, zwei im Osten, von denen das nördliche, in einer flachen Bucht der Umfassungsmauer angeordnet, als Haupttor anzusehen ist. Sie sind alle mit der üblichen Turmfront ausgestattet und die Wände mit eng gestellten, gerillten Türmen.

Die Ausgrabung der Umrisse haben wir in der Weise bewerkstelligt, daß wir in der Tiefe an den Wänden entlang schmale Stollen führten, die von der Hügeloberfläche aus durch enge Schächte zugänglich gemacht wurden. In diesen Schächten waren an der einen Seite stufenförmige Absätze von Manneshöhe stehen gelassen worden, die den Standplatz für jedesmal einen der Arbeiter bildeten, so daß diese hier einer immer oberhalb des anderen, bis zu 12 Mann, stehend sich die mit Erde gefüllten Körbe von unten an gegenseitig zureichen konnten, ohne ihre Plätze verlassen zu müssen. Oben wurde die Erde in die Förderbahn getan, und etwas seitlich abgeworfen, damit sich keine Schutthügel in zu großer Nähe der Schachtlöcher bildeten.

Unsere erste Grabung, durch die die Existenz von Esagila an dieser Stelle nachgewiesen wurde, war eine Freigrabung. Wir schlugen von Norden her in den Hügel auf dessen halber Höhe einen Graben zur Anlage der Förderbahn. Am Ende dieses Grabens, das etwa in die Mitte des Hügels gelegt war, wurde ein ungefähr quadratisches Gebiet von 40 m Seitenlänge herausgenommen und in ringsum etwas verkleinerter Ausdehnung bis nach unten vertieft. Nach vieler Not und Plage und trotz der von Europäern und Arabern immer wieder von neuem auf uns eindringenden Behauptungen, daß wir uns auf gänzlich verkehrtem Wege befänden, wurde das Pflaster von Esagila erreicht und am 23. November 1900 die Schriftziegel Assurbanipals und Asarhaddons gefunden. Dazu waren 8 Monate Arbeit nötig gewesen und die Aushebung von etwa 30 000 Kubikmeter Erde.

37.

Die späteren Bauten am Nordrand des „Amrān"

Gleich am Eingang des Hügels Amrān schnitt der vorerwähnte Eisenbahngraben einige Baulichkeiten aus späterer, wahrscheinlich parthischer Zeit, die wohl einer völligen Freilegung würdig wären. Bis jetzt konnten wir nur den Graben nach Ost und West etwas erweitern. Man erkennt einen Säulenhof, ein Peristyl, mit einigen Zimmern, deren Lehmziegelwände noch hoch aufrecht in der Hügelmasse stehen (Abb. 131). Die Säulen bestehen aus Ziegelbruch in Lehm mit Gipsputz, was eine für die spätere, griechische und die parthische Zeit charakteristische Bauart ist. An den Wänden standen seltsame kleine Anlagen aus Lehm mit dickem Gipsüberzug: flache Wannen auf niedrigen in der Mitte stark eingezogenen Stützchen. Was sie zu bedeuten haben, weiß ich nicht.

Etwas weiter nach Norden liegt eine Stoa in derselben Bauart aus Koppelhalbsäulen, von der wir 23 Joche ausgegraben haben, ohne ihr Ende zu erreichen, eine ähnliche beim Brückentor. Einige Säulen eines Haus-Peristyls sind an der Ostseite des „Erweiterungsbaus" herausgekommen. Alle diese Reste liegen ungefähr in derselben Höhe von 10 m über Null, das heißt etwa 6 m höher als das Nebukadnezar-Pflaster von Esagila. In dieser Höhenlage kann man am Amrān kaum graben, ohne auf derartige Säulen zu stoßen. Ein ähnliches starkes Eindringen der griechischen Säulenarchitektur bemerkt man an allen Ruinenstätten, die zur Zeit der spätbabylonischen Könige blühend waren; so in Nippur, wo der große, schöne Palast dieser Zeit angehört, den Fisher seltsamer Weise für mykenisch erklärt hat.[80] Es scheint indessen, daß das babylonische Hofhaus auch in dieser Zeit von der autochthonen Bevölkerung weiter benutzt wurde. Der Grieche aber mußte seine Säulen haben selbst in diesem der Säulenkunst so ungemein ungünstigen Lande.

131. Spätere Gebäude am Nordrand des Amrān.

In der Nähe des Eisenbahngrabens, westlich bei dem erstgenannten Haus lagen viele griechisch-parthische Begräbnisse, Tonsarkophage und Holzsärge in Ziegel-Ummauerung, die hier bis auf $+0,80$ m hinabreichen. Sie zeichnen sich durch zum Teil reiche Beigaben an Kleinplastik aus: weibliche Statuetten aus Alabaster mit zierlicher schwarzer Perücke aus Asphalt und eingesetzten Augen (Abb. 132). Es findet sich ein auf der Hüfte liegender und ein stehender Typus, beide kommen auch in hohlgeformter Terrakotta vor. Der Stil wechselt zwischen dem älteren, weicheren und lebendigeren und dem späteren härteren, lebloseren. Die alten, babylonischen Kunstformen, wie sie z. B. in der Ninmach-Terrakotta (S. 268) auftreten, sind um diese Zeit bereits ganz verschwunden und durch die griechischen ersetzt. Gleichzeitig mit diesen immer noch entschieden hübschen Werken kommt, zum Teil in denselben Särgen, eine andere Art der Plastik vor, die etwas barbarisch anmutet. Es sind kleine weibliche unbekleidete Figuren, aus den Platten von Röhrenknochen flach und in Vorderansicht geschnitzt. In einem Grabe lagen davon 7 Stück, die stilistisch stark voneinander abwichen. Allen gemeinsam ist der übermäßig breithüftige, grobsinnliche Körper, während die Köpfe manchmal äußerst fein gearbeitet sind.[81] Von den Alabaster- und Tonstatuetten waren einige, wie die beweglich angefügten Arme beweisen, sicher mit natürlichen kleinen Gewänderchen

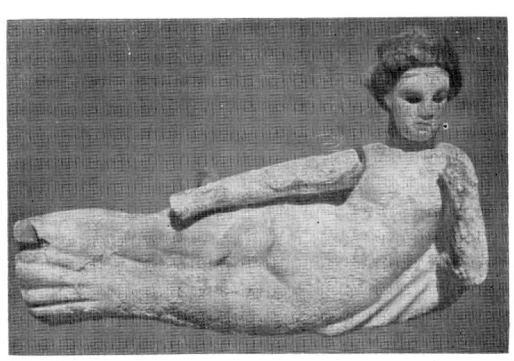

132. Alabaster-Figur mit Asphalt-Perücke.

bekleidet.[82] Die Leiche selbst trägt oft aus ganz dünnem Golde einen naturalistischen Blätterkranz oder ein schmales Diadem, das mit einem durch zwei Löcher gehenden Bändchen befestigt war. Das Antlitz war vielfach durch aufgelegte dünne Goldblätter, „Goldschaum", verhüllt.[84]

Neben den einfachen Holzsärgen kommen, allerdings nicht in situ gefunden, auch sehr reich ausgestattete vor. Die Reste eines solchen lagen in dem westlichen Querschnitt beim Peribolos, zierliche mit vergoldeten Basen versehene Säulchen, deren Kanneluren aus Glasstäbchen aufgelegt waren, vergoldete Eroten und dergleichen, alles aus Gips geformt und zum Aufsetzen auf Holz zubereitet. Der Sarkophag, in welchem der Holzsarg steht, wird aus Ziegeln aufgemauert und mit dem Giebeldach in der Weise überdeckt, daß über die Öffnung hochkantig und über Eck gestellte Ziegel gesetzt werden, alles unter reicher Benutzung von Gipsmörtel.

Neben diesen Grabformen erhält sich in dieser Zeit noch immer der gewöhnliche spätbabylonische Trogsarg aus Terrakotta, entweder mit besonderem Deckel versehen oder in umgestülpter Lage über der Leiche. Zuletzt bürgert sich auch in Babylon der „Pantoffel-Sarkophag" ein (Abb. 133), der dann ebenso wie viele Trogsärge oft eine schöne aber leicht abspringende blaue Glasur erhält. Der Friedhof auf dem Haupthof der Südburg war voll davon. Es zeigt sich dabei wieder die außerordentliche Mannigfaltigkeit der Begräbnisarten in Babylonien. In Farah (Schuruppak) sind die langen Trogsarkophage, die, nur niedriger, hier in Babylon erst in neu/spätbabylonischer Zeit, und später als die Doppeltopfgräber und die hohen, kurzen Wannensärge, gebräuchlich

133. Ein „Pantoffel-Sarkophag"

werden, bereits in prähistorischer Zeit üblich, ehe dort, im Beginn der Schriftzeit (3000) das Doppeltopfgrab aufkam. In dem prähistorischen Surghul (Nina) wurde die Leiche verbrannt, vielfach unter Zuhilfenahme von hohen Stülpsärgen.[85] Gruftgräber, die in Assur häufig sind, kommen in Babylon sehr selten, nur unter der assyrischen Herrschaft (?), vor.[86] In jeder Stadt, die bisher untersucht ist, waren die Begräbnismethoden und ihre Aufeinanderfolge verschieden.

In dem Lehmziegelhause unterhalb des vorgenannten parthischen Gebäudes hatte, wie es scheint, ein Perlenfabrikant sein Lager von Rohmaterialien angelegt. Es lag dort in zwei Körben, deren Struktur noch wohl zu erkennen war, und bestand aus antiken Wertsachen in Onyx, Lapislazuli, Achaten, Bergkristall und ähnlichen Steinen. Wir brauchen sie hier nicht im einzelnen aufzuführen. Nur einige interessieren uns als Proben aus dem einstigen Tempelschatze von Esagila. Eine Stange aus Lapislazuli, der Länge nach durchbohrt wie eine riesige Perle, zeigt das Bild (Abb. 134) des Gottes Adad mit Federkrone und mit dem Blitz in der geschwungenen Rechten.[87] Mit der Linken hält er die Zügel eines vor ihm kauernden Fabelwesens und einen zweiten Blitz. Drei mit Sternen verzierte Schilde[88] hängen an Riemen, einer unter dem anderen, von seinem Gürtel herab. Daneben steht eine assyrische Weihinschrift Asarhaddons und eine neubabylonische Beischrift, worin der Gegenstand als „Schatz des Gottes Marduk" bezeichnet und „Kunukku des Gottes Adad von Esagila" genannt wird.

Auch wenn sie nicht als solche bezeichnet sind, möchte man von den übrigen Sachen einige als aus dem Schatze von Esagila stammend ansehen; so eine ganz gleichartige Lapislazuli-Stange, die der König Marduk-zakir-schumi I. (ca. 850 v. Chr.) dem Gotte Marduk inschriftlich widmete. Marduks Bild steht darauf in feinstem Schnitzwerk (Abb. 135), in der Linken einen Ring und einen „Kunukku", in der Rechten das „Sichelschwert" (?) haltend. Vor ihm liegt der Drache von Babylon, der Muschchusch, der uns von den Reliefs am Ischtar-Tor her bekannt

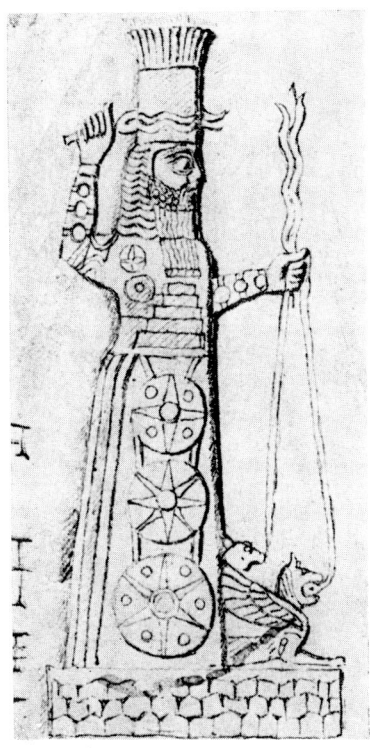

134. Asarhaddons Adad-Kunukku von Esagila.

135. Mardukzakirschumis I. Marduk-Kunukku.

ist und hier beide Hörner zeigt. Auch diesem Gotte hängen vorn drei Schmuckschilde herab, das unterste mit Stieren geziert. Das Gewand des Oberkörpers ist mit Sternen besät, die Plinthe mit den Wellenlinien des Wassers bezeichnet. Marduk ist hier also als General-Gott des Himmels, der Erde und des Wassers dargestellt. Wahrscheinlich ganz ähnlich, nur sitzend, dürfen wir uns die Kultstatue Marduks vorstellen, die in Gold ausgeführt nach Herodot in Esagila thronte.

Wenn die Hauptstatuen von Gold waren, so waren andere aus vielfarbigem Steinmaterial zusammengesetzt, wie wir aus einzelnen Stücken ersehen, die sich bei unserem Funde befanden. Das Haar war aus einzelnen Lapislazuli-Stückchen, Strähnen und Locken, gebildet, die aneinander paßten. Bei den Augen bestand das Weiße aus Muschelkern, die Iris aus einem kegelförmigen Stück Stein, das von einem dünnwandigen, tütenförmigen Stück Lapislazuli umfaßt wurde, so daß eine feine blaue Linie um die Iris entstand. Vom Schmuck der Gewänder und namentlich der Federkrone rühren die zahlreichen, knopfförmigen Onyxscheiben her, die vielfach mit Widmungsinschriften versehen sind. Sie wurden mit Hilfe einer von oben unsichtbaren Durchbohrung auf die Unterlage aufgeheftet. Man erkennt sie deutlich und zahlreich auf der Krone unseres Mardukbildes. Wie der Kern solcher Statuen gebildet war, wissen wir bisher nicht. Sanherib zerschlug nach seiner Inschrift zu Bawian die Statuen, und demnach wäre es sehr wohl möglich, daß derartige zerschlagene Statuen in den tieferen Schichten von Esagila noch zu finden waren.

Von einem Thron, wahrscheinlich von den vorstehenden Enden der Rückenlehne, stammt ein handgroßes, von unregelmäßig gesetzten Löchern durchbohrtes Stück dicken Bergkristalls, auf dem einst noch besondere Ornamente befestigt waren.

Alles das zusammengenommen mag eine Vorstellung von der eigenartigen Pracht solcher Götterstatuen geben.[32]

38.

Die übrigen Teile des Hügels „Amrān Ibn Ali"

Dicht bei dem Heiligtum des Amrān, wo auch die Kuppel eines Privatbegräbnisses steht, liegt der heutige arabische Friedhof, der sich bis in die Ebene westlich hinunterzieht. Hier umschließt eine hohe Lehmmauer, die man „Tōf" nennt, die Palmengärten des Dorfes Dschumdschuma. Nach Süden zu fällt der Hügel in unregelmäßigen Zügen allmählich ab. Wir haben dort noch nicht gegraben. Aber einzelne Lehmziegelmauern, die aus der Erdmasse heraustreten, lassen erkennen, daß auch hier die Ruinen von Wohnhäusern begraben liegen. Am östlichen Abhang kamen bei einigen dort von uns vorgenommenen Grabungen datierte Wirtschaftstexte aus der Zeit der persischen Könige hervor. Hier ist auch der große Nemetti-Enlil-Zylinder gefunden, der hierher verschleppt war, und von dem wir oben (S. 174f.) Kenntnis genommen haben.

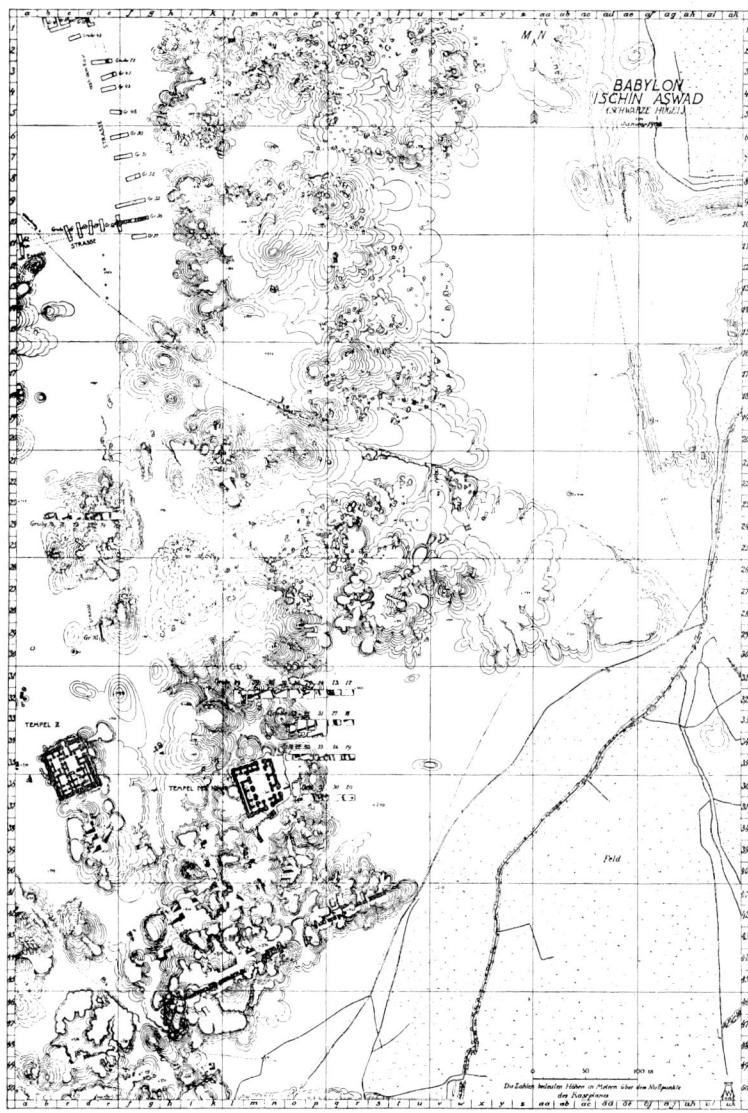

136. Plan von Ischīn aswad.

39.

Der Tempel „Z"

Dem Amrān östlich gegenüber ziehen sich die niedrigen, „Ischīn aswad" (Abb. 136) genannten Höhen der Stadtruine hin. In dem Tal zwischen beiden liegt die Ruine eines Tempels, dessen Namen wir bisher nicht kennen gelernt, und den wir daher mit der Bezeichnung „Z" versehen haben.[89]

Der Tempel war sehr regelmäßig gebaut (Abb. 137. 138), gut rechtwinklig aus Lehmziegeln und mit einem Backstein-Kisû, den er bei einer

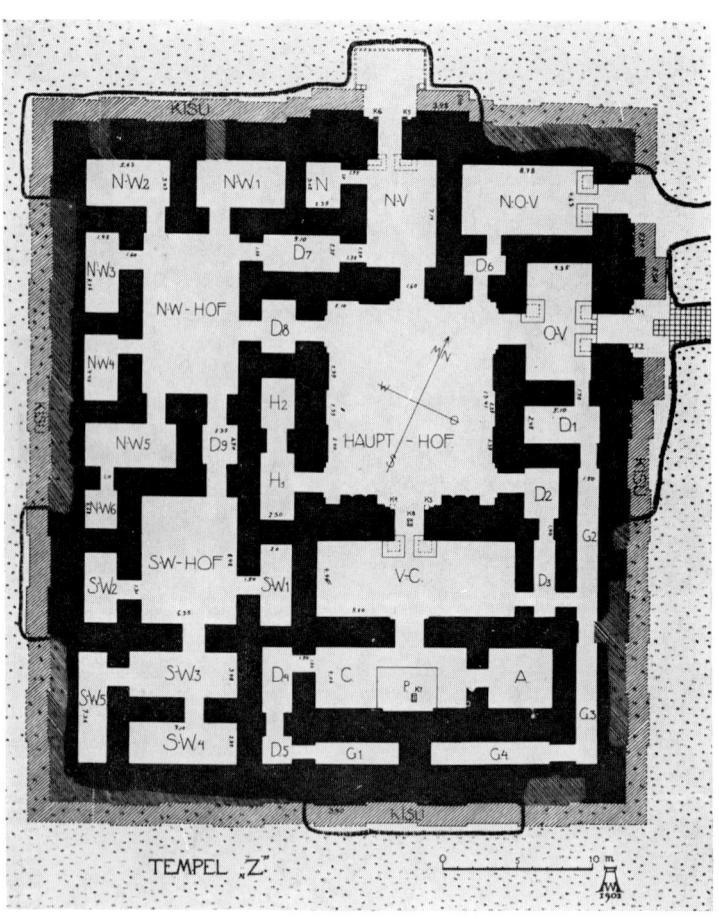

137. Tempel „Z", Grundriß.

der auch hier zu beobachtenden, mehrfachen Erhöhungen erhalten hat. Er zerfällt in zwei deutlich voneinander getrennte Teile: den östlichen, für den Kult bestimmten, mit der Cella im Süden, darin das Statuenpostament in der Wandnische stand, und den westlichen, der einem zweihöfigen Privathause gleicht. In diesem mag der Tempelverwalter, der Priester, seine Wohnung gehabt haben. Zwei mit der Turmfront ausgezeichnete Tore führen, jedes durch ein Vestibül, in den Hof vor der Cella. Außerdem gibt eine Pforte noch direkten Einlaß zu dem nordöstlichen Eckzimmer, in welchem demnach das Publikum mit dem Tempel-Personal Geschäfte erledigen konnte, ohne dabei das Tempelinnere betreten zu müssen. Das nördliche Tor war an dem gepflasterten

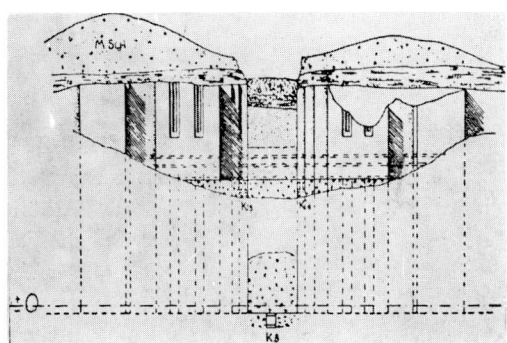

138. Tempel „Z", Cella-Fassade.

Altarplatz als Haupteingang kenntlich (Abb. 139). Die Ziegelkapsel an seinem östlichen Gewände enthielt eine tönerne Taube nebst einem Stückchen Ton mit einer bisher unverständlichen, obwohl ziemlich deutlich geschriebenen Inschrift.[90]

Schon bei der tiefsten Fußbodenlage von 0,20 m unter Null ist der Tempel in Benutzung gewesen. Hier lag das älteste Postament, und darunter die zu erwartende Ziegelkapsel mit der auf den Schulterblättern beschrifteten Papsukal-Statuette (Abb. 140, 141). Über diesem Postamente liegen, durch Erdschichten voneinander getrennt, noch 4 Fußböden, die einer vierfachen Erhöhung des Tempelniveaus bis auf 5,84 m über Null, entsprechen. Bei den geringeren Erhöhungen von einem halben Meter wird das Gebäude selbst kaum verändert worden sein. Stieg aber die Erhöhung auf einmal um 4 m, so war eine gleichzeitige Höherlagerung des Daches, mithin ein Umbau die unvermeidliche Folge. Dabei wurden die alten Grundrisse aber mit Sorgfalt gewöhnlich innegehalten, so daß man bei unserem Tempel von solchem Neubau an den Wänden selbst nichts bemerkt, obwohl wir sie bis zu einer Höhe von 9 m freigelegt haben.

139. Rekonstruktion des Tempels „Z".

Die äußere Umgebung hielt mit diesen Erhöhungen ungefähr gleichen Schritt, oder richtiger ausgedrückt: die dauernd vor sich gehende Erhöhung der Straßenzüge ist die Veranlassung zur Erhöhung der Tempel. Ähnliches bemerkt man auch heute in den orientalischen Städten. Die neugebauten Häuser werden natürlich so angeordnet, daß der Fußboden des Erdgeschosses ungefähr in die Höhe der Straße kommt. Da aber diese als allgemeine Ablagerungsstätte für allerlei Abraum dient, so dauert es nicht lange, bis derselbe Fußboden tiefer als die Straße wird. So muß man z. B. in Baghdad zu alten Häusern beim Eintritt immer von der Straße aus hinabsteigen, je älter das Haus desto tiefer. Wird das Gebäude baufällig und muß es neu gebaut werden, so kommt selbstverständlich der neue Fußboden wieder auf die Höhe der Straße. Der Schutt des abgerissenen Baus wird zum Teil zur Aufhöhung der Baustelle benutzt, der Rest kommt auf die Straße. Bestehen die Häuser aus gebrannten Ziegeln, so kann allerdings ein großer Teil des Baumaterials

140. Papsukal aus Tempel „Z" vorn.

141. Papsukal aus Tempel „Z" hinten.

wieder benutzt werden. Bei Lehmziegelhäusern dagegen ergibt fast das ganze alte Material nur Schutt, durch dessen Ausbreitung dann das Gebiet allmählich und im ganzen wächst. Es versteht sich von selbst, daß, wenn das Jahrhunderte oder Jahrtausende lang fortgesetzt wird, ein solches Stadtgebiet ganz beträchtlich anwachsen muß (vgl. Abb. 154). Dabei ergeben spätere, kulturreichere Zeiten größere Schutthöhen als ältere, die auf einfacheren Lebensbedingungen und anspruchsloseren Wohnverhältnissen beruhen. Auch wird der Schutt im Laufe langer Zeit in ungleich höherem Grade durch sein eigenes Gewicht zusammengedrückt, als wenn dieser Druck noch nicht so lange wirken konnte. So ist der Amrān in den 1700 Jahren von Nebukadnezar bis zum 11. nachchristlichen Jahrhundert um 21 m gestiegen. Im Merkes, wie wir gleich sehen werden, beträgt dagegen die Schutthöhe, die sich von Hammurabi (18./17. Jh. v. Chr.) bis auf Nabonid (550 v. Chr.), also in etwa 1200 Jahren, gebildet hat, nur 6 m. Danach läßt sich eine rückschreitende Progression der Schichten-Dichtigkeit berechnen, die sich in den Zahlen 21 und 9 ausspricht. Während man also im Amrān durchschnittlich auf jeden Meter Schutthöhe 80 Jahre Entstehungszeit rechnen muß, ergibt das Merkes auf jeden Meter 200 Jahre. Die Anwendung einer auch nur annähernd starken Progression auf Farah führt dort zu Altershöhen, vor deren Annahme man vorläufig noch zurückschreckt, an die man sich aber vielleicht ebenso wird gewöhnen müssen, wie die Geologie sich an die großen Zahlen gewöhnt hat, die heute für die Entstehungszeit gewisser Gesteinsschichten allgemein angenommen sind.[91]

Trotz aller Erhöhungen, die die Tempel immer erfahren haben, wuchsen sie also doch kaum jemals über ihre Umgebung wesentlich hinaus. Sie bleiben immer Niveau-Tempel im Gegensatz zu den Hochtempeln, den Zikkurraten.

Etwas nördlich vom Tempel Z haben wir durch den schmalen Höhenrücken einen Querschnitt gezogen, der in den dortigen Lehmziegelhäusern eine Anzahl geschäftlicher und wissenschaftlicher Tontafeln zutage förderte.

40.

E-chursag-tilla, der Tempel des Ninurta

Wenig östlich vom Tempel „Z" liegt in den eigentlichen „Ischīn aswad" der Tempel des Ninurta mit dem Namen E-chursag-tilla.[92] Es ist der Hauptsache nach ein Bau Nabupolassars (Abb. 142, 143). Der etwas schiefwinklige Grundriß zeigt drei Eingänge, die durch

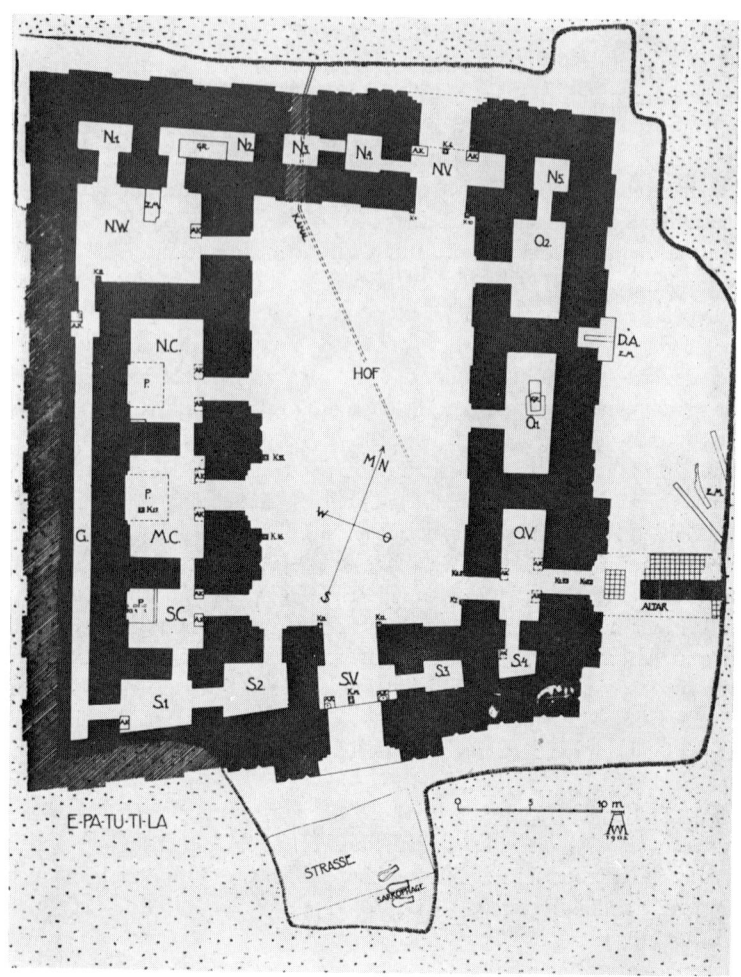

142. *Plan von E-chursag-tilla.*

Vestibüle mit den üblichen Nebenzimmern hindurch auf den großen Hof führen. Vor dem östlichen liegt der Altar, ihm gegenüber auf der anderen Seite des Hofes eine Hauptcella mit Turmfront und zwei Nebencellen. Jede Cella hat ihr Statuen-Postament vor der Wandnische gerade der Tür gegenüber. Im Norden und im Süden liegen breitere, ebenfalls mit der Turmfront gezierte Tore, die wohl den Zweck hatten, feierlichen, vor den Cellen vorbeiziehenden Prozessionen Ein- und Ausgang zu gewähren. Von einem kleinen Nebenhofe in der Nordwest-Ecke führt hinter den Cellen ein langer, schmaler Gang zu dem süd-

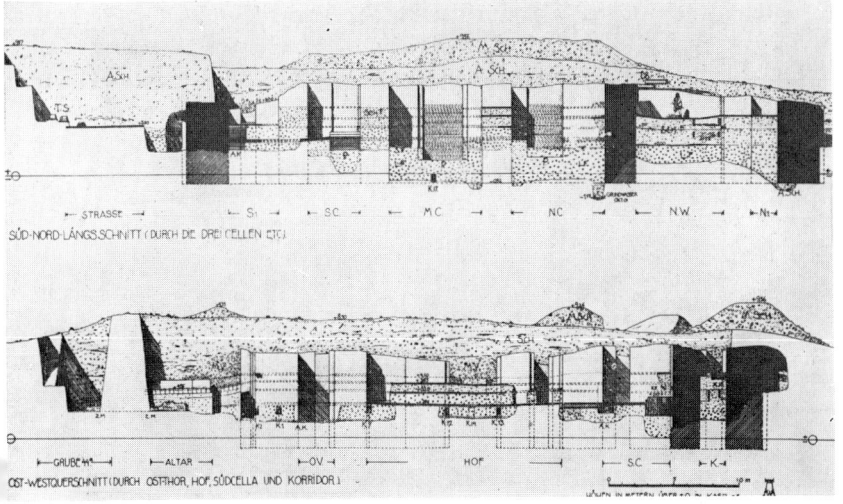

143. Querschnitt von E-chursag-tilla.

lichen Eckzimmer, von dem aus, wie es scheint, heimlicher Zugang zu den drei durch Türen miteinander verbundenen Cellen geschaffen war. Der Hauptfußboden, eine Doppelschicht aus Ziegeln von 31 cm Seitenlänge, liegt auf 2,40 m über Null, während die Mauern bis auf 22 cm unter Null hinabreichen. Dicht unter diesem Fußboden in den Türen der Cellen und einfach im Sande der Füllmasse lagen die Gründungszylinder Nabupolassars (Abb. 144; VAB 4, 66—69). In den gleichlautenden Inschriften sagt der König (Zeile 17 ff.): „Der Assyrer, der seit fernen Tagen die Gesamtheit der Völker beherrscht und in sein schweres Joch gezwängt hatte das Volk des Landes — ich, der Schwache, der Kraftlose, der verehrt den Herrn der Herren, durch die gewaltigen Streitkräfte Nabûs und Marduks, meiner Herren, hielt ich vom Lande Akkad ihre Füße zurück und ließ ihr Joch abwerfen. Damals E-chursag-tilla, den Tempel Ninurtas, der in Babylon (liegt), den vor mir ein früherer König hatte bauen lassen, aber nicht vollendet sein Werk, auf die Erneuerung dieses Tempels war (mein) Sinn (gerichtet). Ich berief die Mannen Enlils, Šamaš und Marduks, ließ die Hacke tragen, legte ihnen den Tragkorb auf. Die Arbeit an dem unvollendeten Tempel vollendete ich. Mächtige Balken legte ich hin zu seiner Bedachung, hohe Türen setzte ich ein in seine Tore. Diesen Tempel ließ ich sonnengleich erglänzen und für Ninurta, meinen Herrn, wie den Tag erstrahlen." (Übers. F. H. Weißbach/C. Wilcke.) Was von den unteren Mauerteilen etwa auf den in der Inschrift genannten älteren Bau bezogen werden müßte, ließ sich an der Ruine nicht erkennen. Zahlreiche Ziegelkapseln liegen zu beiden Seiten der Haupttüren und in den Durchgängen der nördlichen und der südlichen. In ihnen standen

144. Gründungszylinder Nabupolassars für E-chursag-tilla.

145. Puppe aus den Ziegelkapseln von E-chursag-tilla, ergänzt.

aus vergänglichem Material (Holz?) hergestellte Puppen (Abb. 145), von denen sich einige Reste erhalten haben: Wehrgehänge mit Schwert aus Kupfer, silberner Gürtel, kleine Keulen mit Onyx-Knäufen, noch von der hölzernen Hand umfaßt, und kleine Eimerchen (Situlae) aus Kupfer. Ungefähr einen Meter unter dem Hauptcella-Postament stand der uns nun schon bekannte Papsukal,[80] der Götterbote, in seinem engen Ziegelgehäuse wohlerhalten da (Abb. 146).

Der Fußboden ist nach Nabupolassar dreimal mit Nebukadnezar Ziegeln aufgehöht bis zu 4,20 m über Null. Bei +6,0 endigen die Mauerruinen. Hier liegen die in seleukidischer Zeit üblichen Trog-Sarkophage im Schutt der Ruine.

Das Äußere (Abb. 147) ist ebenso wie der Hof mit einfachen Türmen geziert, die Tortürme mit Rillenwerk. An dem nördlichen Tor, durch welches die Prozession den Tempel verließ, springen die Türme weniger weit vor als an den beiden anderen. An der Südost-Ecke, wo zwei Portalbauten aneinander stoßen, ist ein überzähliger, gerillter Turm eingeschoben. Eine mächtige Dachrinne, die in der Ostfront eingebaut ist (Ziegel 31 × 31 cm), führte das Regenwasser vom Dache schadlos ab.

Unter den bei der Ausgrabung hier gefundenen Terrakotten sind am zahlreichsten: 1. eine bärtige Figur mit dem Fläschchen in beiden Händen (vgl. Abb. 212)[81] und dem langen Rüschengewand an dem walzenförmigen Unterkörper; 2. eine unbekleidete weibliche Figur mit herabhängenden Armen (vgl. Abb. 211) und 3. ein Affe. Welcher Art die Rolle war, die der Affe in Babylon gespielt hat, wage ich nicht zu untersuchen. Sie muß aber bedeutend gewesen sein. Denn das Bild des kauernden Affen ist nicht nur hier, sondern über das ganze Stadtgebiet hin in sehr zahlreichen Exemplaren gefunden worden (Abb. 148).[93] Die Ausführung wechselt. Einige sind in feinster und realistischer Weise modelliert, andere mehr oder weniger idolmäßig behandelt, und viele bestehen überhaupt eigentlich nur aus einem Klötzchen roh zurecht gedrückten Tones,

146. Der Papsukal aus dem Hauptcella-Postament in E-chursag-tilla.

147. Die Ruine von E-chursag-tilla.

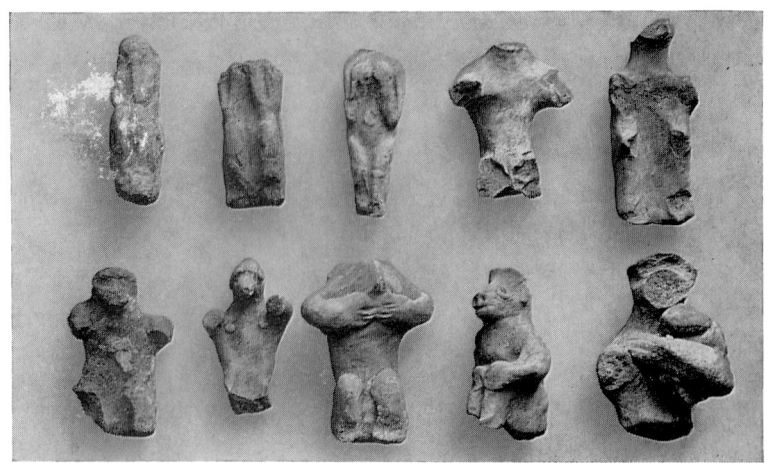

148. Männliche und weibliche Affentypen in Terrakotta.

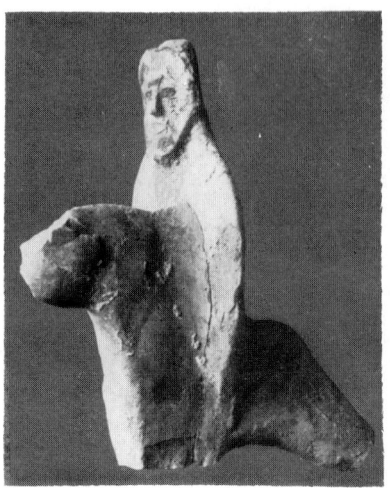

149. Alter, glasierter Reiter.   150. Späterer (parthischer ?) Reiter.

in welchem man die beabsichtigte Darstellung kaum vermuten würde, wenn nicht zahlreiche Übergangsformen zu dem unverkennbaren Typus eine richtige Auffassung ermöglichten.

Außer den genannten Typen fand sich eine große Zahl kleiner Reiterbilder. Die älteren Formen, die sich bis in die Zeit vor Nabupolassar nachweisen lassen, und von denen mehrere im Tempel gefunden wurden, sind zum Teil glasiert (Abb. 149), die Einzelheiten immer ganz roh mit der Hand geformt; der Reiter sitzt wie ein Klümpchen Ton auf dem Hals des kaum kenntlichen Pferdes. Später werden diese Reiterchen mehr ausgearbeitet, der Pferdekopf ein wenig modelliert, die Pferdebeine bleiben unförmliche, der Reiter wird in Form einer länglichen Scheibe quer auf das Tier gesetzt, nur der bärtige Kopf des Reiters wird dabei aus ziemlich guter Form gedrückt (Abb. 150). Er trägt eine Mantelkapuze, die bei dem einen Typus spitz aufrecht steht, bei einem andern zur Seite überfällt wie an dem Darius auf dem pompejanischen Mosaik.[94] Die volle Ausmodellierung von Pferd und Reiter tritt erst bei noch späteren Exemplaren auf. Ganz analog in Form und allgemeiner Verbreitung verhält sich das im Tempel in mehreren Exemplaren gefundene Bild einer Frau, die sich in einer oben halbrund überdachten Sänfte von dem Pferde tragen läßt (Abb. 151). Eine ähnliche Form der Tragbahre ist heute unter dem Namen „Ketschaue" in unserer Gegend üblich.

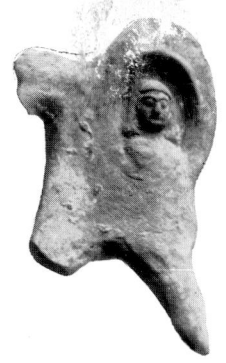

151. *Frau im Baldachin zu Pferde.*

41.

Die Grabungen nördlich beim Ninurta-Tempel

Nordöstlich vom Ninurta-Tempel haben wir durch die Hügel bis in die Ebene hinein vier Gräben gezogen. Darin kamen dieselben Schichtungen, Mauern von Privathäusern und Straßenzüge heraus, wie wir sie im Merkes näher kennen lernen werden.

Hier sind in der Tiefe des Grundwassers einige plankonvexe Tontäfelchen gefunden, die auf ihrer ebenen Seite sorgfältig und fein modellierte Reliefs, Löwen, Wundertiere und dergleichen enthalten, sowie einige ebenfalls minutiös gearbeitete Rundfiguren aus Ton, darunter ein schöner bärtiger Kopf mit dem in ein Tuch aufgebundenen Haarschopf, wie ihn unter andern Marduk auf der oben mitgeteilten Lapislazuli-Stange trägt. Es scheinen Arbeitsmodelle für Großskulptur zu sein.

Neben den zahlreichen, kaum ornamentierten Tongefäßen fanden sich mehrere mit Ornamenten in farbiger Glasur: konzentrischen Streifen, Rosetten, Flechtbändern (Abb. 152). Sie stammen aus den tieferen Schichten, die wahrscheinlich auf die Zeit der assyrischen Herrschaft zurückgehen.[95] An einer Stelle, an der Abraum abgelagert war, lagen viele Tontafeln wirtschaftlichen, literarischen und wissenschaftlichen

Inhalts. Es wäre möglich, daß sie aus dem Tempel stammen und einen Teil der dortigen „Tempelbibliothek" darstellen, wie sie nach allgemein angenommener Auffassung jeder Tempel besessen haben soll. Gefunden ist bisher in den Tempeln, auch in den vollständig ausgegrabenen von Babylon, Chorsābād und Assur, niemals eine systematische Schriftensammlung.[96] Allerdings waren diese vielfach von verhältnismäßig nur geringem Schutt bedeckt, während Esagila durch einen guten, 20 m hohen und nicht durchgearbeiteten Schutt geschützt, noch unausgegraben daliegt.

Die Hügel selbst zeigen sich durchgängig dicht bedeckt mit Scherben, und die Lehmziegelmauern der Hausruinen treten bis dicht unter die Oberfläche herauf. Sie sind nur von einer allgemeinen, gleichmäßigen und staubigen Erddecke dünn überlagert. In der Ebene dagegen liegen, wie gerade unsere Gräben beim Ninurta-Tempel gezeigt haben, die Häuserruinen unter einer mehr oder weniger hohen Schicht zusammengewehten Sandes, und die Oberfläche zeigt außerordentlich wenig Scherben. Das alles erklärt sich, wenn man sich die Vorgänge der Ruinenbildung eingehender vergegenwärtigt. Zur Zeit, als das Wohngebiet verlassen wurde und zur Ruine verfiel, war das Geländerelief bedeutend stärker, als es jetzt hervortritt: die Höhen waren höher und die Tiefen tiefer. Die Lehmziegelmauern, die anfangs den Boden überragten, verfielen, sobald sie kein Dach mehr hatten, schnell zu einer lehmigen Staubmasse, die sich an die Mauern anfangs anlehnte, dann den Fußboden immer höher und immer gleichmäßiger überdeckte, während die Mauern selbst soweit sie diese Schuttmasse noch überragt hatten, verschwanden. So wird alles zu einer unregelmäßig gewellten Fläche einnivelliert.

Aber damit steht der Vernichtungsprozeß der Stadt noch nicht still. Jeder Winter mit seinem, wenn auch nur geringen Frost und Regen und namentlich der lang anhaltende Sommer mit der dörrenden Glut seiner Sonne zersprengen, zertrümmern und zerpulvern die noch etwas zusammenhängenden Schuttteile zu einem mehligen, leichten Staube, der von den stetigen und starken Sommerwinden mit Leichtigkeit aufgenommen, fortgetrieben und an den tiefer gelegenen Gebieten abgelagert wird. Die Höhen werden demnach kontinuierlich niedriger und die Tiefen allmählich aufgehöht (Abb. 153). Dabei bleiben schwere Teile, wie Stücke gebrannter Ziegel, Scherben von Gefäßen und Sarkophagen wie ausgesiebt auf der Oberfläche liegen und überziehen diese desto dichter, je höher die weggewehte Ruinenschicht war, in welcher sie ursprünglich nur vereinzelt eingesprengt lagen. Daher finden sich bei alten, später nicht bewohnten, Hügeln gerade auf der Oberfläche Kleinfunde in ganz besonders großer Zahl. Tonsärge, die zur Zeit ihrer Beisetzung tief in die Erde versenkt waren, treten jetzt auf die

152. Bunt glasiertes Gefäß.

Oberfläche und bilden hier, wenn der Prozeß weiter geht, ein Häuflein Scherben. Besonders auffallend wird der Vorgang bei den Brunnen und Senkschächten, die aus aufeinander gesetzten Tonringen bestehen. Sie endigten natürlich ursprünglich alle in der Fußbodenhöhe des zugehörigen Gebäudes. Wenn aber dieses verfallen und nebst einem guten

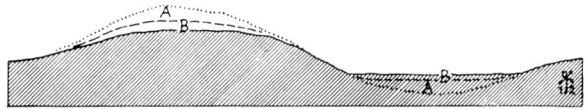

153. Schematische Darstellung der Verwehung der oberen Schichten (A. B links) eines Ruinenhügels in die tieferen Gegenden (A. B rechts).

Teil der Erde, auf der es einmal stand, zertrümmert, verweht und verschwunden ist, so bleiben die unteren Teile der Brunnen, die ja in die Erde hineinragen, stehen, verdeckt durch einen kleinen Trümmerhaufen der aus den zerborstenen oberen, von der umliegenden Erde entblößten Trommeln besteht (Abb. 154).

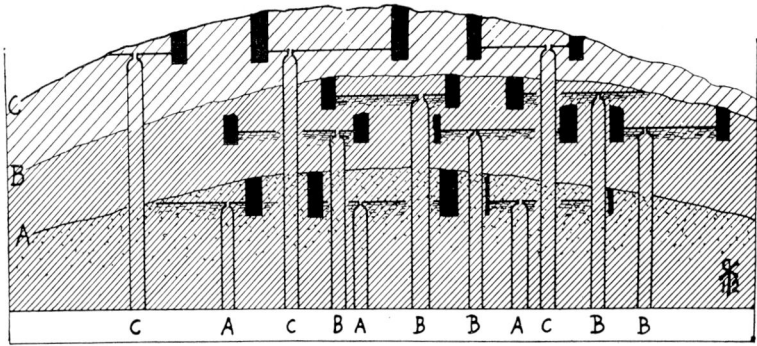

154. Schematischer Schnitt durch babylonische Häuserruinen mit Brunnen (bzw. Sickerschächten).

Je länger die Ruine als solche brach gelegen hat, desto eindrucksvoller treten die Ergebnisse jener Abrasion der Verfallprodukte und der Aussiebung der härteren Bestandteile zutage. Im Merkes und in Ischīn aswad können wir im allgemeinen kaum mit mehr als mit einer einzigen verwehten Wohnschicht rechnen. In Farah (Schuruppak) waren es deren mehrere, in Surghul (Nina) und el-Hibā (Lagasch)[97] viele. Jede neue Wohnschicht fügte, solange der Hügel wuchs, dem älteren Bestande neue Brunnen hinzu, während die alten dem Blick entschwinden. Jede abrasierte Wohnschicht dagegen läßt mit ihren

Brunnen zusammen auch die der vorhergehenden Schicht wieder auf der Oberfläche erscheinen. Auf diese Weise steigt die Zahl der jetzt sichtbaren Ringbrunnen[98] bei ganz alten Ruinen, wie Surghul und el-Hibā, zu überraschender, und für jeden, der ihre Entstehungsgeschichte nicht kennt, unverständlicher Höhe. Man hat sie daher auch vielfach falsch erklärt, sie unter anderem für Drainierungs-Anlagen gehalten, die den Zweck gehabt haben sollten, die Hügel trocken zu halten, womit sie absolut nichts zu tun haben.

42.

Das „Merkes"

„Merkes", das heißt: Stadt als Verkehrsmittelpunkt, im Gegensatz zu einem Dorfe, nennen die Araber den Höhenzug nördlich von Ischīn aswad (Abb. 155). Hier liegen die Häuser der Bürger von Babylon, besser zugänglich als in den niedrigeren Stadtteilen. Sie durchziehen in verschiedenen aufeinander folgenden Schichten die ganze Masse der Hügel, die sich auf 10 m über Null erheben. Unsere Grabungen konnten den Inhalt bis zu einer Tiefe von 12 m unter der Hügeloberfläche, durchdringen, wo das Grundwasser ein weiteres Vorschreiten hinderte, ohne daß die Ruinen aufhörten. Das Wasser steht also jetzt bedeutend höher als in alter Zeit.

Da es nicht ratsam war, in dieser Gegend, wo bewohntes Stadtgebiet überall zu erwarten ist, größere Schuttmassen aufzuhäufen, so haben wir das Gebiet mit einem System von Quadranten überzogen, die bei 7 m im Geviert Stege von 3 m Breite zwischen sich stehen lassen. So konnte nach völliger Vertiefung der ersten Abschnitte bis zum Grundwasser der Schutt aus der nächstfolgenden in die frühere hineingeworfen werden. Ein wesentlicher Schaden wurde den Ruinen insofern dabei nicht zugefügt, als ja ohnehin die oberen Schichten, um zu den unteren zu gelangen, abgetragen werden mußten. Selbstverständlich sind sämtliche Mauern, Gräber, Einzelfunde usw. in den Plänen und in den Querschnitten verzeichnet worden.

In den oberen 2—3 m liegen die spärlichen Ruinen aus der parthischen Zeit: dünne Häusermauern aus Lehmziegeln oder Ziegelbruch in weiten, als Gärten oder als Ödland aufzufassenden Abständen.

Die darunter liegenden 4 m stellen die Glanzzeit der Stadt unter den spätbabylonischen Königen vor bis in die persische und griechische Epoche hinein. Die Häuser liegen dicht gedrängt aneinander an den engen Straßen. Unbebautes Gebiet gibt es wenig. Was anfangs noch Hof oder Garten an einem Hause war, wird ebenfalls für Hausbauten immer

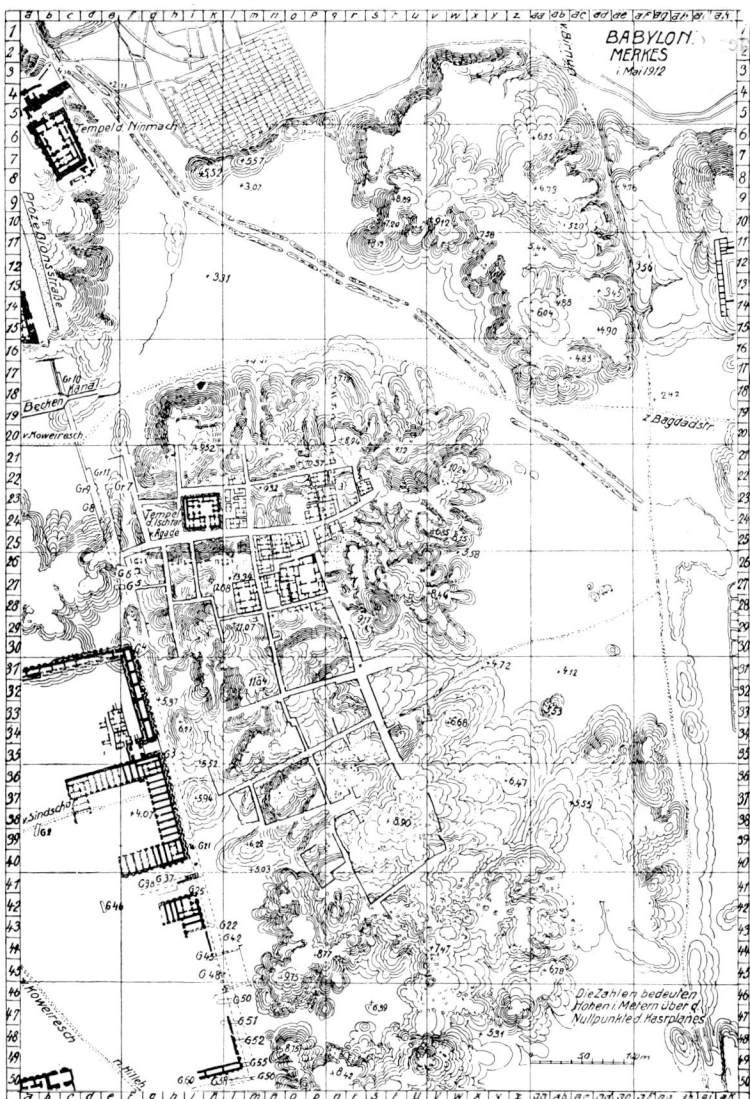

155. Plan vom Merkes.

mehr in Anspruch genommen. Die Bevölkerung war damals die dichteste und reichste. Die Häuser haben kräftige Lehmziegelmauern, gute Ziegelfußböden, und häufige Ringbrunnen[99] und Senkschächte zeugen von den verhältnismäßig hohen Ansprüchen, die diese Kultur erhob. Griechische Scherben und Tafeln mit Datierungen aus persischer Zeit liegen in der Höhe von $+7$ m, Ziegel mit den Stempeln Nabonids und Nebukadnezars bei $+5{,}50$ m.

Darunter wird die Bewohnung wieder spärlicher bis zu einer Höhe von $+2{,}40$ m, wo wieder starke Häusermauern, ähnlich denen der spätbabylonischen Schicht, wenn auch in weiteren Abständen voneinander, sich hinziehen. In dieser Höhe lagen Tontafeln mit den Daten Marduk-apla-iddinas I., Melischichus, Enlil-nadin-schumis u. a. Die Schicht gehört also ungefähr in die Zeit von 1150 bis 1250 v. Chr.

Tiefer hinab werden die Schichten unregelmäßig. Sie gehen hier nicht in einem einigermaßen einheitlichen Zuge durch. Dagegen treffen wir bei 1 m unter Null wieder auf eine einheitliche bedeutende Schichtung mit ziemlich eng beieinander liegenden Häusern, in denen Tontafeln mit den Datierungen aus der Zeit der ersten babylonischen Könige, der unmittelbaren Nachfolger Hammurabis (18./17. Jh. v. Chr.): Samsuiluna, Ammiditana, Samsuditana u. a. gefunden sind. Die Lehmziegelmauern der Häuser sind nicht sehr stark, aber stehen durchgängig auf einem Fundament aus gebrannten Ziegeln. Sie zeigen vielfach die Spuren einer Feuersbrunst, in welcher sie vernichtet wurden. Die genannten Tafeln lagen unter diesem primären Brandschutt, sodaß an ihrer Gleichzeitigkeit nicht gezweifelt werden kann (vgl. Querschnitt auf Abb. 237).[39/100]

Das ist im großen Ganzen der Befund im Norden des Merkes. Gräbt man weiter in die Ebene vor, so findet man die Nebukadnezar-Schicht dichter unter der Oberfläche, und die Hammurabi-Schicht verschwindet unter dem Grundwasser. Das heißt, daß schon zu des letzteren Zeit an dieser Stelle das Stadtgebiet sich hügelartig erhob, und daß zur Zeit der Parther keine wesentlichen Baulichkeiten in der Ebene standen.

Die Straßen, obwohl nicht gerade besonders regelmäßig, verraten doch ein sichtliches Bestreben, möglichst gradlinig zu verlaufen, sodaß sie von Herodot (I, 180) auch als gradlinig ἰθέαι) bezeichnet werden konnten, — sich rechtwinklig zu kreuzen und ungefähr 16 Grad westlich von der Nordrichtung, bzw. ebensoviel nördlich von der Ostrichtung, abzuweichen. Derselben Richtung im großen Ganzen folgen die Prozessionsstraße, die innere Stadtmauer und sämtliche Tempel einschließlich Esagila, das vielleicht für diese Richtung überhaupt verantwortlich zu machen ist. Nur die Palastbauten auf dem Kasr und dem Hügel „Babil" blicken genau nach dem astronomischen Norden. Auch die unteren, älteren Schichten behalten mit begreiflichen kleinen Änderungen in den Straßenfluchten deren Richtung im allgemeinen bei. Von der Hammurabi-Schicht ist bisher noch zu wenig freigelegt, als daß man eine allgemein gültige Regel mit Sicherheit erkennen könnte. Die ausgegrabenen Häusermauern sind etwas genauer nach Norden gerichtet, ebenso wie die der oberen Schichten. Hier hat gerade dieser Umstand zusammen mit der im allgemeinen ungenauen Rechtwinkligkeit der Grundstücke und der genauen Rechtwinkligkeit der Innenräume jene merkwürdige Gestaltung der Straßenwände veranlaßt, die in lauter, in einem und demselben Sinne vorspringende Ecken aufgelöst werden,

156. Straßenansicht im Merkes.

eine für die spätbabylonische Kunst außerordentlich charakteristische Formgebung, die wir bereits bei der Südburg kennen gelernt haben (Abb. 156). Wo eine Haustür liegt, ist die Ecke vergrößert, sodaß die Tür auf eine gute, größere Wandfläche zu liegen kommt. Da die Ecken vielfach sehr eng aneinander liegen, so darf man daraus schließen, daß Fenster nach der Straße zu wahrscheinlich nicht vorhanden waren. Auch Verkaufsläden und dergleichen bemerkt man in dieser Gegend der Stadt nicht, was jedoch nicht ausschließt, daß sie in andern, noch nicht ausgegrabenen Stadtteilen gelegen haben können. Dringend zu wünschen wäre daher, daß die Straßenanlage von Babylon noch in weit größerem Umfange freigelegt würde, als das bisher möglich war. Gerade bei diesen Anlagen kommt es darauf an, daß man einen möglichst großen Bezirk in seiner Gesamtanlage klar übersehen kann. Außerhalb Babylons haben wir bisher nur in Farah und Abu Hatab kleinere Partien der Stadt aufgedeckt, deren Straßenzüge beträchtlich unregelmäßiger und

157. Tontafeln aus der altbabylonischen Zeit.

winkliger sind als die der Metropole. Von anderen Städten Babyloniens weiß man in dieser Beziehung gar nichts.[101] Daß die babylonischen Gebäude, wie man das wohl in der älteren modernen Literatur liest, mit den Ecken nach den vier Himmelsrichtungen orientiert zu werden pflegten, bestätigt die neue Forschung nicht. Die Orientierungen sind in jeder Stadt verschieden. Nach welchen Gesichtspunkten sie angelegt wurden, muß in jedem einzelnen Falle gesondert untersucht werden.

Die Straßen entbehrten meistenteils des Pflasters, mit Ausnahme der Prozessionsstraße und einiger anderer Stellen, wie z. B. südlich beim Ninurta-Tempel. Auch Reste einer Kanalisation, wie sie südlich bei dem „großen Hause" im Merkes liegen, sind selten.

Die kleineren Tempel: „Z", der Ninurta-Tempel und der Tempel der Ischtar von Akkad im Norden unserer Merkes-Grabung, liegen mitten im Gewühl der Häuser; kaum daß sich vor dem letzteren an dessen Südfront die Straße etwas verbreitert.

Am südlichen Ende der Merkes-Grabung liegt auf der hier verbreiterten Straße ein quadratischer, aus Lehmziegeln errichteter Mauerblock, den man in Ermangelung einer besseren Erklärung für einen Altar halten möchte. Er hat auf drei Seiten breite, auf der westlichen zwei schmale Schmuckrillen.[102]

43.

Die Kleinfunde, größtenteils vom Merkes

Unter den Kleinfunden nehmen die Tontafeln den größten Raum ein. Von unseren Vorgängern sind nur die oberen Schichten durchwühlt, die mittleren und namentlich die untersten unverletzt. Über den Inhalt des gefundenen Schriftwerkes wird erst nach dessen Durcharbeitung durch den Fachmann Näheres zu erfahren sein.[103] Die ältesten, aus der Hammurabi-Zeit, gehören ebenso wie viele aus den mittleren und oberen Schichten, dem wirtschaftlichen Bereich an (Abb. 157).[37] Briefe finden sich vielfach noch in der Tonumhüllung, die als Analogon zu unserem Briefumschlag angesehen wird. Dabei muß allerdings im höchsten Grade auffallen, daß ein so großer Prozentsatz dieser Briefe im Altertum nie geöffnet worden war. Sonst fanden sich zahlreiche Angehörige der Omina-Literatur. Diese umfaßt nach Weber (Literatur der Babylonier und Assyrer S. 189) „alle Texte, die die Beobachtung und Deutung der von den Göttern als Kundgeber ihres Willens den Menschen gesandten Zeichen zum Gegenstand haben, welcher Art diese Zeichen auch sein mögen," und „bildet vielleicht die umfangreichste Gruppe unter den in Keilschrift überlieferten Texten".

158. Linienzüge, durch welche die verschiedene Bildung der Eingeweide des Opfertieres auf einer Tontafel dargestellt wird.

Zu derselben Klasse sind wohl einige unserer Tafeln zu rechnen, welche seltsame, in Gruppen nebeneinander gestellte und mit Beischriften versehene Linienzüge enthalten (Abb. 158). Kunstgeschichtlich interessant ist eine Reihe von Zeichnungen auf diesen Tontafeln: Pferde mit Wagen, Tierkämpfe (Abb. 159) und dergleichen und von zierlichen Reliefs (Abrollungen).

Wo diese Tafeln in ursprünglicher Lage angetroffen wurden, lagen sie in Töpfen, was durchaus die gewöhnliche Aufbewahrungsart we-

159. Zeichnung auf einer Tontafel (Kassitisch).

nigstens für die nicht zu großen Tafeln gewesen zu sein scheint (Abb. 160). Größere Tafeln lagen in Farah in dem Zimmer eines im Brande zusammengestürzten Hauses unordentlich durcheinander, aber nicht auf dem Fußboden-Estrich, sondern auf einer Schuttschicht. Ihre ursprüngliche Aufbewahrungsart ließ sich dabei nicht mit Sicherheit erkennen. Es machte den Eindruck, als wenn sie auf dem Schutt der herabgestürzten Zimmerdecke lagen, und von dem oberen Geschoß oder dem Dache stammten, auf dem sie vielleicht zum Trocknen ausgebreitet hingelegt waren, als das Haus verbrannte.[104] Weitaus häufiger als die primäre findet sich die antik-sekundäre Lagerung der Tontafeln. Aus ihr geht deutlich hervor, daß diese Urkunden als nicht mehr nutzbar weggeworfen worden waren. Sie bilden dann Nester entweder auf den Straßen oder im Inneren der Häuser. Die Hammurabi-Tafeln im Zimmer 25p (vgl. Abb. 155) lagen direkt unter dem Fußboden in der Füllmasse, nicht ganz ohne Sorgfalt waagerecht geschichtet. Daß es sich um kassiertes Material handelt, geht auch daraus hervor, daß einzelne Exemplare kreuz und quer durchstrichen waren, und daß neben vollständig erhaltenen ein großer Prozentsatz Bruchstücke sich befanden. In dem oben angeführten Hause in Farah lag eine Anzahl kleinerer, aber gut erhaltener Tafeln wohl eingebettet in dem Lehmmörtel zwischen den Lehmziegelschichten. Es scheint, als wenn eine gewisse Pietät vor Schreibleistungen die alten Babylonier, diese Graphomanen des Altertums, vielfach dazu veranlaßte, auch die alten, nicht mehr brauchbaren Werke ihrer geliebten Kunstfertigkeit, wenn man sich ihrer schon entledigen mußte, doch in gewissem Sinne immer noch aufzubewahren — für eine spätere, damals ungeahnte Zeit, als deren glückliche Angehörige wir sie nach Jahrtausenden der allgemeinen Kenntnis wiedergeben können.

160. Ein Topf mit Tontafeln.

Die keramischen Funde sind so außerordentlich zahlreich, daß wir an dieser Stelle auch nicht annähernd versuchen können, ein vollständiges Bild davon zu gewinnen. Ebenso können wir auch auf die zeitlichen Unterschiede in Formgebung und Ornamentik nur gelegentlich hinweisen. Funde, die an anderen Stellen der Stadt gemacht sind, ziehen wir hier und da in die folgende Betrachtung mit ein.[105]

161. Schalen.

Zahllos sind die kleinen flachen Schalen mit keinem oder einem einfachen Rande und winziger, schlechter Standfläche (Abb. 161). Sie sind manchmal mit Eigentumsmarken aus gebohrten Punktgruppen versehen. Tiefere, kalottenförmige Schalen entbehren meist der Standfläche und sind zum Teil außerordentlich feinwandig. In den obersten Schichten liegen aramäische Zauberschalen (Abb. 162) mit spiralig verlaufenden, manchmal durch buchstabenähnliche Zeichen ersetzten Inschriften und rohen Zeichnungen von Menschen oder Dämonen. Unberührt haften zwei von ihnen mit den Hohlseiten aneinander gekittet zusammen, wie ein kleines, aber leeres Doppeltopfgrab. Auch Vogeleier mit feiner aramäischer Schrift sind gefunden.

162. Aramäische Zauberschale.

Die Becher (Abb. 163) haben die Form einer länglichen Tulpe, eines Zylinders oder eine Glocke bei schlechter Standfläche. Spitzbecher (Abb. 164) kommen zylinder- und becherförmig vor.

Kleine Töpfchen sind vielfach und schon in kassitischer Zeit, wo sie auch aus einer groben Glasmasse, einer „Fritte",[106] hergestellt werden, weiß glasiert, wenige gelb oder blau oder mit blauem Rande. Sie haben kugeliges, kelchförmiges oder umgekehrt kelchförmiges Profil. Auch hier sind die kleinen Standflächen schlecht gearbeitet. Die größeren, farbig glasierten Töpfe, die wir schon oben (vgl. Abb. 152) erwähnten, haben ein stark bauchiges Profil. Ihre fußlose Standfläche bildet oft eine flache Kalotte, die eckig an den Bauch ansetzt.

Aufbewahrungsgefäße für Flüssigkeiten (Abb. 165, 166) zeigen stets eine besonders langgezogene Form, etwa wie die Puppe eines Insekts. Sie endigen unten spitz und wurden entweder an eine Wand oder dergleichen angelehnt oder in eigens gearbeiteten Standringen aufgestellt. Auf ihrem ringförmigen Hals sitzt öfter ein Mündungsstück, das sein Profil einem aufrecht stehenden Becher oder einer umgestülpten tiefen Schale entlehnt hat. In griechischer und nachgriechischer Zeit

163. Kassitische Becher und Schüssel.

164. Becher.

ist die Amphora verbreitet, deren Henkel den griechischen Amphorenstempel trägt (Abb. 167).[107] In der späteren, parthischen Zeit ist ein bauchiges, fußloses Halsgefäß üblich, das technisch in zwei zusammengewirkten Hälften hergestellt wurde, das sich äußerlich durch einen Knick im Profil bemerklich macht. Es ist gewöhnlich innen und außen mit Asphalt überzogen. Die länglichen Aufbewahrungsgefäße pflegte

165. *Aufbewahrungs-gefäße, unten auf Standringen.*

man nach abgeschlagenem Fußende als Abfallrohre zu benutzen, die mit den offenen Enden ineinander gesteckt wurden. Deckel zu derartigen Gefäßen finden sich häufig. Sie haben die Gestalt einer kleinen Schale, deren Grund entweder durchbohrt ist, um einen Henkel darin befestigen zu können, oder einen hervorragenden Zapfen trägt, einen „Omphalos".

Kleine Aufbewahrungsgefäße für Flüssigkeiten, Flaschen, haben, bei derselben Form im Ganzen, einen Henkel am kurzen Hals und eine durch einfache Abplattung hergestellte Fußfläche (Abb. 168). Einige sind noch mit dem Verschluß gefunden, der aus einem, mit einem Läppchen umwickelten Tonpfropfen besteht. Auf letzterem finden sich Siegelabdrücke. Sehr verbreitet schon zu Nebukadnezars Zeit ist

166. Große Aufbewahrungsgefäße (Pithoi).

167. Griechische Keramik mit Amphorenstempel.

das Alabastron aus Ton und namentlich auch aus wirklichem, weißem Alabaster. Die Größe wechselt von winzigen Dimensionen bis zu beträchtlichen Maßen. Das Maß ihres Inhalts ist manchmal in Keilschrift auf ihnen verzeichnet. Einige Bruchstücke von großen Alabaster-Gefäßen tragen ägyptische Inschriften. Typisch für die Form des Alabastrons ist die Form seiner Henkel, die als halbrunde, auch durchbohrte Scheibchen auf einer kleinen, wenig hervortretenden, nach unten sich verbreiternden Fläche aufsitzen, die wie ein herabhängendes Läppchen aussieht. Flache, kreisrunde Flaschen, sog. Pilgerflaschen, gewöhnlich glasiert, sind in alter und in späterer Zeit gleich üblich (Abb. 169).

168. Flaschen (Kannen).

Die babylonische Lampe des zweiten Jahrtausends v. Chr. besteht aus einem höheren Töpfchen mit lang hervorstehender, gebogener Tülle (Abb. 170). Sie kommt in dieser Form auf den Kudurrus häufig abgebildet vor, denn sie ist das Sinnbild des Gottes Nusku. Bei der spä-

169. Pilgerflaschen.

teren Form ist das Töpfchen flacher und die Tülle kürzer. Bei beiden ist das Töpfchen auf der Drehscheibe, die Tülle freihändig daran gearbeitet. Die hohe, alte Form kommt nur unglasiert, die spätere auch glasiert vor. Dabei ist die Glasur zum Teil von der alten, emailleartigen, blasigen Beschaffenheit. Gleichzeitig finden sich immer einige ärmliche Exemplare, die völlig aus freier Hand gearbeitet sind. Dasselbe ist auch bei anderen Gefäßformen der Fall. Aber selbst in den ältesten Ruinen, den tiefsten Schichten von Farah oder Surghul, sind wir nie auf Perioden getroffen, in denen die Töpferscheibe unbekannt war. Gelegentliche Handware erweist sich immer als direkte Nachahmung von gleichzeitiger Scheibenware, sodaß es für Babylonien den Anschein hat, als wenn hier die Töpferei gleichzeitig mit der Töpferscheibe erfunden sei.[108]

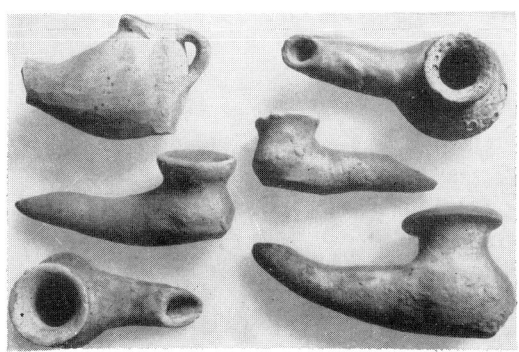

170. Lampen.

Die alte hohe Form, die manchmal aus Punktgruppen gebildete Eigentumsmarken, wie die oben genannten Schalen, zeigt, ist nicht zum Stehen eingerichtet; ihr Boden ist stets rundlich. Dagegen haben die Flachtopflampen unten eine geringe Standfläche. Henkel, zum Teil in der Gestalt kleiner Ansätze, finden sich erst bei den glasierten Flachlampen, bei denen auch das Ornament, bestehend in aufgesetzten Punkten und Perlenreihen, sich einstellt. Hierin und in der Weiterbildung der Form ist der Einfluß der unter der Zeit eingedrungenen griechischen Lampe nicht zu verkennen. Diese war eine niedrige Topflampe mit kurzer, halbzylinderförmiger Dülle, stets gut gefirnißt, immer von vorzüglichem, feinstem Ton und von einer Eleganz der Erscheinung bei ersichtlicher hoher Brauchbarkeit, wie sie während der vergangenen Jahrtausende in Babylonien auch nicht annähernd erreicht war. Bei den späteren, parthischen Formen verwächst die Dülle mit dem Töpfchen mehr und mehr. Die Lampe wird dann aus einer oberen und einer unteren Hälfte, die beide aus Formen gedrückt wurden, zusammengewirkt. Gerade diese sind selten ohne Ornament und nie ohne Glasur. Grün glasiert kommen auch Polylychnen in der griechischen Weise vor mit einigen Düllen auf einer Seite oder mit vielen ringsherum. Alles das sind sichtlich Öllampen.

Wiederum in späterer, sasanidischer Zeit bürgert sich eine Lampe ein, welche aus einem kleinen Napfe besteht, an dem man die Dülle durch Zusammendrücken mit den Fingern kleeblattartig ausgebogen hatte.[109] Sie ist für ein Hartfett geeignet, hat gewöhnlich einen besonders angearbeiteten Fuß und ist stets glasiert, blau oder grün, und mit einem schwarzen Rande. Zeitlich und ihrer Herkunft nach vorläufig unbestimmbar bleibt eine Lampe aus schwarzem Stein, die einem Schiffchen gleicht. Der Docht ging durch ein Loch der massiv gelassenen Spitze. Am abgerundeten Ende befand sich ein ebenfalls massiv gelassenes Stück, durch das für den haltenden Stab ein senkrechtes Loch gebohrt ist.

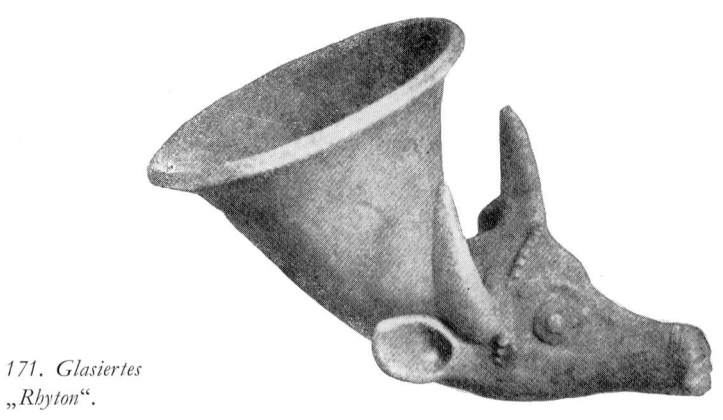

171. Glasiertes „Rhyton".

Die großen Aufbewahrungsgefäße für trockene Sachen haben die Form einer Halbkugel mit einem Ringwulst als Fuß. Eines zeigt innen in mittlerer Höhe drei vorspringende Absätze, auf welche ein zweites Gefäß zu technischen Zwecken aufgestellt werden konnte.

Hellenistische Töpferware ist nur in Scherben, aber häufig gefunden, auch einige ältere, schwarzfigurige, mit griechischen Beischriften (vgl. Abb. 167).[110] Die Formen sind nicht immer auszumachen; zu beobachten waren: Teller, Kylix, Aryballos, Alabastron und andere. Auffallen muß, daß von dieser, stets schön gefirnißten Ware in den Gräbern sich nichts findet, woraus vielleicht hervorgeht, daß die Griechen jener Zeit einen eigenen, noch nicht gefundenen Friedhof hatten. Ein grün glasiertes „Rhyton" (Abb. 171) in der Gestalt eines Kalbskopfes lag in den obersten Schichten des Merkes. Die Massen von Ton- und Glasscherben aus den sasanidischen und arabischen Schichten des Amrān harren noch der fachmännischen Durchsicht.[111]

Neben dem eben angeführten Rhyton lagen einige durchsichtige Glaskelche mit reicher Verzierung in hohlem Facettenschliff. In denselben seleukidisch-parthischen Schichten kommen Bruchstücke durchsichtiger farbloser oder hellblauer Glasgefäße häufig vor, darunter in weicher Masse schön geformte Henkel von Oinochoen und Amphoren (Abb. 172). Die ältere Glasware ist stets opak und vielfarbig. Die gewöhnliche Form ist die des kleinen, unten spitzen oder runden Alabastron. Die Ornamentik wird dadurch bewirkt, daß das aus einer

172. Kelch und Fläschchen aus Glas

gröberen, körnigen Grundmasse (Fritte) bestehende Gefäß mit bunten Glasfäden umsponnen, und diese, noch heiß, einmal von oben und einmal von unten durchrissen wurden, wodurch lauter S-förmige Linien entstehen (Abb. 173). Diese Gefäße gehen hier gewiß bis in dieselbe frühe Zeit zurück wie in Ägypten. Man braucht aber deshalb nicht notwendig an Import zu denken.[112] Erst von der Zeit der Sargoniden an ist ägyptischer Import von Glas- und anderen Waren zweifellos zu bemerken; es kommen dann apotropäische Augen, skarabäoide Sonderbarkeiten und dergleichen vor.

Mannigfaltige Geräte und Spielsachen sind namentlich im Merkes gefunden. Einige Topfgeräte sonderbarer Form, die uns unbekannten Gewerbebetrieben gedient haben mögen, können wir nicht erklären. Merkwürdig ist die ziemlich häufige Glocke aus gebranntem Ton (Abb. 174). Sie sieht aus wie ein Spitzbecher, ist aber stets unten durchbohrt und trägt neben der Durchbohrung zwei Ansätze, die wohl zum Aufhängen dienten und manchmal als Tierköpfe behandelt sind. Durch das Loch ging ein Faden, an welchem die tönerne, aber nicht gebrannte Schlagkugel hing. Erst als wir diese, die den Abdruck des Fadens in sich trägt, innerhalb einer Glocke fanden, konnten wir sie als solche von einem Lochbecher unterscheiden; denn begreiflicherweise fehlt die Kugel fast immer.

Auf der Spitze eines umgestülpten Bechers sitzt häufig eine weibliche (?) Figur (Abb. 175). An der Sitzstelle befindet sich hinten ein Loch,

173. Ältere Glasware.

durch welches der Dampf eines unter dem Becher verborgenen Räucherkerzchens ausströmen und die Figur mit mystischen Dämpfen umhüllen konnte. Drei Panther(?)köpfe auf einem sich fußförmig verbreiternden Pfahl, wie sie öfter auf Kudurren als Symbol eines Gottes abgebildet werden, gehören zweifellos ebenfalls religiösen Gebräuchen an; ebenso das oft vorkommende Schiffchen (Abb. 176, 177), in welchem ein Tier lagert. Letzteres ist bei der Roheit der Handarbeit seinem Wesen nach nicht recht zu erkennen. Das Schiffchen hat gleichmäßig ausladenden Heck und Steven, die oben in einer nach dem Schiffsinnern gerichteten, manchmal als Menschenkopf gebildeten Volute endigen. Bei anderen, späteren Typen ist der Steven mit einem Rammsporn

174. Glocke aus Ton.

armiert. Der stets glatteBoden ist wohl eine Konzession an den Landgebrauch, bei dem sie an einem, in einem Loch am Steven anbringbaren Faden gezogen werden konnten; denn schwimmen konnten diese Terrakotta-Schiffchen nicht. Das Schiff spielt ähnlich wie in Ägypten bei den Kultgebräuchen der Babylonier eine sehr bedeutsame Rolle. Die Götter absolvierten darin unter Gudea ebensowohl wie unter Nebukadnezar ihre Prozession.[113] So hatten unter vielen anderen Göttern auch Marduk, und Nabû ihre heiligen Schiffe, von deren Ausstattung Nebukadnezar in der „großen Steinplatteninschrift" (VAB 4, 126ff. III 8; 71 — IV 6) berichtet: „Das Gerät des Hauses Esagila schmückte ich mit goldgelb glänzendem[78] Gold, das (Prozessionsschiff) ^{giš}má-tuš-a mit (rötlich?) funkelndem Gold und Edelsteinen gleich den Sternen des Himmels. — Das hé-du$_7$-Kanalschiff, sein herrschaftliches Fahrzeug, das Schiff der Prozession zu Neujahr, dem Fest Babylons — seine hölzernen Ladebunker (?) und die ‚Deckkajüte' darinnen verkleidete ich mit einem sonnen(farbenen) Überzug und Edelsteinen." (Übers. F. Delitzsch/C. Wilcke.) Das Tier, welches in unseren Tonschiffchen lagert, wird also wohl einen Muschchusch vorstellen sollen.

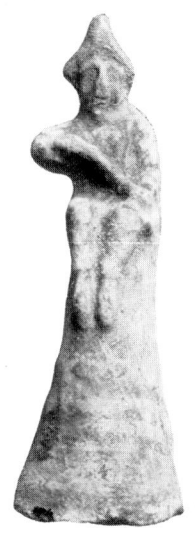

175. Frau auf Becher oder Omphalos.

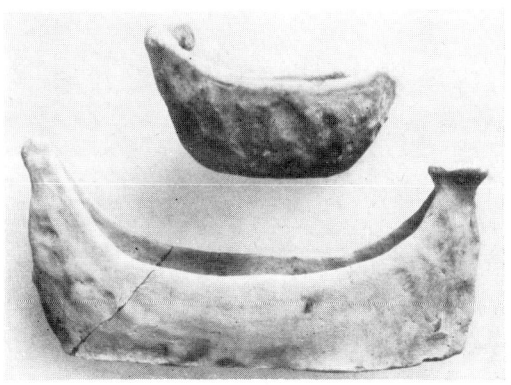

176. Schiffchen aus Ton.

Spinnwirtel sind aus gebranntem Ton und aus Stein. Die steinernen haben die Form einer flachen bikonvexen Scheibe oder einer flachen Kalotte; ähnlich die tönernen. Bei letzteren finden sich auch zwei Löcher statt des sonst üblichen einen. Der Spindelstab war dann unten

gespalten, wie das bei modern-arabischen Spindeln oft ist. Die Wirtel
älterer Zeit tragen oft eingeritzte Verzierungen oder Eigentumsmarken.
Aus der Unzahl von Töpferwaren heben sich, abgesehen von den
genannten glasierten Gefäßen, nur verschwindend wenige hervor, die
durch Technik oder Ornamentik reicheren Bedürfnissen Genüge leisten

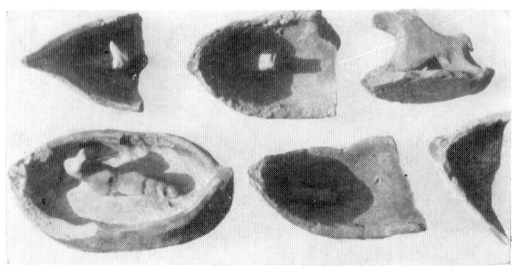

177. *Schiffchen aus Ton mit einem Tier darin.*

konnten. Es scheint, daß alle höheren Ansprüche dieser Art neben Glas-
und Metallgefäßen durch mehr oder weniger kostbares Steinmaterial
befriedigt wurden, wie es z. B. der schöne weiße Alabaster für die
„Alabastren" lieferte. Aufbewahrungsgefäße aus Kalkstein fanden sich

178. *Steingefäß.*

in mächtigen Dimensionen. Sehr zahlreich waren Schalen, Teller und
ähnliche Formen aus Schiefer, Serpentin und schön geäderten Marmor-
sorten mit feinen und reichen Profilen. Einige Töpfe aus Glimmer-
schiefer (Abb. 178) mit flachen Kalottenboden gehören einer relativ
frühen Zeit an. Sie sind außen mit eingeritzten Linien verziert, die eine
Umflechtung des Gefäßkörpers wiedergeben. Häufig sind Schalen aus

Basalt mit drei kurzen kräftigen Füßen (Abb. 179), starke Mörser aus Kalkstein, die außen roh behauen, innen durch den Gebrauch stark geglättet sind. Sie werden, wie heute die Reis-Stampfmörser, namentlich zum Schälen des Getreides gedient haben, und erfordern eine hölzerne Stoßkeule zum Betrieb. Ob die gefundenen Mörserkeulen aus

179. Dreifuß-Schale aus Basalt.

Kalkstein in diesen Steinmörsern benutzt wurden, scheint mir zweifelhaft.

Die Handmühle besteht von den ältesten Zeiten bis in die spätesten aus einem flachen, durch den Gebrauch gewöhnlich ausgemuldeten

180. Antike Reibemühle. Darstellung des Gebrauchs durch einen Araber.

Unterstein und einem Reibstein, der darauf hin und her geschoben wurde, beide aus Basalt (Abb. 180). Bruchstücke dieser Reibmühlen findet man in großer Zahl auf fast allen mesopotomischen Ruinenstätten, wo sie von ungeübten Beobachtern wohl für die oberen Beendigungen von Reliefstelen irrtümlicherweise gehalten werden. Von den kreisrunden Drehmühlen, wie sie heute fast keinem arabischen Haushalt fehlen, sind kaum einige Stücke in der obersten Schicht des Amrān gefunden. Trichtermühlen, wie sie die Römer hatten, gab es, wie es scheint, nicht. Wie der Reibstein zur Mühle, so gehörten zu den Reibschalen kleinere, in die Hand passende Reibsteine, die an ihrer Unterfläche die vom Gebrauch herrührende Glätte zeigen (Abb. 181). Außer diesen Reibsteinen kommen viele Steine ähnlicher Größe vor, welche die Spuren klopfender Benutzung tragen, manche, von kuboider Form, auf allen sechs Seiten, andere, scheibenförmige, auf dem Rande. Nicht alle von diesen sind den historischen Zeiten zuzurechnen.

181. Kleinere Reibsteine (?).

Sichtlich prähistorischer Herkunft sind einige durchlochte Steine, zum Teil gewiß Keulenknäufe oder ähnliches. Von den über die ganze prähistorische Welt so merkwürdig gleichmäßig verbreiteten prähistorischen „Sägen" aus Silex (nebst ihren Nukleï) und Obsidian (Abb. 182) sind verschiedene gefunden, natürlich nicht so viele, wie in den alten Ruinen.[114] In Farah saßen diese Sägen zum Teil noch in ihrem alten Griff. Dieser bestand in einem Asphaltwulst, in welchen sie mit der Schneidenseite, oft mehrere Stücke hintereinander zur Verlängerung des Instruments, eingesetzt waren. Auf diese Weise konnte allerdings die schöne scharfe Schneidenseite nicht benutzt werden. Tatsächlich zeigen sich auch die deutlichen Spuren der durch langen Gebrauch hervorgerufenen Glättung nur auf der Sägeseite. Aber auch diese hätte wegen des hervorstehenden Griffes niemals mehr als etwa 1 cm in irgend etwas eindringen können. Von neolithischen Geräten ist nur eine einzige Pfeilspitze gefunden.

Babylonische Waffen, auch in Gräbern, sind verhältnismäßig selten. Wir haben nur wenige kurze Schwerter, Messer und flache Lanzenspitzen aus Bronze (Abb. 183). Recht zahlreich sind nur die Pfeilspitzen, die sich begreiflicherweise weniger in dem friedlichen Merkes, als namentlich an den Mauern der Festungswerke finden. Es ist ein aus Bronze gegossener dreischneidiger Bolzen, der mit seiner Tülle auf den Pfeil aufgesteckt wurde, manchmal mit Widerhaken versehen.[115] Die Schneiden sind scharf angeschliffen. Der zweischneidige Blattbolzen, der mit einem Stiel in den Pfeil eingesetzt wurde, gehört späterer Zeit an (Abb. 184). Von Schleudergeschossen sind keine sicheren Spuren

182. Prähistorische Steingeräte.

da, wenn man nicht die in Nestern zusammen sich findenden glatten Flußkiesel dazu rechnen will, die sich allerdings gut dazu eignen. In Senkereh/Larsa lagen derartige, offenbar der Größe und Form nach ausgesuchte Flußkiesel im Zimmer eines Hauses in großer Zahl beieinander. Von den großen Steinkugeln späterer Wurfgeschütze war schon oben (S. 63f.) die Rede.[116] Eine gebräuchliche Waffe war die kurze Keule mit steinernem Knauf. Sie ist unter dem Namen „Hattre" noch heute bei den Arabern üblich und wird auf Reliefs und Rollsiegeln häufig abgebildet. Dieselbe Keule mit Asphaltknauf nennen die Araber „Mugwar". Die Form wechselt und ähnelt bald einer Kugel, einer Birne,

183. Schwert, Dolch, Messer und Säge aus Bronze.

184. Pfeilspitzen aus Bronze und Messer und Sägen aus Silex.

einem Ei oder ähnlichem. Einige enthalten die Inschriften ihrer einstigen Besitzer. So haben wir einen Keulenknauf Melischichus mit der Inschrift: "...dem großen ... -ra-an, se em Herrn, hat Melischichu, Sohn Kurigalzus, (es) geschenkt." (Übers. F. H. Weißbach, Bab. Misc. 3—6 Nr. 2; dazu W. G. Lambert, ZA 59, 1969, S. 100f.) Ein anderer

185. Onyxperlen-Gehänge aus einem Grab im Merkes.

Keulenknauf, der einem Astknoten nachgebildet ist, trägt die Inschrift: „Keulenknauf (pí-in-gi) aus Schû-Stein (Serpentin?), gehörig dem Ulamburiaš, Sohn des Burnaburiaš, des Königs, dem König des Meerlandes. Wer diesen Namen auslöscht und seinen Namen hinschreibt: Anu, Enlil, Ea, Marduk und Ninmach sollen seinen Namen auslöschen!" (Übers. F. H. Weißbach, Bab. Misc. 7f. Nr. 3; dazu B. Landsberger, et al., Materials for the Sumerian Lexicon, Bd. 10, (1970) 27.)

Die gefundenen Schmucksachen (Abb. 185, 186) entstammen

meist den Gräbern, obwohl diese, mit Ausnahmen, gewöhnlich nicht sehr reich sind. Der von alters her verbreitetste Schmuck besteht in Perlenketten, oft von bedeutender Länge. Zu den Perlen wird schon früh eine glasartige Fritte verwendet, sonst hauptsächlich Halbedel-

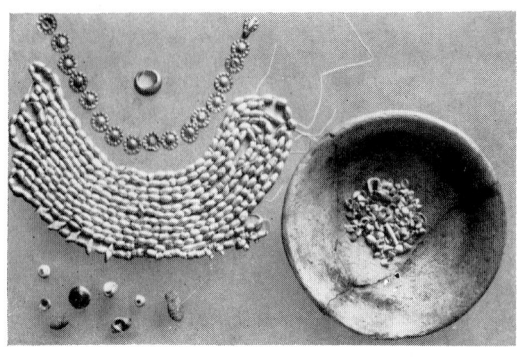

186. Grabbeigaben aus Gold, Glas und Muscheln, vom Merkes.

steine: Achate, Onyx, Bergkristall, Amethyst und ähnliches. Die Kunst, derartiges Material zu polieren, die den älteren, sich nur mit dem Schleifen begnügenden Zeiten fremd war, gelangt unter den Sargoniden, und namentlich in der spätbabylonischen Epoche, zu

187. Unterschenkelknochen mit je fünf Beinspangen aus einem Sarg des Merkes.

außerordentlicher Höhe. In den Formen fällt die Mannigfaltigkeit und Zierlichkeit der Erzeugnisse besonders auf. Es sind bald Kugeln, bald Scheiben oder schlanke Ellipsoide. Plättchen werden oft in der Flächenausdehnung einfach oder mehrfach durchbohrt, sodaß sich verschieden gestaltete Cäsuren in der Aufreihung der Einheiten ergeben. In Achat und ähnlichen Steinen werden winzige Tiere, Frösche, Stiere, Schildkröten, menschliche Köpfe und dergleichen auf das minutiöseste geschnitten. Ringe und durchlochte Scheibchen aus Muschelmaterial sind beliebt, auch zum Zwecke der Aufreihung durchbohrte Muscheln: Ctenobranchia (Kauri), Dentalia, sowie die Siphonalröhren, diese besonders in sehr alter Zeit, der Siphoniata und andere. Spangen aus Bronze,

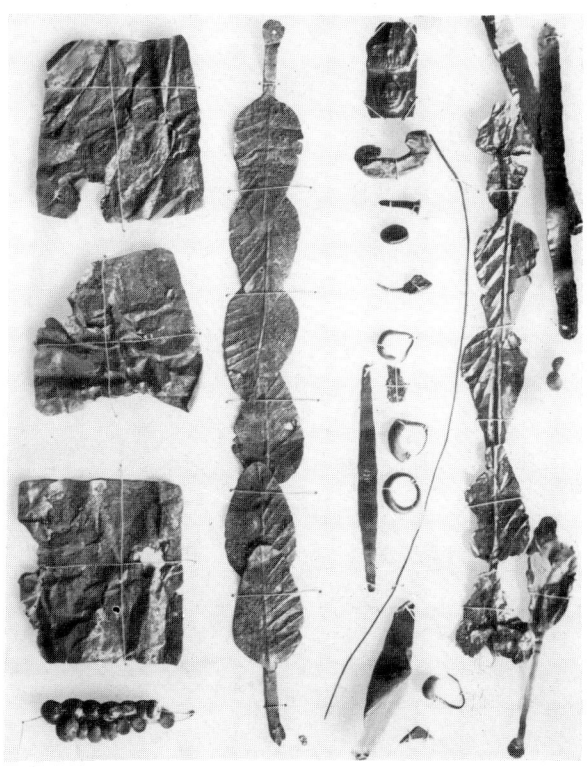

188. Goldschmuck.

Silber und Eisen schmückten Fuß- und Handgelenke; oft umschließen mehrere Paare, 3, 5, die unteren Enden der Unterschenkelknochen in den Gräbern (Abb. 187). Der Ohrring besteht aus Gold, Silber oder Bronze. Die gewöhnliche Form ist entweder die eines in dünne Drähte auslaufenden und zusammengebogenen Wulstes oder eines Buckels, der an einen hakenförmigen Draht angelötet ist. Kompliziertere Formen sind selten (Abb. 188). Manchmal liegen nicht nur zwei oder einer, sondern deren viele, gleichgeformte, bei ein und derselben Leiche, was kaum anders gedeutet werden kann, als daß sie der Verstorbenen als Weihung in den Sarg mitgegeben waren. Die Fibula (Abb. 189), zum Zusammenhalten des Gewandes, besteht aus einem halbrunden oder eckig gebogenen Bügel, der mit Querringen rhythmisch geziert ist. Die in dem einen Ende befestigte, durch einige Windungen federnd gemachte Nadel schlägt an dem anderen Ende in eine handförmig, manchmal

189. Bronze-Fibeln.

auch als wirkliche Hand gebildete Hafte ein. Die halbrund gebogene Form findet man auf Gewändern in der Plastik (Relief) wieder.[117]
Fingerringe sind in alter Zeit nicht eben häufig, beginnen aber von der persischen Zeit an, wo sie als Siegel das ältere Rollsiegel ver-

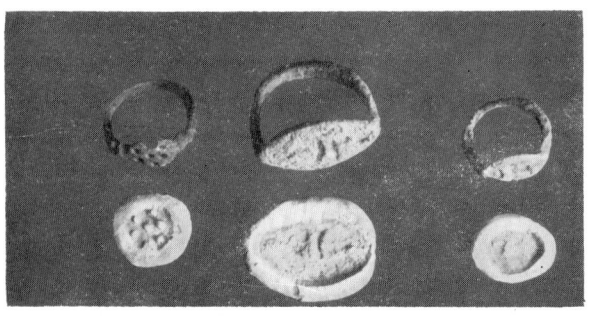

190. Fingerringe nebst Abdrücken.

drängen, üblich zu werden (Abb. 190). Die Form der auch auf Tontafeln persischer Zeit oft abgedrückten Siegelfläche ist elliptisch oder von zwei Kreissegmenten eingeschlossen. Dargestellt sind meistens Tiere. Diese aus Bronze, seltener aus Silber, gegossenen Ringe bestehen gewöhnlich aus der Platte, die, wenn nicht als Siegel graviert, mit edlen Steinen geschmückt wird, auf einem einfachen Reifen.

Die hauptsächlichste Form des babylonischen Siegels war der Zylinder (Abb. 191). Daneben kommen häufig und zu allen Zeiten gleichmäßig Petschafte, Parallelepipede, Kugel- und Ellipsoid-Kalotten und, ebenfalls verhältnismäßig früh, Skarabäen und Skarabäoide

191. Stempel- und Rollsiegel mit ihren Abdrücken.

vor. Achate, Lapislazuli, Marmor, Kiesel, Magneteisenstein (Hämatit), Muschelmasse, auch Glas, Fritte und anderes geben das gebräuchliche Material ab. Alle Siegel sind durchbohrt, um einen mit einer Öse versehenen Stift darin befestigen zu können.[118] Wird das Bohrloch länger, wie bei den Rollsiegeln, so wird es von beiden Seiten her in Angriff genommen und läßt das innen an einem kleinen Vorsprung erkennen.

Dargestellt werden am meisten Götter und ihre Embleme, Heroen und Tiere im Kampfe miteinander oder mit Göttern und Helden. Bevorzugt werden die großen Götter: Schamasch = Sonnenscheibe, Sin = Mondsichel, Ischtar = Stern, bei uns in Babylon besonders Marduk = Dreieck auf Pfahl und Nabû = Schreibgriffel. Ornamente sind äußerst selten. Beischriften in Keilschrift, den Namen des Besitzers und dessen Zueignung an einen bestimmten Gott, der nicht immer der in der Zeichnung dargestellte zu sein braucht, sind namentlich auf Rollsiegeln häufig, aramäische Beischriften wohl nur auf anders geformten Siegeln (Stempelsiegel u. Siegelringe.) Bei der großen Zahl dieser Produkte übersehen wir gerade hier die durchaus stetige Entwicklung der Kunst mit erfreulicher Deutlichkeit. Die alten, bis in die frühgeschichtliche Zeit hineinreichenden Siegel zeigen oft trotz der primitiven Mittel eine überraschende Lebendigkeit in der Auffassung der Motive. Mit der Erfindung des Schleifrädchens und des Kugelbohrers hebt sich der Stil mit der Durchbildung der Ausdrucksmittel stetig und gleichmäßig bis zu einer Höhe zur Zeit der letzten assyrischen und babylonischen Herrscher. Die Glyptik eilt in Babylonien den anderen, gleichzeitigen, plastischen Künsten stets voran. Die Rundplastik, namentlich in Stein, scheint hinter den gleichzeitigen Erzeugnissen der Steinschneidekunst zurückzubleiben. Eine Höhe wie die der griechischen Kunst etwa im vierten Jahrhundert v. Chr. hat die babylonische Rundplastik zumindest nicht erlebt. Jedenfalls ist die Glyptik von Anfang an die Pfadfinderin für die babylonische Kunst gewesen.

Zeichnungen oder Reliefs apotropäischer Art zeigen Amulette aus Stein, die wohl den Kranken umgehängt wurden (Abb. 192). Es sind Täfelchen, die auf der einen Seite die Darstellung tragen, auf der anderen eine Inschrift und oben einen durchbohrten Ansatz zum Durchziehen eines Fadens.

192. Amulette aus Stein.

Babylonische Münzen gibt es nicht, obwohl die Münzprägung in Lydien bereits im siebten Jahrhundert v. Chr. eingesetzt hatte. Die ersten Münzen, die wir in Babylon, wenn auch selten, finden, sind persisch-griechisch (Darius). Häufiger sind die Münzen aus der Zeit Alexanders und namentlich seiner Nachfolger (Lysimachos) (Abb. 193); parthische, sasanidische und arabische finden sich gelegentlich, besonders auf dem Amrān. Dort ist auch eine glasierte Amphora gefunden,

193. Griechische Münzen in einem Topf.

die, mit arabischen Münzen angefüllt, noch ihren aus einem Wattepfropfen bestehenden Verschluß hatte; doch ist der Inhalt bis jetzt noch nicht ausgeräumt und untersucht.

Was an Resten von Speisen oder Haustieren gefunden ist, bedarf noch des Studiums durch fachmännische Kräfte.[119] Verkohltes Getreide und Dattelkerne finden sich oft. Letztere durchsetzen förmlich den Ruinenboden in sämtlichen Schichten von Babylon. Muscheln scheinen die alten Babylonier nicht gegessen zu haben; dagegen finden sich Fischknochen oft, darunter der Unterkiefer eines Karpfens, wie er noch heute im Euphrat vorkommt.[120] Schafe, Rinder, Hühner und Tauben sind ebenfalls nicht selten, besonders die Fußknöchel von Schafen haben sich erhalten, vielleicht auch deshalb, weil sie, wie bei den Römern, zu gewissen Handspielen benutzt wurden; sie kommen auch in Bronze gegossen vor. Vom Wildschwein findet sich oft der Hauer (Abb. 194), der, an seinem Ende durchbohrt, als Anhängsel, vielleicht am Pferdegeschirr getragen wurde. Der Mungo, Herpestes, dessen Schädel öfter auftritt, scheint im Hause gehalten worden zu sein, wie es noch heute

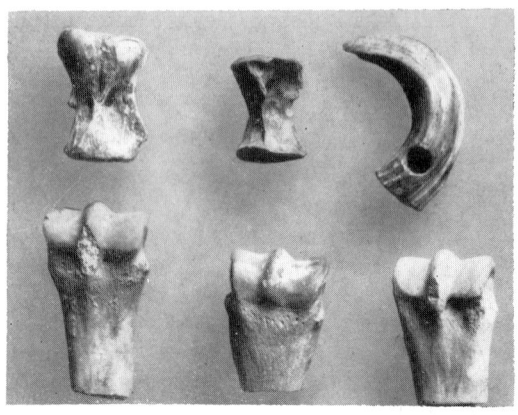

194. Zwei Wirbel, ein Eberzahn und drei zu Schwertgriffen vorbereitete Knochengelenke.

in diesen Gegenden geschieht. Ein Oberschenkel eines Dickhäuters, der bei 1,15 m Länge für einen Elephanten fast zu groß ist, fand sich in großer Tiefe, bei 1,20 unter Null, im Merkes (25 n). Stücke von Straußeneiern kommen sporadisch vor.[121]

44.

Die Gräber im Merkes

In Babylon begrub man die Toten an den Festungsmauern, auf den Straßen und an denjenigen Stellen der bewohnten Stadt, die zur Zeit des Begräbnisses durch ein Wohnhaus nicht in Anspruch genommen waren.[122] Sie wurden 1—2 m in den Boden versenkt. Dabei traf man, wie natürlich, oft auf die Hausruinen der vorangegangenen Bauperiode und legte dann die Grube, wenn die alte Mauer kenntlich war, gern parallel mit dieser an. Wo sie nicht kenntlich war, wird oft die Mauer eines solchen älteren Hauses durch die Grube durchschnitten, während die Mauer der nachfolgenden Bauperiode über die Grabstätte hinwegzieht. Traf man auf einen älteren Ziegelfußboden, so wird auch dieser häufig durchschnitten, sodaß der Sarkophag zum Teil unterhalb, zum Teil oberhalb des Fußbodens zu liegen kommt. Wir haben schon oben (S. 213f.) gesehen, wie mannigfaltig die Begräbnismethoden zu den verschiedenen Zeiten und an den wenigen bisher untersuchten Ruinenstätten Babyloniens waren.[123] Wir können auch an dieser Stelle nicht auf alle Einzelheiten eingehen, sondern wollen nur versuchen, uns die klar und sicher voneinander zu trennenden Bestattungsweisen in großen Zügen zu vergegenwärtigen.

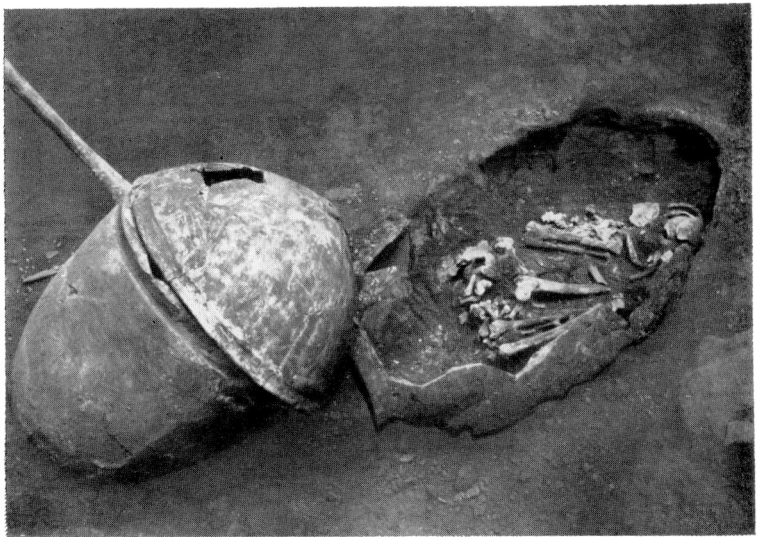

195. Doppeltopfgrab aus dem Merkes.

Die untersten Schichten aus der Zeit der ersten Dynastie von Babylon, Hammurabi und Nachfolger, enthalten keine Sarkophage. Die Leichen lagen entweder unmittelbar in der Erde oder höchstens in eine Schilfmatte gewickelt oder von Lehmziegeln flüchtig umbaut, fast immer lang ausgestreckt und öfter in einer Lage, die den Eindruck erweckt, als seien die Sterbenden in derselben Körperhaltung und an demselben Orte verblieben, wo sie der Tod ereilte.

Zwischen der Nullinie und etwa 3 m über Null trifft man fast ausschließlich auf Doppeltopf-Gräber (Abb. 195). Sie bestehen aus zwei mit der Mündung aneinander gefügten Tongefäßen, in welchen die Leiche in hockender Stellung und gewöhnlich eng zusammengepackt ruht. Diese Doppeltöpfe, deren einer am Fußende durchlocht ist, liegen waagerecht beieinander oder etwas schräg, niemals aufrecht stehend, obwohl beide Gefäße mit einem wulstförmigen Fuß versehen sind. Sie finden sich einzeln oder in Nestern von 6 bis 8 Stück auf engem Raum zusammen. Gewöhnlich erkennt man in unmittelbarer Nähe ein Lager von Asche das die Reste von Bestattungsförmlichkeiten darzustellen scheint. Innerhalb dieser selben Schicht kommen einige wenige gemauerte Grüfte, von Tonnengewölben überdeckt, vor, wie sie in Assur häufig sind.[124] Ihre große Seltenheit gegenüber den massenhaften Ton-

196. Trogsarg mit Deckel.

197. Trogsarg, geöffnet.

särgen läßt sie als durchaus unbabylonischer Sitte entsprechend zweifellos erkennen.[125]

Oberhalb der Doppeltopf-Schicht beginnen bei 3 m über Null die kurzen hohen Tonsärge, die nach einzelnen Funden in der Südburg mit

198. Stülpsarkophag.

199. Ziegelgrab aus dem Merkes.

Sicherheit auf Nebukadnezar und seine Vorgänger zu beziehen sind. Sie sind an der einen Seite, wo der Kopf lag, eckig, an der anderen gerundet. Die Leiche liegt darin hockend oder etwas auf der Seite. Diese „Hocker" werden in der darüber liegenden Schicht niedriger, sodaß die Leiche mit zusammengezogenen Knien auf der Seite, der Oberkörper vielleicht auf dem Rücken lag. Demgemäß nimmt hier der Sarg eine am gerundeten Fußende ausgebauchte Form an. Sie waren durch ebene oder flach gewölbte Tondeckel geschlossen.

Bei 4 m über Null setzt der niedrige, etwas kurze, trogförmige Tonsarg ein, in welchem die Leiche lang, wenn auch mit etwas zusammengezogenen Knien ruhte (Abb. 196, 197). Er war mit einem, aus zwei in der Mitte zusammenstoßenden Stükken gefertigten, flach gewölbten Deckel versehen. Meistens wird er indessen in der Weise verwendet, daß er über die auf den Boden gelegte Leiche hinüber gestülpt wurde, was den Deckel entbehrlich machte. Diese „Stülper" finden sich bis zu einer Höhe von etwa 7 m über Null (Abb. 198).[84]

Nur in den allerobersten Schichten des Merkes finden sich die aus Ziegeln gemauerten Sarkophage, die wir schon oben (S. 212) besprochen und auf die griechisch-parthische Zeit bezogen haben (Abb. 199). Sie waren zum mindesten gewöhnlich in die Erde vollständig versenkt. Manchmal ist aber das aus hochkantig übereck gestellten Ziegeln hergestellte Giebeldach so sorgfältig mit Gipsmörtel abgeputzt, daß man die Möglichkeit offen lassen muß, daß wenigstens dieser Teil in einzelnen Fällen den Boden überragte. Im Innern haben sich oft die Reste des Holzsarges erhalten, der die Leiche unmittelbar umschloß.

Glasierte Trogsärge, wie sie auf dem Kasr im Haupthof der Südburg (S. 108) so häufig waren, fanden sich im Merkes fast gar nicht, ebenso

200. *Anthropoider Sarkophag vom Nordosten des „Kasr".*

wenig wie Pantoffel-Sarkophage oder anthropoide. Von letzteren lag ein schönes Exemplar an der Nordostecke des Kasr (Abb. 200). Die glasierten Tröge müssen daher aus einer Zeit stammen, als das weite Stadtareal von Babylon der Hauptsache nach schon vollständig verlassen war und nur noch auf dem Amrān, auf dem Kasr und auf „Babil" gewohnt wurde.

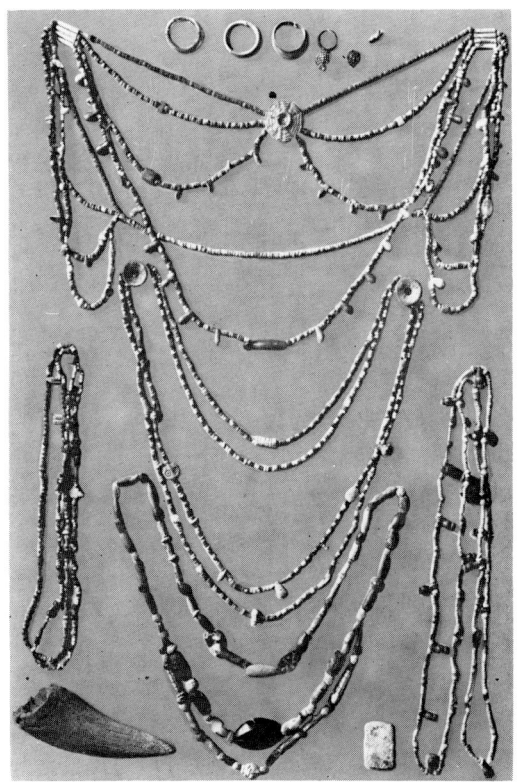

201. Beigaben aus einem Sarg.

An Beigaben sind die Gräber im großen Ganzen nicht reich. Die Leiche behielt gewöhnlich etwas von ihrem gewohnten Schmuck an Halsketten, Ohrringen, Fibeln, Arm- und Beinspangen. Selten wird noch mehr Schmuck, Ohrringe und dergleichen, beigefügt (Abb. 201). Dagegen sind allerlei Tongefäße häufig, besonders Becher und Schalen. Diese gelangten oft nicht in unverletztem Zustande in den Sarg. Selbst in ganz unberührten Särgen lagen oft größere Scherben oder zerbrochene Gefäße, denen herausgebrochene Stücke fehlten. Auffallend selten sind Waffen, was indessen bei dem eminent friedlichen Charakter des babylonischen Hausbürgers nicht wundernehmen kann. Siegel sind in den Särgen äußerst selten. Die Siegel wurden offenbar für gewöhnlich dem Toten nicht etwa mit ins Grab gegeben, sondern von den Erben weiter benutzt. Unter diesen Umständen darf man aus dem zeitlichen Charakter von Siegel-Abdrücken nicht ohne weiteres auf die Zeit des Schriftstücks schließen, auf welchem sich die Abdrücke befinden.

45.

Die Terrakotten

Die Zahl der in Babylon gefundenen Terrakotten ist außerordentlich groß, über 6000 Nummern, wobei allerdings auch die kleinsten Bruchstücke mitgerechnet sind, weniger die der altbabylonischen Zeit als die der mittleren und neuen und schließlich der griechisch-parthischen.[125] Der Stil der letzteren verdrängt vollkommen den babylonischen, nur die Typen werden vielfach beibehalten.[126] Aus freier Hand modellierte sind im ganzen selten. Wir wollen daher hier im wesentlichen die aus Formen gedrückten Bildchen betrachten, die naturgemäß innerhalb ein und derselben Gruppe einen hohen Grad von Übereinstimmung zeigen. Die große Masse dieser meist nur einseitig ausgearbeiteten Tonbilder läuft im ganzen auf wenige Typen hinaus, bei denen die männlichen von den weiblichen bedeutend an Zahl übertroffen werden.[127]

202. Nackte Frau mit gefalteten Händen.

203. Nackte Frau mit gefalteten Händen in älterer Fassung.

1. Die unbekleidete Frauengestalt mit auf der Brust ineinander gelegten Händen haben wir schon oben (S. 78) in Verbindung mit dem Ninmach-Tempel kennengelernt (Abb. 202). Das reiche gewellte Haar fällt in Lockenreihen auf die Schultern. Sie ist stets mit mehrreihigem Halsband und mit meist mehrfachen Spangen an Hand- und Fußgelenken geschmückt. In dem runden Gesicht, das voll ist wie der Voll-

 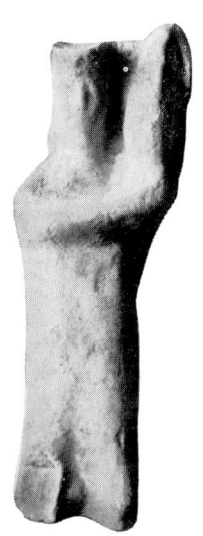 

218. Frau mit Palmenzweig (?).

219. Frau mit Palmenzweig, idolartig.

220. Frau mit Palmenzweig in griechischer Fassung.

221. Amulett aus Terrakotta (böser Dämon, Pazuzu).

222. Zwei Musikantinnen mit Trommel und Doppelflöte.

13. Ein Kopf von abschreckender Gräßlichkeit ist entweder oben durchbohrt, um als Amulett getragen zu werden, oder der Halsteil ist derart ausgehöhlt, daß er auf einen Stock gesteckt werden konnte.

223. Lautenspieler.   *224. Lautenspieler.*

Zwei quergerippte Hörner legen sich von der Stirn aus über den Schädel. Die glotzenden Augen sind weit geöffnet, das aufgerissene Maul zeigt alle Zähne mit 4 kräftigen Caninen. Der struppige Kinnbart wird entweder in kurzen Strähnen dargestellt oder auf dem glatten Unterkiefer durch Lochreihen markiert (Abb. 221).[132]

225. Frau mit Harfe.

14. Musikanten werden weniger in babylonischer als namentlich in griechischer Zeit oft dargestellt. Sie spielen die Doppelflöte, die griechische Aulos (Abb. 222), die bei den heutigen Arabern als „Mutbak" in Gebrauch ist, die Pansflöte, eine langschäftige Laute mit kleinerem oder mit größerem Resonanzgefäß (Abb. 223, 224), die orientalische Harfe (Abb. 225), das Tamburin (Abb. 226), die Kitharis und andere Geräte, die näher zu untersuchen für den Instrumenten-Kenner eine schöne Aufgabe bilden muß.[133]

15. Die Figur auf dem Räuchergefäß ist bereits oben (S. 249) besprochen, ebenso
16. Der Affe (S. 225f.).

17. Ausschließlich der griechischen und parthischen Zeit gehören Frauengestalten an, die, bekleidet, auf der linken Seite liegen. Mit dem linken Arm stützen sie sich dabei auf ein Kissen, und die Rechte liegt

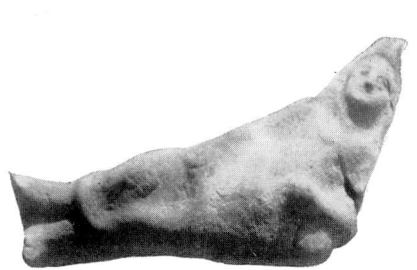

226. *Frau mit Tamburin.*   227. *Liegende Frau.*

lang auf der Hüfte. Sie finden sich, wie die ähnlich gearteten aus Alabaster (Abb. 132), häufig in den Gräbern (Abb. 227, 228).

18. Ebenfalls den späteren Gräbern entstammen Masken aus Ton, die durch Löcher an den Rändern zur Verbindung mit Stoffen geeignet

228. *Liegende Frau*   229. *Tonmaske.*

gemacht sind. Vielfach tragen sie, mit weit geöffnetem Mund und schmerzlich zusammengezogenen Augenbrauen, den Charakter der Totenklage (Abb. 229, 230). Auch Satyrn, Eroten und dergleichen kommen als Masken vor.

19. Sehr beträchtlich ist die Zahl der griechischen Genre-Figuren in Terrakotta. Sie erinnern großenteils an die von Tanagra oder Myrina.

Es sind meistens in reicher Gewandung dargestellte Frauen und Mädchen, deren unnachahmliche Grazie fast ebenso eindrucksvoll in den flüchtig ausgeführten wie in den fein und sorgfältig durchgearbeiteten Exemplaren auftritt (Abb. 231, 232, 233), und die in immer wieder neuen, die Bewegung, den Faltenwurf und den Kopfputz betreffenden Motiven ihre unerschöpfliche Fülle wohlfeiler Anmut über die Stadt der gewaltigen und kostspieligen Massen verbreitet haben. Ein kleiner, geflügelter Eros ist als Gefäßhenkel beliebt (Abb. 234).

20. Die Reiterfiguren sind bereits oben (S. 226f.) besprochen worden.

Damit haben wir einige von den Hauptsachen kennen gelernt unter den außerordentlich zahlreichen Kleinfunden, die namentlich der Wohnbezirk des Merkes bis jetzt geliefert hat, und dieser kleine Einblick in die Lebensgewohnheiten, die Kulturbedürfnisse und den

230. Tonmaske.

231. Griechische Terrakotte.

232. Griechische Terrakotte.

Kunstsinn der Bürger von Babylon möge vorläufig genügen, bis eine weitere Durcharbeitung des ausgedehnten Materials eine eingehendere Darstellung möglich machen wird.[134]

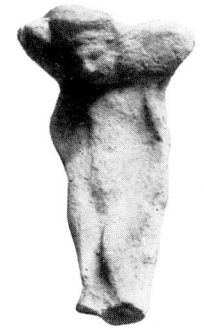

233. Griechische Terrakotte.   *234. Eros als Gefäßhenkel.*

46.

Das „große Haus" im Merkes

Bei der Anlage eines babylonischen Privathauses scheint ein quer liegender Hauptraum an der Südseite eines Hofes unter allen Umständen unerläßlich gewesen zu sein.[135] Alles übrige kann sich nach den jeweilig verschiedenen Verhältnissen ändern. Die Nebenräume konnen mehr oder weniger zahlreich sein, mehrere Höfe nebst ihren zugehörigen Zimmern zu ein und demselben Hause zusammen gezogen werden, — der Hof und der Hauptraum ist immer da. Nie sind Säulen im Hof oder im Haus überhaupt vor dem Eindringen der griechischen Kunst vorhanden.

Das größte Haus (Abb. 236), das wir bisher im Merkes gefunden haben, hat 3 Höfe (4. 19. 26). jeden mit dem südlich daran liegenden Hauptraum (12. 23. 27), dessen Ausdehnung der verschiedenen Größe

235. Rekonstruktion des „großen Hauses" im Merkes.

der Höfe jedesmal entspricht. Die breite Haustür im Norden liegt in einem glatten Wandstück, das keine Zackenvorsprünge hat, wie die übrigen Außenwände sonst alle. Von ihr aus betritt man das Vestibül (1) und kann sich von da entweder links zu dem Haupttrakt mit dem großen Hof, oder rechts zu dem zweihöfigen Privat- oder Nebentrakt wenden. Der erstere war gewiß der dem Geschäft, dem Verkehr mit der breiteren Öffentlichkeit gewidmete Teil. Darauf deutet auch, daß nur dieser Teil noch eine zweite Tür nach außen, im Süden, hatte, die allerdings später wieder zugemauert worden ist; sie führte zu einem kleinen, mit dem Hauptraum unmittelbar zusammenhängenden Zimmer (13), das vielleicht als Verkaufsladen diente. Jedenfalls sollte der Besitzer von hier aus direkt mit der Außenwelt in Verbindung treten können, ohne den umständlicheren Nordeingang benutzen zu müssen. Von letzterem aus passierte man den sehr kleinen Raum (2) des Hauswärters und den Vorraum: Warte- oder Ablegeraum (3), ehe man zum Hof (4) gelangte. An diesem liegt östlich das Dienerzimmer (5), südlich der stattliche, rund 7 zu 16 m große Hauptraum; rechts und links davon ein kleinerer Trakt von 4 Räumen (17. 14. 15. 16) und ein größerer von 6 Räumen (6—11). Beide Nebentrakte stehen von einem Korridor (14 und 8) aus mit dem Hauptraum in Verbindung, und von ihrem nördlichsten Zimmer (17 und 6) aus, das vielleicht ein Kontor war, mit dem Hofe. Die innersten Zimmer (15. 16 und 9. 10. 11) müssen ganz dunkel gewesen sein, wenn sie nicht, was unwahrscheinlich bleibt, durch Fenster von den Straßen her Licht erhielten. In dem einen (15)

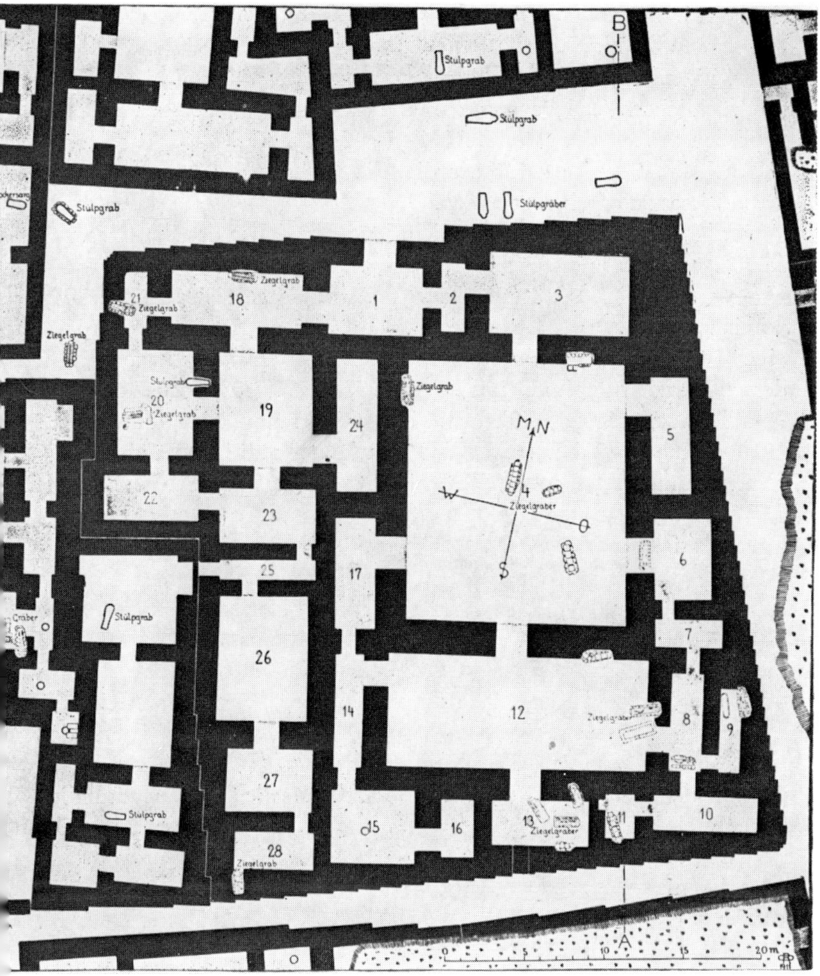

236. Das „große Haus" im Merkes, Grundriß.

237. Das „große Haus" im Merkes, Querschnitt.

liegt ein, in der üblichen Weise aus Tontrommeln aufgebauter Brunnen. Es werden Aufbewahrungsräume oder Schlaf- und Wohnräume der hier wirkenden Angestellten gewesen sein. Es bedarf wohl kaum einer ausdrücklichen Versicherung, daß alle diese hier geäußerten Ansichten über den Zweck der Räumlichkeiten auf Vermutungen beruhen. Wir haben keine Beweise dafür, als die, die sich aus der Anordnung des Grundrisses zu ergeben scheinen.[136]
Der Nebentrakt diente ersichtlich dem Privatleben des Besitzers. Die Räume gruppieren sich um zwei kleinere Höfe (19 und 26), die vom Hauptraum (23) des nördlichen aus, vermittelst eines Korridors (25) miteinander in Verbindung stehen. Von diesem Korridor aus führte eine Tür nach Westen zu einem bereits bestehenden Nachbarhaus, dessen Erweiterung im Grunde genommen das „große Haus" darstellt. Deutlich kennzeichnen sich auch hier der Vorraum (18) und die beiden Haupträume (23 und 27). Über die Bedeutung der übrigen Räume im einzelnen Vermutungen anzustellen, wird man vorläufig entbehren können.

Das Haus hat zweimal eine Erneuerung seines ursprünglichen Fußbodens erfahren (Abb. 237). Zwischen den meist mit Nebukadnezar-Stempeln versehenen Ziegelschichten liegt jedoch nur wenig Erde. In dem Haus, solange es bewohnt wurde, ist niemals bestattet worden. Die 21 Gräber, welche die Fläche des Grundrisses durchsetzen, stammen sämtlich aus einer Zeit, als das Gebäude in Ruinen lag. Das erkennt man ohne Zweifel an der Art, wie durch die Beisetzungen die Gebäudemauern angeschnitten und die Fußböden zerstört wurden, ohne daß letztere etwa nach der Bestattung wieder in Ordnung gebracht wären. Es sind meist Ziegelgräber, wie sie der parthischen Zeit eigentümlich sind. Das Haus kann schon zu Nebukadnezars Zeit gebaut sein. Die Ziegel mit den Stempeln dieses Königs erschweren die Annahme nicht. Man ist nicht gezwungen, aus ihrem Vorkommen auf eine damals bereits eingeleitete Zerstörung der Nebukadnezar-Bauten zu schließen. Die Steine könnten vielmehr sehr wohl dem bei den königlichen Neubauten veräußerten, älteren Material entstammen. Wie lange das Gebäude noch in persischer oder griechischer Zeit bestanden hat, läßt sich nicht sagen. Ein späteres, ärmlicheres Gebäude wurde auf der Ruine angelegt, als der Schutt etwa 2 m Höhe erreicht hatte.

Ehe unser Haus gebaut wurde, muß an dieser Stelle lange Zeit leerstehendes Gebiet gewesen sein. Unter seinem Fußboden liegen 4 m gleichmäßiger Schutt bis zum Fußboden des vorhergegangenen Hauses. Wiederum 3 m tiefer fanden sich Tontafeln aus der Zeit von Kadaschman-Turgu, Kadaschman-Enlil und Kurigalzu und abermals 2 bis 3 m tiefer solche von Samsuiluna, Ammiditana und Samsuditana.

Die Lehmziegel-Mauern hatten einen Bewurf aus Lehm und darauf einen Putz aus weißem Gipsmörtel.

238. Dachtreppe im Dorf Kweiresch.

Kein einziger von sämtlichen Räumen läßt auf die Anlage einer Treppe in ein oberes Geschoß schließen. Wenn Treppen vorhanden waren, woran man trotzdem nicht zu zweifeln braucht, können sie nur von Holz gewesen sein, etwa so wie die einfachen Dachtreppen der heutigen Einwohner von Kweiresch aussehen (Abb. 238).
Beim Bau wurde zunächst der ganze Bauplatz mit einer zackenlosen Böschungsmauer umgeben, das Innere mit Erde ausgefüllt und so eine einheitliche Terrasse gebildet, auf der der eigentliche Bau stand (Abb. 239). Die Terrassen-Oberfläche lag $1^1/_2$ m höher als die ziegelgepflasterte Straße im Norden. Die Terrassen-Mauer ist dünner als die Außenmauern des Oberbaues, tritt aber außen insofern etwas vor, als die Zacken für gewöhnlich auf ihr aufstehn, sodaß eine Art von Sockel entsteht. Bei dem raschen Anwachsen der Straßenhöhe kommt das

239. *Nordostecke des „großen Hauses" im Merkes.*

wenig in Betracht. Der Sockel verschwand bei der folgenden Aufhöhung der Straße. Die Außenmauer selbst, mit über 90 von den zackenförmigen Vorsprüngen ausgestattet, die wir schon öfter erwähnt haben, ist mit einem System von Holzankern versehen, die namentlich die Vorsprünge selbst sichern sollten. Es liegt an den Außenseiten parallel mit der Mauerstirn immer ein Balken, ungefähr von der Länge eines Vorsprunges, auf dessen Ende in der nächsten Ziegelschicht ein nach dem Mauer-Innern gerichtetes Holz aufgreift. Das Äußere wird kaum viel anders ausgesehen haben, als in der Rekonstruktion, Abb. 235, angenommen ist. Eine Front eines anderen Hauses auf dem Merkes geben wir auf Abb. 240.

Zum Vergleich möge hier ein Grundriß aus Farah mitgeteilt werden, der aus dem 3. Jahrtausend stammt (Abb. 241). Man sieht, wie wenige Veränderungen die Anlage eines babylonischen Hauses innerhalb der dazwischenliegenden Jahrtausende erlitten hat. Für das große Alter der babylonischen Kultur ist wohl nichts bezeichnender als diese Grundrisse, die bereits in so zurückliegenden, zum Teil frühgeschichtlichen Zeiten die deutlichen Zeichen einer noch bedeutend weiter hinaufreichenden Entwickelung aus den mit Notwendigkeit vorauszusetzenden primitiveren und einfacheren Wohnungsanlagen an sich tragen. Das anzunehmende babylonische Urhaus kann nach unseren bisherigen

240. *Hausfront mit Tür aus dem Merkes, davor Ziegelgrab.*

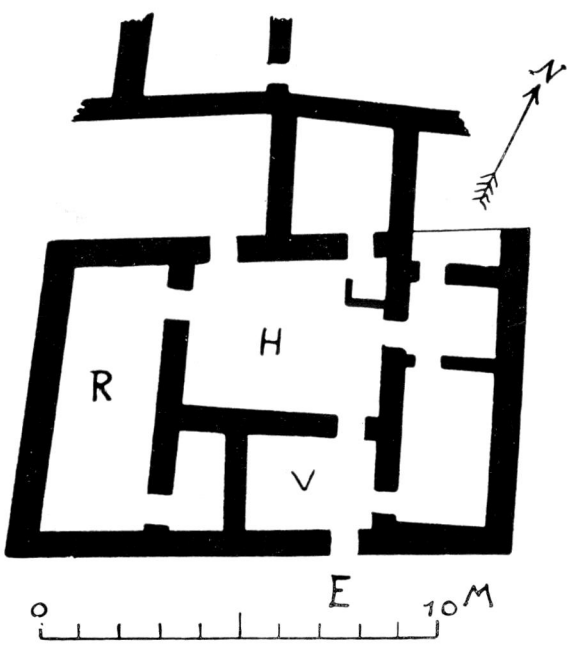

241. *Grundriß eines Hauses in Farah (Schuruppak).*

E Eingang
H Hof
R Hauptraum
V Vestibül

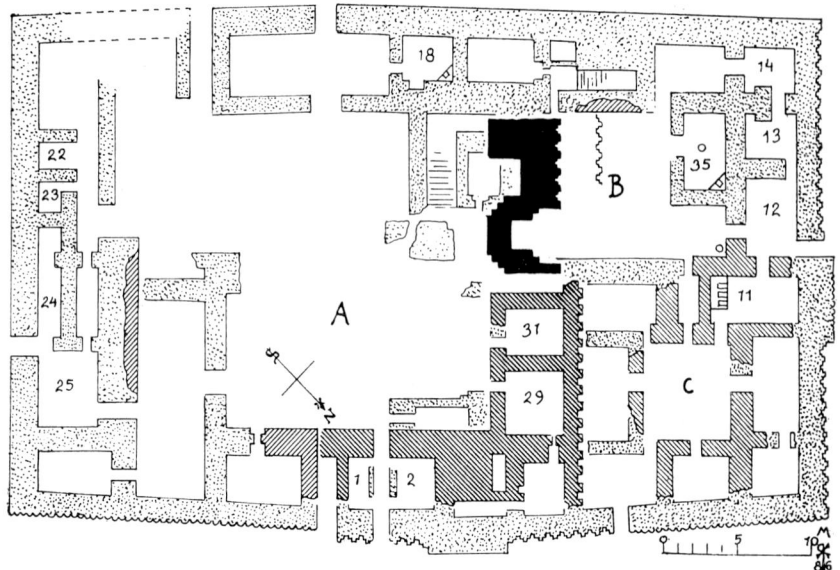

242. Grundriß von Tellō.

Kenntnissen kaum etwas anderes gewesen sein als ein querliegender überdachter Raum in einem von einer Mauer umhegten Hof. Es wäre in hohem Grade wünschenswert, dieses babylonische Urhaus in einer der prähistorischen Ruinen feststellen zu können.[137] Das hat allerdings seine Schwierigkeiten; denn wo man auf derartige ganz alte Reste bei den Ausgrabungen stößt, geschieht es gewöhnlich in schmalen Querschnitten oder in tiefen Gruben, deren geringe Flächenausdehnung die Verfolgung dieser alten Anlagen erschweren. Man müßte eine größere Fläche bis zu den betreffenden, Aufschluß bietenden Tiefen hinab abgraben, und dazu hat es sowohl in Surghul und el-Hibā als auch in Farah an Zeit gefehlt.

In seltsamem Kontrast zu diesen babylonischen Grundrissen steht der „Palast" von Tellō. Er ist in der Wiedergabe bei de Sarzec namentlich deswegen so wenig verständlich, weil hier drei verschiedene Bauperioden, die streng voneinander hätten geschieden werden müssen, in eins zusammengezogen und sämtlich auf Gudea als Bauherrn bezogen worden sind.[138] Von Gudea stammt demgegenüber nur ein ganz kleines, mit dem Gebäude im übrigen organisch nicht verbundenes Stück im Innern bei B (Abb. 242); alles andere ist später, größtenteils bedeutend später. Ich habe den Palast, soweit er damals noch erhalten war, im Jahre 1886 untersucht und aufgenommen. Was in dem hier gegebenen Plane punktiert ist, war damals nicht mehr zu sehen. Diese Mauern waren von den Ziegelräubern bereits abgetragen. Bei meinem zweiten Besuch, im Jahre 1898, war die Zerstörung nur wenig weiter vorgeschritten. Das alte, im Plane schwarz angegebene Stück stellt einen Teil der Verbrämungsmauer einer südöstlich dahinterliegenden Zikkurrat dar mit abgestufter Rillen-Front und großem Wasserabfluß, wie er an alten Zikkurraten üblich ist. Das Stück ist aus Gudea-Ziegeln in Asphalt und Lehm gebaut. Die Rillen-Front einer dazu gehörigen, tieferliegenden Mauer, die entweder einem unteren Stockwerk, einer Terrasse, oder einem späteren Kisû angehört, ist bei de Sarzec im Hof (B) angegeben. Nordöstlich daran stoßen Räumlichkeiten, deren Mauern aus Gudea-Ziegeln in zweiter Verwendung errichtet sind; der Asphalt haftet hier häufig an der Unterseite den Ziegeln an, und die Asphalttropfen, die an den Außenseiten der Ziegel bei ihrer ersten Verwendung naturgemäß nach abwärts fließende Spuren hinterlassen haben, richten sich in dieser späteren Verwendung nach oben. Die nach Nordwesten gerichtete Außenfront der Zimmer 31. 29 zeigt einfaches Rillenwerk, das durch die Mauern des späteren Baus, um den Hof C herum, verdeckt, und durch die Umfassungsmauer abgeschnitten wurde. In unserem Plane sind diese Teile dunkel schraffiert gegeben. Von dem dritten, späteren Bau (hell schraffiert), der ebenfalls zum Teil aus Gudea-Ziegeln in zweiter Verwendung, zum Teil aus stempellosen Ziegeln, in Lehmmörtel errichtet ist, erkennt man zwei Höfe (C und B). Bei ihnen vermißt man den deutlich hervortretenden Hauptraum, der für echt babylonische Bauten sonst so bezeichnend ist. In den Räumen 11. 35 und 18 werden von de Sarzec Tischherde angegeben, wie sie mir an alt- und neu/spätbabylonischen Bauten nie vorgekommen sind. Dagegen findet sich ein ebensolcher Tischherd in dem Raume XXXV des zweifellos parthischen Hauses mit dem Peristyl in Nippur.[139] In dem zugehörigen Hofpflaster sollen die bekannten Adad-nadin-achche-Ziegel gefunden sein. Im südöstlichen Teile, der offenbar schon zu de Sarzecs Zeiten stark zerstört war, kommen in der Aufnahme die größten Verstöße gegen die Wahrscheinlichkeit vor. So wird vor 23 eine Tür durch eine dicke und eine sehr viel dünnere Mauer gebildet, und bei 24. 25 steht gar eine Türlaibung einer Türöffnung gegenüber. Man muß danach annehmen, daß in Wirklichkeit auch hier Gebäude aus ganz verschiedenen, nicht zusammen gehörigen Epochen durch den modernen Zeichner irrtümlich zu einem Ganzen vereinigt worden sind. Das zu den beiden Wirtschaftshöfen (C und B) zu erwartende Peristyl sollte hier (in A) gelegen haben.[140]

47.

Der Tempel der Ischtar von Akkad,[141] E-masch-dari

Inmitten der Häuser des nördlichen Merkes liegt der Tempel der Ischtar von Akkad (Abb. 244). Seine Eingangsfront ist nach Süden gerichtet, wo die vorbeiführende Straße zu einem länglichen Platze sich verbreitert.

Durch das mit Rillen-Türmen geschmückte Hauptportal betritt man zunächst das Vestibül (1), von welchem Türen rechts und links zu den Nebenräumen und geradeaus zu dem quadratischen Hofe führen. In der Cella (18) mit dem Adyton (19) war das Postament aus der dem Eingang genau gegenüberliegenden Nische geraubt. Nur die Ziegel-Kapsel (k) unter ihm, mit der Papsukal-Statuette darin (Abb. 243), war noch vorhanden. Ähnliche Kapseln liegen in der Hoftür des Cella-Baus, in der Mitte und westlich zur Seite des südlichen Haupteingangs. Die beiden kleinen Räume (20 und 21) neben der Vorcella sind sowohl von dieser als auch direkt vom Hofe aus zugänglich. Der ganze Cella-Bau (17—22) bildet, ähnlich wie am Tempel von Borsippa (Abb. 246), ein gut in sich abgeschlossenes Ganzes, das durch einen schmalen Gang (10) von der Umfassungsmauer des Tempels gesondert ist. In diesen Gang kann man von dem Zimmer 9 aus und auch vom südlichen Nebentrakt aus gelangen. Dieser letztere (11—15) setzt sich aus 4 kleineren Zimmern und wahrscheinlich einem Hof (13) zusammen, in welchen 2 kreisrunde Vorratsbehälter eingemauert sind. Ein Nebeneingang führt von Osten her in den Hof ebenfalls durch ein kleines Vestibül (4), das durch die Räume 3 und 2 mit dem Hauptvestibül in Verbindung steht. Ein paar kleinere Zimmer (5 und 6) sind vom Hofe aus zugänglich.

243. *Papsukal aus der Gründungskapsel des Ischtar-Tempels.*

Die Wanddekoration ist wie üblich am Äußeren des Gebäudes und im Hofe durch flache Pfeiler bewerkstelligt. Der Haupteingang im Süden und die Hoftür zum Cella-Bau (Abb. 247) zeichnen sich durch

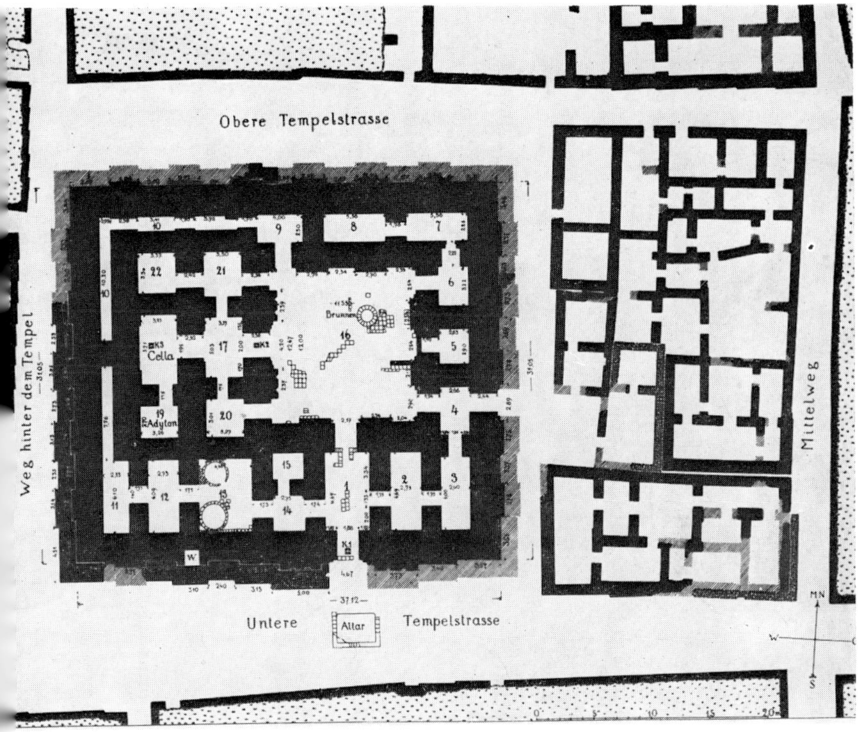

244. *Tempel der Ischtar von Akkad im Merkes, Grundriß.*

doppelte Umrahmung, die drei Türen an der Ostseite des Hofes, der Nebeneingang und die eigentliche Cellatür durch einfache Umrahmung aus. Die Rillen an den Turmfronten des Haupteingangs und der Hoftür zur Cella sind einfach rechteckig gebildet. Nur bei der letzten Restauration des Gebäudes waren die einfachen Rillen durch Einkleben in abgestufte verwandelt, wie am Ninurta-Tempel.

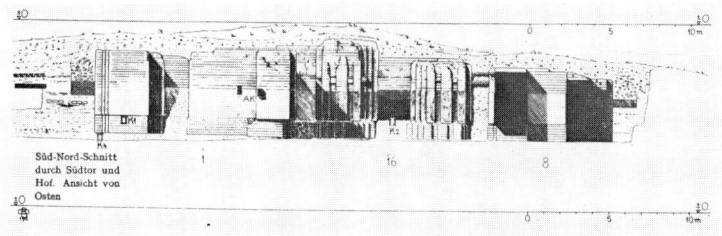

245. *Tempel der Ischtar von Akkad im Merkes, Querschnitt.*

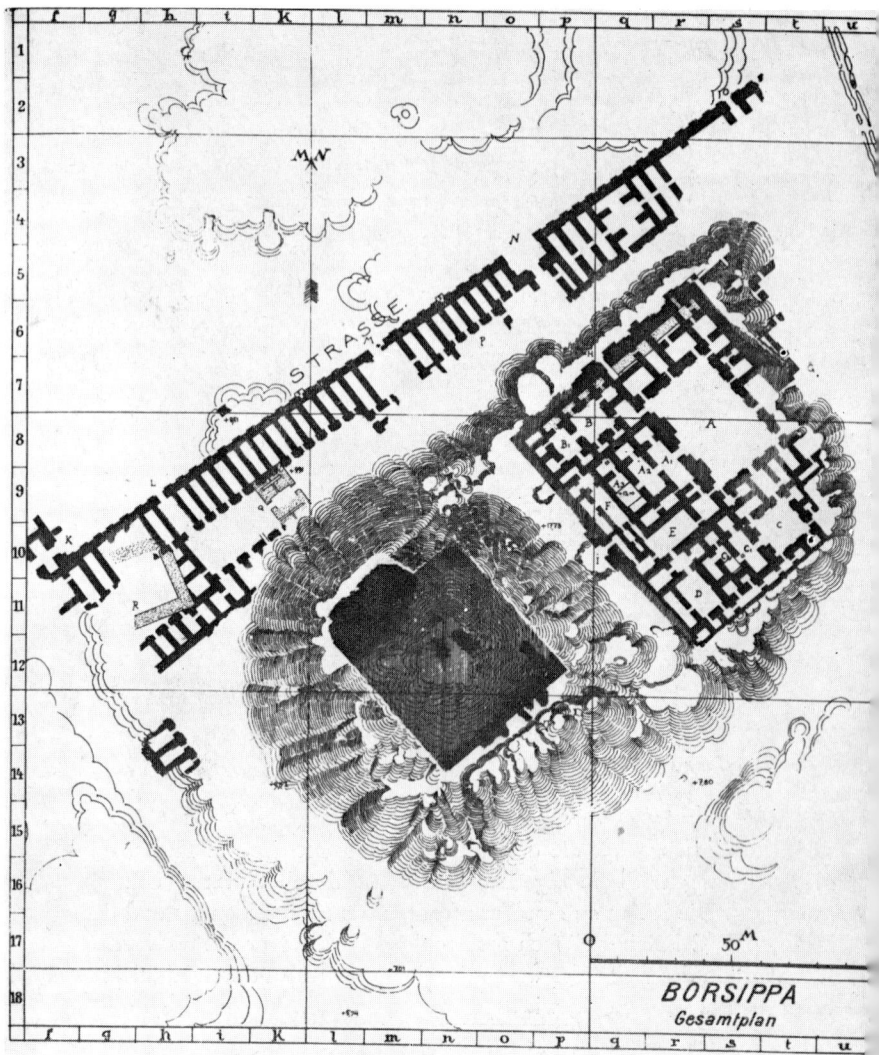

246. *Ezida, der Tempel des Nabu in Borsippa, Grundriß.*

Es lassen sich drei Bauperioden erkennen (Abb. 245). Von dem ältesten Bau sind nur die untersten 7 Ziegelschichten erhalten. Der Grundriß ist im ganzen derselbe wie bei dem darüber unmittelbar aufsitzenden Neubau; aber die Kanten weichen überall ein wenig von den Fluchten des letzteren ab. Der Fußboden des Neubaus bestand aus einem ein-

247. Tempel der Ischtar von Akkad im Merkes, Ansicht der Cellafront.

fachen Estrich, der fast in derselben Höhe liegt, wo die Mauern beginnen. An den Wänden hat sich der Gipsputz gut erhalten. An einigen ausgezeichneten Stellen, wie dem Haupteingang zum Tempel, dem Hofeingang zur Cella, der Cellatür und der Postament-Nische, tritt an die Stelle des Gipsputzes ein dünner schwarzer Asphalt-Überzug, der in der Nähe der Kanten durch senkrechte, weiße Gipsstreifen ornamental unterbrochen wird. Ähnliche, wenn auch damals nicht so deutlich wahrnehmbare Reste waren am Tempel Z, am Ninurta-Tempel und am Ninmach-Tempel zu erkennen. Diese Teile hoben sich als in einer unerhört kräftigen und mystischen Weise von den sonst weiß gehaltenen Wänden ab.

Der Tempel wurde aufgehöht, und ein neuer, doppelter Fußboden aus Nebukadnezar-Ziegeln gelegt bei einer Höhe von $4-4^{1}/_{2}$ m über Null. Zu diesem Fußboden gehören natürlich sämtliche Kapseln, welche in der Nähe, aber oberhalb des Fußbodens der vorhergegangenen Epoche liegen, wie z. B. der in der Hoftür zum Cella-Bau.

Eine weitere Erhöhung mit einem neuen Ziegelfußboden bei 5 m über Null ist wahrscheinlich auf einen Neubau zu beziehen, den Nabonid nach der Inschrift seines hier gefundenen Bau-Zylinders vorgenommen hat. Der Zylinder lag ungefähr in derselben Höhe mit dem genannten Pflaster in der Mitte der nördlichen Umfassungsmauer gerade zwischen den ersten beiden Pfeilern von Westen her genau an der Stelle, wo ihn

Nabonid niedergelegt hatte. Er stand aufrecht und war eingehüllt in die noch gut kenntlichen Reste eines korbartigen Geflechtes, das ihn in dem kleinen Loche innerhalb des Lehmziegel-Massivs einst schützend umhüllte. In der Inschrift (S. Smith, Revue d'Assyr. 22, 57—66; H. Ehelolf, WVDOG 47, 136f.) bespricht der König den verfallenen Zustand dieses „Tempels der Ischtar von Akkad" und die Arbeiten, die er zu dessen Erneuerung vorgenommen hat.

Der Bau wird von einem Kisû aus Nebukadnezar-Ziegeln umgeben, der bis zu +3,60 m hinabsteigt, also zu einer der letzten Erneuerungen gehören muß. Er vermauerte einen Wasserabfluß, der in der Südseite, bei W im Plan, ähnlich wie der am Ninurta-Tempel, angelegt war.

48.

Das griechische Theater[142]

Im Osten, dicht bei der inneren Stadtmauer, liegt eine Hügelgruppe, die wegen ihrer rötlichen Farbe von den Arabern „Hómera" genannt wird (Abb. 249). Eine nördliche, eine mittlere und eine südliche Kuppe davon haben wir näher untersucht und gefunden, daß sie sämtlich von oben bis unten aus künstlicher Aufschüttung von zerbrochenen, gebrannten Ziegeln bestehen. Auf ihre Entstehung kommen wir weiter unten (S. 298) zurück.

Die südliche von diesen Aufschüttungen hat als Unterbau zum Zuschauerraum eines Theaters gedient. Im Schutt des Gebäudes fand sich die griechische Weihinschrift auf einer Alabaster-Platte (Abb. 248), wonach ein „Dioskurides das Theater und eine Bühne (gebaut)" hatte.

Das Gebäude (Abb. 253) ist im ganzen aus Lehmziegeln errichtet; nur für einige ausgezeichnete Teile, namentlich die Säulen und die Säulenfundamente ist Bruchziegel-Mauerwerk in Gipsmörtel verwendet (Abb. 250).

Für die höheren Teile des Zuschauerraums genügte die Aufschüttung noch nicht; eine Stützwand aus Lehmziegeln trug daher die oberen, jetzt verschwundenen Sitzreihen. Auf den drei breiten Vorsprüngen der Stützwand im Norden waren wahrscheinlich Treppenaufgänge angeordnet. Von den Sitzen sind nur die unteren 5 Bänke, wohl bis zum ersten Diazoma, erhalten. Sie bestehen aus Lehmziegeln, denen gleichmäßig Bruchziegel-Schichten aufgelagert sind. Jeder 5 Schichten hohen Sitzbank ist eine Fußbank von 2 Schichten Höhe vorgelagert. 9 schmale Treppen, deren Stufen nur 2 Schichten hoch sind, trennen die Kerkiden voneinander. Die mittlere Treppe, mit Stufen von 3 Schichten Höhe, ist breiter als die übrigen und führte zu der daneben liegenden,

den Raum eines ganzen Keils von der Orchestra bis zum Diazoma einnehmenden Loge, der Proëdreia, für bevorzugte Persönlichkeiten, wohl besonders den Priester des Dionysos. Der Zuschauerraum, die Orchestra nebst ihren Parodoi und die Bühne haben in späterer Zeit, die von der ersten Erbauung nicht wesentlich verschieden zu sein braucht, eine

248. *Inschrift vom griechischen Theater.*

Erhöhung von etwa 1 m erfahren, wobei die Sitzreihen und wahrscheinlich auch das Proskenion um 60 resp. 90 cm in die Orchestra vordrangen.

Am Rande der etwas über halbkreisförmigen Orchestra bei der untersten Sitzreihe war eine Reihe von Statuen auf gemauerten Postamenten aufgestellt (Abb. 251), von denen sich 2 auf der unteren Orchestra-Höhe mit ihrem schönen weißen Verputz gut erhalten haben. Ihre Oberflächen zeigen die tiefen Standspuren der jetzt verschwundenen Statuen. Die Reste von 8 weiteren Postamenten derselben Art liegen östlich davon in der Höhe der zweiten Bauperiode.

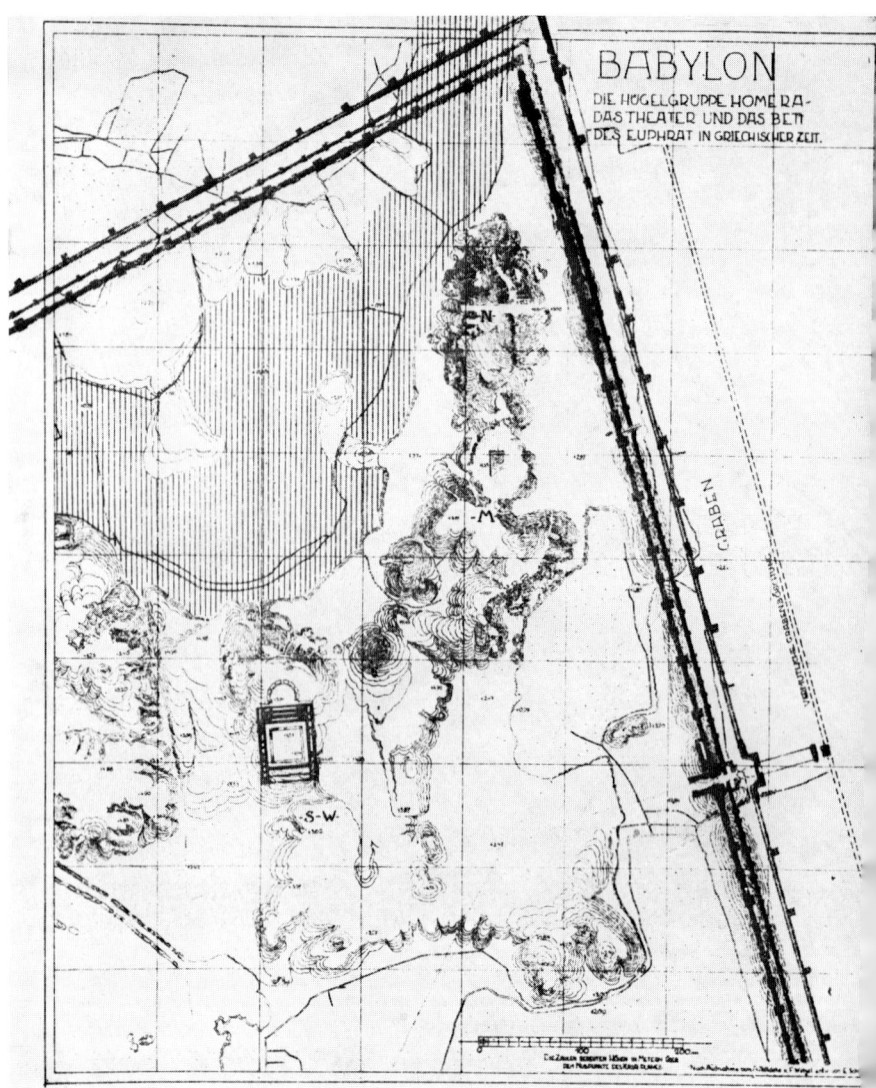

249. *Plan der Hügel Hómera.*

Das Bühnengebäude zeigt zwischen den Versuren in gleicher äußerer Flucht die Reihe der 12 Proskenien-Pfeiler, deren schmal rechteckiger Körper auf der Vorderfläche die etwas dünnere Halbsäule trägt. Die Interkolumnien waren mit roh behauenen Steinbalken überdeckt, von denen einer, vorn übergefallen, gerade vor dem Proskenion liegt. Alle

250. Gesamtansicht vom griechischen Theater.

251. Statuen-Postamente in der Orchestra.

diese Bauteile waren ursprünglich mit feinem, weißem, zweischichtigem Putz überzogen (Abb. 252).
Ähnliche kleine Halbsäulen stehen zu beiden Seiten der Türen an der

252. Ansicht der Proskenien-Pfeiler.

Orchestra. Sie führten durch zweiräumige Parodoi ins Freie. Der eine dieser Räume im Westen, besonders lang und schmal, diente wohl dem Publikum oder dem Chor als Warteraum.

Von der Rückwand des Logeion, der „scaenae frons", liegen nur die Fundamente aus Ziegelbruch noch an Ort und Stelle. Sie wird, wie gewöhnlich, reich und zierlich aufgebaut gewesen sein. Von ihrem Schmuck sind viele in Gipsputz ausgeführte Reliefornamente gefunden (Abb. 254). Die beiden langgestreckten Säle hinter der scaenae frons werden wohl in den oberen Geschossen durch Bogenöffnungen miteinander in Verbindung gestanden haben, wie das in unserem restaurierten Plan angenommen ist. Überhaupt sind die Türöffnungen in den Fundamenten, über welche hinaus der Bau großenteils zerstört ist, nicht mit angelegt, während sie bei babylonischen Bauten, wie den

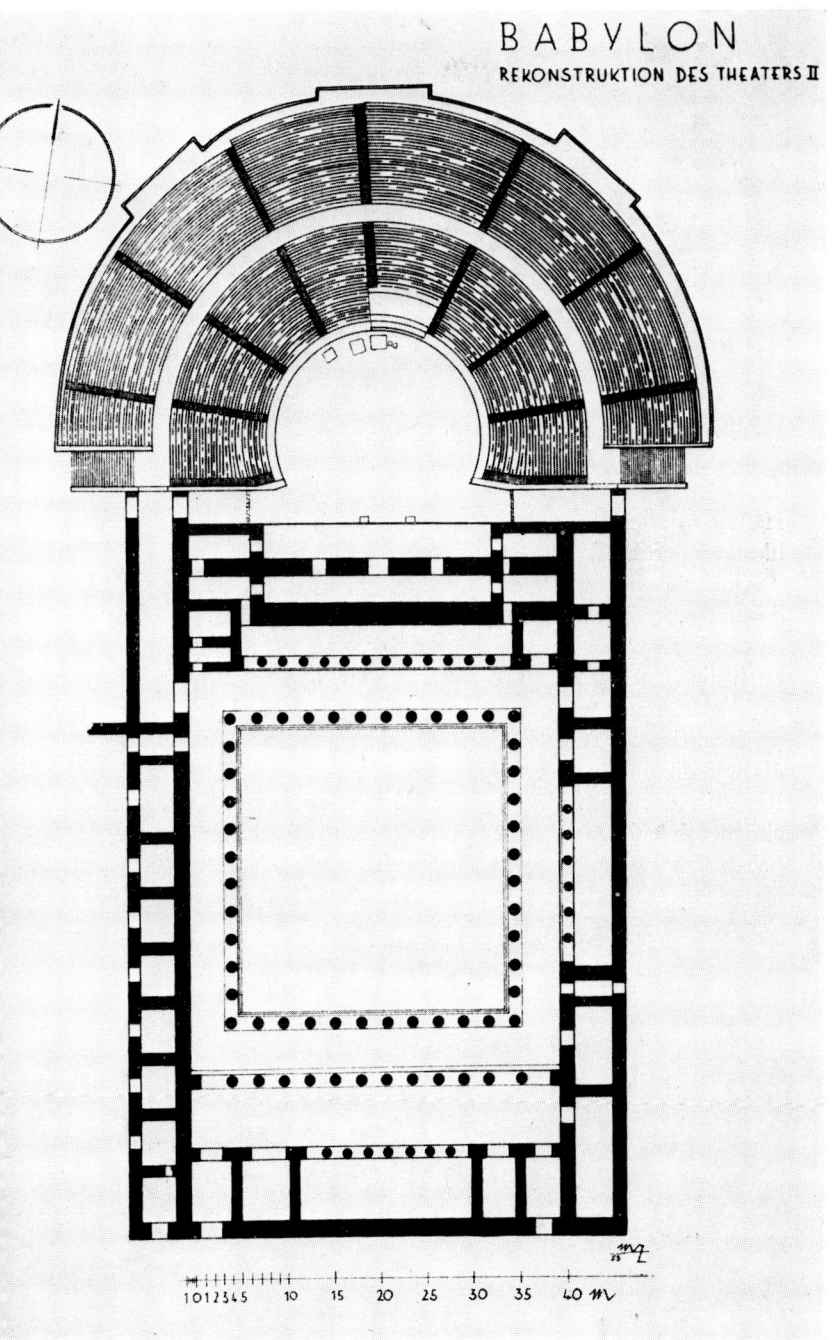

253. Plan vom griechischen Theater, ergänzt.

254a. Gipsornamente vom griechischen Theater.

Häusern des Merkes, fast ausnahmslos bis in die tiefsten Schichten hinunter geführt wurden.

An das Bühnengebäude schließt südlich ein großes Peristyl mit anliegenden, meist ziemlich gleichwertigen Zimmern an. Die südliche Reihe dieser Zimmer ist größtenteils vernichtet. Vom Peristyl liegen noch die Bruchziegel-Fundamente soweit, daß nach ihnen die Hauptmaße genommen werden konnten. Die umlaufende Halle war im Süden zweischiffig, wie das bei Palaestra-Peristylen häufig ist. Von den Säulen, die auf diesen Fundamenten standen, haben sich ziemlich zahlreiche Reste in der Form kreisförmig zugehackter Backsteine, von denen einige roh gehauene, sicher einst feiner verputzte Profile trugen, erhalten. Im Osten öffnete sich, ebenfalls in Säulenstellung, gegen die Halle des Peristyls eine langgestreckte Exedra. Bühnengebäude und Peristyl stehen auf alten Wohnruinen auf, deren Lehmmauern in einem durch die Mittelachse von uns gezogenen Querschnitt zutage traten.

Die Anlage stellt sich im ganzen als eine Verbindung von einem Theater und einer Palästra dar. Jedenfalls fand der griechische Teil der Bevölkerung von Babylon hier den für sie unentbehrlichen Mittelpunkt für ihre geistigen und sportlichen Interessen, auf den sie gerade in der weit von der Heimat entlegenen Hauptstadt des Ostens, mit deren Ausbau der große Alexander so weit ausschauende Pläne verband, ungern verzichtet haben würden. Der Bau könnte sehr wohl in seiner ersten Fassung auf die Zeit Alexanders selbst zurückgehen, wenn auch die gefundene Weihinschrift, die sich auf einen Neubau zu beziehen scheint, etwas späterer Zeit angehört.

254b. Gipsornamente vom griechischen Theater.

49.

Der nördliche Hügel von „Hómera"

Bei einer Höhe von rund 16 m und ziemlich steil abfallenden Rändern nimmt der nördlichste (w 13 auf dem Plan Abb. 249) von den Hómera-Hügeln eine die ganze nähere Umgebung beherrschende Stellung ein. Er ist von weit her sichtbar und auffallend. Um seine Wesenheit kennen zu lernen, zogen wir von Westen nach Osten einen Graben quer hindurch, so daß der Hügel aufgeschnitten wurde wie ein Apfel. Es zeigte sich das überraschende Resultat, daß kein Bauwerk darin steckte, wie man das vom Kasr her erwarten durfte. Die ganze Masse, vom Gipfel bis 1 m unter Null besteht aus künstlich und absichtlich aufgehäuftem Ziegelbruch. Die Schichten (Abb. 255), abwechselnd gröbere und feinere, liegen ganz unten mehr horizontal, in den oberen Partien fallen sie in dem natürlichen Böschungswinkel von ungefähr 45 Grad nach Nordosten zu ab. Die Massen müssen also von Südwesten her allmählich immer höher steigend aufgeschüttet worden sein.

Die Ziegelbrocken sind vielfach noch mit dem alten Asphalt oder mit Kalkmörtel behaftet. Es kommen auch ungebrannte vor, und namentlich die feineren Schichten enthalten viel Lehm. Gefunden wurden Nebukadnezar-Stempel, keine Scherben, einige griechische Terrakotten und ein Stück eines Nebukadnezar-Zylinders, dessen Inschrift sich auf den Bau von Etemenanki, dem Turm von Babylon, bezieht. Es ist ein Duplikat des Zylinders: VAB 4, 144—149 Neb. 17; F. H. Weißbach, WVDOG 59, 44 ff.

255. *Querschnitt durch den nördlichen Hügel von Hómera.*

Demnach stammt der Schutt von einem babylonischen Gebäude, ist in griechischer Zeit hier aufgeschichtet und enthält ein Dokument von Etemenanki. Bei der Ruine von Etemenanki ist uns bereits das Fehlen des Schuttes aufgefallen. Was man dort heutzutage sieht, niedrige Wälle rings um den tiefen Graben, entstammt der ganz modernen Ausgrabung durch arabische Ziegelräuber. Vor dieser arabischen Verunstaltung des Geländes war die Stätte des Turms vollständig eingeebnet. Die Mächtigkeit, mit der sich alte Backstein-Ruinen an andern Stellen heute noch darstellen, beweisen die großen Schuttberge des Kasr und des Hügels Babil. Wir haben also in der „Sachn" die unscheinbaren Reste eines kolossalen Gebäudes ohne Schutt, und in „Hómera" eine kolossale Schuttmasse ohne Gebäude, und können also mit größtmöglicher Sicherheit sagen, daß in Hómera der Schutt von Etemenanki ruht.[143] Das vereinigt sich vortrefflich mit der Nachricht griechischer Autoren (Strabo XVI 1, 5), wonach Alexander der Große den damals verfallenen Turm wieder herzustellen beabsichtigte und auf die Wegschaffung des Schuttes 600000 Tagelöhne verwendete: „ἦν δὲ πυραμίς ....., ἣν Ἀλέξανδρος ἐβούλετο ἀνασκευάσαι, πολὺ δ'ἦν ἔργον καὶ πολλοῦ χρόνου (αὐτὴ γὰρ ἡ χοῦς εἰς ἀνακάθαρσιν μυρίοις ἀνδράσι δυεῖν μηνῶν ἔργον ἦν), ὥστ' οὐκ ἔφθη τὸ ἐγχειρηθὲν ἐπιτελέσαι".[41] Die Schuttmassen, die in Hómera abgelagert sind — die mittlere und die südliche Gruppe besteht aus genau demselben Trümmermaterial —, kann man überschläglich auf 300000 Kubikmeter berechnen, was den aufgewandten Tagelöhnen gut entspricht. Da der Euphrat dicht westlich bei Etemenanki floß und ebenso zwischen Kasr und Hómera, in griechischer Zeit, so darf man sich den Transport auf dem Wasserwege vorstellen. Daß die Aufschüttung in dieser Gegend nicht ohne besondere Absicht vorgenommen worden sei, läßt sich vermuten. Die Massen konnten jedenfalls bei der Errichtung neuer Gebäude, wie sie Alexander gewiß plante, gute Dienste leisten. Der nördliche Hügel ist zwar nicht zur Ausnutzung gekommen, aber der südliche diente, wie wir gesehen haben, dem Theater als Unterbau, und die mittlere Gruppe wollen wir nunmehr näher betrachten.

50.

Der mittlere Hügel von „Hómera"

Die mittlere Gruppe von Hómera (w 21 auf dem Plan Abb. 249), die unten genau aus derselben Schüttung von Ziegelbruch besteht, wie die eben besprochene nördliche, unterscheidet sich von der letzteren besonders dadurch, daß bei einer Höhe von 7,50 m über Null eine Plattform gebildet ist, und zwar nicht etwa durch Abtragen eines vorhandenen Hügels, sondern dadurch, daß die Schüttung in der genannten Höhe beim Aufschütten abgeglichen wurde. Auf dieser Plattform liegt jetzt, in der Höhe von weiteren 2—3 m, Erde mit wenig Ziegelbrocken und einigen Scherben; Mauern sind darin nicht zu bemerken. Es scheint demnach, daß dieser obere Schutt von ganz späten und sehr untergeordneten Wohnungen herrührt, für die die Plattform selbst nicht geschaffen war. Diese zeigt oben starke Rötung ihres Materials, wie sie die Folge eines Brandes zu erzeugen pflegt. Auf einen derartigen großen Brand deuten auch die hier sich findenden, in starkem Feuer flüssig gewordenen, zusammengeschmolzenen Lehmblöcke mit deutlichen Abdrücken von Palm- und anderem Holz. Die Abdrücke lassen vielfach die scharfkantigen Werkformen guter Zimmermannsarbeit erkennen. Das alles ist sonderbar, und man möchte eine Erklärung dafür haben. Diese läßt sich vielleicht durch den Hinweis auf den Scheiterhaufen gewinnen, den Alexander der Große bei der Feier des Leichenbegängnisses des Hephästion errichten ließ (vgl. Diodor XVII, 115). Um die Plattform für diesen prächtig ausgeschmückten Holzbau zu gewinnen, ließ Alexander, wie Diodor berichtet, ein Stück der Stadtmauer von Babylon einreißen und bediente sich des dabei gewonnenen Ziegelmaterials. Unsere Plattform ist allerdings ringsherum zerstört, die erhaltene Fläche gewiß nur ein kleiner Teil der ursprünglichen, sodaß es nutzlos wäre, hier nach den Spuren des Baues im einzelnen zu suchen.

Der Ort liegt der Burg gerade gegenüber, von ihr getrennt zu Alexanders Zeit durch den Euphrat. Die prachtvolle Pyra, die 12000 Talente gekostet haben soll, muß sich demnach in eindrucksvollster Weise von der Akropolis aus vor dem östlichen Horizonte abgehoben haben.

51.

Rückblick

Von dem so zentral gelegenen Hómera aus übersieht man die Ruinen von Babylon in außerordentlich lehrreicher Weise, und von hier aus können wir uns zusammenfassend an alles das noch einmal erinnern, was wir für die Entwicklungsgeschichte der Stadt aus den Ausgrabungen selbst gelernt haben; dabei wollen wir die aus sonstigen Schriftquellen fließenden Belehrungen außer Acht lassen. Sie würden in eine andere Art der Behandlung gehören.

Die Geräte aus Silex und anderen Steinen beweisen die Existenz von Babylon für die prähistorische Zeit, vor dem 5. Jahrtausend v. Chr.[144] Allerdings konnten die Grabungen bis zu dieser Tiefe wegen des jetzt erhöhten Wasserstandes nicht vordringen (S. 234).[71]

Die ältesten zugänglichen Ruinen gehören der Zeit der ersten babylonischen Könige an (Hammurabi: ca. 18./17. Jh. v. Chr.) und liegen drüben im Merkes (S. 252). Die Stadt umfaßte also damals zum mindesten schon jene Gegend.

Dieselbe Örtlichkeit gab uns die Häusergrundrisse aus der Zeit der kassitischen Könige: Kurigalzu I. bis Kudur-Enlil (ca. 1400—1250 v. Chr.), Enlil-nadin-schumi bis Marduk-apla-iddina I. (ca. 1230—1160 v. Chr.) und weiter in den darüberliegenden Schichten aus assyrischer, neu/spätbabylonischer, persischer und griechisch-parthischer Zeit. Aus allem ging hervor, daß sich die Einteilung des Stadtplanes in Straßen und Häuserblocks durch die Jahrhunderte hindurch so gut wie nicht verändert hat (S. 234).

Als die assyrischen Könige über Babylon herrschten, stellten sie namentlich den großen Tempel Esagila, jetzt unter dem Amrān, wieder her, wo die Fußböden Asarhaddons (681—669 v. Chr.) und Assurbanipals (669—629? v. Chr.) noch liegen. Sanherib (705—681 v. Chr.) hatte die Prozessionsstraße bei der Sachn gepflastert (S. 191).

Auf dem Kasr errichtet Sargon II. (722—705 v. Chr.) die Mauer in der Südburg mit dem runden Eckturm (S. 143ff.). Assurbanipal erneuert

Nemetti-Enlil hier dicht bei Hómera und E-mach auf dem Kasr. Damals fehlten noch der großartige Ausbau der Südburg selbst und sämtliche nördlich davon liegenden Teile des Kasr, der Hügel Babil und die äußere Stadtmauer. Alles das gehört der Bautätigkeit des spätbabylonischen Reiches (626—539 v. Chr.) an.

Nabupolassar (626—605 v. Chr.) beginnt mit dem westlichen Teile der Südburg, errichtet die Mauer des Arachtu vom Kasr bis zum Amrān, baut den Ninurta-Tempel (S. 221ff.) und Imgur-Enlil auf dem Kasr.

Mit Nebukadnezar (605—562 v. Chr.) beginnt dann der kolossale Neubau der ganzen Stadt, die Erneuerungen der Tempel von E-mach auf der Burg, von Esagila, von Etemenanki, dem Turm von Babylon mit seinem weiten Temenos, vom Ninurta-Tempel in Ischīn aswad vom Tempel „Z" und dem älteren Ischtar-Tempel im Merkes. Er erneuert die Arachtu-Mauer, baut die erste steinerne Brücke über den Euphrat (S. 195ff.) beim Amrān, den Kanal Lībilchēgalla, der das Kasr im Norden, Osten und Süden umfloß, baut die Südburg mit seinem Palast ganz aus, erweitert diesen nach Norden zu in drei Vorschüben, wobei die Prozessionsstraße ihre Aufhöhung und Quaderpflasterung, das Ischtar-Tor seine heutige Form erhält, und beide mit den bunt glassierten Tierfriesen ausgestattet werden. Er baut ein neues Schloß weit im Norden und umschließt die Stadt, die sich bis dahin ausgebreitet hatte, mit der gewaltigen äußeren Stadtmauer, deren weiße Hügelketten wir von Hómera aus am östlichen Horizonte sich hinziehen sehen.

Von Nabonid (556—539 v. Chr.) haben wir namentlich die starke Festungsmauer am Euphratufer, wie sie vom Kasr bis zum Urasch-Tor bei der Brücke am Amrān freigelegt ist (S. 198ff.), und den Ischtar-Tempel im Merkes.

In der Zeit der persischen Könige (538—331 v. Chr.), aus der uns Darius I. (522—486 v. Chr.) in dem Marmorbau auf der Südburg (S. 134ff. u. 375ff.) ein Denkmal hinterlassen hat, muß die große Umwälzung vor sich gegangen sein, die das Stadtbild von Babylon wesentlich veränderte. Der Euphrat, der bis dahin nur die westliche Seite des Kasr bespült hatte, floß nun östlich um die Akropolis herum. Aus dieser Zeit stammt das Stadtbild, wie es uns Herodot (484—425 v. Chr.) und Ktesias, der Leibarzt Artaxerxes II., beschrieben haben. Jenen, wahrscheinlich weiten Wasserbogen, der damals das Kasr im Osten umfloß, haben wir in Gedanken zu ergänzen, wenn wir jetzt von Hómera aus hierüber zum Schlosse Nebukadnezars sehen.

Den beginnenden Verfall aufzuhalten und Babylon zu alter Größe wieder zu erheben, hatte Alexander der Große (356—323 v. Chr.) sich vorgenommen. Ein Wahrzeichen von Babylon, der große Turm Etemenanki, das „Heiligtum Marduks", sollte neu gebaut werden, und die baufälligen Massen wurden zunächst abgetragen. Der Schutt liegt hier in den Hügeln von Hómera (S. 298). Aber der König starb, ehe er ihn wieder aufbauen konnte. Von nun an werden die gebrannten Ziegel aus den alten Königsbauten zur Errichtung von allerlei Profanwerken verwendet. Das griechische Theater bei Hómera (S. 290 ff.) ist mit solchem Material errichtet. Auch die Säulenbauten am Amrān (S. 211 f.) und Häuser auf dem Merkes, die aus Ziegelbrocken gebaut sind, gehören entweder der griechischen (331 bis 139 v. Chr.) oder der parthischen (139 v. Chr.—226 n. Chr.) Periode an, das läßt sich im einzelnen nicht genau feststellen. Damals begann der Prozeß der Verödung des vielleicht nur noch von vereinzelten Wohnungen besetzten Stadtgebietes, der sich sicher durch die sasanidische Zeit (226—636 n. Chr.) hindurch wahrte. Nur der Amrān war bewohnt, und auch das nur kümmerlich, wie dort die obersten bis in das arabische Mittelalter (ca. 1200 n. Chr.) hineinreichenden Schichten zeigen. Heutzutage erinnert man sich unwillkürlich beim Betrachten des weiten Ruinenfeldes an die Worte des Propheten Jeremias (50, 39): „Darum sollen Wildkatzen und Schakale drinnen wohnen und die jungen Strauße; und soll nimmermehr bewohnet werden, und niemand drinnen hausen für und für."

Anhang

Neue archäologische Tätigkeiten in Babylon

B. Hrouda

Neben der Tätigkeit des Deutschen Archäologischen Instituts in Baghdad am Turm und nördlich des Kasr, wo das Festhaus vermutet wurde (vgl. J. Schmidt, AA [1973] 759), fanden seit 1970 ausgedehnte Grabungen und Restaurierungsarbeiten der State Organization of Antiquities and Heritage statt. Die Aktivitäten konzentrierten sich auf das auf Babil gelegene griechische Theater, die Prozessionsstraße, den Bereich der Südburg und auf das Gebiet südlich des Ischtar-Tempels, wo ein neuer, dem Gott Nabû geweihter Tempel mit einem Tontafelarchiv entdeckt wurde (vgl. dazu A. Cavigneaux, Sumer 37 [1981] 118ff.).

Über die laufenden Arbeiten haben die irakischen Kollegen auf in Baghdad abgehaltenen Symposien berichtet (vgl. Sumer 35 [1979] und Sumer 41 [1982]). Wir haben im „Wieder erstehenden Babylon" jeweils in Anmerkungen darauf hingewiesen. Zur Zeit werden die Seitenwände der Prozessionsstraße und das griechische Theater erneut restauriert bzw. rekonstruiert.

Weitere Informationen finden sich im Aufsatz von J. Renger, „Wiedererstehendes Babylon", den er nach seiner Teilnahme an einem der ersten Symposien in den MDOG 110 (1978) auf den Seiten 29—41 veröffentlicht hat und im Nachtrag dieses Buches auf den Seiten 437—440.

Rekonstruktionsversuche und Forschungsstand der Zikkurrat von Babylon

H. Schmid

Robert Koldewey hat mit seinem Rekonstruktionsvorschlag für den „Babylonischen Turm" eine der großen Kontroversen in der Geschichte der Archäologie eingeleitet. Nun macht es der legendenbefrachtete Koloß in der Tat ungemein schwer, ihn als konkrete Architektur nachzuentwerfen. Mit ihm verbinden sich die großen Visionen von der baugewordenen menschlichen Überheblichkeit, die ihm im Laufe der Zeit geradezu kosmische Dimensionen verliehen haben. Im Vergleich dazu wird jede Rekonstruktionszeichnung, die sich an den archäologischen Fakten orientieren muß, ernüchternd und letzten Endes enttäuschend wirken. Davon macht allenfalls Koldeweys Rekonstruktion eine Ausnahme, obwohl — oder gerade weil — sie wissenschaftlich nicht zu halten ist. Wenn aber siebzig Jahre nach der Grabung an der Zikkurrat die Zahl der Gegenvorschläge das Dutzend übertrifft, dann ist das allein auch schon für diese selbst ein Zeichen mangelnder Evidenz und um so peinlicher, als sich gerade zur Zeit die Frage der baulichen Form der Zikkurrat im Zusammenhang mit der Präsentation der Ruine erneut stellt, nachdem Babylon jetzt für die Öffentlichkeit besser erschlossen werden soll. Es ist daher dringend geboten, den unbefriedigenden Stand der Forschung zu revidieren.

Nun ist der Forschungsverlauf unlösbar mit den Rekonstruktionsversuchen verknüpft, weil diese trotz ihrer gelegentlichen Fragwürdigkeit immer wieder die Denkanstöße lieferten, nach denen das Material interpretiert wurde. Aber die Ausgangslage war ungünstig: Eine zu große Diskrepanz klafft zwischen baulichen und schriftlichen Informationen. Baureste der Zikkurrat, die als eine Art Negativ fast ganz unter Wasser liegen und bei der Grabung nur abgetastet wurden, mußten mit einem verhältnismäßig reichen, aber nicht leicht verständlichen Korpus schriftlicher Quellen zur Deckung gebracht werden. So etwas erschwert fundierte Aussagen und öffnet ein weites Feld für kühne Ideen, die sich am baulichen Befund kaum kontrollieren lassen. Deshalb ist es zunächst erforderlich, diese Aussagen auf ihre interne Konsistenz zu überprüfen, um Tragfähiges von Willkürannahmen zu trennen und bestimmte Fixierungen aufzulösen.

1. Einstieg ohne Baubefund: Rekonstruktion des Umrißprofils nach den Maßangaben der Esagila-Tafel

Als die Ausgrabung Babylons im März 1899 begann, war von der Zikkurrat noch nicht einmal der Ort gefunden, an dem sie gestanden hatte. Koldewey hielt, wie viele vor ihm, den mächtigen Hügel „Babil" am nördlichen Stadtrand für seine Ruine. Dieser Schutthaufen lieferte allerdings keine brauchbare bauliche Information.

Bereits im Jahre 1876 aber hatte der englische Assyriologe George Smith den Inhalt der für die Zikkurrat ergiebigsten keilschriftlichen Quelle veröffentlicht. Es handelt sich um die im Jahre 229 v. Chr. von dem Schreiber Anubelschunu nach einer älteren Vorlage gefertigte Tafel mit Maßangaben zu den Heiligtümern Esagila und Etemenanki, die als Esagila-Tafel in die Literatur einging (The Athenaeum 1876, Febr. 12th, 437ff.). Smith war auf dem Weg nach Ninive, als er an einem Ort, den er nicht nannte, die Tafel sah und übersetzte. Er starb im selben Jahr in Aleppo. Die Tafel blieb verschwunden, bis sie 1912 von der damaligen Besitzerin den Sammlungen des Louvre vermacht wurde. Seitdem wurde sie mehrfach bearbeitet und ist bis heute noch Gegenstand der Diskussion unter den Philologen (dazu: M. A. Powell, Metrological Notes on the Esagila Tablet and Related Matters, ZA 72 [1982] 106 ff.; W. von Soden, Kritische Notizen, 1. Zu M. A. Powell, ZA 73 [1983] 92 f.).

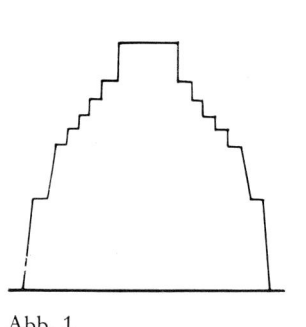

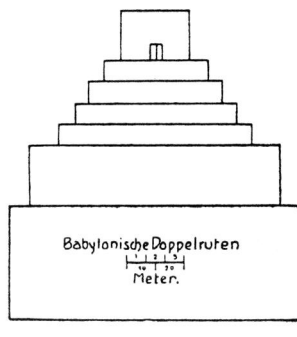

Abb. 1   Abb. 2

Angesichts der Schwierigkeiten, welche dieser Text immer noch bereitet, kann man die Leistung von Smith nur bewundern. Er gibt einleitend Hinweise auf das babylonische Maßsystem, die wichtigsten Maßeinheiten und das sexagesimale Zählprinzip. Dann folgen die Angaben zu den verschiedenen Bauten und Bauteilen und schließlich die Maße für die Stufen der Zikkurrat, umgerechnet ins englische Maßsystem in Fuß. Eine seiner Meinung nach durch ein Versehen des Kopisten weggelassene Zeile mit Angaben für eine sechste Massivstufe unter dem höchsten Teil, den er als Tempel betrachtet, ergänzt Smith und zeigt, daß damit die Gesamthöhe des Bauwerks seiner Länge und Breite gleichkam. Dieses Maß berechnet er auf 300 Fuß.

Für die beiden besonders hohen unteren Stufen muß er aus dem Text die Besonderheit von Strebepfeilern und geböschten Flanken abgeleitet haben. Jedenfalls rekonstruiert der englische Architekt Lethaby danach und nach Smith' Berechnungen das Umrißprofil der Zikkurrat und veröffentlicht es auf der Titelseite seines Werkes „Architecture, Mysticism and Myth" (London 1891/92) (siehe Abb. 1). Das Ergebnis ist ein sich nach oben in gleichmäßigen Rücksprüngen stark abstufender Terrassenkörper mit klar abgesetztem oberen Block für den Tempel. Die beiden unteren Stufen, die zusammen mehr als die halbe Höhe ausmachen, erhalten im Gegensatz zu den vier oberen und viel niedrigeren Stufen geböschte Flanken. Der Böschungswinkel ergibt sich aus der Annahme, daß sämtliche Rücksprünge etwa gleich breit waren. Dies führt bei der zweiten Stufe zu einer stärkeren Flankenneigung als bei der ersten, weil die dritte Stufe eine bedeutend geringere Kantenlänge gehabt haben muß als die zweite.

Alles in allem ist diese erste Umrißrekonstruktion trotz ihrer diagrammartigen Schematisierung eine durchaus einleuchtende Sache, wenn man die damalige Informationslage berücksichtigt, die nicht gestattete, eine solche Theorie an der baulichen Realität zu prüfen.

In Babylon selbst kam man erst mit den Fortschritten der Grabung an der Prozessionsstraße auf den Gedanken, in dem im Zentrum des Stadtgebietes gelegenen wassergefüllten Raubgraben mit dem Erdblock in der Mitte die Reste der Zikkurrat zu sehen. Laut Koldewey hat als erster Hilprecht auf diese Möglichkeit hingewiesen (MDOG 7 [1900/01] 30). Aber auch Meißner, der erste Assyriologe der Expedition, war dieser Meinung und publizierte dies bereits 1901, wenn auch nur in einem einzigen Satz seines Reiseberichtes „Von Babylon nach Hira" (2. Sendschrift der DOG [1901] 1). Ausführlicher geht sein Nachfolger Weißbach auf diese Frage ein. Und von ihm stammt auch die zweite Rekonstruktion des Umrißprofils der Zikkurrat (Das Stadtbild von Babylon, AO 5,4 [1904] 22ff.) (siehe Abb. 2).

Weißbach beschreibt die Ruine kurz und gibt die Ausdehnung des Raubgrabens mit fast 100 m Länge auf allen vier Seiten an, dazu den südlichen Stichgraben mit etwa 50 m Länge. Den Block in der Mitte mit seinen ungefähr 60 m Seitenlänge bezeichnet er als etwa 4 m hoch aus „lufttrockenen Ziegeln" hergestellt (a. a. O. 9f.). Beim Abbau des Backsteinmauerwerks, den Weißbach auf die Jahre 1886/87 datiert, waren Gründungsurkunden gefunden worden (a. a. O. 22), so daß die Identität des Bauwerks als Zikkurrat von Babylon sicher ist. Aus den Urkunden der spätbabylonischen Könige leitet Weißbach dann ab, daß Nabupolassar den Neubau begonnen und bis zu einer Höhe von 30 Ellen geführt hatte, als Nebukadnezar die Vollendung übernahm. Nach Augenschein der Ruine kann Weißbach feststellen, daß die unterste Stufe aus einem Kern aus Lehmziegeln und einer „Verschalung" aus Backstein von mehreren Metern Stärke bestand.

Den Aufriß rekonstruiert Weißbach nach den Angaben von Smith — seltsamerweise ohne diesen zu zitieren —, berechnet jedoch die babylonische Maßeinheit nach der Grabenlänge der Ruine von (annähernd) 100 m, so daß die 12 Ellen messende Doppelrute auf „annähernd $6^2/_3$ Meter" kommt (a. a. O. 23, Anm. 1). Seinen Umriß nennt er ausdrücklich „Schematische Darstellung", denn er gibt die Stufen so wieder, wie die Maße allein es nahelegen, d. h. ohne Böschungen mit senkrechten Flanken. Wie Smith und Lethaby ergänzt auch Weißbach die in der Tafel vermutlich weggelassene sechste Stufe.

Das Umrißprofil zeigt nun über der zweiten Stufe in (nach Weißbachs Berechnung) 56,6 m Höhe einen breiteren Rücksprung, über welchem dann die niedrigeren, nur noch 6,6 m hohen Stufen beginnen. Über der (ergänzten) sechsten Stufe steht der Tempel mit den Maßen 26,64 m auf 23,31 m im Grundriß bei 16,65 m Höhe (metrische Werte nach Weißbachs Angaben in Doppelruten von mir berechnet). Weißbach zeichnet ein Tor in die Mitte der Ansicht ein.

Interessant sind seine Überlegungen zu der Aufgangsfrage: „Der Aufstieg zu dem Heiligtum geschah vielleicht mittels einer Rampe, die

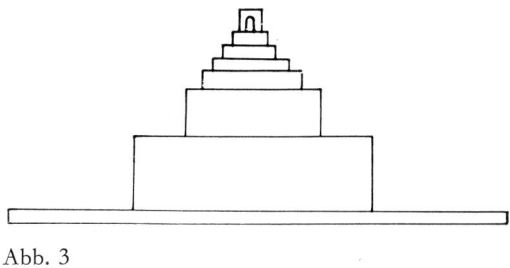

Abb. 3

die einzelnen Stufen rings umgab, oder auf einer Treppe, deren Lage wir uns dann wohl im Süden, wo das Sahan eine rechteckige Ausbuchtung nach Esagila hin aufweist, zu denken haben würden" (a. a. O. 23f.).

Weißbachs Umrißprofil ist für die meisten Rekonstruktionsversuche verbindlich geblieben, weil die Ausgräber später für die Außenflanken der untersten Stufe keine Böschungsneigung feststellen konnten. Lediglich in der Frage, ob man eine sechste Stufe ergänzen dürfe oder nicht, gehen die Meinungen — bis auf den heutigen Tag — auseinander.

Im Jahr 1913, also gleichzeitig mit der endlich möglich gewordenen Untersuchung der Ruine, erschienen die Überlegungen von Dieulafoy zum Aufriß der Zikkurrat nach den Maßen der wiedergefundenen und neu von Scheil bearbeiteten Tafel des Anubelschunu (Esagil ou le temple de Bêl-Marduk à Babylone. Étude documentaire par le P. Scheil. Étude arithmétique et architectonique par M. Dieulafoy. Extrait des Mémoires de l'Académie des inscriptions et belles-lettres T. 39, Paris 1913, 293 ff.). Dieulafoy setzt nun aber im Gegensatz zu Smith und Weißbach für die Maßeinheit, in welcher die Stufenabmessungen angegeben sind, einmal nur 6 statt 12 Ellen ein und verwendet für die (schwer erklärbaren) Angaben des mutmaßlichen Fundamentes eine Einheit von 19 Ellen. Auf diese Weise entsteht ein gänzlich anderes Umrißprofil (siehe Abb. 3). Der eigentliche Zikkurratkörper steht danach auf einer weit vorspringenden Fundamentplatte, erreicht aber nicht ganz die Gesamthöhe wie bei Smith und Weißbach. Über der unteren Stufe kommt es zu einem sehr breiten Rücksprung, so daß die zweite Stufe fast nur die halbe Kantenlänge der unteren erhält. Darüber treppt sich das Profil gleichmäßig zurück.

Dieulafoy konnte nicht wissen, daß seine Überlegungen bereits überholt waren, als sie noch gedruckt wurden: Die Grabung an der Ruine hatte bewiesen, daß die unterste Stufe mit einer Kantenlänge von durchschnittlich 91,55 m zugleich die Abmessung des Fundaments ist. Dies ließ sich widerspruchsfrei mit den Angaben der Tafel für die Kantenlänge von 180 Ellen für die unterste Stufe zur Deckung bringen und die Elle auf knapp 51 cm berechnen. Smith hatte den absoluten Wert auf rund 50 cm angenommen — und Weißbach hatte ca. 55 cm zugrunde gelegt. Sie waren damit beide mit ihren Umrißrekonstruktionen der Wirklichkeit am nächsten gekommen.

2. Das Programm der Gegensätze: Die drei ersten Rekonstruktionsvorschläge nach der Grabung von 1913

Die Grabung an der Zikkurrat-Ruine lieferte für die Rekonstruktion ihrer Bauform die genauen Abmessungen des Grundrisses und der Einzelheiten für die Gliederung der Seitenflächen. Vor allem aber konnte die aufwendige dreiarmige Treppenanlage auf der Südseite wenigstens im Grundriß genau erfaßt werden. Diese Ergebnisse wurden, allerdings ohne Angabe genauer Daten, von Koldewey und Wetzel sogleich vorgelegt (MDOG 51 [1913] 21ff., MDOG 53 [1914] 17ff.). Und überraschend schnell erschien dann auch der erste Rekonstruktionsvorschlag von dem Münchner Architekten Theodor Dombart im Erstdruck seiner Dissertation von 1915. Koldewey selbst konnte seine Rekonstruktion erst nach der endgültigen Rückkehr von Babylon nach Berlin, aber immerhin noch während des Krieges im Jahre 1918 vorlegen. Kurz danach veröffentlichte Axel Moberg in einer Abhandlung seine Vorstellung von der Zikkurrat.

Mit diesen drei Versuchen ist bereits der Rahmen abgesteckt, welcher den späteren Vorschlägen bleibt: Sie unterscheiden sich im Umriß und in der Führung und Form der Aufgänge grundsätzlich voneinander und veranschaulichen damit schon die verschiedenen Rekonstruktionsmöglichkeiten, die vor dem Hintergrund der baulichen Befunde und der schriftlichen Informationen verbleiben.

Die Kombination von dreiläufiger Treppenanlage und Spiralrampen bei stark abgetrepptem Umrißprofil von Th. Dombart, 1915 (Zikkurrat und Pyramide, 1 ff., insbes. 47 ff., Abb. 35.36.43) (siehe Abb. 4) Dombart übernimmt für seinen Rekonstruktionsvorschlag das Umrißprofil von Weißbach mit ergänzter sechster Stufe (a. a. O. Abb. 33), von Smith aber die Vorstellung von den um die Zikkurrat angeordneten Räumlichkeiten für die Götter, welche in der Tafel des Anubelschunu ebenfalls aufgeführt sind. Diese erscheinen als niedrige Körper mit Nischengliederung rings um den Stufenturm gruppiert.

Abb. 4

Da die Ausgräber in ihren Kurzberichten keine Einzelheiten zum Steigungsverhältnis der Treppen mitgeteilt haben, rekonstruiert Dombart dieses nach dem veröffentlichten Foto mit einer Steigung von 23 cm bei 30 cm Auftrittsbreite (a. a. O. 47), was einem Neigungswinkel von 37° 30' entspricht. Damit erreichen die Seitentreppen (etwas knapp) die Oberfläche der ersten Stufe, deren Höhenlage sich auf 33,5 m nach den Angaben der Tafel bzw. des errechneten absoluten Wertes der Doppelrute festlegen läßt. Auf dieser Höhe endet auch Dombarts Mitteltreppe, deren größere Lauflänge sich auf die Höhe also nicht auswirkt. Die drei Treppenläufe treffen sich demzufolge auf einem gemeinsamen Podest.

In der Achse der Mitteltreppe liegt in der zweiten Stufe ein durch seitliche turmartige Vorsprünge betontes Portal, zu dessen Funktion sich

Dombart nicht explizit äußert. Indessen verrät seine Form das Vorbild: Dombart geht 14ff. ausführlich auf die Zikkurrat-Darstellung auf einem neuassyrischen Relief aus dem Palast des Assurbanipal aus Ninive ein, deren einzelne Stufen Toröffnungen zeigen, wovon diejenige in der dritten Stufe ebenfalls in der Mittelachse liegt und die Betonung durch seitliche Tortürme zeigt (a. a. O. Abb. 6). Dombart läßt die Möglichkeit aber offen, ob es sich dabei um Zugänge für innere Räume oder für innenliegende Aufgänge handelt.

Die entscheidende Frage nach der Aufgangsform über der dreiläufigen Freitreppe beantwortet Dombart unter Berufung auf die Beschreibung des Herodot mit der Annahme einer auf der Oberfläche der ersten Stufe an deren Ostecke beginnenden Wendelrampe (a. a. O. Abb. 36). Diese Aufgangsform hatte Place schon 1867/70 für die Zikkurrat von Chorsabad angenommen bzw. an der Ruine gesehen. Dombart nimmt für die Breite der Wendelrampe im Bereich der zweiten Stufe die Hälfte des Maßes an, um welche die dritte Stufe gegenüber der zweiten zurückspringt. Dadurch ergibt sich auf der Oberfläche der zweiten Stufe trotz der um sie gelegten Spiralrampe ein horizontaler Umgang. Der Wechsel von horizontalen und ansteigenden Kanten erlaubt nun, in dem an sich siebenstufigen Gebilde je nach Blickrichtung auch acht Stufen zu sehen, wie Herodot beschreibt, der von acht „Türmen" spricht.

Der Hochtempel zeigt Hörnerschmuck und ist in dieser Einzelheit wiederum dem Relief aus Ninive nachgebildet. Nach diesem Vorbild denkt sich Dombart auch die in der Grabung festgestellte Gliederung der Außenflanken der unteren Stufe in Vor- und Rücksprünge als regelrechte Nischengliederung. Dieses formale Detail überträgt er auch auf den Hochtempel — hier im Gegensatz zum Relief, wo der Tempel, wie die oberen Stufen, ungegliederte Flanken hat. Ungegliedert bleiben auch alle Stufen über der unteren. Dies hat natürlich auch den Vorteil, auf eine Staffelung der Nischenscheitel entsprechend der sanften Rampenneigung verzichten zu können.

Der hier in seiner ersten Fassung vorliegende Rekonstruktionsentwurf Dombarts ist zu verstehen als ein etwas angestrengter Versuch, die sich teilweise widersprechenden Informationen aus Grabungsbefunden, Bild- und Schriftquellen unter allen Umständen zur Deckung zu bringen.

Die Rekonstruktion eines kubischen Zikkurrat-Körpers aus der Annahme eines großflächigen Hochtempels und die Kombination der dreiläufigen Treppenanlage mit außen- und innenliegenden Treppen von R. Koldewey, 1918 (Der babylonische Turm nach der Tontafel des Anubelschunu, MDOG 59 [1918] 1ff.) (siehe Abb. 5)

Koldewey hat die zu seiner Zeit gängigen Vorstellungen von der Form einer Zikkurrat stets als unbewiesen abgelehnt und dies auch begründet (Die Tempel von Babylon und Borsippa, WVDOG 15 [1911] 60ff.,

Abb. 5

insbes. 66). Offensichtlich glaubte er nie an das stark abgestufte Umrißprofil, das sich aus der Übersetzung der Maßangaben in der Anubelschunu-Tafel durch Smith ergeben hatte, denn er schrieb noch vor der Grabung an der Ruine in der Erstausgabe seines Buches „Das wieder erstehende Babylon" angesichts der Tatsache, daß die für Esagila angegebenen Maße für die Höfe mit den Grabungsergebnissen nicht in Einklang zu bringen waren: „Unter diesen Umständen darf man auch den für angeblich 7 Geschosse des Turmes angegebenen Maßen grundlegende Bedeutung nicht beimessen". Weiter unten fügte er hinzu: „Ich selbst wünschte, mich der landläufigen Vorstellung von Stufentürmen hingeben zu dürfen, erkenne aber keine sichere Grundlage für diese Vorstellung ..." (MDOG 59 [1918] 190f.). Seine hartnäckige Weigerung, sich der „landläufigen Vorstellung" anzuschließen, kann man eigentlich nur verstehen, wenn man davon ausgeht, daß er damals schon seine These entwickelt hatte, daß die Räume für die Götter, welche in der Tafel genannt sind, nicht zu ebener Erde standen, sondern auf dem Zikkurrat-Massiv selbst. Denn die Grabung im Bereich von Etemenanki hatte keinerlei Bauten in der Umgebung der Zikkurrat-Ruine feststellen können. So kommt er denn auch 1918 sogleich nach der Wiedergabe von Scheils Transkription und der deutschen Übersetzung, die er gemäß einer Abhandlung von Weißbach (OLZ 1914, 193 ff.) ergänzt, als erstes auf dieses Problem zu sprechen und lehnt die Auffassung von Smith explizit ab: „Vielmehr sind die genannten Räumlichkeiten als Teile eines einheitlichen Bauwerkes aufzufassen, schon deshalb, weil sonst der in Zeile 33 genannte Hof vollkommen vereinzelt dastehen und sozusagen in der Luft schweben würde. Um den Hof gruppieren sich eben die Heiligtümer herum ..." (MDOG 59 [1918] 8).

Die These von einem einheitlichen Bauwerk, in welchem die einzelnen Räume für die Götter um einen eigenen Innenhof angeordnet waren, ist überzeugend. Die Schwierigkeit ergibt sich aus der Frage, wo dieses Gebäude stand. Koldewey untersucht diese Frage ausführlich und kommt zu dem Ergebnis, daß es nur auf dem Massiv der Zikkurrat gestanden haben könne (a. a. O. 15). Hier aber eröffnet sich ein im Prinzip unlösbarer Widerspruch zu den Maßangaben des Stufenbaus der Zikkurrat. Denn auf diesen Stufen hat ein Bauwerk der angegebenen Größe keinen Platz, wenn man die unspezifiziert gegebenen Maße seiner Räume in Normal-Ellen liest. Dies aber liegt deswegen nahe, weil der Text im selben Abschnitt für die Einrichtung die übliche Ellenbezeichnung verwendet. Dann aber hatte das Bauwerk einen Grundriß von 160 Ellen Seitenlänge, d. h. über 80 m!

Koldewey entgeht nicht, daß die Maße für die einzelnen Göttergemächer — in Ellen gelesen — die üblichen Spannweiten von Räumen „bei weitem übertreffen". So sieht er in den Angaben „gewissermaßen nur das Gerippe des Baugrundrisses" und umgibt in seiner Grundrißrekonstruktion dieses Gerippe „mit dem Fleische der Mauern und Nebenräumlichkeiten" (a. a. O. 10, Abb. 1.2). Er gibt auch zu, daß die nächstliegende Parallele der Tempel von Esagila selbst ist. Dennoch identifiziert er den Bau der Beschreibung nicht mit Esagila — ohne diese Entscheidung explizit zu begründen —, sondern sieht darin den Hochtempel. Den Widerspruch zu den übrigen Angaben der Tafel bezüglich der Abmessungen der einzelnen Stufen erklärt er als Resultat der Beschreibung der Ruine des Bauwerks, wie sie im Jahre 229 v. Chr. noch zu sehen war (a. a. O. 16 f.). Damit kann er den (ursprünglichen) Aufriß so wählen, daß der großflächige Hochtempel auf der Zikkurrat seinen Platz findet (a. a. O. Abb. 3.4.7.8.10).

Die Tatsache, daß Koldewey bei seinem Denkansatz für das Umrißprofil mit minimalen Rücksprüngen auskommen muß, bestimmt auch seinen Vorschlag für die Rekonstruktion der Aufgangslösung. Er nimmt für die dreiläufige Treppenanlage — ohne das Steigungsverhältnis ausdrücklich zu nennen — einen Neigungswinkel von 38° an. So erreicht er — wie vor ihm Dombart — mit den Seitentreppen in einem durchgehenden Lauf die Oberfläche der ersten „Stufe". Diese besteht bei ihm allerdings nicht aus einem klar abgesetzten Terrassenkörper, sondern nur aus einer horizontalen Markierung durch ein Lisenenband, das die Rücksprünge der unteren Stufe zu Nischen werden läßt, während darüber in derselben Ebene die Gliederung der zweiten Stufe weiter emporsteigt. Nur in der Front- und Rückseite tritt die Wandfläche der zweiten Stufe soweit zurück, daß schmale, V-förmig nach oben zu den Ecken führende Treppenläufe als Fortsetzung der Seitentreppen angelegt werden können. Das Treppenpaar auf der Rückseite wird über einen axial durch die zweite Stufe geführten Stollen erreicht (a. a. O. Abb. 3 bis 6).

Aus der gegenüber den seitlichen unteren Treppenläufen um etwa 9 m längeren Mitteltreppe schließt Koldewey nun im Gegensatz zu Dombart, daß diese höher geführt war. Er erreicht mit ihr etwa die halbe Höhe der zweiten Stufe, indem er den Lauf über das gemeinsame Podest der beiden Seitentreppen hinwegführt, das er sich mit einem mächtigen Tonnengewölbe überdeckt vorstellt (A in Abb. 5.6). Da nun der Körper der zweiten Stufe auf halber Höhe keinen Umgang haben kann, muß Koldewey die Fortsetzung der Mitteltreppe durch im Inneren liegende Treppen annehmen. Dies bedeutet die grundsätzliche Trennung der Aufgangswege über die Mitteltreppe einerseits und die Seitentreppen andererseits und legt nahe, die erstere einer privilegierten Benutzergruppe zuzuweisen, nämlich der Priesterschaft (a. a. O. Abb. 27.30). Sie kann dann im Inneren der Zikkurrat von unten her den Hochtempel erreichen. Für „das gewöhnliche Volk" aber beginnt an den oberen Ecken der zweiten Stufe ein waghalsiger Aufstieg über die an die Außenflanken der oberen vier Stufen angelehnten, nach oben konvergierenden Treppen. Auch hier verbietet es der große Tempel, die Stufen deutlich gegeneinander abzusetzen — und zudem verlangt die Treppenführung an den Seitenflanken, daß hier auch die Eingänge zum Hochtempel liegen.

Hier offenbart sich nun aber ein innerer Widerspruch in der Argumentation Koldeweys: Wenn nämlich in der Beschreibung der Göttergemächer wirklich der Hochtempel gemeint ist, dann hatte dieser in jeder Himmelsrichtung ein Tor. Bezieht man diese Aussage auf den Innenhof, so muß man nach dem Vorbild der anderen Tempel in Babylon nur ein einziges Außentor annehmen — sieht man darin Außentore, wie sie Esagila zeigt, dann ist die Beschränkung auf nur zwei

Tore unzulässig. Koldewey gibt auch offen zu, daß sein Vorschlag „die Anordnung der Zugänge erleichtert" (a. a. O. 14), also von seiner Treppenlösung bestimmt wurde.

Gravierender jedoch ist der Mangel an innerer Konsistenz in folgendem Rückschluß Koldeweys: „Die Höhen der verschiedenen Geschosse können sich, solange auch nur ein Stück des nu-ḫar auf dem Gipfel (Hochtempel, Anm. d. Verf.) sich noch erhalten hatte, sehr wohl noch meßbar erhalten haben. Diese Mauerklötze werden naturgemäß in Schichten aufgebaut, die sich auch in der Ruine noch zu erkennen geben, wie das am Turm von Borsippa zu sehen ist. Diese Schichten ergeben dann organisch die Geschoßabteilungen." (a. a. O. 17). Dies ist gerade bei der Annahme eines sehr steilen Umrißes absolut unglaubhaft. Denn wenn sich dieser Umriß im Jahre 229 v. Chr. derartig verändert darstellte, dann waren von ursprünglich nur angedeuteten Abstufungen der Flanken die Höhenlagen bestimmt nicht mehr zu sehen, geschweige denn genau zu messen.

Was nun die äußere Erscheinung des Bauwerks angeht, so löst Koldewey die Gliederung der Außenflächen und der Treppenläufe in einem ganz anderen Sinne als vor ihm Dombart. Er faßt die Vorsprünge als „ornamentale Türme auf, die also ihre nächste Umgebung stets etwas überragen müssen" (a. a. O. 30 f.). Dementsprechend läßt er die Vorsprünge über die Flächen der Rücksprünge emporsteigen und ist die Peinlichkeit los, daß sich bei den Treppenwangen etwas unentschieden wirkende gestaffelte Nischen ergeben. Bei den Außenflächen bleiben die Vorder- und Rückseite der zweiten Stufe in dem Bereich ungegliedert, wo die V-förmigen Treppenläufe eingeschnitten sind. Diese heben sich dadurch um so nachdrücklicher vom Massiv ab. Auch die niedrigeren vier oberen Massivstufen bleiben ohne Gliederung, wie auch die an ihre Flanken angelehnten Treppenwangen. Damit steigert Koldewey die Wirksamkeit der Gliederung des Hochtempels. Dieser erhält bei ihm als Würdezeichen mehrfach abgetreppte turmartige Vorsprünge und an den Eingängen regelrechte Tortürme als die ihnen gemäßen formalen Elemente.

In diesen Einzelheiten und auch in der viel angefeindeten Würfelform des Zikkurrat-Körpers erreicht Koldeweys Rekonstruktion eine einmalige monumentale Wucht. Die Schwäche seines Vorschlages aber liegt darin, einen einzigen Grundgedanken allen anderslautenden Informationen übergeordnet zu haben.

Die Beschränkung der Treppenformen auf die an der Ruine nachgewiesenen Laufführungen und durchgehend zum Hochtempel geführte Mitteltreppe bei stark abgestuftem Umrißprofil von A. Moberg, 1918 (Babels Torn, en Översikt, Lund-Festschrift, N. F. Avd. 1. Bd. Nr. 20., Lund-Leipzig 1918) (siehe Abb. 6) Moberg legt wie Dombart seiner Rekonstruktion das stark abgestufte Umrißprofil zugrunde und ergänzt wie Dombart und Koldewey die sechste Massivstufe. Er folgt Koldewey insofern, als auch er die Räumlichkeiten für die Götter nicht in getrennten Bauten um die Zikkurrat

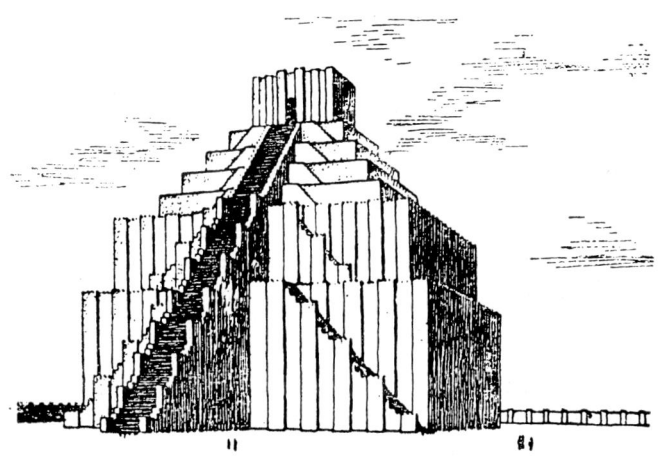

Abb. 6

anordnet, übernimmt jedoch nicht dessen These, in ihnen den Hochtempel selbst zu sehen (a. a. O. 66 ff.). Diesem gibt er die Maße, welche die Esagila-Tafel den obersten Bauteilen zuweist, nämlich 24,4 m Länge, 21,35 m Breite und 15,25 m Höhe (a. a. O. 62).

Mit dem Zurückstufen des Aufrisses des Zikkurratkörpers kommt Moberg nun auf eine mögliche Lauflänge für die Mitteltreppe von 88 bis 89 m und kann bei seiner Annahme eines Steigungsverhältnisses von 17 cm zu 20 cm, das er aus dem Grabungsfoto von der Seitentreppe ableitet (a. a. O. 56), auf eine Gesamthöhe der Mitteltreppe von 74 bis 76 m schließen (a. a. O. 64). Damit erreicht er mit einem einzigen Lauf das Portal des Hochtempels (a. a. O. Abb. 24).

Der Neigungswinkel der Treppe beträgt nun knapp 40° 30′ gegenüber Koldeweys 38°. Dieser höhere Winkel entspricht etwa der Linie vom Antritt der Mitteltreppe bis zur Vorderkante der ergänzten sechsten

Stufe bei Annahme des stark abgetreppten Umrisses — und wahrscheinlich dürfte dieser Winkel Mobergs Ansatz zur Bestimmung des Steigungsverhältnisses gewesen sein und nicht etwa das Grabungsfoto, aus dem man auch ganz andere Maße für Steigung und Auftritt herauslesen kann. Aber die steile Treppenneigung erlaubt Moberg nun auch für die Seitentreppen eine völlig unkomplizierte Führung mit ausreichend Platz für Podeste, die nun den Mitteltreppenlauf unberührt lassen. Er kann auch für die oberen Stufen entsprechende, d. h. nach oben konvergierende Treppenläufe annehmen und kommt auf diese Weise mit den Treppenformen aus, welche die Ruine selbst zeigt.

Mobergs Vorschlag ist neben dem Dombarts die am meisten diskutierte Möglichkeit für die Aufgangslösung.

3. Der offene Streit: Acht konkurrierende Rekonstruktionsvorschläge aus zwanzig Jahren

Die Diskussion entzündete sich verständlicherweise an dem die Fachwelt überraschenden Vorschlag Koldeweys und war in ihrer heißen Phase eine reine Kontroverse zwischen Koldeweys ehemaligen Mitarbeitern und seinen Gegnern. Dabei muß man den Kontrahenten auf beiden Seiten zugute halten, daß sie sich sehr schwer taten, die gegnerischen Argumente sachlich zu prüfen und gegebenenfalls unhaltbare Positionen aufzugeben. Dies liegt zum Teil sicher an der ungewöhnlichen Attraktivität des Objekts — zum Teil aber auch an der unzureichenden Informationslage, die es ermöglicht, fast mühelos eine vorgetragende These durch eine neue zu ersetzen, ohne jene erst explizit widerlegen zu müssen.

Der Streit hatte aber ein positives Ergebnis insofern, als sämtliche Argumente und Gegenargumente tatsächlich vorgetragen und dazu die Informationen wirklich ausgeschöpft werden mußten. Dies zwang zunächst zu einer gründlichen Überarbeitung des schriftlichen Quellenmaterials, der sich mehrere Philologen unterzogen. Solange aber mußte auch die Veröffentlichung der Grabungsbefunde warten, die erst 1938 erfolgte. Mit der Erkenntnis, daß man fast immer von zu steilen Treppenneigungen ausgegangen war, resignierten die Kämpfer der heißen Phase und ließen die Diskussion offen.

Rekonstruktionsvorschlag II von Th. Dombart, 1919
(Jahrbuch des Deutschen Archäologischen Instituts 1919,
40ff., Abb. 2; Der Sakralturm, Neudruck der Dissertation
von 1915, München 1920, Frontispiz und Abb. S. 81)
(siehe Abb. 7)

In einer zweiten Fassung verarbeitet Dombart eine Reihe von Anregungen aus Koldeweys eigenem Vorschlag — auch wenn er dies nur im Falle der Götterräume ausdrücklich zugibt, die er nun ebenfalls nicht mehr um die Zikkurrat gruppiert (JdI 1919, 55). Eindeutig auf Kolde-

Abb. 7

wey zurück geht aber auch die Gliederung der Treppenläufe, deren Vorsprünge wie bei Koldewey turmartig über die oben entsprechend der Laufneigung abgeschrägten Rücksprünge emporragen.

Die zweite Massivstufe der Zikkurrat ist jetzt als Block ohne umlaufende Wendelrampe ausgebildet und erhält dieselbe Nischengliederung wie die erste Stufe. Um nun von der auf dem gemeinsamen Podest auf Höhe der ersten Stufe endigenden Freitreppenanlage weiterzukommen, muß Dombart in der zweiten Stufe eine innenliegende Treppe annehmen — zweifellos inspiriert von Koldeweys entsprechendem Vorschlag. Allerdings sieht Dombart im Zusammenhang mit der innenliegenden Treppe auch die „Kammer" oder „Kultanlage" des Bel-Grabes, von dem die antiken Autoren berichten. Das Tor zu Treppe und Kultanlage im Inneren der zweiten Stufe ist wieder wie beim ersten Entwurf dem Relief von Ninive nachgebildet. Über diesem Tor liegt in der Front der dritten Stufe eine bogenüberwölbte Öffnung, durch die man die innenliegende Treppe verläßt.

Von dieser Öffnung aus wird die an der Ostecke beginnende Wendelrampe erreicht, die sich demzufolge auf die vier oberen Terrassenstufen beschränkt. Sie sind einerseits deutlich niedriger als die beiden unteren Stufen, aber von gleicher Höhe. Dies und ihr großer Rücksprung gegenüber den unteren Terrassen signalisiert die Andersartigkeit und könnte auf die Form der Spiralrampe hinweisen. Diese Spiralrampe endet auf der Oberfläche der sechsten Stufe an deren Ostecke. Damit wäre die Lage des Tempelportals auf der Südseite abwegig. Dombart verlegt es deshalb auf die Ostseite (a. a. O. Abb. 48. 81). Am Tempel fehlt jetzt der Hörnerschmuck und die Nischengliederung. Er erhält statt dessen die Turmlisenen und auch Tortürme wie bei Koldewey mit entsprechend kleineren Abmessungen.

Dieser Entwurf Dombarts hat gegenüber seiner ersten Fassung an Festigkeit gewonnen, weil das etwas unentschieden wirkende Wechselspiel von horizontalen und geneigten Kanten bzw. Oberflächen reduziert ist auf den Bereich der oberen Stufen und damit das Erscheinungsbild der Zikkurrat durch eine klare Trennung in höhere blockartige und niedrige gewendelte Stufen bestimmt wird. Dombarts Grundidee erscheint besser motiviert. Wenig überzeugend aber ist, daß die Rekonstruktion jetzt drei grundsätzlich andersartige Aufgangsformen voraussetzt: Freitreppen, innenliegende Treppen und umlaufende Wendelrampen.

Rekonstruktionsvorschlag III von Th. Dombart, 1921
(erstmals in: Freiburger Lichtbildarchiv 1921, Nr. 248;
Springer-Wolters, Die Kunst des Altertums, Leipzig,
1923, 58, Abb. 143; B. Seyfert, Bilder zur Geschichte,
Halle 1923, 19, Abb. 45; der Fachwelt vorgelegt in JSOR 8
(1924) 120 Abb. 4; ausführlich in Klio 21 [1927] 157f., 173;
sowie in AO 29, 2 [1930] Taf. I—IV) (siehe Abb. 8)

Dombarts dritter Rekonstruktionsvorschlag erscheint in zweierlei Fassungen. Die frühere von 1921 ist gekennzeichnet durch eine Kultstätte, welche durch Portale in den Seiten der zweiten Stufe zugänglich ist und auch innenliegende Treppen besitzt. Auf der östlichen Seite ist ein Altar eingetragen, und der Rauch eines Opferfeuers steigt auf. In der späteren Fassung bleibt diese Kultstelle weg, aber die Portale werden beibehalten, weil der innenliegende Aufgang nach wie vor nötig ist (vgl. die Perspektiven in Klio 21, 173 und AO 29,2, Tafel I). Von ihm aus erfolgt wie in Vorschlag II der Austritt durch die bogenüberwölbte Öffnung in der Front der dritten Stufe.

Gegenüber Vorschlag II wird jetzt aber die Mitteltreppe über die Podestzone der Seitentreppen hinweggeführt bis zur Oberfläche der zweiten Stufe vor der bogenüberwölbten Öffnung des Innenaufgangs. Dieses Hochführen verlangt eine noch etwas steilere Treppenneigung, die Dombart jetzt mit $38^1/^{20}$ annimmt (siehe Eintrag in der Seitenansicht

Abb. 8

in Klio 21, Abb. 3). Wie Koldewey es im Prinzip auch schon vorschlug, wird der Lauf der Mitteltreppe im Bereich des Podestes und des Umgangs durch Tonnengewölbe getragen. Alle übrigen Einzelheiten sind unverändert aus dem Vorschlag II übernommen.

Man darf für die Lösung der dreiläufigen unteren Treppenanlage unterstellen, daß hier sowohl Koldeweys wie auch Mobergs Rekonstruktionen die Anregung lieferten. Denn beide hatten in einer Zeit, als Dombart noch ausdrücklich ablehnte, die Mitteltreppe ihrer größeren Lauflänge wegen höherzuführen (JdI 1919, 54,62), ebendies vorgeschlagen. Aber Dombart darf für sich beanspruchen, diese imposante Form gefunden zu haben, die nur bei abgestuftem Umrißprofil möglich ist. Er erreicht damit ein überzeugendes Zusammenziehen der beiden unteren Stufen. Um so schärfer wird allerdings jetzt der Gegensatz zur oberen Wendelrampe — ein Bruch geradezu im Entwurf!

Rekonstruktionsvorschlag I von E. Unger, 1926 (Die Wiederherstellung des Turms zu Babel, Forschungen und Fortschritte 21 [1926] 177f.) (siehe Abb. 9)

Unger greift das Thema aus zweierlei Gründen auf. Erstens hatte Koldewey unbeirrt in die Neuauflage seines Buches „Das wieder erstehende Babylon" von 1925 seinen Vorschlag für die Rekonstruktion von 1918 aufnehmen lassen, und im Vorderasiatischen Museum zu Berlin war gleichzeitig ein Modell nach dieser Vorlage aufgestellt worden, was Unger schärfstens mißbilligte. Zum anderen aber hatte Woolley in Ur die Zikkurrat ausgegraben und eine erste Rekonstruktion vorgelegt (The Antiquaries Journal 5 [1925] 9). Diese Zikkurrat hatte ebenfalls eine dreiläufige Treppenanlage vor der unteren Stufe, starke Rücksprünge der Stufen darüber und überdies eine erhebliche Böschung der Seitenflanken.

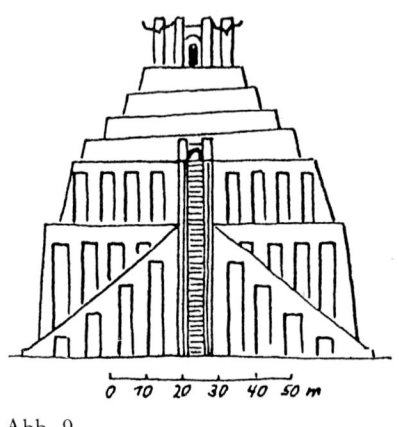

Abb. 9

Eine solche Böschung übernimmt Unger für seinen neuen Vorschlag, der im übrigen weitgehend von Dombarts dritter Version abhängig ist.

Unger gibt dies auch unumwunden zu, wenn er schreibt, daß er die Rekonstruktion Dombarts für „im allgemeinen richtig ausgeführt" hält, „möchte sie aber noch in einem wesentlichen Punkte verbessern, nämlich darin, daß die Wände des Turms geböscht sind" (a. a. O. 178). Dies kann er allerdings aus dem Grabungsbefund selbst nicht ableiten und unterstellt eben den Ausgräbern implizit die unzureichende Beobachtung. Als Beleg zitiert er außer der Zikkurrat in Ur die Oberteile der sog. assyrischen Obelisken, in denen er Nachbildungen von Wendelrampentürmen mit geböschten Außenflanken sieht.

Die Rekonstruktion, nur in Orthogonalansicht der Treppenseite gegeben, modifiziert Dombarts dritten Vorschlag außer in der Frage der Böschungen nur unwesentlich. Die Seitentreppenläufe erhalten wie die Flanken eine Nischengliederung, wo Dombart die Gliederung Koldeweys übernommen hatte. Sie sind außerdem dicht an den Mitteltreppenlauf herangeführt, also nicht ganz so steil wie bei Dombart, der in seiner letzten Fassung hier noch Platz für eine Podestfläche läßt. Bei Unger muß das Podest ganz unter dem Mitteltreppenlauf angenommen werden. Der Hochtempel ist so gedreht, daß sein Portal nun wieder auf die Treppenseite zu liegen kommt. Dementsprechend muß Unger den Anfang der Spiralrampe an die Nordecke verlegen. Der Hochtempel selbst hat Turmlisenengliederung und Hörnerschmuck.

Rekonstruktionsvorschlag II von E. Unger, 1931
(Babylon die heilige Stadt nach der Beschreibung der Babylonier, 1931, 191 ff., Abb. 29—31 35)(siehe Abb. 10)

Ungers zweiter Vorschlag weicht nun stärker von der Vorlage Dombarts ab. Gezeichnet von dem Architekten Bünte, ehemals Mitglied des Grabungsstabes in Babylon, ist vor allem die Fortsetzung der

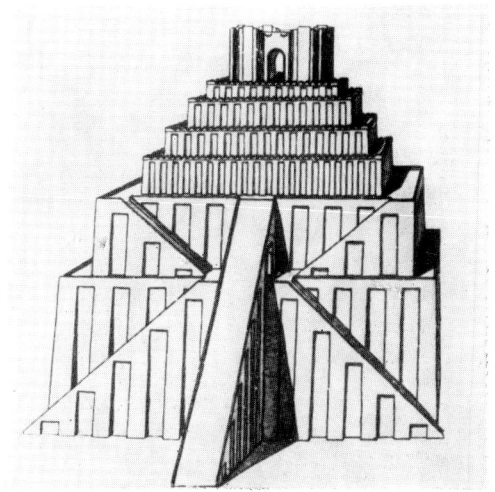

Abb. 10

Seitentreppen anders gelöst als im ersten Vorschlag, für den man Innentreppen in der zweiten Stufe annehmen mußte. Jetzt sind die Seitentreppen so steil wie bei Dombarts dritter Version, der schmale Podestplatz vor dem Lauf der Mitteltreppe wird aber genützt, um auf die Oberfläche der Stufe zu gelangen und hier eine gegenläufig angelegte, in die Flanke der zweiten Stufe eingeschnittene Treppe zu erreichen. Diese Lösung ist wohlbekannt: Es ist Koldeweys eigener Vorschlag, mit der auch er die Oberfläche der zweiten Stufe über die Seitentreppen erreicht.

Die Führung der Mitteltreppe ist wie im Vorschlag I von Dombarts dritter Version übernommen. Die bogenüberwölbte Öffnung in der Achse der Mitteltreppe und Front der dritten Stufe kann freilich jetzt entfallen, weil der innenliegende Aufgang in der zweiten Stufe nicht mehr erforderlich ist. Dafür erhalten die Wendelrampen jetzt auch eine Nischengliederung. Die Nischen sind indessen wesentlich schmaler als die der unteren Stufen. Damit kann man zumindest in der Zeichnung den Eindruck der Staffelung der Nischenabdeckung vermeiden, die zu gering ist, als daß sie klar akzentuiert wie bei den Treppen darunter wäre, aber doch nicht zu unterdrücken ist. Auch die Böschung ist weniger deutlich — sicher mit Rücksicht auf die schmalen Nischen. Die Lösung, die jetzt erstmals bei Annahme einer oberen Spiralrampe ohne Innenaufgang in der zweiten Stufe auskommt, ist aber mit einem schweren inneren Widerspruch belastet. Unger/Bünte müssen die Laufunterbauten für die V-förmigen Treppen der zweiten Stufe vor diese vorschieben bis dicht an die Außenkante der ersten Stufe heran. Dies entspricht aber nicht der Maßangabe der Tafel, die für die Stufe den quadratischen Grundriß überliefert. Selbst wenn man unterstellen würde, das Maß sei auf der Oberfläche der zweiten Stufe genommen und eben ohne Treppen und ihre Podeste gemessen, dann ginge dies nur, wenn die Flanken nicht geböscht wären! Also muß entweder diese Treppenlösung oder aber die Böschung aufgegeben werden.

Rekonstruktionsvorschlag von W. Andrae, 1932 (Der Babylonische Turm, MDOG 71 [1932] 1ff., Abb. 1—4. 6) (siehe Abb. 11)

Andrae hatte die Rekonstruktion Koldeweys gegen alle Angriffe zu verteidigen gesucht und noch 1925 das Modell aufstellen lassen, das nach dieser Rekonstruktion angefertigt worden war. 1927 aber hatte Weißbach nach einer Idee von Schnabel vorgeschlagen, die Maßangaben für die Göttergemächer, die ohne Maßbezeichnung geschrieben sind, statt in Normalellen in Fünftelellen zu lesen. Dies bedeutete, daß man einerseits Koldeweys Idee vom hier beschriebenen Hochtempel beibehalten, ihn aber in seiner Größe so reduzieren konnte, daß er mit dem Maß, das für ihn im Kontext mit den Stufen gegeben ist, übereinstimmt (a. a. O. 1ff.). Dies veranlaßte Andrae, Koldeweys Rekonstruktion aufzugeben und selbst einen Vorschlag zu machen.

Im Gegensatz zu allen bisherigen Versuchen aber hält sich Andrae nun streng an den Wortlaut der Tafel und will „Anubelschunu's Maße ohne Zutat verwenden" (a. a. O. 2), d. h. auf den Einschub einer sechsten Stufe, die der Schreiber nicht nennt, verzichten. Indessen muß auch Andrae eine Ergänzung vornehmen, um die Gesamthöhe der Zikkurrat ihrer Breite und Länge gleichzumachen, wie es die Tafel beschreibt. Dies tut er auf eine höchst originelle Weise.

Die Tafel nennt im unmittelbaren Zusammenhang der Termini für

(Hoch?)Tempel und „siebentes" ein „Schachuru". Andrae interpretiert nun dieses als den eigentlichen Hochtempel und bezieht die Maße, die unmittelbar vordem genannt sind, auf seinen blockartigen Unterbau. Das Maß für das „Schachuru", das nicht genannt ist, ergibt sich dann

Abb. 11

als Differenz aller Stufenhöhen zur Gesamthöhe — und macht eben die Höhe einer niedrigen oberen Stufe aus. In seiner Rekonstruktion zieht Andrae diesen Tempel mit seinem blockartigen Unterbau zu einem einheitlichen Körper zusammen und markiert das Niveau seines Fußbodens durch ein horizontales Lisenenband — also genau das Verfahren, mit dem Koldewey die beiden unteren Stufen der Zikkurrat zu einem Körper zusammenzog.

Bis zu diesem hochgelegenen Tempel führt Andrae nun die Mitteltreppe in einem einzigen ungebrochenen Lauf durch. Dies ist also eine Abwandlung des Vorschlages von Moberg, dessen Treppenneigungswinkel Andrae mit fast 40° annähernd gleichkommt (gemessen an Abb. 4, a. a. O.). Um nun aber ein ungleiches Vortreten oder Einschneiden der Mitteltreppe in die einzelnen Stufen zu vermeiden, greift Andrae zu dem kühnen Mittel, sämtliche Stufen über der untersten so aus dem Zentrum zu verschieben, daß die Stufenvorderkanten jeweils mit den entsprechenden Treppenteilen in eine Ebene zu liegen kommen (vgl. dazu a. a. O. Abb. 1 mit Abb. 4 und 6). So werden die zweite und dritte Stufe nach vorne, die fünfte und sechste = Hochtempel nach hinten gerückt.

Die Seitentreppen werden wie bei Koldewey mit einem Neigungswinkel von 38° angelegt und vor der zweiten Stufe durch ein V-förmiges Treppenpaar fortgesetzt. Von deren Austritten an den oberen Ecken der zweiten Stufe sind Treppen anzutreten, die vor die Seitenflanken der dritten Stufe gelegt sind und nach oben zusammenlaufen, ein gemeinsames Podest bilden und so den Zugang zu einem weiteren Treppenpaar ermöglichen, das wieder wie in die zweite Stufe nun in die vierte eingeschnitten ist und nach oben divergiert. So erreicht man die oberen Ecken der vierten Stufe — aber weiterkommen kann man von da aus nur aus den hinteren Ecken zu wiederum zwei Treppenläufen, die vor die fünfte Stufenrückseite gelegt sind und nach oben wieder zusammenlaufen. Vom gemeinsamen Podest dieses Treppenpaares aus führt Andrae nun einen Stollen in der Mittelachse durch den massiven Fundamentblock des Hochtempels. Diese kann man nun auch durch eine innenliegende Treppe vom Stollen aus erreichen.

Die an sich einfach und konsequent erscheinende Treppenführung — Wechsel von konvergierenden angelehnten mit divergierenden eingeschnittenen Treppenpaaren — hat also ihre Tücken: Wer zufällig auf der Vorderseite der vierten Stufe ankommt, sieht sich dem Unterbau der Mitteltreppe gegenüber, deren Lauf für ihn unerreichbar ist. Er muß zurück und auf dem anderen Treppenlauf weitergehen. Dann aber muß er einen Stollen betreten und seinen Weg im Inneren der Massivstufe weiter suchen. Dies ist ebensowenig überzeugend wie die Verschiebung der Massivstufen des Zikkurratkörpers aus der Mitte. Absolut unglaubhaft aber ist die Rekonstruktion des Tempelgrundrisses mit seinen vier Außentoren, von denen drei ins Leere führen!

Wie bei Koldewey wird dieser Versuch von einer einzigen Idee überstrahlt, der sich alle Einzelheiten unterzuordnen haben: Hier ist es die zum Tempel direkt hochführende Gottesleiter.

Rekonstruktionsvorschlag von G. Martiny, 1933 (Architectura I [1933] 217 ff., Taf. S. 45 f.; (Forschungen und Fortschritte 10. Jg. Nr. 3 (1934) 30 f.) (ZDMG 92 N. F. 17 [1938] 572 ff., Abb. 1—3) (siehe Abb. 12)

Martinys Angelpunkt für eine neue Rekonstruktion ist die Entdeckung, daß der Grabungsbefund an den Seitentreppen nur einen Neigungswinkel von „höchstens 36°" zuläßt. Weshalb der Ausgräber Friedrich Wetzel, von dem diese Information stammt, sie solange zurückgehalten hat, ist unklar. Wollte er nicht auch noch ein Argument gegen Koldewey liefern, der ja von 38° Treppenneigung ausgegangen war? Denn bei der flacheren Neigung der Treppenläufe können die Seitentreppen die aus der Tafel abzuleitende Höhe der ersten Stufe in einem ungebrochenen Lauf nicht erreichen. Nach Meinung Martinys sind damit sämtliche bisher vorgeschlagenen Rekonstruktionen fragwürdig geworden.

Martiny läßt nun die beiden Seitentreppen auf Podesten zu beiden

Seiten des Mitteltreppenlaufes umbiegen und über einen kurzen Gegenlauf, der in die Stufenflanke eingeschnitten ist, deren Oberfläche erreichen. Die Breite der Podeste bemißt er entsprechend der Breite der Treppenläufe. Sie kommen auf etwa 26 m Höhe zu liegen. Auf diese Weise aber ist es nicht mehr möglich, diese Podeste als Austrittspodeste für die unteren und Antrittspodeste für höhere Treppen zu nutzen — was sonst zu den V-förmig angelegten oberen Treppenläufen geführt

Abb. 12

hatte, die Koldewey, Unger/Bünte und Andrae annehmen —, und so muß er diese Treppen verlegen. Er schlägt deshalb ein solches Treppenpaar für die seitlichen Flanken der zweiten Stufe vor — ohne im übrigen zu begründen, weshalb er nach oben divergierende und nicht konvergierende Läufe annimmt. Man kann sich aber vorstellen, daß er auf diese Weise näher zum Austritt der Mitteltreppe bzw. zum Laufpaar auf der Rückseite der dritten Stufe gelangen wollte, das nach oben konvergiert. Ihm folgt in der Rückseite der vierten Stufe ein in diese eingeschnittenes V-förmig angelegtes Treppenpaar und ebensolche in den Seitenflanken der fünften Stufe. Im Prinzip folgt Martiny hierin der Rekonstruktion Andraes, wenn auch dort die Treppen an anderen Flanken angeordnet sind. Martiny hatte an diesem Rekonstruktionsvorschlag mitgearbeitet. Er meint nun aber, daß sein neuer Vorschlag „zwanglos den Angaben Herodots standhält" (Architectura I [1933] 221).

Angesichts der bei dem neuen Steigungsverhältnis nun aber auch nicht mehr ganz ausreichenden Länge der Mitteltreppe muß Martiny die Schwierigkeiten überspielen: „Diese Treppe läuft gerade das zweite Geschoß, dieses etwas einschneidend, an" (a. a. O. 221). Eine Begründung, weshalb er diese Treppe überhaupt so hoch führt, wird nicht gegeben.

Wie bei Andrae ist auf den Einschub einer niedrigen sechsten Stufe verzichtet. Anders als dort aber wird aus dem dann als sechste Stufe zählenden, zweieinhalb mal so hohen Bauteil der Hochtempel selbst. Der nun fehlende Teil von 6 m Höhe wird einem eigenen Hochgeschoß zugewiesen, in welchem Martiny das überlieferte „Schachuru" sieht. In diesem rekonstruiert er auch die vier genannten Tore — als Außenöffnungen — aber nicht etwa auf jeder Seite eines, wie nach den Himmelsrichtungen eigentlich zu erwarten, sondern in den Schmalseiten des Hochgeschosses jeweils zwei. Dies leitet er — mit Vorbehalt — aus der Form des einzigen zu seiner Zeit bekannten Hochtempels auf der archaischen Zikkurrat des Anu in Uruk ab. Seine spezielle Auffassung von der astronomischen Orientierung des Bauwerks und den Richtungsangaben der Tafel ergeben für den Hochtempel auch einen ganz anderen Grundriß als bei Andrae. Nach seiner Deutung liegt die Raumgruppe, für die eine besondere Ausstattung und das Treppenhaus überliefert ist, im Nordwesttrakt des Hochtempels — und über diesem das Hochgeschoß. Der Hof wird quer vor diesem Trakt angenommen (a. a. O. 220, Abb. S. 45).

Die Gliederung der Außenflanken der untersten Stufe wird von Martiny nun erstmals auch für die oberen Stufen übernommen. Davon hebt sich die Gliederung der Außenwände des Hochtempels durch zusätzliche Rillennischen ab. An den Treppenwangen aber kommen nur gleichmäßige, die Vor- und Rücksprünge überkletternde Abtreppungen vor.

Martiny sieht mit seiner Rekonstruktion eher den Hochtempel als geklärt an als die Form der Zikkurrat selbst, denn er hält es für „nicht möglich, eine eindeutige Lösung für die Aufgangsfrage und daher auch für die äußere Gestalt des Turmes zu finden" (a. a. O. 222). Aber sein Vorschlag wurde allgemein akzeptiert, auch von den einstigen Mitarbeitern Koldeweys, und ersetzte schließlich als Modell die inzwischen als überholt geltende Rekonstruktion Koldeweys im Vorderasiatischen Museum zu Berlin.

Rekonstruktionsvorschlag von W. von Soden, 1938 (Rezension von Wetzel-Weissbach, Das Haupttheiligtum des Marduk in Babylon, in: GGA 200 [1938] 516ff., Abb. 1. 2; erneut vorgelegt in Ugarit-Forschungen 3 [1971] 253ff.) (siehe Abb. 13)

Von Soden vertritt wie Andrae und Martiny die Ansicht, daß man hinsichtlich der Angaben der Tafel des Anubelschunu „ohne Emendationen des Textes auskommen" müsse, und begründet dies folgendermaßen:

„Denn, daß der Hochtempel als 6. Geschoß gezählt wird, ergibt schließlich seine Einfügung zwischen dem 5. und dem 7. Geschoß von selbst, und die Angabe des 7. Geschoßes ist auch entbehrlich, da sie notwendig entsprechend dem Unterschied zwischen 15 Doppelruten Gesamthöhe und 14 D. Höhe der ersten 6 Geschosse 1 D. betragen muß" (GGA 220, 520f.).

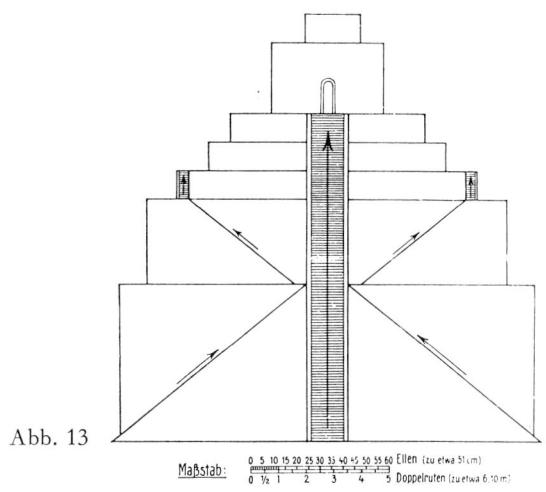

Abb. 13

Hinsichtlich der Aufgangsform hält sich von Soden im Prinzip an den Vorschlag Andraes und führt die Mitteltreppe in einem Lauf bis zur fünften und damit für ihn obersten Massivstufe. Die nur in Orthogonalansicht gegebene Rekonstruktion sagt nichts über ein potentielles Einschneiden in die Massivstufen oder deren Versetzen entsprechend der Laufneigung aus. Aber aus der Laufneigung der Seitentreppen ist der Steigungswinkel von 38° abzulesen, was impliziert, daß von Soden das etwas geringere Steigungsverhältnis der erhaltenen Stufen als nicht verbindlich für die gesamte Lauflänge erachtet. Dies könnte dann auch für die Mitteltreppe gelten.

Indessen geht es dem Philologen offensichtlich mehr um den Hochtempel, dessen Maße er als Innenmaße in der Lesung von Fünftelellen gegeben sieht und hierin Weißbach bzw. Schnabel folgt. Anders als Martiny orientiert er die einzelnen Räume nach den Himmlsrichtungen wie Andrae, kommt aber zu einem etwas anderen Grundriß als dieser. Vor allem sieht von Soden in den vier Toren diejenigen vom Hof aus und kann damit vermeiden, daß die Göttergemächer Durchgangsräume werden. Wie bei Martiny erscheint das „Schachuru" als Hochgeschoß, liegt aber bei von Soden über der Eingangszone. Insgesamt wird der Tempel nun über 21 m hoch, was von Soden aus ästhetischen Gründen begrüßte und auch zu Herodots Aussage vom „großen Tempel" paßt (a. a. O. 523).

1971 legt von Soden seinen Vorschlag erneut vor, fügt allerdings hinzu, daß der Hochtempel vielleicht einen Sockel gehabt haben könne, wie Busink erstmals vermutete (a. a. O. 260ff.).

Rekonstruktionsvorschlag von Th. A. Busink, 1938 (De Toren van Babel, 1938, Taf. II, III; Etemenanki, de Toren van Babel, JOEL 10 [1945—48] 526ff.; De Babylonische Tempeltoren, 1949; L'origine et l'evolution de la Ziggurat babylonienne, JOEL 21 [1969/70] 136ff.) (siehe Abb. 14)

Busink übernimmt das um die sechste Massivstufe ergänzte Umrißprofil, von dem die ersten Rekonstruktionsversuche ausgegangen waren und gibt dazu dem Hochtempel noch einen massiven Sockel als

Abb. 14

leicht vortretenden Unterbau von gleicher Höhe wie die oberen Stufen, d. h. von etwa 6 m. Dies begründet er mit dem Hinweis, daß die aus der Tafel abzuleitende Höhe von mehr als 15 m für einen Tempel zu groß sei, wenn man sie mit den bekannten babylonischen Sakralbauten vergleiche. Außerdem könnte durch diesen Sockel für Herodot der Eindruck entstanden sein, es habe sich um acht Stufen bzw. „Türme" gehandelt.

Da ihm die endgültige Grabungspublikation noch nicht zur Verfügung steht (a. a. O. 1938, 4), bezieht er die Informationen aus den bisherigen Veröffentlichungen. Dies erklärt vielleicht, daß in seinem Rekonstruktionsvorschlag die Seitentreppen nicht vor die Flanken der unteren Stufe vortreten, was natürlich das Problem der über sie zu erreichenden Höhe verschärft. Nach der von Martiny festgelegten Laufneigung von höchstens 36° ist mit den Seitentreppen die Oberfläche der unteren Stufe also nicht zu erreichen. Und da Martiny die Höhe der zweiten Stufe über die Mitteltreppe nur dann erreichen kann, wenn er diese etwas in die Massivstufe einschneiden läßt, tritt Busink nun die andere Konsequenz an und vereinigt alle drei Treppenläufe auf einem gemeinsamen Podest auf etwa 30 m Höhe, also unterhalb der Oberfläche der unteren Stufe. Eine kurze, in der Achse der Mitteltreppe liegende Differenztreppe vermittelt dann für alle Personengruppen gleichermaßen den weiteren Aufgang. Busink ist damit im Prinzip auf die Lösung der unteren Treppenführung gekommen, die Dombart bei seinem allerersten Versuch gezeigt hatte.

Anders als die bisherigen Vorschläge für die Weiterführung der Aufgänge hält Busink nichts von dem Zwang, unter allen Umständen eine symmetrische Form der Treppen anzustreben. Symmetrie zeigen nur die beiden nach oben divergierenden Treppenläufe in der rechten Flanke der zweiten Stufe, aber die linke Flanke der Stufe bleibt ohne Treppenanlage. Damit wird nun erstmals eine eindeutige Wegführung für den Benutzer erreicht. Denn von der Oberfläche der zweiten Stufe aus führt eine einläufige Treppe, welche in die Vorderflanke der dritten Stufe eingeschnitten ist, parallel zu dieser auf deren Oberfläche und findet — im Uhrzeigersinn — ihre Fortsetzung in einer entsprechend auf der linken Seite der vierten Stufe angelegten Treppe und so fort bis zur Oberfläche der sechsten Stufe. Der Aufsteigende geht also wirklich auf Aufgängen, die außenherum um die Stufen gelegt sind, wie Herodot es beschreibt. Einzige Inkonsequenz: Die Doppeltreppe der zweiten Stufe zwingt dazu, wenn man aus Versehen nach rechts antritt, in Gegenrichtung um die dritte Stufe herumzuwandern.

Von der sechsten Stufe aus führen auf der Vorderseite des Tempels zwei Treppenläufe parallel zur Sockelvorderkante auf diesen hinauf und erschließen über ihr gemeinsames Podest den Tempel. Diesen aber rekonstruiert Busink nicht nach den Angaben der Tafel des Anubelschunu, weil er die Lesung der Maßzahlen in Fünftelellen ablehnt und im Text den Tempel Esagila beschrieben sieht. So kommt er in Anlehnung an die frühen Hochtempel auf der Anu-Zikkurrat in Uruk zu einer diesen ähnlichen Disposition für den Hochtempel in Babylon.

Die Gliederung der Außenflanken der beiden unteren Stufen zeigt regelrechte Nischen. Im Gegensatz dazu haben die Treppenunterbauten nach oben offene Vor- und Rücksprünge nach dem Vorbild von Koldeweys Rekonstruktion. Die oberen Stufenseiten bleiben ungegliedert. Der Hochtempel aber erhält die Ecken und das Portal betonende turmartige Vorsprünge, die allerdings wiederum mehr an archaische Tempel gemahnen als an babylonische.

Busink hat sich noch mehrfach mit dem Problem der Zikkurrat beschäftigt und seine Rekonstruktion auch später immer wieder unverändert vorgelegt. Sein Vorschlag beruht auf einer konsequenten Verknüpfung von Informationen aus der Grabung mit der schriftlichen Überlieferung und ist dadurch — neben dem Versuch Martinys — zum am meisten diskutierten Beitrag geworden.

4. Stagnation: Drei Rekonstruktionsvorschläge innerhalb der letzten vierzig Jahre

Im Jahr 1938 erschien „Das Hauptheiligtum des Marduk in Babylon, Esagila und Etemenanki", in welchem Wetzel den Grabungsbefund und Weißbach die bearbeiteten keilschriftlichen Quellen von der Zikkurrat vorlegten (WVDOG 59 [1938] 31ff., 37ff.). Es lag sicher auch an den weltpolitischen Ereignissen der folgenden Zeit, daß die nun allgemein zugänglichen Informationen nicht systematisch ausgewertet und mit den bis dahin versuchten Rekonstruktionen konfrontiert wurden. Offenbar aber sah auch der Ausgräber selbst dazu keine Möglichkeit, denn er äußerte sich mit keinem Wort zu dieser Frage. Dies wird allerdings verständlich, wenn man sieht, wie sich durch die Argumente Weißbachs der Problemschwerpunkt verlagert hatte.

Wetzel war wie Koldewey der Überzeugung, daß der Backsteinmantel der Zikkurrat das Werk Nabupolassars und Nebukadnezars sei (a. a. O. 33), während man im Lehmziegelkern einen Vorgängerbau sehen müsse (a. a. O. 31). Weißbach dagegen identifizierte das Kernmassiv als die von Nebukadnezar überlieferte „Füllung", welche der König „in den Unterbau" einbrachte, weil sie dieselbe Höhe von 30 Ellen hatte, bis zu welcher Nabupolassar „die vier Wände außenherum aus Asphalt- und Backstein" errichtete (a. a. O. 47, Anm. c). Die Architekten widersprachen zwar, weil sie sich einen derartigen Bauhergang nicht vorstellen konnten, aber sie vermochten die These auch nicht zu widerlegen. Sicher war nur, daß sich der Backsteinmantel über den abgestuften Unterbau des Lehmziegelkerns legt, aber die Gleichzeitigkeit beider war nicht nachweisbar. Weißbach erkannte die bautechnischen Bedenken zwar an, blieb aber bei seiner Meinung (a. a. O. 83, Anm. 6). Wer hier nicht folgen wollte, konnte die Widersprüche nur auflösen, indem er die Urkunden der Könige gar nicht auf die gefundenen Bauteile bezog, sondern auf höherliegende, heute verschwundene, und die Reste einem früheren Bauherrn zuwies. Da der Backsteinmantel weder durch in situ beobachtete Stempelziegel noch Gründungsurkunden datiert und das Alter des Originals der Esagila-Tafel ebenfalls ungewiß ist, war auch eine solche Ansicht nicht zu widerlegen.

Ungewollt hat Weißbach selbst die Möglichkeit einer Frühdatierung eingeräumt. Er hatte bereits 1914 das von Asarhaddon überlieferte Baumaß für seine Zikkurrat von 180 Ellen dem in der Esagila-Tafel für die Abmessung der unteren Stufe angegebene Maß von 180 Normal-Ellen bzw. 120 Groß-Ellen gleichgesetzt, daraus allerdings nur identische Abmessungen für die „Grundgruben" beider Bauten abgeleitet (OLZ 17 [1914] 200; AA 1915, 160ff.; WVDOG 59 [1938] 79). Koldeweys Berechnung eines anderen absoluten Wertes für die Elle Asarhaddons war von niemandem akzeptiert worden (MDOG 59 [1918] 23f.). Heute neigt man mehr und mehr dazu, den Backsteinbau dem Asarhaddon (J. Schmidt, AfO 24 [1973] 164ff.; Siegler, Tagungsbericht 1978, siehe unten S. 334) oder einem noch älteren Bauherrn zuzuweisen. Von Soden vermutet Nebukadnezar I (Ugarit-Forschungen 3 [1971] 253ff.), Bergamini sogar Hammurabi selbst (Mesopotamia 12 [1977] 140ff.).

Im Prinzip konnte von diesem Problem die Rekonstruktion der baulichen Form der Zikkurrat unberührt bleiben, solange nichts dagegen sprach, die Gültigkeit der Maßangaben der Tafel für die Zikkurrat mit dem Backsteinmantel vorauszusetzen. Der Verzicht auf die absolute Datierung des Bauwerks erschwerte es allenfalls, entwicklungsgeschichtliche Zusammenhänge mit anderen Denkmälern herzustellen. Aber solche Zusammenhänge waren trotz einer ganzen Reihe von Grabungen an Zikkurrat-Bauten zumindest für die Stufentürme der historischen Zeit nicht nachweisbar. Vielmehr hatte sich gezeigt, daß man mit sehr unterschiedlichen Bau-, Konstruktions- und Aufgangsformen zu rechnen hat, die offensichtlich landschafts- und zeitgebunden ausdifferenziert worden sind.

So gesehen, hatten die Vorlage des Gesamtmaterials und die Ergebnisse der Feldforschung die Ausgangslage für neue Rekonstruktionsversuche nicht nur nicht verbessert, sondern eher verkompliziert. Daraus erklärt sich, weshalb sich nur noch wenige an einen neuen Vorschlag wagten und daß keine grundlegend neuen Ansätze entwickelt wurden. Mit vollem Recht können daher Busink und von Soden an ihren schon vor dem Krieg entwickelten Rekonstruktionen festhalten und diese neben den jüngeren zur Diskussion stellen.

Rekonstruktionsvorschlag von A. Parrot, 1949 (Ziggurats et tour de Babel, Paris 1949, 192f.) (siehe Abb. 15)

Parrot erscheint es zwar gewagt, einen weiteren Rekonstruktionsvorschlag vorzulegen, aber er kann Businks Aufgangslösung nicht zustimmen, obwohl dessen These von einem Sockel unter dem Hochtempel ihn überzeugt hat. Dahinter steht allerdings eine neue Deutung des Terminus „kisû" der Tafel. Parrot sieht darin anstelle der Übersetzung Weißbachs als „Hochtempel" ganz einfach „Tempelfundament" (a. a. O. 27f.). Mit dem Sockel aber und der eingeschobenen sechsten Stufe erhält Parrot wie Busink den Eindruck von acht Stufen und damit die Übereinstimmung mit Herodots Beschreibung. Diese Übereinstimmung genügt Parrot indessen nicht. Er nimmt deshalb die Beschreibung der Aufgangsform durch Herodot wörtlich

Abb. 15

und kommt für die oberen Stufen wieder auf die Spiralrampenlösung zurück, die Dombart und Unger vor Jahren vorgeschlagen haben. Die Wendelrampe erfaßt bei Parrot allerdings auch den Tempelsockel — wobei er sich aber darüber ausschweigt, an welcher Stelle die Rampe in die Horizontale übergeht. Man kann nur annehmen, daß dies unmittelbar vor dem Tempelportal geschieht.

Auch Parrot übernimmt nicht die Lesung der Maße für die Tempelgemächer in Fünftelellen und lehnt deshalb ab, im betreffenden Abschnitt den Hochtempel beschrieben zu sehen. Nach seiner Auffassung ist die letzte Zeile der Tafelvorderseite der zusammenfassende Abschluß der Beschreibung der Räume und nicht die Einleitung der auf der Rückseite folgenden Maßangaben für Stufen und Hochtempel. Das in dieser letzten Zeile wie bei den Raumbeschreibungen auftretende Wort „nu-har" hat nach Parrot nichts mit dem Stufenbauwerk und damit auch nichts mit dem Hochtempel zu tun, sondern gehört nur zu dem Tempel, in dem Parrot Esagila beschrieben sieht (a. a. O. 25).

Die Treppenanlage der unteren beiden Stufen entspricht dem Vorschlag von Unger/Bünte. Da Parrot aber auf eine Böschung der Außenflanken verzichtet, gilt der dort festgestellte interne Widerspruch hier nicht. Erklärt werden müßte aber, weshalb Parrot eine derartig steile Treppenneigung noch annehmen kann, die dem Grabungsbefund ganz einfach widerspricht. Es mag dies der Grund sein, weshalb Parrot später seine Rekonstruktion nicht mehr vorlegt, sondern die von Busink bevorzugt.

Rekonstruktionsvorschlag von F. Krischen, 1956

Der ehemalige Mitarbeiter Koldeweys hat seinen Rekonstruktionsvorschlag nicht selbst veröffentlicht. Er wurde zusammen mit Überlegungen zu anderen Großbauten der Antike von der 1926 gegründeten Koldewey-Gesellschaft so publiziert, wie er sich im Nachlaß fand, d. h. ohne Anmerkungen und Begründungen unter dem Titel: „Weltwunder der Baukunst in Babylonien und Jonien" (Tübingen 1956, 12ff., Abb. 2. 3; Taf. 1. 3. 4. 5. 11) (siehe Abb. 16)

Abb. 16

Krischen schiebt wie die meisten Versuche die sechste Stufe ergänzend ein, teilt aber den Tempel im Aufriß in ein etwa 9 m hohes Hauptgeschoß und ein 6 m hohes Obergeschoß, mit welchem er den zentral gelegenen „Hof" überdeckt. Die Mitteltreppe ist wie bei Moberg, Andrae und von Soden in einem Lauf bis zum Hochtempel geführt und in diesen hineingezogen. Sie bettet sich entsprechend dem Maß, das sich bei Neigung von 36° ergibt, tief in die oberen Stufen ein. Die Einschnittstiefe, die beim Unterschied zwischen dem Neigungswinkel der Treppe und den Lagen der Stufenvorderkanten sehr unterschiedlich ausfällt, verbirgt sich hinter mächtigen, die Mitteltreppe flankierenden und auf der ersten und dritten Stufe aufgesetzten Turmpaaren (a. a. O. Taf. 5).

Die Seitentreppen, welche in der Ebene der Mitteltreppenwangen die Oberfläche der unteren Stufe noch nicht erreicht haben, werden offenbar als unter die Mitteltreppe fortgesetzt angenommen. Jedenfalls erreichen sie — immer noch unter der Mitteltreppe — diese Oberfläche, indem sie umbiegen, und finden ihre Fortsetzung in dem V-förmigen Treppenpaar in der Vorderfläche der zweiten Stufe. Von da an führt der Weg in beiden Richtungen in gleicher Weise nach oben zu ebenfalls V-förmigen, eingeschnittenen Treppenpaaren in den Seitenflanken der dritten Stufe, der Rückseite der vierten und dann wieder in den beiden Seiten der fünften Stufe. Von deren Vorderseite kommt man dann über eine vor die sechste Stufe gelegte Doppeltreppe, die teilweise hinter dem oberen Turmpaar verborgen ist, auf die Oberfläche der sechsten Stufe — und hat damit den Weg beschrieben, den Herodot „im Kreis herum" nennt.

Man kann nur von hier aus durch die vier Tore des Tempels dessen periphere Räume, aber nicht seinen „Hof" betreten. Dieser wird nur von der Mitteltreppe aus erreicht, jedoch auf der Ebene der fünften Stufe, und ist demgemäß ins Massiv der sechsten Stufe abgesenkt. Über dem Hof liegt das „Schachuru", das als achte Stufe erscheint.

Die Gliederung konzentriert Krischen ganz auf die beiden unteren Stufen und läßt alle hochliegenden Teile einschließlich des Tempels ungegliedert. Sein Entwurf besticht durch den unverkennbaren Willen zur Monumentalität und kommt hierin wohl Koldeweys Vorschlag am nächsten. Aber wie dort — und wie bei Andrae — sind alle anderen Fragen dem einen Grundgedanken der durchlaufenden Mitteltreppe unterworfen. Diese bestimmt letztlich auch die Form des Hochtempels, von dem Krischen selbst zugeben muß, daß sie von allem abweicht was man von Tempelbauten in Babylon und anderswo in Mesopotamien kennt (a. a. O. 22).

> Rekonstruktionsvorschlag von K. G. Siegler, 1978 (Vortrag auf der 29. Tagung der Koldewey-Gesellschaft 1976 in Köln, Tagungsbericht, 1978, 10, Abb. 4) (siehe Abb. 17)

Siegler legt hier seine für die unveröffentlicht gebliebene Dissertation entwickelte Rekonstruktion vor. Dort hat er die Datierung auf Asarhaddon bzw. Assurbanipal begründet. Das Umrißprofil geht von der Ergänzung einer sechsten Stufe aus.

Mittel- und Seitentreppen treffen sich auf einem gemeinsamen, etwa auf Höhe des ersten Umgangs liegenden Podest. Dieses wird überdacht von einem mastengetragenen Baldachin, der zu einem Portal in der zweiten Stufe geleitet. Dabei handelt es sich vermutlich um den Eingang zu einer innenliegenden Treppenanlage, mit welcher sich der Verfasser die oberen Stufen des Bauwerks verbunden denkt (a. a. O. 10). Der Austritt erfolgt durch eine Öffnung in der Vorderfront der sechsten Stufe bzw. wohl auch im Tempel selbst. Dieser ist mit vier Eingängen ausgestattet und zeigt wie alle Stufen eine turmartige Gliederung.

Der Vorschlag, die Aufgangsfrage auf die oberen Stufen mittels innenliegender Treppen zu lösen, hat einiges für sich, nachdem an der Zikkurrat in Tschogha Zanbil diese Aufgangsform nachgewiesen ist. Aber diese Zikkurrat hat, wie Siegler selbst sagt, „eine eigene kompli-

Abb. 17

zierte Entwicklungsgeschichte" (a. a. O. 10). Es fragt sich daher, ob diese Aufgangsform in den Geltungsbereich der Bauprinzipien für die südmesopotamische Zikkurrat gehören kann, zu welcher diejenige von Babylon nach der Form ihrer unteren Treppenanlage zu rechnen ist.

5. Gegenwärtiger Forschungsstand

Angesichts der um das Bauwerk entbrennenden Kontroverse hat Koldewey schon 1918 verlangt, die Oberfläche des Lehmziegelkerns der Zikkurrat nach Spuren eines älteren Hochtempels zu untersuchen (MDOG 59 [1918] 23). Wetzel wiederholte diese Forderung (WVDOG 59 [1938] 31). Wahrscheinlich sah er darin die einzige Möglichkeit, die von Weißbach aufgeworfene Frage nach der Gleichzeitigkeit von Mantel und Kern zu klären. Die Untersuchung des Kernmassivs wurde 1962 von mir im Auftrag des Deutschen Archäologischen Instituts, Abteilung Bagdad durchgeführt und der bauliche Befund inzwischen auch publiziert (BaM 12 [1981] 87 ff.).

Die Ruine ist der Rest von drei nacheinander gebauten Tempeltürmen. Ihr Lehmziegelkern ist, wie die Ausgräber von 1913 vermuteten, eine ältere Zikkurrat. Höchstwahrscheinlich gehören zu dieser Zikkurrat auch die tiefliegenden Teile, die man seinerzeit als Massiv aus Stampflehm ansprach (Wetzel a. a. O. 32). Dann hatte dieser Bau eine Kantenlänge von ungefähr 65 m. Jede siebte Lehmziegelschicht enthielt eine Lage von Schilf, die sich heute als schwarze Lagerfuge zeigt. Solche Schilflagen sind von anderen Zikkurrat-Bauten aus dem südlichen Mesopotamien seit der Zeit der III. Dynastie von Ur wohlbekannt. Das Kernmassiv in Babylon ist demnach nicht der Rest einer archaischen Hochterrasse, sondern eines Stufenturms aus historischer Zeit. Dieser Bau wurde — vor der Errichtung des Backsteinmantels — einmal mit einem Mantel aus Lehmziegeln umgeben, der mittels Holzbalken in horizontalen und vertikalen Abständen von 3,1 m mit dem Kernmassiv verbunden wurde. Für die Stärke dieses Lehmziegelmantels gibt es keinen unmittelbaren Hinweis. Aber es ist möglich, daß das von Wetzel beobachtete, unter dem Backsteinmantel liegende „Tonbett" von ihm stammt (Wetzel a. a. O. 32). Dies würde dieser Zikkurrat eine Kantenlänge von etwa 73 m verleihen.

Zum Bau des Backsteinmantels, mit dem die Zikkurrat die Kantenlänge von durchschnittlich 91,55 m erhielt, muß dieser Lehmziegelmantel wieder entfernt worden sein. Jedenfalls sind die Holzanker nur auf der Südseite und teilweise auf der Westseite des Kernmassivs erhalten geblieben — wenigstens über dem heutigen Wasserstand. Die wenigen Lehmziegel, die von ihm übriggeblieben sind, sah man 1913 nicht, wohl aber zwei Anker aus Palmholz (Wetzel a. a. O. 32).

Der Befund an der Ruine widerlegt Weißbachs These von der Identität des Kernmassivs mit der „Füllung" des Nebukadnezar. Diese kann demzufolge nur in höherliegende Teile eingebracht worden sein. Wer nun davon überzeugt ist, die übereinstimmende Höhenangabe setze auch einen gemeinsamen Bauhorizont fest, der muß diesen auf jeden Fall über den erhaltenen Bauteilen der Zikkurrat suchen. Dann aber wäre zu erklären, wieso Nabupolassar eine Fundamentgrube ausheben und den Grundriß neu abspannen ließ. Beides war unnötig, wenn er sein Backsteinmauerwerk auf vorhandenes älteres aufsetzen konnte. Es liegt also viel näher, die Idee vom gemeinsamen Bauhorizont für die beiden Vorgänge aufzugeben, und den Backsteinmantel auf einer niedrigeren, die Füllung auf einer höheren Ebene anzunehmen. Die letztere dürfte dort sein, wo das Umrißprofil der Zikkurrat den auffallenden Rücksprung zeigt, nämlich über der zweiten Terrassenstufe. Der „Unterbau" in der Urkunde des Nebukadnezar bezieht sich dann auf den Hochtempel, und die Füllung hatte die Funktion, diesen in traditioneller Art auf Lehmziegel zu gründen. Dies wird vollends verständlich, wenn wir annehmen, daß darunter die alte Lehmziegel-Zikkurrat noch anstand, die Nabupolassar mit seinen „vier Wänden" umgeben hatte. Man kann nun die Höhe der Füllung in Klein- oder in Großmaß rechnen. Großmaß und die Annahme von vier oberen Terassenstufen ergeben eine bessere Übereinstimmung mit dem Umrißprofil, so daß ich diese Rechnung bevorzuge (Abb. 18).

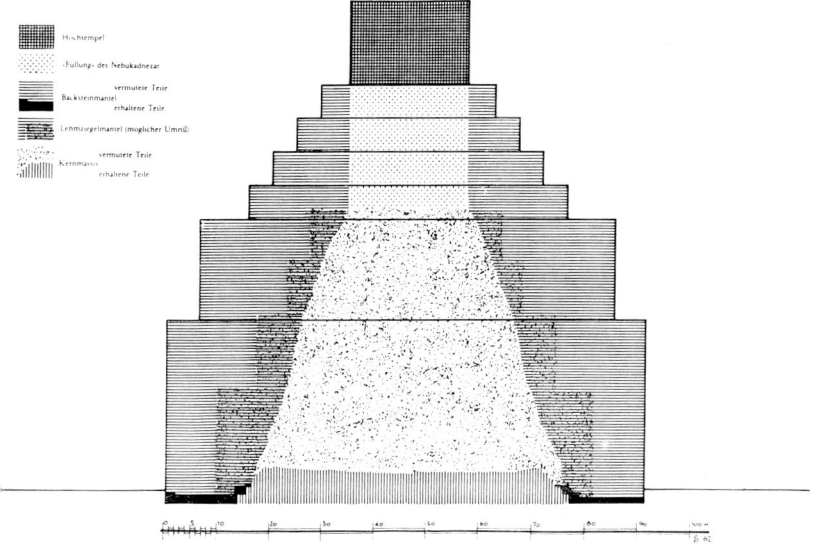

Abb. 18

Die Ruine läßt nun aber auch die Zerstörungsgeschichte der Zikkurrat ablesen. Das ganze Massiv war schon in der Antike bis auf etwa 4 m über dem damaligen Benützungsniveau abgetragen. Dabei war im Bereich des Anschlusses der Mitteltreppe im Mantel und im Kernmassiv eine noch tieferreichende Mulde entstanden, die sich später ohne menschliches Zutun wieder füllte. Darüber entstand später ein großes Gebäude aus Lehmziegeln, das zumindest im Bereich der Treppenanlage über die Fläche der Zikkurrat hinausreichte. Seine Datierung ist nicht klar, die Funde gehören der parthischen bis frühislamischen Zeit an. Der Benützungs- und Verfallschutt dieses Gebäudes überlagert die Ruine der Zikkurrat in einer Stärke von etwa 2 m. Dies erklärt, weshalb die jahrhundertelange Suche nach den Resten des Turms von Babel vergeblich war.

Das Abräumen der Zikkurrat muß, wie Koldewey bei seiner Beschreibung der Schutthügel von Hómera dargelegt hat, auf die von Strabo überlieferte Aktivität Alexanders zurückgehen. Da dieser indessen die Heiligtümer wiederherstellen wollte, muß die Zikkurrat zu seiner Zeit bereits tiefgreifend zerstört gewesen sein. Die oben erwähnte Mulde muß Alexander zwar mit ausgeräumt haben, aber er folgte dabei nur der älteren, hier besonders tiefreichenden Zerstörung. Sie zeigt an, daß die Mitteltreppe bis zum Erdboden herab abgebrochen war, ehe Alexander kam. Herodots Besuch in Babylon, bei dem er diese Treppe

337

schon nicht mehr sah, liefert uns den Hinweis auf den Zeitpunkt dieser Zerstörung: Es war sicher ein Teil des Strafgerichtes, das Xerxes 482 v. Chr. über die aufständische Stadt verhängte. Er entweihte ja auch Esagila und strich den Namen Babylons aus seiner Königstitulatur. Die von Ktesias und anderen überlieferte Zerstörung des Grabes des Belos in Babylon hat also hier ihren wahren Kern.

Die Aussagen der spätbabylonischen Könige in ihren Gründungsurkunden und die Überlieferung der antiken Geschichtsschreibung lassen sich also gut mit dem Grabungsbefund zur Deckung bringen. Unklar ist indessen noch das Verhältnis des in der Esagila-Tafel kopierten Textes zu der in Babylon gefundenen Ruine. Zwar stimmen die für den Grundriß genannten Maße der Esagila-Tafel insoweit überein, als die Ruine ohne ihre Treppenanlage genau quadratisch angelegt ist und die erwartete Kantenlänge zeigt, nämlich 180 Ellen im Kleinmaß bzw. 120 Ellen im Großmaß. Aber die Treppenanlage hat sich bis jetzt nicht überzeugend mit dem Aufriß der Zikkurrat verbinden lassen, wie er sich aus den Angaben der Tafel zu den Höhen der einzelnen Terrassenstufen ergibt. Sämtliche Rekonstruktionsversuche, die sich streng an die beobachtete Treppenneigung halten, haben zu Aufgangsformen geführt, die entweder geringere Höhen für die beiden unteren Terrassenstufen nahelegen oder aber gänzlich unabhängig von einem bestimmten Stufenaufbau sind. Martinys Mitteltreppe erreicht die Oberfläche der zweiten Terrasse nur, wenn sie einschneidet. Damit könnte er aber genau wie mit seinen umbiegenden Seitentreppen auch ganz andere Höhenlagen erreichen. Busink und Siegler könnten ihr gemeinsames Podest für die drei Treppen auch tiefer annehmen. Und die durchlaufende Mitteltreppe bei Krischen nimmt überhaupt keine Rücksicht auf die einzelnen Terrassenebenen. Bei keinem dieser Vorschläge besteht demzufolge eine innere Notwendigkeit, gerade den von der Tafel überlieferten Stufenaufbau der Zikkurrat vorauszusetzen. Wird einer dieser Vorschläge akzeptiert, so ist implizit zugegeben, daß der Grabungsbefund eher einen anderen Stufenaufbau anzeigt, als ihn die Tafel überliefert. Es wäre dann nur konsequent, die Tafel überhaupt nicht mehr für eine Rekonstruktion der Zikkurrat heranzuziehen, deren Reste in Babylon gefunden sind, sondern anzunehmen, daß eine andere ältere oder jüngere Zikkurrat beschrieben ist.

Nun fällt auf, daß sämtliche Rekonstruktionen die Höhe der Fundamentsohle des Backsteinmantels der Benützungshöhe der Zikkurrat gleichsetzen, obwohl die Treppen deutlich höher gegründet sind, also auch höher angetreten wurden. Die Vernachlässigung derart elementarer Fakten läßt vermuten, daß die baulichen Informationen noch keineswegs ausgeschöpft sind. Obwohl dies Wetzels Befundvorlage von 1938 nicht gerade leicht macht und offensichtlich auch Fehlmessungen vorgekommen sind, ist die Rekonstruktion der Daten einigermaßen möglich (H. Schmid, Zur Form der Freitreppenanlage, Wiss. Beiträge 1983/26 der Universität Halle—Wittenberg, hrsg. v. B. Brentjes, 119ff.). In Wetzels Beschreibung der Freitreppenanlage (a. a. O. 33f.) fehlt eine genaue Angabe über das Steigungsverhältnis der Treppen, d. h. Höhe und Tiefe der einzelnen Trittstufe. Für letztere sind seine Aussagen widersprüchlich und stimmen auch mit dem Wert nicht überein, der sich aus dem Vortreten der ersten 7 Stufen vor die Flanken des Mantels um 1,8 m ergibt, nämlich 25,7 cm. Im Plan erscheint dieses Maß eher etwas höher. Die Höhe der Trittstufe ist im Schnitt durch die westliche Treppe mit 19 cm eingetragen, der genaue Durchschnittswert ist nach den einnivellierten Höhen 19,12 cm (Abb. 16). Wahrscheinlich stehen hinter diesen Werten bestimmte Festlegungsverfahren, um mit der vorhandenen Lauflänge eine erforderliche Höhe genau zu erreichen. Zwei Möglichkeiten liegen nahe: 1. Ein Verhältnis 8:11 ergibt bei 19,12 cm Steigung den Auftritt von 26,29 cm; 2. Die Laufneigung von 36 Grad ergibt bei dieser Steigung 26,32 cm Auftritt. Beide Verfahren sind auf der Baustelle problemlos durchzuführen und lassen das Steigungsverhältnis auf 19,1 cm zu 26,3 cm abrunden.

Die Berechnung der Lauflänge ist bei der Mitteltreppe verhältnismäßig einfach. Sie war vom Antritt bis zur Außenkante der Seitentreppen 51,61 m lang. Wenn sie über die Seitentreppen und den Umgang auf der ersten Terrasse hinweggeführt war, müssen wir allerdings die Gültigkeit der Maße aus der Esagila-Tafel als Arbeitshypothese einsetzen. Die gesamte Lauflänge lag dann zwischen 65,85 m und 65,91 m. Das ergibt 250 oder 251 Trittstufen.

Bei den Seitentreppen haben wir insofern eine gewisse Unsicherheit, als sich hier die Summe der Einzelmaße ihrer Wangengliederung vom Durchmaß der Kantenlänge der Südseite unterscheidet. Nach der Wangengliederung kommen wir bis zu den Kanten der Mitteltreppe auf 43,27 m bzw. 43,22 m. Zuzüglich der Mitteltreppenbreite und abzüglich des Vortrittsmaßes vor die Mantelkanten müßte die Südseite 92,1 m bis 92,2 m lang sein — die Ausgräber geben dafür aber nur 91,1 m an, bezeichnen allerdings das Maß als unsicher. Ich vermute, daß hier ein Beobachtungsfehler vorliegt, ein Meterfehler, wie er nicht selten vorkommt, und halte mich an das Maß der Wangengliederung für die Seitentreppen. Sie hatten dann 164 Trittstufen, wenn sie an den Kanten der Mitteltreppe bzw. auf einem Podest unter dieser endeten.

Die Seitentreppen konnten damit die Höhe von 31,32 m erreichen. Zur aus der Tafel errechneten Höhe der ersten Terrassenstufe mit 33,57 m fehlen also 2,25 m. Die Mitteltreppe erreichte, mit 250 Stufen gerechnet, die Höhe 47,75 m, wurde aber ziemlich genau 2 m höher angetreten als die Seitentreppen. Ihr Austritt lag danach bei 49,75 m

Höhe. Die beiden unteren Terrassen zusammen aber haben nach der Tafel 51,88 m Höhe, also 2,13 m mehr. Die Fehlbeträge sind demnach fast gleich — und dies bei unterschiedlichen Höhenlagen der Antritte wie der Austritte. Dies kann kein Zufall sein, sondern spricht für eine wohlbedachte Ausführung.

Einen noch klareren Hinweis für eine im Detail durchgeplante Treppenanlage erhalten wir aber aus dem Vortreten der Seitentreppen vor die Seitenkanten des Backsteinmantels. Bautechnisch wäre es einfacher und besser, die Treppen von Anfang an mit dem Mauerwerk des Mantels zu verbinden, um ungleiches Absetzen zu verhindern. Wenn man die Treppen vortreten ließ, dann mußte man offenbar die Lauflänge vergrößern, um eine ganz bestimmte Höhe zu erreichen. Andererseits genügte dazu der Betrag von 1,8 m, sonst hätte man dieses Maß erhöht. Dasselbe gilt für die Mitteltreppe, deren Lauflänge unabhängig vom Massiv bestimmt werden konnte. Daraus ist zwingend zu schließen, daß die Treppen auf die einfachste Weise, d. h. mit einem einzigen durchgehenden Lauf, die in Betracht kommenden Höhenlagen erreichten. Zu fragen ist nur noch, wie es zu dem errechneten Fehlbetrag kommt.

Die Lösung ist sehr einfach, wenn wir von der Fundamentsohle des Mantels aus rechnen. Diese dürfte nach der untersten, noch eingemessenen Ziegelschicht mit Oberkanthöhe 4,03 m unter dem Wasserspiegel etwa ein bis zwei Ziegelschichten tiefer liegen, also etwa bei 4,2 m unter dem Wasserspiegel. Die Antritte der Seitentreppen sind bei 3,10 m bzw. 3,13 m unter dem Wasser beobachtet, liegen also um mehr als Meterhöhe höher. Weitere 2 m höher wurde die Mitteltreppe angetreten, und ihre Antrittshöhe muß dem Benützungsniveau der Zikkurrat entsprechen (ausführlicher dargelegt in BaM 12 [1981] 110ff.). Bezieht man nun das Höhenmaß der ersten Terrassenstufe auf die Höhenlage der Fundamentsohle, so reduziert sich der Fehlbetrag auf 1,16 m bzw. 1,06 m. Dies aber dürfte die Höhe der Brüstungsmauer sein, die auf den Terrassenstufen anzunehmen ist. Sie entspricht in Art und Höhe den hochgezogenen Wangenmauern der Treppen, die Wetzel beobachtet hat (a. a. O., Taf. 16. 24a).

Demnach haben die Seitentreppen in einem durchgehenden Lauf auf ein gemeinsames Podest unter der Mitteltreppe geführt, das auf Umgangshöhe der ersten Terrasse lag. Die Mitteltreppe war über dieses Podest weggeführt bis zur Umgangshöhe der zweiten Terrasse (Abb. 19). Die Höhenmaße der Tafel schließen also sowohl die nicht sichtbaren Fundamentteile, als auch die Brüstungsmauern mit ein. Sie wurden also nicht am fertigen Bauwerk über dem Erdboden gemessen, sondern geben die Höhen ohne Rücksicht auf die Ausführungseinzelheiten. Dies bedeutet, daß es sich um Planmaße handelt. Die Esagila-

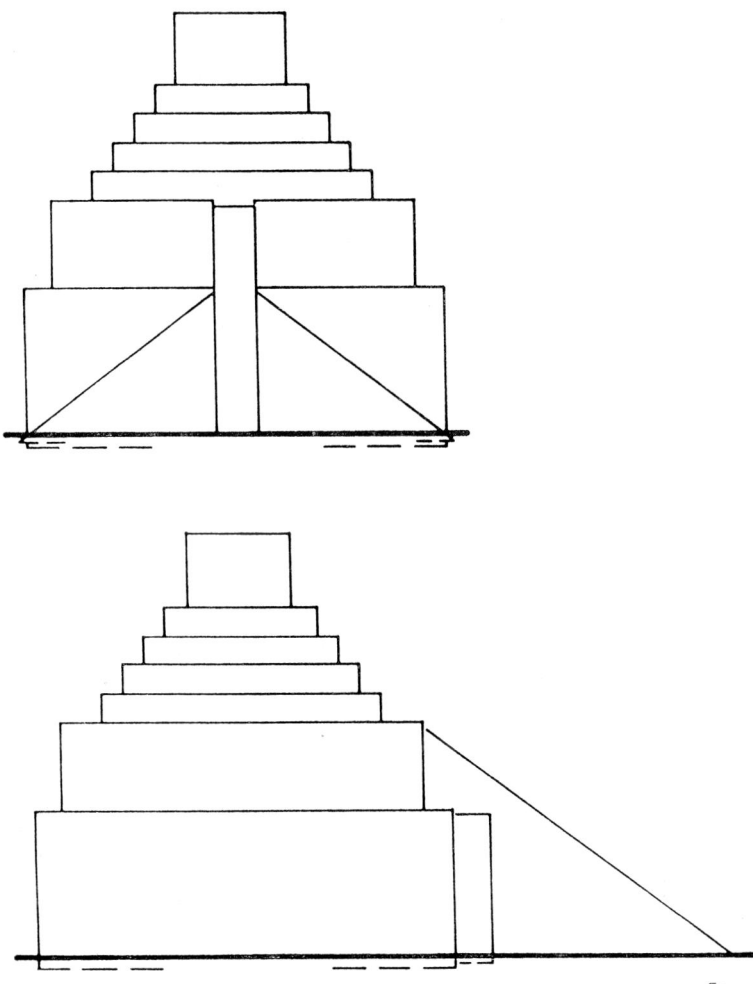

Abb. 19

Tafel ist demzufolge keine Baubeschreibung, sondern die Beschreibung des Entwurfs für die letzte Zikkurrat in Babylon. Interessanterweise kommt M. A. Powell zu dem Ergebnis, daß die Vorlage, nach welcher Anubelschunu den Text kopierte, in spätbabylonischer Zeit entstanden sein müsse (ZA 72 [1982] 116). Denn dazu paßt jene Passage in der Bauurkunde Nabupolassars, wo der König schreibt: „Die Orakel des Šamaš, Adad's und Marduk's holte ich ein, und im Herzen überlegte ich, bewahrte die Maße, (die) die großen Götter bei der Einholung der Orakel bestimmt hatten" (Weißbach, WVDOG 59, 43). Bei seinem Bauvorhaben mußte der König eine lange Bauzeit einkalkulieren, aber dennoch die wichtigsten Dimensionen bei Baubeginn verbindlich festlegen. Mit dem Anlegen des Grundrisses wurde auch die Lauflänge der Treppen fixiert und damit die Höhe der Terrassenstufen, die mit diesen Treppen erreicht werden sollten. Diese Höhen waren also später einzuhalten und wurden deswegen „bewahrt". Es ist zu vermuten, daß dies nicht nur beschreibend, sondern auch in Form eines Bauplans geschah.

Wie einfach ein solcher Bauplan aussehen konnte, belegen drei Urkunden. Wir kennen die Zeichnung eines Stufenkörpers, der sicher eine Zikkurrat darstellt, aus einer Tontafel des Britischen Museums in London, die D. J. Wiseman veröffentlicht hat. Es ist ein abgestufter Umriß oder Aufriß mit Maßangaben für die einzelnen Stufen (Anatolian Studies 22 [1972] 141 ff.). Eine andere Form der Darstellung einer Zikkurrat hat Liane Jakob-Rost erst kürzlich im Archiv des Vorderasiatischen Museums in Berlin entdeckt. Die auf einem Tontafelfragment eingeritzte Zeichnung ist durch die allerdings stark beschädigte Inschrift als wahrscheinlich dem Marduk geweihte Zikkurrat ausgewiesen. Gezeichnet ist der Stufenkörper aber in der Aufsicht, zwar ohne Maßeinträge, jedoch offensichtlich in einem bestimmten Maßstab. Diese ungewöhnliche Art der Darstellung hat nun Joachim Oelsner veranlaßt, eine ähnliche Zeichnung auf einer Tontafel der Hilprechtsammlung in Jena als Zikkurrat-Grundriß mit Tempel zu identifizieren (FuB 24 [1984] 59 ff., 63 ff.).

Die Erkenntnis, daß die Esagila-Tafel wahrscheinlich einen derartigen Bauplan ergänzend beschreibt, wirft ein neues Licht auf diejenigen ihrer Teile, die sich bis jetzt einer Deutung entzogen haben. Wir können also hoffen, auf die immer noch offenen Fragen einmal antworten zu können. Die Leistung der Ausgräber von 1913 wird dann ihren rechten Stellenwert erhalten.

Das Kleinod von Babylon

Löwenstraße, Ischtar-Tor und Thronsaalfront

W. Andrae †

Mit einem Vorwort von H. Lenzen †

Vorwort

Der folgende Aufsatz stammt aus dem Nachlaß von Walter Andrae. Es war ihm eine Herzensangelegenheit, seine Auffassung über das Ischtar-Tor, die sich vor allem in seinen letzten Lebensjahren herausgebildet hatte, noch bekannt werden zu lassen. Wer seine Führungen in den letzten Lebensjahren, in denen er schon fast erblindet war, durch die wieder entstehenden Räume seines Museums erlebt hat, der hat etwas von dem erfahren, was ihn am meisten bewegte.

In den letzten Jahren hat das Department of Antiquities in Bagdad große Restaurierungsarbeiten am Ischtar-Tor vorgenommen. Neuerdings spielen gewisse Kreise des Landes mit dem Gedanken, Gelder zu sammeln, um das farbige Tor, das Andrae in die Mitte seiner Betrachtungen stellte, aufzubauen. Die technische Seite des Aufsatzes von Andrae dürfte geeignet sein, die Schwierigkeiten, die ein solches Unterfangen mit sich bringen würde, deutlich zu machen.

Andrae vertrat wohl die Auffassung, daß die Vorläuferanlagen, die Anlage mit den unglasierten und reliefierten Tieren, die spätere Anlage mit den nur in Glasurtechnik aufgemalten Tieren, nichts anderes als nur Vorstufen für die dritte Anlage (glasierte und reliefierte Tiere) gewesen seien. Diese Auffassung ist ganz sicher nicht richtig.[1] Vor allem die älteste Anlage zeigt die Tiere im Relief in einer Schönheit, die sie später nicht mehr erreichten. Die Tiere sind zwar auch bei dieser ältesten Anlage aus Formen gedrückt, sie sind dann aber in jeder einzelnen Form mit der Hand überarbeitet worden (zum Beispiel sind die Schuppen des Drachenleibes unterschnitten).

Ob die Löwenfriese zu beiden Seiten der Prozessionsstraße wirklich nur der spätesten Fassung der Prozessionsstraße angehören, ist meiner Auffassung nach nicht erwiesen. Die Wände der ältesten Prozessionsstraße sind noch nirgendwo freigelegt. Die von der irakischen Regierung heute restaurierte Zugangsstraße ist nach Koldeyscher Annahme[2] die dritte Straße, die zu den nur gemalten Tieren gehörte und deren Lage im Tor in einer Höhe von etwa +10,80 m über dem Meeresspiegel anzugeben war. Von einer älteren Straße waren in einer Höhe von +7,19 m Pflasterreste im Torweg erhalten. Zu diesem Straßenniveau gehört ohne Zweifel der kleine Backsteinaltar, von dem Koldewey sagt, daß sein Fuß in einem Schacht aus luftgetrockneten Ziegeln eingelassen war.

Nach meiner Auffassung muß man diese Straße für die älteste von Nebukadnezar angelegte Straße halten. Aus der berühmten „großen Steinplatten-Inschrift Nebukadnezars"[3] geht hervor, daß der Palast Nabupolassars durch Hochwasserschäden so gelitten hatte, daß er durch Nebukadnezar erneuert werden mußte. Die durch die Grabung festgestellten überhöhten Fußbodenniveaus Nebukadnezars liegen bei +7,00 bis +7,25 m. Das entspricht der Höhe der untersten im Tor wirklich festgestellten Straße.

Wenn es in der Inschrift weiter heißt, daß die Eingänge nach der Aufschüttung zu niedrig waren und die alten Tore beseitigt wurden, so entspricht das vollkommen dem Ausgrabungsbefund. Für die Toranlage wurde eine neue Baugrube geschaffen, die nahezu alles beseitigt, was von der Anlage Nabupolassars vorhanden war. Die Fundamente wurden bis ans Grundwasser hinuntergeführt, und wie es Nebukadnezar beschreibt, mit Pflanzen und Stieren geschmückt, allerdings mit unglasierten Ziegeln.

Die Altäre, die in den Torräumen und auf dem kleinen Platz vor dem Tore stehen, bedürfen noch kurz der Aufmerksamkeit. Durch die Untersuchungen des Department of Antiquities wurde festgestellt, daß sowohl das runde säulenartige Postament als auch das entsprechend quadratische Postament bedeutend tiefer gegründet sind, als es von den deutschen Ausgräbern festgestellt wurde. Alle bisher untersuchten Postamente reichen unter den heutigen Grundwasserspiegel hinab. Wir wissen heute, daß man einen Altar nicht irgendwo beliebig aufstellen kann; ich möchte annehmen, daß alle diese Altäre an den gleichen Stellen stehen, wo sie in den Toranlagen zumindest aus der Zeit Nabupolassars gestanden haben, und daß der Altar durch eine Art Wurzel mit dem alten Altar verbunden blieb.[4] So ist die von Koldewey beschriebene runde brunnenförmige Umhüllung des „säulenartigen Postamentes" nichts anderes als das Postament auf der zweiten Straße (auf der Straße, die zu den nur gemalten Tieren gehört, auf der Straße, die heute vom Department freigelegt ist). Die auf ihm stehende „Säule" ist als die Wurzel zu betrachten, die dieses Postament oder diesen Rundaltar mit dem auf der obersten Straße verbunden hat.

Wie schon gesagt wurde, sind Löwen an der unteren Straße nicht nachgewiesen, aber die unterste Straße ist auch nirgendwo erreicht, und wenn die Verhältnisse und die Proportionen auf der Straße denen im Tor gleichen, dann sind auch die Mauern der Straße nirgendwo hoch genug erhalten, daß man von einem aufgemalten Löwenfries Spuren gefunden hätte. Die vier Symbole, die Andrae später behandeln wird, scheinen mir indessen so eng zusammenzugehören, daß man sie kaum trennen kann. Die Symbole des „Kleinods von Babylon" haben sich bis auf den heutigen Tag erhalten, sie sind heute die „Symbole für die vier Evangelisten".

Einleitung

Von den großen Ergebnissen der deutschen Ausgrabungen in Babylon ist eines in seiner geistesgeschichtlichen Bedeutung noch nicht klar genug dargestellt worden: Das Farbenwunder der Prozessionsstraße, des Ischtar-Tores und der Thronsaalfront auf der Königsburg. Dieser Einsicht verdanken die folgenden Ausführungen ihr Entstehen, und aus ihr ergab sich die Berechtigung der Bezeichnung „Kleinod" für dieses einmalige und einzigartige Ergebnis der Königstat Nebukadnezars II., die sich in den drei genannten Bauwerken und ihrer Ausstattung mit den strahlend-farbigen Relief- und Flachmalereien darbietet — Darstellungen, von denen ein Teil im Berliner Museum wieder zum Leben erweckt werden konnte.

Wir sind als Ausgräber, Verwalter und Hüter dieses „Kleinods" verpflichtet, ihm auch die höchsten Ehren in seiner Veröffentlichung zu erweisen. Es muß einmal ausgesprochen werden, daß der Entschluß, Babylon auszugraben, dadurch zustande gekommen ist, daß Robert Koldewey von einer Vorexpedition 1897/98 einige Brocken „emaillierter" Ziegel von der Burg in Babylon mitgebracht hatte. Dieselben gaben mit der Leuchtkraft und Güte ihrer Schmelzfarben den Ausschlag, Babylon als Grabungsstätte vor Warka und Assur den Vorrang zu geben.

Robert Koldewey, der Ausgräber, griff mit sicherer Hand gleich am ersten Tage seiner Tätigkeit in Babylon im Jahre 1899 die Prozessionsstraße an und fand, in tausend Stücke geschlagen, die farbigen Löwen wieder — ein Wink des Schicksals, das zwingend auf die weiteren Teile des Kleinods hinweisen wollte. Als Ausgräber und als Hüter hatte der Verfasser Anteil an der Arbeit in Babylon und später an der Wiedererweckung in Berlin. Er fühlte aufs stärkste die große Verpflichtung dem Kleinod gegenüber.

Miracula mundi, die „Weltwunder", welche das alte Babylon in sich barg, standen im Altertum, im Mittelalter, zum Teil auch bis in unsere Gegenwart „im Geschrei der Leute". Der Turm zu Babel, die hängenden Gärten, die Stadtmauern, auf denen man mit Wagen fahren konnte. Nichts hörte oder las man jedoch von dem „Kleinod von Babylon". Es wurde erst durch die deutsche Ausgrabung enthüllt. Wir glauben berechtigt zu sein, dasselbe aus inneren Gründen noch über jene in der Tat bewundernswerten Miracula mundi stellen zu dürfen, und wollen diese Behauptung im folgenden zu beweisen versuchen.

Weder die antiken Schriftsteller, noch die mittelalterlichen Phantasten haben „Geschrei" um das Kleinod gemacht. Sie schwiegen. Die modernen Forscher berichten in fast trockenem Tone über sein Vorhandensein und Aussehen, und erst die Aufstellung im Museum hat wieder zu seiner Bewunderung aufgerufen.

Herstellung der Ziegelreliefs

Es ist zunächst notwendig, sich die unsägliche Mühe klar zu machen, welche auf das Herstellen der Hunderte von Tierreliefs verwendet worden ist. Es galt, als erstes acht Tiergestalten im Relief zu modellieren. Ausgewählte Plastiker waren beauftragt, von Stier und Drachen je ein rechts- und ein linksläufiges Relief zu modellieren, dann hatten sie von den beiden Löwenarten, der mit hängendem und der mit hochgeworfenem Schweif, je ein rechts- und ein linksläufiges Relief herzustellen.

Es kann wohl als gewiß gelten, daß als plastisches Material das in Babylon vorhandene und gebräuchliche, der feingeschlämmte Ziegelton genommen werden mußte, auch für die von den Künstlern geschaffenen Urreliefs. Jedoch mußten diese Urreliefs um etwa 30% größer geschaffen werden als die schließlich an den Wänden einzubauenden Ziegelreliefs, aus folgenden Gründen: Um nach dem Urrelief, das in Ziegelformate zerschnitten werden mußte, die nötigen Formen (Model) herstellen zu können, galt es, diese Teile des Urreliefs im Ofen zu brennen, wobei sie um 10% (linear) „schwanden". Die Model wurden von diesen gebrannten Teilen ebenfalls in geschlämmtem Ziegelton hergestellt und mußten in gleicher Weise im Ofen gebrannt werden, wobei sie wiederum um 10% „schwanden". Auf Güte und Festigkeit dieser Model kam alles an, wenn man nur gute Abdrücke aus ihnen erhalten wollte, wiederum aus feingeschlämmtem plastischem Ziegelton. Und noch einmal „schwanden" diese Abdrücke beim Brennen im Ziegelofen um 10%, nun aber gemeinsam mit dem normalen Bauziegel, an dem sie, noch im plastischfeuchten Zustand, wie der Ziegel selber, richtig aufgeklebt worden waren. Durch diesen letzten Brand erst entstand der versatzfähige Reliefziegel, so wie er noch heute an den Wänden der Ischtar-Torruine in Babylon zu sehen ist.

Etwa 30% Schwund beim dreimaligen Brennen mußte also vorausberechnet werden. Denn die Reliefs sollten sich in die Bauziegelstruktur der Mauer- und Torwände eingliedern, und sie gliedern sich genauestens ein! Zu allen drei Prozeduren des Abformens und Brennens gehörte Meisterschaft. Am meisten Geschicklichkeit wurde zweifellos beim „Ankleben" der Abdrücke aus den Modeln verlangt. Das Abdrücken erfolgte mit der Hand. Ein verhältnismäßig dünner Tonstreifen, dessen plastische Konsistenz genau abgepaßt sein mußte, wurde in den Model hineingedrückt. Die Fingerabdrücke auf der Rückseite beweisen dies. Ein ebenso plastischfeuchter Bauziegel stand bereit, er war um die Dicke des Reliefstreifens, der nun aus dem Model herausgehoben wurde, gekürzt, denn im Bau mußte der entstehende Reliefziegel sich dem Verband des Ziegelwerkes eingliedern. Auch dieses Ankleben wollte gekonnt sein. Aber es entstand bei aller Sorgfalt des Klebens doch leicht eine „Naht", die sich im Brennen verstärken und das leichte Abbrechen der Relieffläche vom Ziegel veranlassen konnte. Die moderne Baukeramik verzichtet daher von vornherein auf die Verbindung des Reliefs mit dem Ziegelverband der Mauer und schafft „Verblender", das heißt dünnere Platten, die das Relief tragen und mit Mörtel vor das Mauerwerk geklebt werden.

Großartiger bleibt freilich die Technik des Reliefverbundenseins (Nebukadnezars). Es mußten mindestens 350 verschiedene solche Model hergestellt werden, nämlich für jede der vier Arten von Löwen (rechts-, linksläufig mit herabhängendem und heraufgeschlagenem Schweif) je 46 = 184, für jede der beiden Stierarten (rechts- und linksläufige) je 40 = 80, für jede der beiden Drachenarten (rechts- und linksläufige) je 43 = 86. Insgesamt 350.

Die meisten, oder besser noch alle diese Model müssen wohl in mehreren Exemplaren hergestellt gewesen sein, da sie für viele Herstellungen gebraucht wurden. Sie mußten bestens gebrannt gewesen sein wegen der Abnutzung. Nach der Fertigstellung der gesamten Anlage sind die Model vermutlich vernichtet worden. Es ist keiner derselben aufgefunden worden. Man kann vielleicht annehmen, daß ein Wiederholen und Nachahmen der Reliefs verhindert werden sollte. Allerdings sind die Herstellungsorte, um nicht zu sagen Fabriken, nicht aufgefunden worden, wo eventuell die Model weggeworfen sein könnten.

Daß bei der Fülle der Arbeitsgänge eine sorgfältige Organisation der Arbeit wie der Arbeiter unerläßlich war, kann jeder einsehen. Diese Organisation mußte sich nun auch noch auf den weiteren, sehr schwierigen Prozeß der Bemalung und des Schmelzfarbenbrandes sowie auf die endgültige Versetzung der farbigen Reliefs in die Mauer- und Torwände ausdehnen, worüber unten zu sprechen sein wird. Noch eines ist beim Herstellen der Reliefziegel wie auch der flach glasierten Wandziegel beachtet worden Der Fugenschluß. Man wollte vermeiden, daß der Mörtel in den Fugen der Wand hervorquoll, machte daher die vordere Ziegelfläche etwas breiter und höher als den Ziegelquerschnitt im Inneren des Mauerwerkes.

In Nebukadnezars Mauerwerk herrscht das Format 32,5 × 32,5 × 8 cm und das Halbsteinformat 32,5 × 16 × 8 cm vor. Dieses Ziegelmaß von 32,5 cm kann vermutlich mit dem „Königsfuß" identisch sein. Mit drei oder Vielfachen von drei multipliziert und um die notwendigen

Stoßfugen für den Mörtel vermehrt, ergeben sich „zufällig" Metermaße, die in den Bauten Nebukadnezars vielfach beobachtet werden. In dieses Maßsystem mußten die Reliefs sinnvoll eingepaßt werden. Man muß sagen, daß dieses Einpassen an den Wänden des Ischtar-Tores gelungen ist.

Die Thronsaalfront

Der fast verzweiflungsvolle Zustand der Ruine hat einem Wiederherstellungsversuch ungewöhnlich schwer zu überwindende Hindernisse entgegengestellt. Wir müssen das Gegebene ins Auge fassen. In situ ist vom Aufbau nichts gefunden. Die 6 m dicke Hofmauer des Thronsaales ist bis tief hinab ausgeraubt. Im Schutt fanden sich Trümmer folgender mit Schmelzfarben bemalter Ziegelbilder: 1) Vom Reliefflöwen mit aufgeworfenem Schweif, 2) vom Rosettenband mit Gelbstreifen, 3) vom „Blütenband" stehend und 4) hängend sowie 5) nach rechts und 6) nach links gerichtet, 7) von gelben, weiß geränderten „Stämmen", 8) von gelben und grünen, weiß geränderten Stammbindungen, 9) von großen hellblauen, weiß geränderten Doppelvoluten, 10) von hellblauen Ranken, 11) von „Lotosblüten", 12) von weißen Palmettranken, 13) vom Miniaturlebensbaum.

In Fall-Lage fand sich auf dem Hofpflaster noch im Zusammenhang ein kleiner Teil der Doppelvoluten, der lehrte, wie eine Volute aus der anderen herauswächst. Man konnte aus der Lage die ungefähre Höhe errechnen, in der dieses Stück im Gemälde der Front gesessen haben kann.

In Berlin ist versucht worden, die genannten Teile 1—12 zu einem Gesamtbilde zu vereinigen, das natürlich keinerlei Anspruch auf Gesichertheit erheben darf.[5] Beim Mangel weiterer Anhaltspunkte, eventuell aus fremden Analogien, müssen wir uns vorerst mit diesem Versuche bescheiden. Einer sasanidischen, also einer viel späteren Analogie wird nur die „Dreifaltigkeit" der Doppelvoluten verdankt, die aus dem in Fall-Lage gefundenen Stück nicht erschlossen werden konnte.

Zur Begründung unseres Museumsversuches sei noch gesagt, daß die Reihe der Löwen in die gleiche Höhe gesetzt wurde wie an der Prozessionsstraße, damit sie unmittelbar auf die vor ihnen stehenden Menschen wirken kann. Sie bildet mit ihren Rosettenstreifen gleichsam den „Sockel" des großen Lebensbaumgemäldes, das beiderseits der riesigen Mitteltür des Saales bis zu den beiden Seitentüren hin die Wandflächen bedeckt. Wir können von einem „Wald" von Lebensbäumen sprechen,[6] die auf dem Löwensockel stehen, aus dem sie mit ihren hohen, gelben, weiß geränderten, mehrfach geschnürten Stämmen hervorwachsen. Es sind deren wohl mehr als sieben auf jeder Seite des

Mitteltores. Die Stämme tragen je die dreifach auseinanderwachsenden hellblauen, weiß geränderten Doppelvoluten, aus denen sich hellblaue Ranken entwickeln und frei hinaus bis zu den drei übereinander stehenden Lotosblüten schwingen, die sie zusammen mit den Blauranken vom Nachbarbaume her zu „erzeugen" scheinen. Aus den Doppelvoluten heraus entfaltet sich wie eine aufgehende Sonne eine große gelbe Corolla mit weißen Blütenblättern. Wie von einer fülligen, farbenreichen Girlande wird der „Wald" allseitig umhüllt von den vier Blütenfriesen. Das entspricht dem Blütenmantel des assyrischen Lebensbaumes, den wir vom Palast in Kalchu so gut kennenlernen. Der Lebensbaum hat als Produkt des Bild-Denkens so wenig wie möglich mit den natürlichen Wachstumsformen irgend eines Baumes zu tun und ist dennoch ein vollkommenes Bild des Wachsens, Gedeihens und Blühens. Wer den Lebensbaum anschaut, empfindet die Funktionen des Lebens mit. Die Thronsaalfront entfaltet in ihrem Bilde die allergrößte Lebensfülle.

Die Herstellung

Die Thronsaalfront läßt sich nicht so eingehend beschreiben wie die Tierreliefs an Straße und Tor. Die Löwen sind selbstverständlich auf die gleiche Weise entstanden wie diejenigen an der Prozessionsstraße, wo wir derselben bereits gedachten. Alles übrige der Thronsaalfront ist Flachmalerei. Da nur ganz wenige vollständig erhaltene Ziegelmalereiflächen gefunden sind, war das Zusammenfinden der Malereifragmente unsäglich schwierig.

Herstellung der Thronsaalfront

Die Löwenreliefs mußten auf die gleiche Weise wie an der Prozessionsstraße vorbereitet, ebenso versatzbereit vorliegen, wie das ganze Schmelzfarbengemälde der 56 m breiten und wenigstens 8 m hohen Lebensbaumfläche, bevor überhaupt an den Aufbau der 6 m dicken Frontmauer und der großen Türen gedacht werden konnte. Denn die Schmelzfarbenwand ist ja homogen in die Ziegelstruktur eingebunden und wuchs mit der Mauer in die Höhe. Man mußte daher sehr sorgfältig disponiert und organisiert haben. Die Wandflächen der Frontziegel mußten gut geglättet und wenig länger und höher geformt sein als der innere Ziegelquerschnitt, wegen des dichten Fugenschlusses (vgl. oben am Ischtar-Tor und an der Straße). Man legte möglichst große Wandteile aus solchen Ziegeln verbandgerecht trocken zusammen und zeichnete mit dem Rötelstift die Konturen der Lebensbaumformen in relativ zarten Linien auf die glatte Wandfläche auf. Beim Auseinandernehmen dieses Provisoriums erhielt jeder Ziegel seine drei Versatzmarken an der Vorderkante der Oberfläche in Rötel angezeichnet. Denn nun gingen die Ziegel einzeln in die Ateliers der Schmelzfarbenmaler. Hier zog man die Versatzmarken und die Konturen mit derjenigen Farbpaste nach, die im Schmelzofen zu schwarz schmilzt und die den höchsten Schmelzpunkt hat. Vermutlich kamen die Ziegel nun in den Schmelzofen und erhielten dann erst die Eintragung der anderen Pasten in die Konturzellen, nämlich diejenigen farblosen Pasten, welche entweder Weiß oder Gelb oder Hellblau oder Dunkelblau oder Grün im Schmelzofen ergaben.[7] (Dazu siehe den folgenden Abschnitt.) Wenn alle Ziegel der Wandfläche in dieser Weise vorbereitet fertig und wohlgeordnet am Bauplatz lagen, konnte der Bau der Frontmauer beginnen. Die besonders geschulten Maurer richteten sich nach den mittleren Marken, welche die Schichten von unten mit der Marke, die 1 bedeutete, und nach den beiden Seitenmarken, die mit denen der Nachbarziegel übereinzustimmen hatten und von links nach rechts zählten.

Die Farben[8]

Zwischen den Farben als Materie und den Reliefformen wie den baulichen Wandflächen bestand insofern eine innige Verbindung, als sie alle durch das Feuer des Ofens gegangen sind, um das zu werden, was sie darstellen sollten. Die Kunst des Tonbrennens und der Schmelzfarbenherstellung war zu Nebukadnezars Zeit bereits lange bekannt. Das hohe künstlerische Können, das zur Schmelzfarbenmalerei auf glatter Fläche und gar auf Relief und Gefäß gehört, hatte sich nach 1500 v. Chr. entwickelt. Die Geheimnisse dieser Künste sind treu bewahrt und weitergegeben worden. Es gehört ein vielfältiges Wissen zum Geraten keramischer Farben und vor allem der Schmelzfarben. Auch die heutige Kunst bewahrt und überliefert viele Fabrikationsgeheimnisse, die von den Inhabern oft ganz persönlich eifersüchtig gehütet werden. In jenen alten Zeiten werden es Familiengeheimnisse gewesen sein, die nicht nur Metamorphosen, sondern auch Steigerungen der Erzeugnisse hervorgebracht haben. Von denjenigen der mittleren Assyrer-Zeit zu denen der späten assyrischen und von diesen zu denen der Nebukadnezar-Zeit erkennt man gut diese Metarmophosen der Anwendung und die Steigerung im technischen Können. Die höchste, überhaupt erreichte Stufe dieser Kunst ist zweifellos die Nebukadnezars. Schon die nachfolgende endspätbabylonische sinkt merklich ab, und die achaemenidisch-persische geht andere Wege und verliert den reinen Glanz der babylonischen Blütezeit. Für den hohen Wert des Kleinods von Babylon ist diese Einsicht entscheidend. Sie läßt sich an Hand von Proben im Berliner Museum und von Vergleichen mit den assyrischen

Funden aus Chorsabad und achaemenidischen aus Susa, die im Louvre aufbewahrt sind, leicht nachweisen. Den reinen, tiefen Glanz der Schmelzfarben Nebukadnezars II. hat keine ältere Glasur und keine spätere erreicht, auch wenn sie mit den gleichen Grundstoffen arbeiteten.

Eine ganz außergewöhnliche Leistung hatten die Schmelzkünstler mit der Herstellung einer langen monumentalen Keilschrift am Ischtar-Tor vollbracht. Dieselbe ist nämlich ohne die abgrenzenden schwarzen Konturlinien hergestellt und tadellos gelungen. Weiße Schriftzeichen sind in das Dunkelblau hinein gesetzt, nicht aufgemalt! Es gibt hier keinerlei Verfließen des weißen Schmelzes in den dunkelblauen und umgekehrt. Es ist, als sei die Schrift in den ausgemeißelten blauen Grund hineingegossen. Offenbar hat man für Weiß und Dunkelblau den genau gleichen Schmelzpunkt gefunden, wodurch dieses Wunder der Technik möglich wurde.

Die pentachrome Skala: Weiß — Gelb — Grün (oder Hellblau) — Dunkelblau — Schwarz wird auch danach beibehalten und erst bei den Achaemeniden durch allerlei Zwischentöne „verwässert". Man vermißt das Rot hier wie dort. Daß man es unter Nebukadnezar II. hätte herstellen können, scheint ein auf der Palastruine Kasr in Babylon gefundener Glasurklumpen von wunderschöner tiefweinroter Farbe zu beweisen. Robert Koldewey glaubte, da der Klumpen von einer grünen millimeterdicken Oxidschicht überzogen war, daß die ebenfalls millimeterdicken Grünflächen der babylonischen Schmelzfarbenziegel ursprünglich weinrot gefärbt und in der Erde dann zu Grün durchoxidiert wären. Unsere Berliner Schmelzfarbenkünstler leugneten diese Möglichkeit aufgrund vieler sorgfältiger Versuche mit dem babylonischen Grün. Dieses ist vielmehr ein Erzeugnis des Zusatzes von Kupferoxid der Paste, genau so, wie Hell- und Dunkelblau, und zwar näher dem Hellblau wie dem Dunkelblau verwandt. Wir setzen daher Grün und Hellblau in der pentachromischen Skala auf die gleiche Stufe. Je nachdem, ob man Weiß und Schwarz als Farben oder als Hell und Dunkel, und Hellblau und Grün als eine oder zwei Farben gelten lassen will, kann man auch von einer Tri- oder Tetrachromik, oder aber von einer Penta- oder Hexachromik sprechen.

Sollten die genannten sechs Töne in idealster Güte zustande kommen, so mußten in unzähligen Versuchen mit Quantenmischungen pulverisierter Grundstoffe des Quarzes, des Feldspates[9] und verschiedener Metalloxide, wie Kupfer-, Zinn-,[10] Blei-, Antimonoxiden und endlich der verschiedensten Möglichkeiten der Schmelztemperaturen und der Heizmaterialien die besten Verfahren ermittelt werden. Sie sind ermittelt worden. Die Farben haben sich in günstigen Lagen im Schutt der Jahrtausende oft in wunderbarer Frische bis auf unsere Tage erhalten. Unsere heutigen Keramiker haben mit den feinen chemischen und physikalischen Mitteln der Gegenwart manche der Schmelzfarbengeheimnisse enthüllt und waren imstande, die babylonische Skala ähnlich nachzuahmen.

Ein echt keramisches Problem war dabei auch, die feste Verbindung der Schmelzfarbe mit den Scherben, das heißt mit der gebrannten Ziegelfläche, also dem gebrannten Ziegelton, zu finden. Wir Heutigen würden sagen, wenn die chemischen und physikalischen Eigenschaften des gebrannten Ziegeltons mit denen der Schmelzpaste möglichst genau übereinstimmen, kann das Feuer des Schmelzofens beide unlösbar miteinander verbinden, wenn nicht, wird die Schmelzfarbenschicht abblättern müssen.

Dem babylonischen Schmelzer halfen vermutlich andere Gegebenheiten, an welche er glaubte. Sie sind schriftlich überliefert in Keilschrifttexten, welche Darmstaedter veröffentlicht hat. Es sind Gebete und Anrufungen der Elementargeister, welche über aller Beachtung vorgeschriebener Rezepte helfend eingreifen bei allen Zufälligkeiten, die sich in den schwierigen Prozeduren des Schaffens ereignen können. Ist es ein Wunder, wenn der Mensch im Gewirr dieser Ereignisse die höheren Mächte zu Hilfe ruft?

Nun, paßt der Arbeiter nicht genau auf und meint er es mit seinem Gebet nicht ehrlich, so treten Fehlfarben und Fehlbrände auf. Bis zu einer gewissen Grenze werden dieselben vom Bauherrn durchgelassen. Auch der Ausgräber, der solche findet, und der Museumsleiter, der sie mit verarbeiten lassen muß, werden diese Fehlstücke hinnehmen müssen. Sie sind sogar für den heutigen Geschmack als belebend empfunden worden und gern gesehen. So gibt es zum Beispiel sogenannte „verschmorte" Stücke, wo die Farbenfläche aus lauter zerplatzten Blasen besteht, und verfärbte Flächen, die von fehlerhafter Oxidation betroffen wurden, wenn im Schmelzofen versehentlich Luftzutritt erfolgt war. Ausgräber und Museumsleiter müssen sich überdies mit anderen Oxidations- und Verwitterungserscheinungen abfinden, die den Farben-Erhaltungszustand veränderten, je nach den Einflüssen des Ruinenbodens. Es wird nach dem Gesagten einleuchten, daß der Versuch, einen kleinen Teil des Kleinods wieder aufzubauen, ein sehr gedämpftes Farbenbild ergeben mußte. Wir hätten den vollen Farbenglanz der Nebukadnezar-Wände erreichen können, wenn wir alles aus den besten Erzeugnissen der keramischen Werkstätten von Helene Körting[11] hätten aufbauen wollen. Selbst im gedämpften Licht der Berliner Museumssäle würde dieser Glanz für heutige Augen schwer zu ertragen sein. Jedoch ist es hilfreich, an kleinen Stücken die Vorstellung dieses Glanzes für die eigene Imagination der gewaltigen Konzeption zu empfangen.

Glasur, Emaille, Firnis

S. Fitz

Glasartige Überzüge auf Keramik werden als Glasur bezeichnet. Aufgrund ihrer chemischen Zusammensetzung wird zwischen mehreren Glasurtypen unterschieden.

Die Glasuren auf spätbabylonischen Reliefziegeln bestehen aus einem Natriumsilicatglas, das zur Erhöhung seiner Beständigkeit Magnesium-, Calcium- und Aluminiumionen als Nebenbestandteile enthält. Keine der Glasuren besitzt höheren Blei- oder Borgehalt. Sie sind ohne Ausnahme dem Typ der Alkalisilicatglasuren zuzuordnen. Es werden allgemein zwei Möglichkeiten des Einfärbens von Glasuren unterschieden. Entweder löst man bestimmte Metalloxide in der farblosen Glasur, oder es werden Farbkörper (Pigmente) in feinster Verteilung in der Glasur eingebettet. Sie müssen dabei nicht unbedingt vorgefertigt der Glasur beigemengt werden, sondern können auch durch kristalline Ausscheidung aus der Schmelze entstehen.

Bei den sechs verschiedenen Farben der spätbabylonischen Glasuren (blau, türkis, grün, gelb, weiß und schwarz) wurden beide Möglichkeiten der Farbgebung angewandt: Die tiefblaue Glasur ist mit Kobalt-II- und Spuren von Kupfer-II-Ionen gefärbt; die Färbung der türkisen Glasur geht auf Kupfer-II-Ionen zurück. Die schwarze Glasur ist nicht mit Pigmenten gefärbt. Die vermutlich gelösten farbgebenden Bestandteile konnten bisher nicht identifiziert werden.

Pigmentfärbung der Glasur erfolgte bei der gelben Glasur mit Bleipyroantimonat ($Pb_2Sb_2O_7$) und bei der weißen Glasur mit Calciumantimonat ($CaSb_2O_6$). Türkise Glasuren enthalten neben den färbenden Kupfer-II-Ionen Calciumantimonat ($CaSb_2O_6$) (Prozessionsstraße) oder Quarz (SiO_2) (Hoffront des Thronsaales) als Trübungsmittel.

Grüne Glasuren wurden bisher nicht naturwissenschaftlich untersucht. Es ist zu vermuten, daß sie durch entsprechende Mischung gelber und türkiser Glasur entstanden sind, also mit Kupfer-II-Ionen unter gleichzeitigen Zusätzen des gelben Bleipyroantimonats.

Die Konturen sind nicht mit leicht schmelzbaren schwarzen Glasfäden aufgetragen worden. Diese Technik hätte die Herstellung der glasierten Ziegel unnötig erschwert. Vielmehr benutzte man für die Konturen einen sehr zähflüssigen Glasurbrei. Dieser wurde aus einer Art Malhorn (Gießbüchse) oder einem Beutel mit Mundstück (wie sie heute der Konditor oder die Hausfrau benutzen) auf den vorgebrannten Ziegel aufgemalt. Nach dem Antrocknen konnten die einzelnen Felder mit der entsprechenden dünnflüssigeren Glasuraufschlämmung aufgefüllt werden.

Es gibt heute keine eindeutige, naturwissenschaftlich begründete Bestätigung dafür, daß ein Teil der grün wirkenden Glasuren ursprünglich rot war.

Man kann davon ausgehen, daß es Parallelen bei der Zusammensetzung von spätbabylonischen Gläsern und Glasuren gibt. Da die Herstellung rot opaker Gläser bekannt war, so dürfte auch die Verwendung roter Glasuren durchaus wahrscheinlich sein. Die Gläser sind mit rotem Kupfer-I-Oxid, das sich aus der Glasschmelze in reduzierender Ofenatmosphäre kristallin ausscheidet, gefärbt und getrübt. Eine von der Oberfläche her einsetzende Oxidation, bedingt durch die langjährige Bodenlagerung und Verwitterung, führte bei einigen roten ägyptischen Gläsern der 18. Dynastie zur Bildung grüner Kupfer-II-Verbindungen. Ein vergleichbarer Vorgang wäre auch bei den roten Glasuren der Ziegel möglich, obwohl es einige Argumente gegen die Existenz der roten Glasuren gibt: So ist die Oxidation des roten Kupfer-I-Oxids zu grünen Kupfer-II-Verbindungen nur unter gleichzeitiger totaler Verwitterung der gesamten Glasur möglich. Die Kupfer-I-Oxid-Kristalle sind in der Glasur eingebettet. Eine Oxidation kann nur dann erfolgen, wenn oxidierende Stoffe direkt mit den Kristallen in Berührung kommen. Dazu muß aber die sie umgebende Glasur zerstört werden. Stark verwitterte grüne Glasuren wurden jedoch nicht beobachtet.

Nicht zu erklären ist auch, wie es möglich sein sollte, eine rote Glasur in einem Reduktionsbrand auf einen Ziegel aufzuschmelzen, ohne daß es zu Farbveränderungen der andersfarbigen Glasuren desselben Ziegels kommen würde, die in der Regel in einem oxidierenden Brand aufgeschmolzen worden sind.

Neben der Bezeichnung Glasur wird stets dann, wenn die buntglasierten Ziegel gemeint sind, der Begriff Emaille eingeführt. Nach heutiger Nomenklatur sollte ausschließlich von glasierten Ziegeln gesprochen werden, denn als Email werden glasartige Überzüge auf Metall bezeichnet. Die von Koldewey getroffene Differenzierung der Begriffe beinhaltet eine Unterscheidung der Herstellungstechniken:

— Glasur — bei Tonwaren, die durch Tauchen oder Begießen mit einer Glasuraufschlämmung verziert wurden.

— Emaille — bei buntglasierten Ziegeln, da diese in einer für die Emailherstellung typischen Technik, dem Zellenschmelzverfahren (Cloisonné) entstanden sind: unterschiedliche Farbfelder wurden durch Stege (schwarze Konturlinien) voneinander getrennt, damit beim Glasurbrand die einzelnen Farben nicht ineinander verlaufen konnten.

Als Firnis wird ein durchsichtiger dünner Überzug aus organischem Material bezeichnet, der eine darunterliegende Fläche abdeckt. Im

Zusammenhang mit keramischen Waren, insbesondere bei griechischer und römischer Keramik, wird der Begriff „Firnis" für unglasierte hochglänzende Oberflächen verwendet. Tatsächlich wurde Firnis bei Keramik nur außerordentlich selten aufgetragen, z. B. als Schutzschicht kaltbemalter altägyptischer Keramik. In der Regel besteht die Oberfläche der fälschlicherweise als gefirnißt bezeichneten Waren aus einem Anguß (Engobe) von besonders aufbereitetem (illitischem) Ton. Während des Brandes sintert dieser und verleiht der Oberfläche den Glanz. Die korrekte Bezeichnung ist Glanztonüberzug.

Tintir = Babylon

A. R. George

Der auf den folgenden Seiten übersetzte Keilschrifttext wird in antiker Tradition nach seiner Anfangszeile *Tintir = Babylon* genannt. Er beschreibt ein Babylon, das wahrscheinlich ein halbes Jahrtausend älter ist als die von Koldewey ausgegrabene Stadt Nebukadnezars II., das sich aber in der Topographie nicht grundsätzlich von ihr unterscheidet. Der Hauptteil des Textes besteht aus einer Aufzählung literarischer Beinamen der Stadt und ihrer religiösen Bauten; sein Schlußteil jedoch beschäftigt sich mit allgemeineren Anlagen der Stadt. Darum ist *Tintir = Babylon* auch heute noch der ausführlichste Text für die Topographie Babylons.

Ohne Zweifel ist *Tintir = Babylon* ein Zeugnis der babylonischen Schultradition, umfassende Listen zusammenzustellen; der Text atmet aber auch stark theologisches Denken, das deutlich die religiöse Vorherrschaft Babylons und seines Stadtgottes Marduk unterstreichen will. Dies könnte darauf hinweisen, daß er gegen Ende des zwölften Jahrhunderts in der Zeit Nebukadnezars I. und seiner Nachfolger zusammengestellt wurde, als man begann, Babylon und Marduk auf Kosten des älteren Kultzentrums Nippur und seines Gottes Enlil zu verherrlichen.

Der Text gliedert sich in fünf Teile (fünf Tafeln) von ungleicher Länge, die auch verschieden gut erhalten sind. Die erste Tafel ist eine Liste der Beinamen und literarischen Namen der Stadt; jede Zeile beginnt mit dem sumerisch formulierten Namen oder Beinamen, dem eine Übersetzung oder Erklärung auf akkadisch folgt. War die Bedeutung eines sumerischen Namens unbekannt, so gab man eine „pseudo etymologische" Erklärung in akkadischer Sprache. Das Aufeinanderfolgen literarischer Beinamen verleiht dieser ersten Tafel einen hymnischen

Charakter; denn die Terminologie erinnert häufig an die sumerischen Tempelhymnen aus der altbabylonischen Zeit.

Der zweite Abschnitt von *Tintir = Babylon* (Tafel II) besteht aus einer Aufzählung von Sitzen (akkadisch: *šubtu*) der Götter. Dies ist leider der am schlechtesten erhaltene Teil des vorhandenen Textes. Jede Zeile nennt den Namen eines „Sitzes", den Namen der Gottheit, der er gehört und ein weiteres Unterscheidungsmerkmal, wie den Namen des dort residierenden Gottes oder einige topographische Angaben über seine Lage. Diese „Sitze" scheinen kleine Schreine in den inneren Räumlichkeiten, den Höfen und Toren des Marduk-Tempels gewesen zu sein. Nur wenige von ihnen sind auch in anderen Keilschriftquellen bezeugt. Bedauerlicherweise ist das Ende dieser zweiten Tafel zusammen mit Stichzeile und Kolophon verloren; darum ist zur Zeit eine sichere Identifizierung des anschließenden Textabschnitts, d. h. von Tafel III, unmöglich.

Die Tempelliste geht der fünften und letzten Tafel voraus und kann daher als Tafel IV gelten. Es ist eine Aufzählung der dreiundvierzig Hauptkultzentren Babylons und ihrer Götter, nach Stadtteilen gegliedert. Der Text dieser Tafel ist fast vollständig erhalten und bietet uns so die Namen aller Tempel Babylons. In ihrer Mehrzahl sind sie auch in anderen Keilschriftquellen erwähnt, und acht von ihnen sind bislang lokalisiert, ausgegraben und identifiziert (siehe die Kartenskizze als Beilage; Koldeweys „Tempel Z" konnte in Sumer 35, 229, mit dem Tempel der Göttin Išḫara im Stadtteil Šuanna identifiziert werden, sein Name é-šà.sur.ra in Z. 20 ist nunmehr gesichert). Zu den sechs von der deutschen Expedition gefundenen Tempeln kommt nun noch der jüngst bei irakischen Ausgrabungen freigelegte Tempel des Gottes Nabû, dessen Name in Zeile 15 der Tempelliste erscheint. Das gleichzeitig gefundene kleine Heiligtum, das zwischen dem Tempel Nabûs und der Prozessionsstraße *Ai-ibūr-šabû* gelegen ist, sollte nach Z. 17 der Tempelliste mit dem verbleibenden Tempel des Stadtteils Ka-dingirra, dem Tempel der wenig bekannten Göttin Ašratum, identifiziert werden.

Tafel V beginnt mit einer Liste der „Thron-Estraden" (akkadisch: *parakku*) Marduks, über die außerhalb von *Tintir = Babylon* so gut wie nichts bekannt ist. Aber die zweite Hälfte führt Gegenstände allgemeineren topographischen Interesses an: die Tore, Mauern, Flüsse/Kanäle, Straßen und Stadtteile der Stadt. Die in der Vergangenheit bestehenden Schwierigkeiten bei der Rekonstruktion und Ergänzung des entscheidenden Abschnitts (Zeilen 92—97), der die Grenze der sechs Stadtteile am Ostufer des Euphrats beschreibt, konnten durch das Auffinden neuer Textzeugen in den letzten sechs Jahren weitgehend aus der Welt geschafft werden. (Die Quellen für das Werk *Tintir =*

Babylon betragen jetzt insgesamt zweiundfünfzig; vierunddreißig von ihnen erwarten noch ihre Veröffentlichung in Keilschriftkopie). Es ist zu hoffen, daß die Lageangabe für die Stadtteile auf der Kartenskizze (Abb. 1) dem neuesten Stand der Forschung entspricht. Demgemäß läßt sich folgendes sagen: Nach dem wiedergewonnenen Text erstreckte sich der zentrale Stadtteil Eridu, der mit seinen vierzehn (in Tafel IV, Zeilen 1—14 aufgeführten) Tempeln das Herzstück des religiösen Lebens der Stadt darstellte, vom Markttor (*abul maḫīri*) bis zum Gewaltigen (oder: Erhabenen) Tor (*abulmāḫu*). Diese bilden dann die Begrenzungen von Tintir-Šuanna nach Süden und von Ka-dingirra nach Norden und können darum nicht in der Stadtmauer gelegen haben, wie man früher annahm. Diese Stadttore befanden sich offensichtlich nahe dem Stadtzentrum und gehen vielleicht auf eine Zeit zurück, zu der die Stadt von einer Mauer weit geringeren Umfangs umgeben war als die uns bekannte. Anschließend siedelt der wiedergewonnene Abschnitt den Stadtteil Kullab eindeutig im Osten, d. h. beim Marduk-Tor, an und als seinen Nachbarn im Südosten, d. h. beim Zababa-Tor, das Stadtviertel TE.E^{ki}. Der verbleibende Stadtteil des Ostufers, Neu-Stadt (akkadisch: *ālu eššu*), der gemeinsame Grenzen mit Ka-dingirra und Kullab besitzt, muß im Nordosten gesucht werden.

Lenken wir unsere Aufmerksamkeit auf die Westhälfte der Stadt, so stellen wir fest, daß die in Tafel V, Zeilen 49—56 aufgeführten Stadttore in derselben Reihenfolge erscheinen, wie sie in der Stadtmauer angeordnet sind: auf dem Ostufer im Süden beginnend und gegen den Uhrzeigersinn um die Stadt herum bis zu einem entsprechenden Punkt auf dem gegenüberliegenden Ufer fortschreitend. Die vier im östlichen Teil der Mauer gefundenen Stadttore entsprechen den ersten vier Toren der Liste. Im Westen haben allerdings noch keine Ausgrabungen stattgefunden, um die verbleibenden vier Stadttore nachzuweisen und ihre Lage festzustellen. Ihre Position auf der Karte beruht daher auf Vermutungen; es ist jedoch sehr wahrscheinlich, daß die Reihenfolge der Tore in der Stadtmauer wie im Osten mit der der Liste übereinstimmt. Dies, verbunden mit den topographischen Details von Tafel V, Zeilen 99—102, erlaubt es uns, die westlichen Stadtviertel mit einiger Wahrscheinlichkeit auf der Kartenskizze einzuzeichnen.

Tafel I: Die Namen und Beinamen von Babylon

1 tin.tir^{ki}	Babylon, dem Ruhm und Freude verliehen wurde;
2 tin.tir^{ki}	Babylon, der Sitz von Fruchtbarkeit;
3 tin.tir^{ki}	Babylon, der Sitz des Lebens;
4 šu.an.na^{ki}	Babylon, die Macht der Himmel;

5 si-an.na^(ki)
6 sa-an.na^(ki)
7 sa₄-an.na^(ki)
8 uru-sig₄.bi-dub.sag.gá^(ki)
9 uru-sil₆.lá^(ki)
10 uru-me.bi-kal.la^(ki)
11 uru-billuda.bi-suḫ.suḫ^(ki)
12 uru-lugal-dingir.re.e.ne^(ki)
13 uru-gù.dé-^(d)asar.re^(ki)
14 uru-la.bi-nu.gi₄.a^(ki)
15 uru-guruš-ní.dúb^(ki)
16 uru-níg.gi.na-ki.ág.gá^(ki)
17 uru-níg.gi.na.si.sá^(ki)
18 uru-níg.erím-ḫul.gig^(ki)
19 uru-lú.kur₄.ra^(ki)
20 dìm.me-kù.sig₁₇^(ki)
21 eri.du₁₀^(ki)
22 ká.dingir.ra^(ki)
23 eškiri-tab.ba-an.ki
24 ri.ri-níg.erím.bànda.gál?
25 zaḫ-erím.gú-níg.erí[m.gá]l?
26 kar-ḫul.a
27 nam.šu.du₇-mu.lu-zi.zi
28 dúr-^(d)asar.re
29 dúr-^(d)asar.alim.nun.na

Babylon, das Licht der Himmel;
Babylon, das Band der Himmel;
Babylon, von den Himmeln ins Dasein gerufen;
Babylon, die Stadt, deren Mauerwerk altertümlich ist;
Babylon, die Stadt des Jubels;
Babylon, die Stadt, deren Kultordnungen kostbar sind;
Babylon, die Stadt, deren Riten auserlesen sind;
Babylon, die Stadt des Königs der Götter;
Babylon, die Stadt, die von Marduk ins Dasein gerufen wurde;
Babylon, die Stadt, mit deren Üppigkeit man nicht gesättigt werden kann;
Babylon, die Stadt, die ihre Männer in Frieden leben läßt;
Babylon, die Stadt, die Wahrheit liebt;
Babylon, die Stadt von Wahrheit und Gerechtigkeit;
Babylon, die Stadt, die Übel verabscheut;
Babylon, die Stadt vornehmer Männer;
Babylon, der goldene Pfahl;
Babylon, die liebliche Stadt;
Babylon, das Tor der Götterversammlung;
Babylon, das die Zügel von Himmel und Unterwelt hält;
Babylon, das die Nachkommen des Feindes zerstört;
Babylon, das jeden Feind und Gegner vernichtet;
Babylon, das die Ungerechtigkeit haßt;
Babylon, das den Überheblichen nicht für makellos erklärt;
Babylon, der Sitz von [Marduk];
Babylon, der Sitz von Anu, Enlil und Ea;

30 mud-dingir-sag.gá	Babylon, der Schöpfer von Gott und [Mensch];
31 á.ág.gá-me-zu	Babylon, das die Kultordnungen und Weisungen kennt;
32 me-da.gan.bi-ur₄.ur₄	Babylon, das alle Kultordnungen einsammelt;
33 e.ku.a (var.: [x].ká.a)	Babylon, das Haus des Einganges von ... [...;]
34 gub!.ba-pirig.gá	Babylon, das das Königtum begründet;
35 ùz.sag-an.ki.a	Babylon, das Band von Himmel [und Unterwelt;]
36 [ig]i.bi-igi.gál-sukud.da	Babylon, dessen Blick [aufwärts gerichtet ist (?);]
37 [ig]i?.bi-dù.dù	Babylon, dessen .. [...;]
38 ⌜x⌝.UD-igi-kur.ra	Babylon, das ...... [...;]
39 [bà]r?.bàr-nam.kù.zu^{ki}	Babylon, das Weisheit (!) verbreitet (!);
40 [mù]š?-lipiš.bé-gù!.nun.dé.a^{ki}	Babylon, dem der Lärm der Länder fern bleibt;
41 tu₆-íl.lu-ši.ma.al.l[a]^{ki}	Babylon, das eine Beschwörung für die gesamte Schöpfung trägt;
42 dim-mud-zi^{ki}	Babylon, die Schöpfung von Enlil;
43 mu.lu-gub-ši-ma.da^{ki}	Babylon, das das Leben des Landes sichert;
44 uru-níg.tuk^{ki}	Babylon, die Stadt der Fülle;
45 uru-ùg.bi-tuk?.tuk-gar.ra^{ki}	Babylon, die Stadt, deren Bewohner mit Wohlstand überhäuft sind;
46 uru-ḫúl-ezen-gu₄.ud.gu₄.ud^{ki}	Babylon, die Stadt von Festlichkeit, Freude und Tanz;
47 uru-ùg.bi-ezen-zal.zal^{ki}	Babylon, die Stadt, deren Bewohner fortwährend Feste feiern;
48 uru-ubara-si.il.lá-duḫ.a^{ki}	Babylon, die privilegierte Stadt, die den Gefangenen befreit;
49 uru-kù.ga^{ki}	Babylon, die reine Stadt;
50 uru-níg.gál.la-níg.ga^{ki}	Babylon, die Stadt von Hab und Gut;
51 dim.kur.kur.ra^{ki}	Babylon, das Band der Länder.

Tafel II: Die Liste der „Sitze" in Esagil

1 *ti-amat* („Meer")	der Sitz Bēls, auf dem Bēl sitzt;
2 [k]i-tilmun^{ki}.na („Ehrenvoller Platz")	der Sitz von Anu, auf dem Oannes' Sohn [sitzt;]

3 ki-arattaki ("Ehrenvoller Platz")	der Sitz Enlils, auf dem Tašmētum [sitzt;]
4 engur.ra ("Unterirdisches Wasser")	der Sitz Eas, in dem der Fuß-Schemel [aufbewahrt wird(?);]
5 é-du₆-kù ("Haus des reinen Podiums")	der Sitz Eas, in dem das Heiligtum [seinen Platz hat(?);]
6 é-ga-ì.nun-ḫé.du₇ ("Haus, geeignet für Milch und Butterschmalz")	der Sitz von Telîtu, zu Füßen von Bēlet-[Bābili (?)...;]
7 é-ḫal-an.ki ("Haus der Geheimnisse von Himmel und Unterwelt")	der Sitz von Zarpānītum [...;]
8 aš.te-ki-sikil ("Thron, reiner Platz")	der Sitz von Kir[i ...;]
9 ki-ir¹-ḫi¹ imitti ("Mauer auf der rechten Seite")	der Sitz Enlils, der [....;]
10 ki-ir-ḫi-šumēli ("Mauer auf der linken Seite")	der Sitz Anus gegenüber [...;]
11 ikuₓ(AŠ.GÁN) ("Iku-Stern (?)")	der Sitz Eas, der sich an der Schwelle des Hauses befindet;
12 é-ú.zu ("Haus, das Kräuter kennt")	der Sitz Gulas: oberer (Hof?);
13 é-ub-a.ra.al.li ("Haus, Nische der Unterwelt")	der Sitz Gulas: unterer (Hof?);
14 ti.la.a	der Sitz von Alala und Belili, auf dem das Sternsymbol ruht;
15 še.er.zi-ki.šár.ra ("Glanz des Weltalls")	der Sitz von Šamaš, rechts von welchem die Entscheidungen [...;]
16 é-du₆-kú.ga ("Haus des reinen Sockels")	der Sitz von Lugaldukuga: das Streitwagen-Haus;
17 é-tuš.a-ᵈasal.lú.ḫi ("Wohnhaus Asalluḫis")	der Sitz der Igigi: die Kapelle Ninurtas (?) [...;]
18 é-abzu-ᵈasal.lú.ḫi ("Apsû-Haus Asalluḫis")	der Sitz der Anunnaki: die Kapelle [von ...;]
19 é-a.ra.zu-giš.tuk-ᵈasal.lú.ḫi ("Haus Asalluḫis, das Gebete erhört")	der Sitz von ... außerhalb des Hofes vom des [...;]
20 é-ḫal-an.ki ("Haus der Geheimnisse von Himmel und Unterwelt")	der Sitz Eas [...;]

21 èš-gar („Festgebautes Haus")	der Sitz von Qingu [...;]
22 du₆-šuba („Sockel des Schäfers")	der Sitz von Dumuzi [...;]
23 dúr-an.na („Wohnung des Himmels")	der Sitz des Drachens: 2 Estraden, auf denen die Schlange sitzt;
24 ki.gal.la („Großer Ort")	der Sitz Ningiszidas, wo Irhan ... [...] ...;
25 šu.gi₄.gi₄-nigin-šu.a.bi	der Sitz der Anunnaki auf der Nord [Seite(?) auf dem ...] sitzt;
26 é-níg.erím-ḫul.e.dè („Haus, das das Böse vernichtet")	der Sitz von Kur-zigim-mumu an der [rechten] Türschwelle, [auf dem ...] sitzt;
27 é-gúr-ḫur.sag („Haus, das die Bergländer unterwirft")	der Sitz von Kur-gigim-šaša an der linken Türschwelle [auf dem ... sitzt;]
28 ki-šà-du₁₀.ga („Ort des Glücks")	der Sitz [von ....;]
28a [x (x)].nar („... Gesang")	der Sitz von Dunga, wo der Sänger ... [...;]
29 ki-zalag.ga („Heller Ort")	[der Sitz von ...;]
30 dúr-ki-sikil („Reiner Wohnort")	der Sitz von Enmešarra und Enbi- lulu: 2 Estraden [...;]
31 ki.ùr-kù.ga („Reines Fundament")	der Sitz von Gubisigsig und des Meeres: 2 Estraden [...;]
32 é-⌈gir₄⌉?⌉-kú („Haus des reinen Ofens (?)")	der Sitz von Nuska, wo Opfer des Königs und ... [...;]
33 ⌈é-idim?-x⌉[(x)].gá („Haus der Quelle ...")	der Sitz von Tigris und Euphrat in der Kapelle (?) [...;]
34 [x.(x)].kù	der Sitz von Sîn im Westen hinter dem Brunnen;
35 é-[x]-[an.k]i.a („Haus, ... von Himmel und Unterwelt")	der Sitz [von ...;]
36 é-ad.[gi₄.g]i₄ („Haus des Ratgebers")	der Sitz von Ennungaḫedu, dem Wächter [...;]
37 é-a-sik[il].la („Haus von reinem Wasser")	der Sitz von Nādin-mê-qātī und Mukîl-mê-balāṭi [...;]
38 é-eš.bar-an.ki („Haus der Entscheidungen von Himmel und Unterwelt")	der Sitz von Šamaš im Norden inner- halb des Schreines;

39 é-u₄-gal.gal.la   der Sitz von [...;]
   („Haus der Stürme")
40 [x.x].TU.ra   der Sitz von Dagān in Ka-udi-babbar
                             („Tor des Staunens"): die [rechte(?)]
                             Vorhalle;
41 [um]ún?-sag   der Sitz Bēlet-ilīs in Ka-udi-babbar:
   („Vorderste Werkstätte") die [linke(?)] Vorhalle;
42 [èš]-maḫ   der Sitz Eas in Ka-maḫ („Gewaltiges
   („Gewaltiges Haus")   Tor"), wo das Becken für Wasser (?)
                             [aufbewahrt wird(?)]
43 èš-bàn.da   der Sitz von Nanše in Ka-maḫ, wo
   („Kleines Haus")   Opferschafe [...;]
44 šu.luḫ.bi-kù.ga   der Sitz von [...;]
   („Sein Reinigungs-Ritual
   ist rein")
45 di.ku₅-ka.aš.bar-si.sá   der Sitz von [...;]
   („Richter, der gerechte
   Urteile fällt")
46 [é]-nir.gál-an.na   der Sitz von [...;]
   („Haus des Helden des
   Himmels")
47 [é]-galam-an.ki.a-šu.du₇ der Sitz von [...;]
   („Kunstvoll erbautes Haus,
   vollkommen in Himmel und
   Unterwelt")
48 [x]-nam.ḫé-PAP.TIN?-dili.na der Sitz von [...;]
49 [é]-máš.da.ri   der Sitz von [...;]
   („Haus der Opfergaben")
50 [é]-dumu-nun.na   der Sitz von [...;]
   („Haus des Prinzensohnes")

Hier bricht der Text von Tafel II ab und setzt erst nach einer umfangreichen Lücke wieder ein (siehe unten Zeilen 1'ff.). Falls die *šubtu* (= Sitz) -Liste K 4714 (Pinches, PSBA 22, 367ff.) Rückseite und unveröffentlichte Duplikate, zur Serie *Tintir* = *Babylon* gehört, sollte sie wahrscheinlich in diese Lücke gestellt werden; darum fügen wir sie hier ein:

a   ki.x. [...]
b   é-⌈ri⌉.da   der [Sitz von ....;]
c   é-šid.dù   der Sitz von [...;]
    („Haus des Organisators")
d   é-sag.gá-an.[na/ki]   der Sitz von [...;]
    („Erstes Haus im Himmel
    und in der Unterwelt(?)")

e	é-ḫúl.[x] („Haus der Freude …")	der Sitz von [...;]
f	é.nigìn.n[a?] („Haus der Kammer")	der Sitz von … [...;]
g	é-pirig („Haus des Löwen")	der Sitz von … [...;]
h	é-gú-si.sá („Haus, das den Unterdrückten Recht verschafft")	der Sitz von Muštēšir-[ḫablim …;]
i	é-ur₅-šà.ba („Haus des Orakels (?) des Herzens")	der Sitz von Nanāy [...;]
j	é-maḫ-ti.la („Gewaltiges Haus, das Leben gewährt")	der Sitz von Marduk … [...;]
k	é-IGI.DU („Haus des Führers")	der Sitz von Lillu in èš-šà-zu [.....;]
l	é-GEŠTÚ.ᵈNISSABA („Haus des Verstandes von Nissaba")	der Sitz von Nissaba [...;]
m	é-éš.gàr („Haus der Arbeitszuweisung")	der Sitz von Uttu, die Kapelle von … [...;]
n	ki-unú.ga („Platz des kultischen Mahles")	der Sitz von [...;]
o	é-gír.lá-t[i]l/.la („Haus, des Schlächters, der ausrottet (?)")	der Sitz von [...;]
p	é-di-maḫ („Haus des erhabenen Urteilspruches")	der Sitz [von …;]
q	é-ḫé.[gá]l/[d]u₇ („Haus des Schmucks")	der [Sitz von …;]
1'	[x(x)].x.maḫ	[der Sitz von] … [...;]
2'	[é-e]n?-ad.gi₄.gi₄ („Haus des Herrn(?) Ratgebers")	der Sitz von Marduk [...;]
3'	[é.g]al-an.na („Himmelspalast")	der Sitz von Ištar [...;]
4'	[é]-akkil („Haus der Wehklage")	der Sitz von Manungal [...;]

5' [é]-á.sàg   der Sitz des *Asakku*-Dämons [...;]
("Haus des *Asakku*")
6' [é]-gi₆.pàr   der Sitz des (göttlichen) *En*-Priesters
("*Gipāru*-Haus")   [...;]
7' [é]-lú.mah   der Sitz des (göttlichen) *Lumahhu*-
("Haus des Lumaḫḫu")   Priesters [...;]
8' á-sud.a ki-dúr.⌈gar-pàd⌉.da   der Sitz von [...;]
("[Haus der] Lang Seite,
Platz des ausgewählten
Thrones")
9' ⌈gišgal?⌉-sag.gá   der Sitz von Šamaš [...;]
("Vorderster Standplatz")
10' é-a.⌈ra.x⌉.na   der Sitz von ... [...;]
11' [x x (x)].ra   der Sitz von [...;]
12' [é-me?.lá]m?.ḫuš   der Sitz von [...;]
("Haus des Furchterregen-
den Strahlenglanzes")
13' ⌈é.me⌉-lám.ma   der Sitz von [...;]
("Haus des Strahlenglanzes")
14' [gi]š?.šú-kù   der Sitz von [...;]
("Reiner Schemel")
15' é-gi₆.pàr-kù   der Sitz von [...;]
("Reines *Gipāru*-Haus")
16' u[b.š]u-ukkin.na   [der Sitz von ...;]
me-zu-ḫal.ḫal.la
("Hof(?) der Versammlung,
der die berühmten *Me*
[Kultordnungen und Gött-
liche Kräfte] zuteilt")
17' [d]u₆-k[ù]   [der Sitz von Lugal-dimmer-ankia
ki-nam.tar.tar.re.e.[dè]   in Ubšu-ukkinna ...;]
("Reiner Sockel, Platz, an
dem die Schicksalsentscheidungen bestimmt werden")
18' [g]iš.ḫur-an.ki.a   der Sitz von Anu in Ubsu-ukkinna
("Zeichnung von Himmel   gegenüber von welchem Madānu ...
und Unterwelt")   [...;]
19' ⌈é⌉-dúr-maḫ   der Sitz von Enlil in Ubšu-ukkinna,
("Haus des erhabenen   (den) Zarpānītum [...;]
Bandes [?]")
20' [d]úr-an.ki.a   Der Sitz Eas in Ubšu-ukkinna, wo
("Wohnung von Himmel   Ea [...;]
und Unterwelt")

21' ka.aš.bar-kalam.ma ("Entscheidung des Landes")	der Sitz von Šamaš in Ubšu-ukkinna ... [...;]
22' ⌈é⌉-sag.kal ("Haus des Führers")	der Sitz Ninurtas in Ubšu-ukkinna, wo [...;]
23' eš.bar-me.si.sá ("Ordner der Entscheidungen und *Me* [s. Z. 16']")	der [Sitz Nabûs [in Ubšu-ukkinna;]
24' túl-idim-an.ki ("Brunnen der Quelle von Himmel und Unterwelt")	der [Sitz von ... in Ubšu-ukkinna;]
25' é-ti.la-šár.ra ("Haus, das das Leben sich vermehren läßt")	der Standplatz (von ...;)
26' é-ka.aš.bar ("Haus der Entscheidungen")	der Standplatz von ... [...;]
27' é-giš.ḫur-an.na ("Haus der Zeichnung des Himmels")	der Standplatz von Ennunga-ḫedu [...;]
28' [é]-geštú-diri ("Haus des weiten Verstandes")	der Standplatz von Indagar in der Kapelle von [...;]
29' du₆-maḫ *imitti* ("Gewaltiger Sockel" rechts)	der Standplatz von Ababa an der Türschwelle von [...;]
30' du₆-maḫ *šumēli* ("Gewaltiger Sockel" links)	der Standplatz von Anta-durunnu an der Türschwelle von [...;]
31' é-níg.erím-nu.dib *sukku imitti* ("Haus, das dem Bösen keinen Durchgang gewährt": die rechte Kapelle)	der Standplatz von Madānu im Kisal-maḫ (Gewaltiger Hof);
32' é-níg.erím-nu.si.sá *sukku šumēli* ("Haus, das das Böse nicht gedeihen läßt": die linke Kapelle)	der Standplatz Nergals im Kisal-maḫ;
33' é-dumu-nun.na ("Haus des Prinzensohnes")	der Standplatz von Madānu in A-suda (vgl. Zeile 8');
34' é-di.ku₅-maḫ ("Haus des höchsten Richters")	der Standplatz von Muštēsir-ḫablim in A-suda.

Hier endet die Liste der „Sitze"; der einzige weiter erhaltene Textzeuge, K 4153 (veröffentlicht von P. van der Meer, AfO 13, Taf. 8, jetzt zusammengefügt mit K 6410) fährt mit einer kurzen Aufzählung von Toren, vielleicht von E-sagil, fort, die zu bruchstückhaft erhalten ist, um hier eine Übersetzung zu rechtfertigen; der Rest von Tafel II ist verloren.

Wie bereits erwähnt, fehlt Tafel III noch oder ist noch nicht erkannt.

Tafel IV: Die Tempelliste Babylons

1 é-sag.íl   das Abbild des Apsû;
("Haus, dessen Spitze hoch ist")
2 é-te.me.en-an.ki   das Abbild des E-šarra;
("Haus, Fundament-Platte von Himmel und Unterwelt")
3 é-kar-za.gìn.na   das Tor des Apsû;
("Haus des reinen Kais")
4 é-rab-ri.ri   der Tempel von Madānu;
("Haus der Fessel, die in Schach hält")
5 é-gal-mah   der Tempel der Gula;
("Gewaltiger Palast")
6 é-nam.tag.ga-duh.a   der Tempel von Amurru;
("Haus, das von Schuld freispricht")
7 é-al-ti.la   der Tempel des Adad;
("Haus der Leben spendenden Hacke"[?])
8 é-tùr-kalam.ma   der Tempel der Bēlet-Bābili;
("Haus, Rinderhürde des Landes")
9 é-nì.te.en.na   der Tempel Sîns;
("Haus der Ruhe")
10 é-sag.[dil]-an.na-^{giš}gidri-tuku   der Tempel des Papsukkal;
("Haus der Himmelsgeheimnisse, das das Zepter hält")
11 é-zi.da-nu.gál   der Tempel von Dumuzi (in) der Gefangenschaft;
("Wahres Haus des Lichtes [?]")
12 é-giš.lá-an.ki   der Tempel des Nabû des Rechnungswesens;
("Haus des Prüfers von Himmel und Unterwelt")

13 é-gu.za.lá-maḫ ("Haus des höchsten Thronträgers")	der Tempel des Ningišzida;
14 é-sag.gá-šár.ra ("Erstes Haus des Universums")	der Tempel von Anunītum; (alle diese Tempel befinden sich) in Eridu.
15 é-ᵍⁱˢníg.gidarkalam.ma-sum.ma ("Haus, das das Zepter des Landes verleiht")	der Tempel des Nabû vom ḫarû;
16 é-máš.da.ri ("Haus der Opfergaben")	der Tempel der Ištar von Akkad;
17 é-ḫi.li-kalam.ma ("Haus des Luxus des Landes")	der Tempel von Ašratum;
18 é-maḫ ("Gewaltiges Haus")	der Tempel der Bēlet-ilī; (alle diese Tempel befinden sich) in Ka-dingirra.
19 é-ḫur.sag-til.la ("Haus, das die Bergländer vertilgt")	der Tempel Ninurtas;
20 é-šà.sur.ra ("Haus des Mutterleibes")	der Tempel der Išḫara; diese (beiden Tempel befinden sich) in Šuanna.
21 é-urù-na.nam ("Haus, es ist eine Stadt")	die Nabû-Estrade;
22 é-ki.tuš-gir₁₇.zal ("Haus, Wohnort der Freude")	der Tempel der Bēlet-E-anna;
23 [é-an.d]a-sá.a ("Haus, das mit dem Himmel wetteifert")	der Tempel der Ištar vom Stern (Venus); (alle diese Tempel befinden sich) in Neustadt.
24 [é-ki]š.nu₁₁-gal ("Haus des großen Lichtes")	der Tempel Sîns;
25 [é-me.kilib-u]r₄.ur₄ ("Haus, das alle Me cinsammelt")	der Tempel der Šarrat-Larsa;
26 [é-ú]r-gub.ba ("Haus, das die Grundlage (?) festigt")	der Tempel des Pisangunuk;
27 é-sag ("Vornehmstes Haus")	der Tempel des Lugalbanda; (alle diese Tempel befinden sich) in Kullab.

28 é-dúr-kù.ga („Haus, reine Wohnung")	die Estrade der Igigi-Götter;
29 é-ká-gu.la („Haus des großen Tores")	die Estrade der Anunnaki-Götter;
30 é-me-ur$_4$.ur$_4$ („Haus, das die *Me* einsammelt")	der Tempel der Nanāy; (alle diese Tempel befinden sich) in TE.E^{ki}.
31 é-nun-mah („Haus des gewaltigen Fürsten")	der Tempel des Nuska,
32 é-giš.hur-an-ki.a („Haus der Zeichnung von Himmel und Unterwelt")	der Tempel der Bēlet-Ninua;
33 é-bur-sa$_7$.sa$_7$ („Haus der schönen Krüge")	der Tempel der Šara; (alle diese Tempel befinden sich) in Bāb-Lugalgirra.
34 é-nam.ti.la („Haus des Lebens")	der Tempel von Bēl-mātāti;
35 é-èš-mah („Gewaltiges Haus")	der Tempel des Ea;
36 é-ka-dím.ma („Haus, das ... erschafft")	der Tempel der Belili;
37 é-me.sikil.la („Haus der glänzenden *Me*")	der Tempel des Amurru;
38 é-di.ku$_5$-kalam.ma („Haus des Richters des Landes")	der Tempel des Šamaš;
39 é-e.sír-kalam.ma („Haus der Straße des Landes")	der Tempel von Pisangunuk;
40 é-nam.hé („Haus der Fülle")	der Tempel des Adad; (alle diese Tempel befinden sich) in Kumari.
41 é-ki.tuš-garza („Haus, Wohnstatt der [Kult]ordnung")	der Tempel der Bēlet-E-anna;
42 é-sa-bad („Haus, dessen Ohren offen sind")	der Tempel der Gula;
43 é-šid.dù-ki.šár.ra („Haus des Organisators des Universums")	der Tempel des Nabû; (alle diese Tempel befinden sich) in Tuba.

Tafel V: Estraden von Marduk, Stadttore, Mauern, Flüsse und Straßen; Zusammenfassung; Stadtteile

(Zeile 1—8 führen Namen von Estraden auf, die jedoch zu stark zerstört sind, um eine Übersetzung zu rechtfertigen.)
9 Estrade: „Schutz von [...;"]
10 Estrade: „Schutz von [...;"]
11 Estrade: „Schutz seiner/s [...;"]
12 Estrade: „Stütze von Esagil;"
13 Estrade: „Stütze seines Volkes;"
14 Estrade: „Zwilling seiner Brüder;"
15 Estrade: „Bete, auf daß er höre! ... meines Palastes;"
16 Estrade: „Bete, auf daß er höre!"
17 Estrade: „Bete, [auf daß er höre!"]
18 Estrade: „Marduk war auf die Macht (?) Babylons aus;"
19 Estrade: „Marduk versteht die Gedanken der Götter und Göttinnen;"
20 Estrade: „Die Götter schenken Marduk Aufmerksamkeit;"
21 Estrade: „Marduk trug die Macht (?) von Babylon;"
22 Estrade: „Vergiß Babylon nicht, o Marduk!"
23 Estrade: „Möge der Mächtige gedeihen, o Pabilsag!"
24 Estrade: „Hof des ḫaluppu-Baumes;"
25 Estrade: Ub-saḫarra („Irdene Nische");
26 Estrade: „Reiß die Fundamente des Bösen aus, o Marduk!"
27 Estrade: „Vernichte jeden Feind, o Marduk!"
28 Estrade von Lūmur-dīnšu: („Möge ich sein Urteil erfahren");
29 Estrade von Ukkumu;
30 Estrade: „Er hört seine Wehklage;"
31 Estrade: „Diener seiner Größe;"
32 Estrade: „Versorger für seinen Kult;"
33 Estrade: „Hirte seines Landes;"
34 Estrade: „Der denen wohltut, die ihm gehorchen;"
35 Estrade: „Ababa ist der, der den Bösen entwurzelt;"
36 Estrade: „Marduk, der Liebende, ist Experte im Regieren;"
37 Estrade: „Erua ist die Schäferin ihres Volkes;"
38 Estrade: „Šamaš sagte zu ihm, ‚Genug! Wie lange noch?' "
39 Estrade: „Möge Babylon glänzend sein!"
40 Estrade: „Möge der Versorger E-sagils gedeihen!"
41 Estrade: „Laß übrig und verschone!"
42 Estrade: „Der Schirm seiner Müdigkeit;"
43 Estrade: „Nabû ist der Richter seines Volkes;"
44 Estrade: „Sein Schutz ist gut;"
45 Estrade: „Marduk zeigt Mitleid mit dem Schwachen;"

46 Estrade: „Marduk erhört den Erschöpften;"
47 Estrade: „Das Volk spricht gut über Marduk;"
48 Estrade: „Das Ištar-Tor ist die Schwelle des Landes."

---

49 Stadttor: „Feindschaft ist eine Sünde gegen es:" das Uraš-Tor;
50 Stadttor: „Es haßt denjenigen, der es angreift:" das Zababa-Tor;
51 Stadttor: „Sein Herr ist der Hirte:" das Marduk-Tor;
52 Stadttor: „Ištar unterwirft seinen Angreifer:" das Ištar-Tor;
53 Stadttor: „Enlil bringt es zum Glänzen:" das Enlil-Tor;
54 Stadttor: „Möge sein Gründer gedeihen!" das Königs-Tor;
55 Stadttor: „O Adad, beschütze das Leben des Volkes!" das Adad-Tor;
56 Stadttor: „O Šamaš, festige die Grundlagen des Volkes!" das Šamaš-Tor.
57 Mauer: *Imgur-Enlil* („Enlil zeigte Wohlwollen"): die Stadtmauer;
58 Mauer: *Nīmit-Enlil* („Bollwerk von Enlil"): sein Wall.

---

59 Fluß: Araḫtu, der Fluß des Überflusses;
60 Fluß: Huduk- [...;]
61 Fluß: Lībil-ḫegalla („Möge er Überfluß bringen"), der östliche Kanal.

---

62 Straße: „Er erhört den, der ihn sucht": die breite [Straße.]
63 Straße: „Beuge dich nieder, o Stolzer!" die enge Straße;
64 Straße: *Ai-ibūr-šabû* („Möge der Hochmütige nicht gedeihen!"): die Straße von Babylon;
65 Straße: „Der Schutz [Marduks] ist gut [für den] (?) Schwachen;"
66 Straße: „Welcher Gott vergleicht sich mit Marduk? ... [...] nicht!"
67 Straße: „Nabû ist der Richter seines Volkes:" die Straße des [Uraš]-Tores;
68 Straße: „Zababa ist der Vernichter seiner Feinde:" die Straße des Zababa-Tores;
69 Straße: „Marduk ist der Hirte seines Landes:" die Straße des Marduk-Tores;
70 Straße: Ištar ist der Schutzengel ihres Volkes:" die Straße des Ištar-Tores;
71 Straße: „Enlil ist der Gründer seines Königstums:" die Straße des Enlil-Tores;
72 Straße: „Sîn ist es, der seine herrschaftliche Krone fest begründet hat:" die Straße des Königs-Tores;
73 Straße: „Adad ist es, der sein Volk verpflegt:" die Straße des Adad-Tores;
74 Straße: „Šamaš ist der Schutz seines Volkes:" die Straße des Šamaš-Tores;

75 Straße: „Bete, auf daß der dich höre …!"
76 Straße: „Damiq-ilīšu-Straße;"
77 Straße: „Scheideweg;"
78 Straße: „Straße der Siebener-Gottheit;"
79 Straße: „Straße der göttlichen Zwillinge;"
80 Straße: „Erfreue sein Land! Verehrung ist sein Tribut;"
81 Straße: „Er hört die Fernen:" die Straße von Marduk.

82 Zusammenfassung: 43 Kultzentren der großen Götter in Babylon;
83 55 Estraden von Marduk;
84 2 umschließende Mauern; 3 Flüsse; 8 Stadttore; 24 Straßen von Babylon;
85 300 Igigi-Estraden und 600 Anunnaki-Estraden;
86 180 Schreine von Ištar; 180 Sockel von Lugalgirra und Meslamtaea;
87 12 Sockel der Siebener-Gottheit; 6 Sockel des Kūbu;
88 4 Sockel des Regenbogens; 2 Sockel des Bösen Gottes; 2 Sockel des Wächters der Stadt.

89/90 Babylon ist der Ort der Erschaffung der großen Götter
91 (Es ist) Eridu, in dem E-sagil [erbaut ist?.]

92 Vom Markttor bis zum Gewaltigen Tor [heißt es] Eridu;
93 Vom Markttor bis zum Uraš-Tor heißt es Tintir (Variante: Šuanna);
94 Vom Gewaltigen Tor bis zum Ištar-Tor heißt es Ka-dingirra;
95 Vom Ištar-Tor bis zum Tempel der Bēlet-E-anna am Kanalufer [heißt es] Neustadt;
96 Vom Tempel der Bēlet-E-anna am Kanalufer bis zum Marduk-Tor [heißt es] Kullab;
97 Vom Zababa-Tor bis zu der Estrade „Die Götter schenken Marduk Aufmerksamkeit" [heißt es] TE.E^{ki}.

98 (Dies sind) die 6 Stadt(teile) am Ostufer.

99 Vom Adad-Tor bis zum Akus-Tor heißt es nu.ḪAR.UD^{ki};
100 Vom Akus-Tor bis E-namtila, (das Gebiet) in dem Eš-maḫ gebaut ist, heißt es Kumaru;
101 Vom „Nabel des Bogens" des Tempels der Bēlet-Ninua bis zum Flußufer heißt es Bāb-Lugalgirra;
102 Vom Šamaš-Tor bis zum Flußufer heißt es Tuba.

103 (Dies sind) die Stadt(teile) des Westufers.
104 (Insgesamt) 10 Stadt(teile), deren umgebende Felder Überfluß (erbringen).

Babylon unter der Herrschaft der Achaemeniden

E. Haerinck

Kyros der Große und Gründer des ersten persischen Reiches annektierte Babylonien, kurz nachdem der Prophet Daniel die Worte hat lesen können, die in geheimnisvoller Weise an der Wand des Bel-šar-uṣur-Palastes (Belschazzar/Belsazar der Bibel, Daniel 5) erschienen waren. Bel-šar-uṣur war der Sohn und Feldherr des letzten Königs der spätbabylonischen-chaldäischen Dynastie, Nabonid, der bei seinem Volk, insbesondere aber bei den mächtigen Priestern des Marduk nicht sehr beliebt war. Er hatte nämlich seine Teilnahme an den jährlichen Kultfesten für Marduk abgelehnt, die ein Hauptbestandteil des geistlichen Lebens in Babylon waren. An die Stelle des Hauptgottes der babylonischen Religion setzte er den Mondgott Sin mit seinem Kult, eine starke Herausforderung von Volk und Priesterschaft, die er auch noch in anderer Weise beleidigte. So war es kein Wunder, daß Kyros bei seiner Einnahme von Babylon im Herbst 539 v. Chr. von den Einwohnern als Befreier und nicht als Eroberer begrüßt wurde. In seinem Streben nach der Königsherrschaft über Babylonien „ergriff er die Hände des Marduk" und machte sich dadurch zum rechtmäßigen Herrscher in Babylon, worüber Kyros in dem sogenannten Kyros-Zylinder berichtet, welcher in babylonischer/akkadischer Keilschrift abgefaßt und von Hormuz Rassam bereits 1879 gefunden wurde.

Kyros erneuerte die alten religiösen Bräuche, ließ die Götterstatuen auf ihre zuständigen Plätze zurückbringen. Auch das wirtschaftliche Leben erneuerte er und machte Babylon zu einer der Hauptstädte seines neuen Weltreiches, welches sich vom Indus bis zum Mittelmeer erstreckt hat. In Babylon regierten die achaemenidischen Könige mehrere Monate im Jahr bis zu Xerxes I., der 482 v. Chr. ein verheerendes Strafgericht, nach einem wiederholten Aufstand von Volk und Priesterschaft, an dieser Stadt und anderen Städten wie Borsippa vollziehen ließ (s. S. 376).

Die Rekonstruktion der damaligen Geschichte, des sozialen, wirtschaftlichen, religiösen und auch des täglichen Lebens in Babylon, läßt sich anhand der Keilschrifturkunden verschiedenen Inhalts wie durch den archäologischen Ausgrabungsbefund vornehmen.

Die wichtigste historische Quelle ist zweifellos der bereits erwähnte berühmte „Kyros-Zylinder". Die Ausgräber von Babylon haben ferner Fragmente einer in akkadisch abgefaßten Kopie der großen dreisprachigen Felsinschrift von Bīsūtūn bei Kermānšāh gefunden, die bekanntlich über die Taten Darius I. berichtet. Dazu kommen noch zahlreiche Tontafeln, die uns Einblick gewähren in die vielen Aspekte des täglichen Lebens dieser bedeutenden altorientalischen Metropole, mit Angaben aus dem wirtschaftlichen Leben (z. B. Geschäfte, Anleihen), der Erbfolgeregelung und dem allgemeinen Recht, um nur die wichtigsten Bereiche zu nennen (zur Literatur s. S. 385). Schließlich müssen noch Sekundär-Quellen genannt werden. Gemeint sind die griechischer und römischer Schriftsteller (s. dazu S. 390ff.), unter denen besonders Herodot von Halikarnassos genannt werden muß, der auch als „Vater der Geschichte" bekannt ist. Seine Beschreibung der Stadt und ihrer Bewohner, die er nach seinem Besuch um 460 v. Chr. angefertigt hat, zählt zu den wichtigsten, wenn natürlich auch mit entsprechender Kritik zu lesenden Informationen über Babylon.

Während der Herrschaft der Achaemeniden hat sich in dem Zeitraum von etwas mehr als zwei Jahrhunderten natürlich das Leben auch in Mesopotamien verändert, besonders in der Verwaltung und in der Wirtschaft. Wie aus den in Verträgen erwähnten Namen hervorgeht, war die Bevölkerung von Babylon wie die von ganz Mesopotamien ein Völkergemisch. Neben Babyloniern lebten hier auch Menschen iranischer, syrischer, jüdischer und ägyptischer Abstammung. Obwohl die babylonische Keilschrift, auf Tontafeln geschrieben, während der ganzen Zeit noch Verwendung fand, hatte sich doch nunmehr das wesentlich praktischere Aramäisch durchgesetzt. Es bestand aus einem relativ einfachen Alphabet, gemessen an den wesentlich komplizierteren Keilschrift-Silbenzeichen und Ideogrammen. Außerdem schrieb man Aramäisch selten auf Ton, sondern auf Papyros, Pergament oder auf Wachstafeln. Sie war die „lingua franca" des Reiches.

Babylonien, welches zur 9. Satrapie des Achaemeniden-Staates gehörte, war eine reiche Provinz und daher auch die am höchsten besteuerte. Die babylonische Wirtschaft litt unter der Habgier der persischen Beamten, besonders zur Zeit der späteren Könige. Durch zahlreiche Tontafeln ist belegt, daß die Preise mit der Zeit angestiegen sind. Zur 2. Hälfte des 5. Jahrhunderts v. Chr. betrugen die Zinsen für Anleihen 40—50%, während sie etwa zwei Jahrhunderte vorher, zur Regierungszeit von Nebukadnezar II. nur 10% betragen hatten.

Die Ausgrabungsbefunde belegen Kyros' Behauptung, Babylon ohne Kampf eingenommen zu haben. Es gibt kein Anzeichen für eine Zerstörung, auch nicht dafür, daß die Stadt unter der persischen Besetzung gelitten hätte.

Die Hauptveränderung in der ausgehenden spätbabylonischen oder während der frühen Achaemeniden-Zeit hing mit dem Lauf des Euphrat zusammen. Während der Fluß einst westlich von Babil, Kasr, Sachn und Amrān verlief, änderte er wahrscheinlich in der 2. Hälfte des 6. Jahrhunderts seinen Lauf und verlief nun westlich von Babil, von dort in südöstlicher Richtung und schließlich in westlicher und südwestlicher

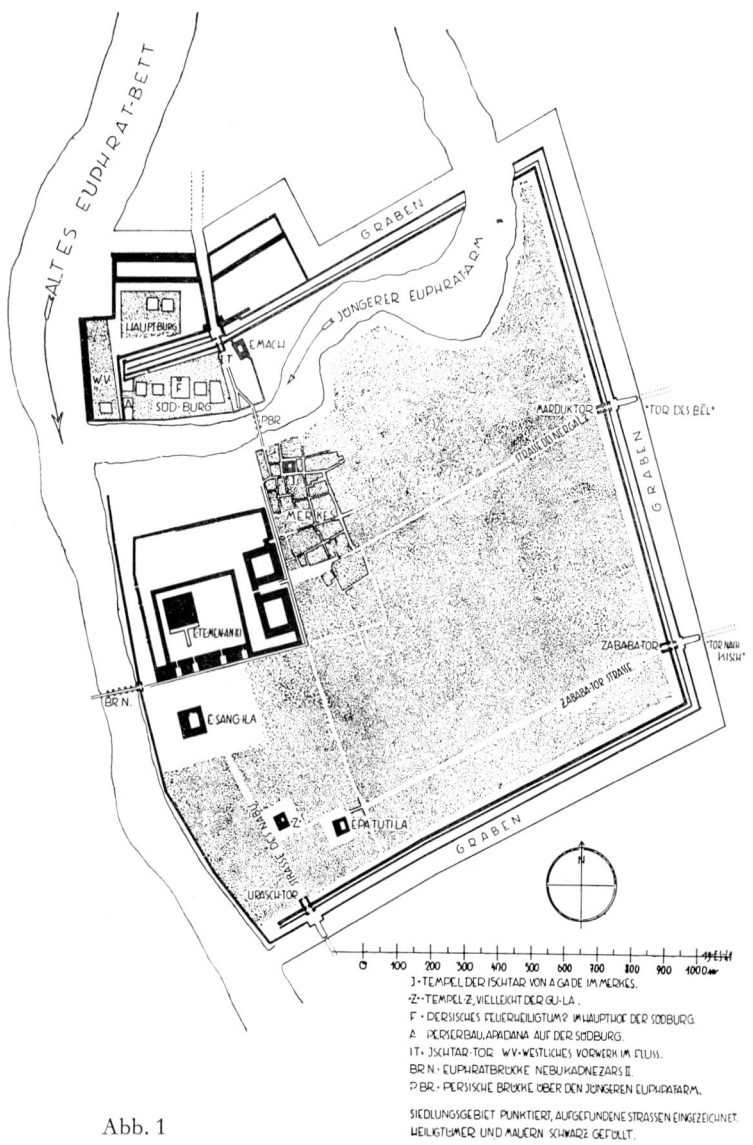

Abb. 1

Richtung, bis er sich westlich von Sachn und Amrān wieder mit seinem alten Bett vereinigte (s. S. 182). Dies ergab eine natürliche Barriere zwischen den königlichen Palästen und den Wohnvierteln, was die Ursache dafür sein mag, daß Herodot keine Beschreibung des königlichen Bezirks lieferte (Abb. 1).

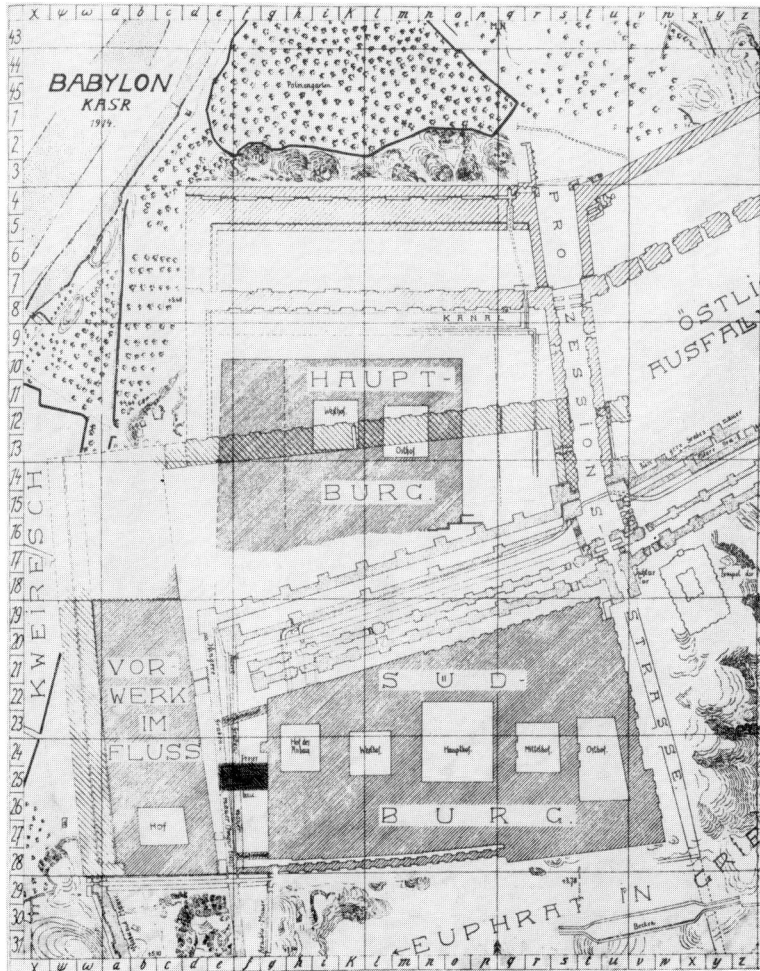

Abb. 2

Wie fast alle Hauptstädte im Alten Orient, war Babylon von einer starken Innen- und Außenmauer umgeben. Es ist möglich, daß die äußere Mauer bis zum 5. Jahrhundert zerfallen war, da Herodot nur eine erwähnt. Dennoch war er voller Bewunderung für die Schönheit, den Reichtum und den Pomp dieser Stadt, die auch noch unter persischer Besatzung eine Metropole von großer Bedeutung war. Während der Achaemeniden-Zeit veränderte sich das Straßennetz nicht sehr, und bis auf einige Häuser im Merkes-Viertel, welches etwas an Bedeutung verlor, wurden die meisten Gebäude noch bewohnt.

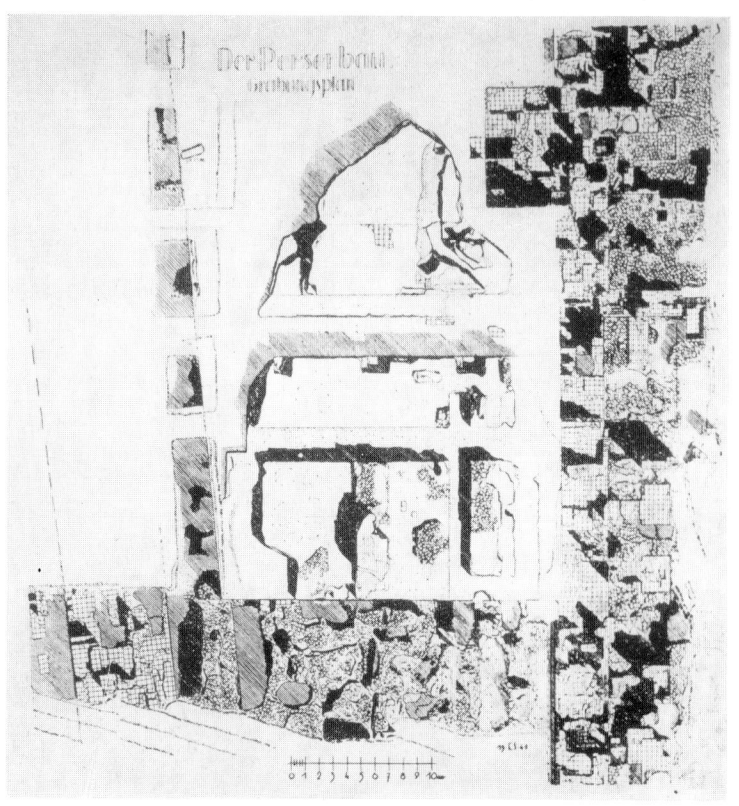

Abb. 3

Die Religion war ein wichtiger Bestandteil der achaemenidischen Politik, und die Perser gestatteten den Bewohnern der eroberten Gebiete, ihrem Kult nachzugehen. Die babylonischen Tempel sahen nicht viel anders aus als zur spätbabylonischen Zeit, und viele Heiligtümer, wie z. B. Esagila, E-chursagtilla, E-mach und Tempel Z fanden in der folgenden Seleukiden-Aera weiterhin Verwendung. Im allgemeinen war es das Anliegen der Achaemeniden, die Kultbauten zu restaurieren und zu erhalten. Während Kyros und Darius religiöse Toleranz übten, bestrafte Darius' Sohn Xerxes die Babylonier für ihren Aufstand 482 v. Chr., indem er die goldene Statue des Marduk aus Esagila entfernen und die Zikkurrate von Babylon[1] und Borsippa[2] zerstören ließ. Dies bedeutete vor allem, daß nach der Entfernung des Kultbildes das wichtige Neujahrsfest, welches alljährlich im Frühling stattfand und der Bevölkerung ihre Identität verlieh, nicht mehr abgehalten werden

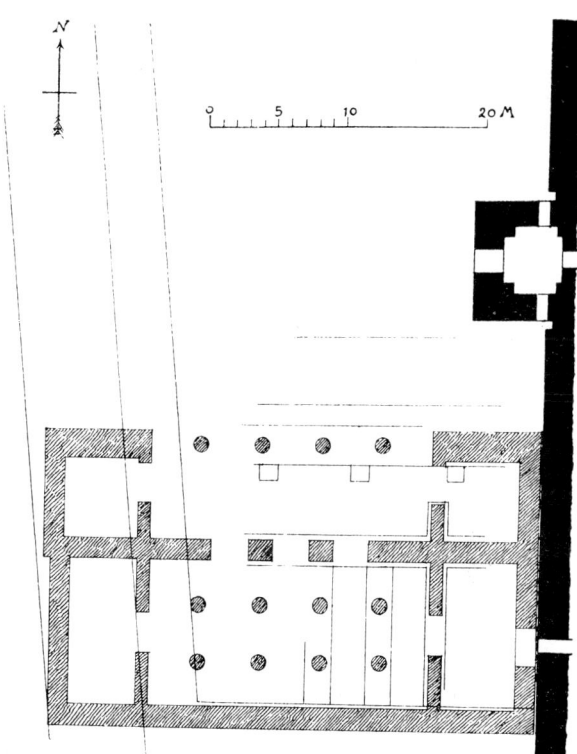

Abb. 4

konnte. Im Jahre 462 erlaubte aber der Nachfolger des Xerxes', Arta xerxes I., den Marduk-Priestern, ihren Kult wieder aufzunehmen und händigte ihnen ihr Eigentum aus. Zusätzlich zu dieser religiösen Rolle hatten die Tempel in Mesopotamien auch immer einen wichtigen Anteil an politischem und wirtschaftlichem Leben, da sie über großen Landbesitz verfügten und viele Arbeiter beschäftigten. Während der Achaemeniden-Zeit wurde diese Rolle jedoch eingeschränkt, und zum ersten Mal waren sie verpflichtet, Steuern zu zahlen und eine staatliche Kontrolle ihrer Finanzen zuzulassen.

Obwohl Babylon unter den achaemenidischen Herrschern und ihren rechtmäßigen Nachfolgern eine wichtige Hauptstadt war, wurden mit einer Ausnahme keine neuen Paläste gebaut, sondern die spätbabylonischen weiter benutzt. Nur Darius I. ließ einen kleinen Palast (34,80 m auf 20,50 m) in „persischem" Stil auf dem Kasr-Hügel, westlich der südlichen Zitadelle (Südburg) errichten (Abb. 2). Alle Bestandteile zeigen bis in die kleinsten Details achaemenidische Eigentümlichkeiten.

Die Ausgrabung dieses Gebäudes gestaltete sich aber etwas schwierig, da lediglich die Grundmauern mehr oder weniger vollständig erhalten geblieben sind (Abb. 3—5, s. S. 134ff.).

Abb. 5

Der Grundriß ist denen der Paläste in Pasargadae und Persepolis sehr ähnlich, dagegen vollkommen verschieden von der babylonischen „offenen-Hof" Bauweise. Er besteht aus einer rechteckigen, hypostylen Audienz-Halle mit einem Säulenporticus, der von quadratischen Türmen flankiert ist. Während die vier Säulen des Porticus auf unverzierten einfachen Basen stehen, haben die Basen in der Audienz-Halle eine glockenförmige Gestalt mit „Eierstab" und stilisierten Blättern (Abb. 6). Beide Säulenbasen-Typen sind aus grau-schwarzem Stein gearbeitet, der wahrscheinlich aus einem der iranischen Steinbrüche stammt. Von den Säulenschaften, die wahrscheinlich aus Holzwaren, ist nichts erhalten.

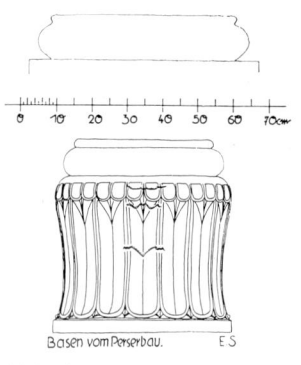

Abb. 6

Die äußeren Wände und vielleicht auch die inneren waren mit glasierten Friesen aus Kunststein verziert, die Darstellungen der „10000 Unsterblichen", der vom König auserwählten Truppe, trugen. Sie waren wie üblich mit prächtigen langen Gewändern bekleidet und mit schönen Armbändern geschmückt (Abb. 7—8). Die Bewaffnung bestand aus Bogen, Köcher und Lanzen. Einige Figuren waren in Lebensgröße, andere jedoch nur halb so groß abgebildet,

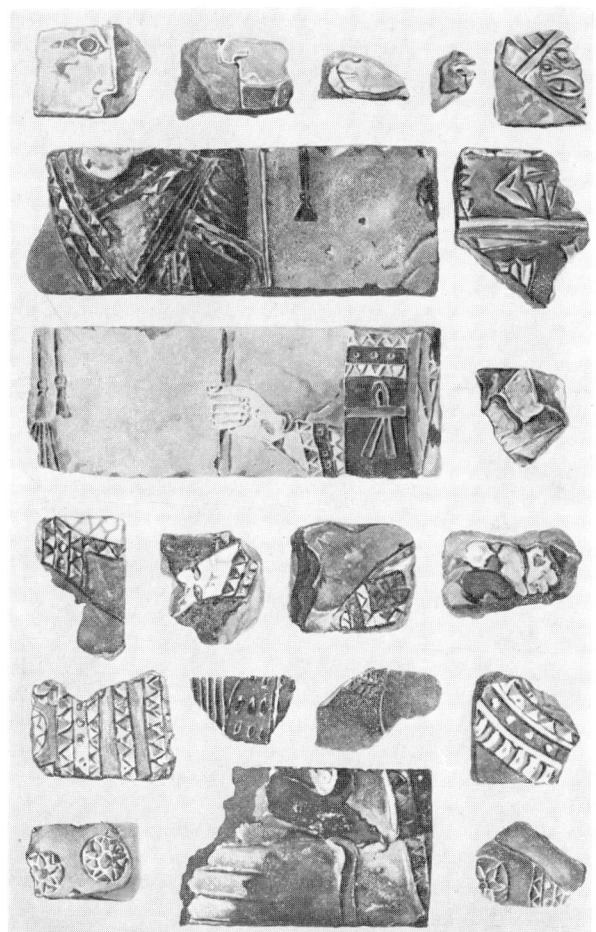

Abb. 7

teils im Relief teils aber auch ganz flach. Weitere im Palast gefundene Fragmente, welche mit Keilinschriften versehen oder mit einer großen Vielfalt an Motiven, meist Blumen oder geometrische Muster, verziert waren, gehörten ursprünglich zur Decken- und Treppenausstattung (Abb. 9).

Die Friese weisen nicht nur im Stil, sondern auch in technischer Hinsicht grundlegende Unterschiede zu denen der spätbabylonischen Zeit auf. Die „Ziegel" sind nicht, wie die spätbabylonischen, aus Ton hergestellt, sondern aus einer Mischung von Sand und Kalk; es handelt sich also um gegossene Kunststeine (s. S. 137). Außerdem sind mehr Farben als früher verwendet worden: weiß, blau, gelb, grau, braun und schwarz, jedoch kein rot. Die Friese, die diesen Palast schmückten, sind in jeder Hinsicht mit den in Susa und Persepolis gefundenen vergleichbar. Andere Fragmente, aus dem gleichen grau-schwarzen Stein bestehend und für die Säulenbasen benutzt, sind leider zu schlecht erhalten, um eine Rekonstruktion vornehmen zu können. Immerhin kann man erkennen, daß es ursprünglich Relieffriese mit Menschendarstellungen und Pflanzenmotiven waren.

a: Susa   b: Susa   c: Persepolis

Abb. 8

Der Fußboden des Palastes ist noch erhalten. Er war 60 cm dick und mit roter Farbe überzogen, eine Art der Ausführung, die auch aus Susa und Persepolis bekannt ist, allerdings nur in den Gebäuden Darius' I. Diese Beobachtung legt es nahe, daß auch der Palast in Babylon unter Darius I. errichtet worden ist, was durch einige Inschriftfragmente mit dem Namen dieses Königs bekräftigt wird. Ein ähnlicher roter Fußboden wurde ferner in dem wiederbenutzten Palast des Nebukadnezar gefunden.

Ein weißer Kalksteinblock mit dem Vorderteil zweier Stiere, leider stark verstümmelt, wurde im Ost-Hof der Südburg gefunden. Er könnte auch der achaemenidischen Periode angehören. Man findet achaemenidischen „Stil" am deutlichsten an den Palästen ausgeprägt, offenbar als Ausdruck der königlichen Macht. Dies ist eine allgemeine Erscheinung der altorientalischen Kunst, wenn vielleicht früher weniger akzentuiert als jetzt.

Die Ausgrabungen in Babylon haben neben eindrucksvollen Tempeln und Palästen auch bescheidenere Wohnhäuser mit entsprechendem Inventar aufgedeckt. Da die Perser die Stadt jedoch nicht geplündert, somit auch keine Zerstörung angerichtet haben, lassen sich die Kleinfunde der Spätzeit nicht immer mit Sicherheit in die Achaemeniden-Zeit datieren.

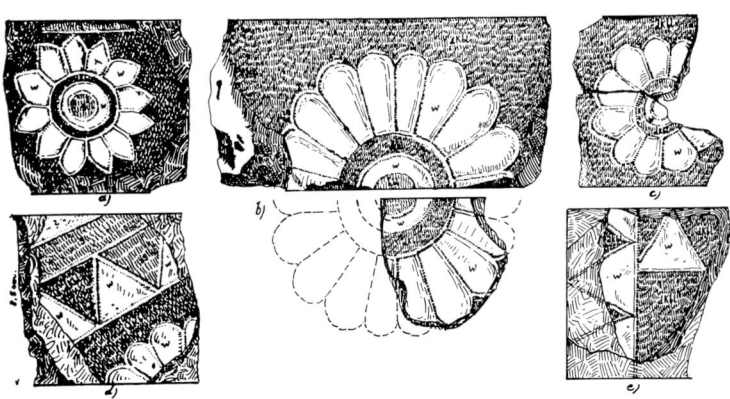

Abb. 9

Herodot schrieb, daß die Babylonier wohlriechende Salben benutzten und mit einem langen Rock aus Leinen unter einem aus Wolle sowie einem kurzen weißen Umhang bekleidet waren. Ihr Haar war lang und von einer Art hohem Hut oder Mütze bedeckt. Diese Beschreibung entspricht fast vollständig den Darstellungen auf den berühmten Apadana-Reliefs in Persepolis (Abb. 10). Durch Ausgrabungsfunde wissen wir auch, daß die Bewohner Mesopotamiens Fibeln, Ohrringe und Armbänder aus verschiedenem Metall getragen haben, Frauen dazu Ringe am Fuß (Koldewey Abb. 187). Herodot bemerkte ferner, daß jeder Babylonier einen Spazierstock mit einem Zierat oben als eine Art persönliches Abzeichen besaß. Außerdem verfügte jeder über ein eigenes Siegel. Diese Siegel waren wahrscheinlich Stempelsiegel, keine Rollsiegel, die in der achaemenidischen Zeit außer von Beamten relativ selten benutzt wurden.

Neben den traditionellen babylonischen Motiven, wie z. B. ein Mann vor einem Altar, wurden von den Persern auf Siegeln neue verwendet; wie die geflügelte Sonnen-Scheibe in achaemenidischer Ausprägung. Außerdem sind Menschen in persischer Kleidung und der

König beim Töten von wilden Tieren dargestellt. Aus Ägypten stammt die Abbildung des Gottes Bes.

Im täglichen Gebrauch waren nach wie vor Tongefäße sehr verbreitet, und in großen Pithoi wurde der Vorrat aufbewahrt. Charakteristisch für die achaemenidische Aera in Süd-Mesopotamien und Süd-

Abb. 10

west-Iran waren tiefe Schüsseln mit dünnen Rändern.[3] Seltener waren glasierte Töpferwaren und Glasgefäße, die aus diesem Grund mehr als Luxusgegenstände bezeichnet werden müssen, während Alabaster-Näpfe und -Flaschen, manche mit Keilschrift versehen, wahrscheinlich hohen Beamten gehörten. Metallgefäße tauchten in den Ausgrabungen nur in geringer Anzahl auf, weil Metall sich wiederverwenden ließ. Wahrscheinlich aus Babylon stammte der röhrenförmige Amphorengriff aus Silber, der einen Stier mit Flügeln darstellt.⁴ Er gehörte zu einem Gefäß, das denen auf den Reliefs von Persepolis ähnelte. Von derselben Herkunft, vielleicht aus dem Geschäft eines Silberschmiedes, sind Fragmente von Schüsseln mit Blumenmustern.⁵ Die Ursache für den Mangel an wertvollem Metall im achaemenidischen Mesopotamien kann aber auch in den hohen Steuern gelegen haben, die eine Metallknappheit verursachten.

Während Münzen in den westlichen Teilen des achaemenidischen Reiches verbreitet waren, fehlten sie in Mesopotamien fast ganz, wo noch nach alter Tradition Gold- und Silberstücke oder nur Güter getauscht wurden.

Terrakotta-Figürchen tauchen an allen antiken Orten des Alten Orients in großer Anzahl auf. Obwohl die Datierung der späteren Beispiele heute noch teilweise Schwierigkeiten bereitet, kann man sagen, daß zwei Typen in Babylon beliebt waren. Zum einen ein Pferd mit Reiter, das in der Höhe zwischen 8—15 cm mißt und manchmal bemalt ist. Der Mann hat gewöhnlich ein oval geformtes Gesicht, einen langen Bart, eine hervorstechende Nase und trägt eine Spitzmütze. Über die Funktion dieses Typs, des sogenannten persischen Reiters, können nur Mutmaßungen angestellt werden, aber er diente wohl eher einem religiösen als einem profanen Zweck (Spielzeug) (Koldewey Abb. 150). Exemplare von ihm wurden überall gefunden und waren in der Achaemeniden-Zeit nicht nur in Mesopotamien, sondern im ganzen Orient verbreitet. Daneben sind besonders typisch für diese Periode Terrakotten, die eine weibliche Person in einem Tragekorb/Sänfte auf dem Rücken eines Pferdes zeigen (Koldewey Abb. 151). Dieser Typus könnte die Prozession einer Göttin (Gula?) wiedergeben.

Die Toten wurden in der Stadt meistens wie früher in Häusern beigesetzt. Als Begräbnisformen waren neben einfachen Erd-Bestattungen, wobei der Tote mit Schilfmatten oder Scherben bedeckt wurde, Topfgräber und jetzt besonders beliebt die Beisetzung in Sarkophagen, die entweder das Aussehen einer Badewanne⁶ (wahrscheinlich auch ihre erste Verwendung) oder eines Troges mit konkaven Seitenteilen bei gerundetem Kopfende und geradem Fußteil hatten. Sie sahen dadurch von oben wie moderne Schlüssellöcher aus und sollen hier auch so als „Schlüsselloch"-Sarkophage bezeichnet werden.⁷ Für das „Leben nach dem Tode" wurden dem Verstorbenen Schmuck, wie z. B. Armreifen oder Ohrringe, aber auch Siegel, Terrakotta-Figuren und vor allem Tongefäße ins Jenseits mitgegeben. Leider haben die deutschen Ausgräber in Babylon keine reiche Bestattung aus jener Zeit gefunden.

Im großen und ganzen müssen wir zugeben, daß unser Wissen um das Babylon während der Achaemeniden-Zeit noch bei weitem nicht vollständig ist. Neue Ausgrabungen mit moderneren Techniken werden uns hoffentlich einen besseren Einblick in das profane wie religiöse Leben dieser berühmten Stadt geben. Babylon gedieh weiterhin unter der Herrschaft der Achaemeniden und entfaltete ein blühendes und reiches kulturelles Leben, wenn natürlich auch nicht in dem gleichen Maße wie unter den eigenen Königen im 6. Jahrhundert v. Chr. Diese Bedeutung wollte Alexander der Große Babylon wiederholen, mehr noch, er wollte Babylon zur Hauptstadt seines Weltreiches machen.

Ausgewählte Literatur über Babylon

B. Hrouda/C. Wilcke

Zur Geschichte:

R. Labat in: Fischer Weltgeschichte, Die Altorientalischen Reiche III (Frankfurt/Main 1967) 1. Kapitel.

Zur Kunst:

E. Heinrich, Noch einmal Überdachung des Thronsaales in Babylon, St Or 46 (1975). Zur Zikkurrat vgl. H. Schmid im Anhang S. 303ff.

E. Heinrich, Der Sturz Assurs und die Baukunst der Chaldäer-Könige in Babylon. AA 1976, 166ff.

E. Heinrich/U. Seidl, Maß und Übermaß in der Dimensionierung von Bauwerken im alten Zweistromland, MDOG 99 (1968) 35f. (Neue Rekonstruktion des Thronsaales in Babylon).

E. Klengel-Brandt, Pazuzu-Köpfe aus Babylon, FuB 12 (Berlin 1970) 37ff.

E. Klengel-Brandt, Der Turm von Babylon (Leipzig 1982)

A. Moortgat, Die Kunst des Alten Mesopotamien (Köln 1967) 5. Kapitel.

W. Orthmann u. a., Propyläen Kunstgeschichte 14 (Berlin 1975) besonders 252ff.

S. Polöny/G. Winkler, Statische Untersuchungen des Thronsaals der Südburg in Babylon, MDOG 99 (1968) 55ff.

Zu den Grabformen:

J. Oelsner, Bestattungssitten im hellenistischen Babylon als historisches Problem, ZA 70 (1980) 246ff.

E. Strommenger, Grabformen in Babylon, BaM 3 (1964) 157ff.

Zu den Inschriften:

P.-R. Berger, Die neubabylonischen Königsinschriften, Alter Orient und Altes Testament 4/1 (1973).
A. Cavigneaux, Tablettes scolaires du temple de Nabû ša ḫarê, vol. I (Baghdad 1981).
A. Cavigneaux, Le Temple de Nabû ša ḫarê. Rapport preliminaire ..., in: Sumer 37 (1981, ersch. 1982) 118 ff.
W. Eilers, Die Gesetzesstele Chammurabis, AO 31, 3—4 (1932).
W. Farber, Altbabylonische Urkunden aus Babylon. Eine Nachlese, in: ZA 74 (1984) 67 ff.
Farouk al-Rawi, New Historical Documents from Babylon, in: Sumer 41 (1979/81, ersch. 1986) 23 ff.
Bahija Kh. Ismail, New Texts from the Procession Street, in: Sumer 41, 34 f.
L. Jakob-Rost, Urkunden des 7. Jahrhunderts v. u. Z. aus Babylon, FuB 12 (Berlin 1970) 49 ff.
H. Klengel, Die östliche Neustadt Babylons in Texten der altbabylonischen Zeit, in: M. Dandamayev et al., Hrsg.: Societies and Languages of the Ancient Near East (Fs. Igor, M. Diakonoff), (Warminster 1982).
H. Klengel, Altbabylonische Texte aus Babylon, Vorderasiatische Schriftdenkmäler der Staatlichen Museen zu Berlin, Heft 22 (1983).
H. Klengel/F. R. Kraus/E. Klengel-Brandt, in: Altorientalische Forschungen 10 (1983) 1 ff. (Umschriften, Übersetzungen und Siegel der Texte des vorstehenden Bandes).
J. Krecher, The Sumerian Names of the Temples in Babylon, in: Sumer 41, 41 ff.
W. G. Lambert, Inscripted Pazuzu-Heads from Babylon, FuB 12 (Berlin 1970) 41 ff.
St. Langdon, Die neubabylonischen Königsinschriften, VAB 4 (1912).
H. Schmökel, Hammurabi von Babylon (Darmstadt 1971).
H. Trenkwalder, The Procession Street of Marduk in Babylon, in: Sumer 41, 36 ff.
C. B. F. Walker, Cuneiform Brick inscriptions in the British Museum (London 1981).
E. Weidner, Archiv für Orientforschung 16 (1952—53) 71 ff.
F. H. Weißbach, Babylonische Miscellen, WVDOG 4 (1903).
F. H. Weißbach, Die Inschriften Nebukadnezars II. im Wadi Brisa und am Nahr el-Kelb, WVDOG 5 (1906).
F. H. Weißbach, Esagila und Etemenanki nach den keilschriftlichen Quellen, in: WVDOG 59 (1938) 37 ff.
H. Winkler, Historische Texte des neubabylonischen Reichs, KB 3/2 (1890, Nachdruck Amsterdam 1970).

Zusammenfassende, allgemeine Publikationen:

E. Klengel-Brandt, Reise in das Alte Babylon (Leipzig 1970).

A. Parrot, Babylone et l'Ancien Testament (Neuchatel 1956).

E. Unger, Babylon. Die Heilige Stadt nach der Beschreibung der Babylonier (Berlin 1931, ²1970).

Zum Ausgräber R. Koldewey:

W. Andrae, Babylon. Die versunkene Weltstadt und ihr Ausgräber Robert Koldewey (Berlin 1952).

Wissenschaftliche Veröffentlichungen der Deutschen Orient-Gesellschaft, die mit Untersuchungsergebnissen über Babylon nach 1925 erschienen sind (nach W. Nagel, MDOG 100 (1968]):

O. Reuther, Die Innenstadt von Babylon-Merkes. Textband. Tafelband. Mit 120 Abb. im Text und 95 Taf. — VI, 276 S. Leipzig 1926 (WVDOG 47. Ausgrabungen der Deutschen Orient-Gesellschaft in Babylon 3).

F. Wetzel/E. Unger, Die Stadtmauer von Babylon. Mit einem Beitrag von Eckhard Unger. Mit 2 Abb. im Text und 83 Taf. — VIII, 111 S. Leipzig 1930 (WVDOG 48. Ausgrabungen der Deutschen Orient-Gesellschaft in Babylon 4).

R. Koldewey/F. Wetzel, Die Königsburgen von Babylon. 1: Die Südburg. Herausgegeben von Friedrich Wetzel. Mit 7 Abb. im Text und 40 Taf. — 125 S. Leipzig 1931 (WVDOG 54. Ausgrabungen der Deutschen Orient-Gesellschaft in Babylon 5).

R. Koldewey/F. Wetzel, Die Königsburgen von Babylon. 2: Die Hauptburg und der Sommerpalast Nebukadnezars im Hügel Babil. Herausgegeben von Friedrich Wetzel. Mit 7 Abb. im Text und 34 Taf., darunter 2 Farbtaf. — 72 S. Leipzig 1932 (WVDOG 55. Ausgrabungen der Deutschen Orient-Gesellschaft in Babylon 6).

F. Wetzel/F. H. Weißbach, Das Hauptheiligtum des Marduk in Babylon, Esagila und Etemenanki. 1. Nach dem Ausgrabungsbefund von Friedrich Wetzel. 2. Nach den keilschriftlichen Quellen von Friedrich Weißbach. Mit 24 Taf. — VII, 84 S., Leipzig 1938 (WVDOG 59. Ausgrabungen der Deutschen Orient-Gesellschaft in Babylon 7).

F. Wetzel/E. Schmidt/A. Mallwitz, Das Babylon der Spätzeit. Mit 19 Stein- und 32 Lichtdrucktaf. — 78 S. Berlin 1957 (WVDOG 62. Ausgrabungen der Deutschen Orient-Gesellschaft in Babylon 8).

Beiträge zu Babylon in den Mitteilungen der Deutschen Orient-Gesellschaft, die ebenfalls nach 1925 erschienen sind (nach W. Nagel, MDOG 100 [1968]):

MDOG Nr. 64 (1926)
Nachruf für Herrn Robert Koldewey † 1925
O. *Reuther*, Das babylonische Wohnhaus
W. *Andrae*, Altmesopotamische Zikkurat-Darstellungen

MDOG Nr. 65 (1927)
W. *Andrae*, Reise nach Babylon zur Teilung der Babylon-Funde

MDOG Nr. 66 (1928)
W. *Andrae*, Von der Arbeit an den Altertümern aus Assur und Babylon

MDOG Nr. 68 (1930)
W. *Andrae*, Die Stadtmauern von Babylon

MDOG Nr. 69 (1931)
A. *Moortgat*, Nebukadnezars Südburg
F. *Wetzel*, Der Perserbau im Westen der Südburg

MDOG Nr. 71 (1932)
W. *Andrae*, Der Babylonische Turm
G. *Martiny*, Astronomisches zum Babylonischen Turm
R. *Fritz*, Die Darstellungen des Turmbaues zu Babylon in der bildenden Kunst

MDOG Nr. 79 (1942)
F. *Wetzel*, Babylon in der Spätzeit

MDOG Nr. 82 (1950)
E. *Heinrich*, Moderne arabische Gehöfte am unteren Euphrat und ihre Beziehungen zum „Babylonischen Hofhaus"
F. *Wetzel*, Babylon bei den klassischen Schriftstellern außer Herodot

MDOG Nr. 99 (1968)
E. *Heinrich/U. Seidl*, Maß und Übermaß in der Dimensionierung von Bauwerken im alten Zweistromland
S. *Pölöny/G. Winkler*, Statische Untersuchung des Thronsaals der Südburg in Babylon

MDOG 110 (1978)
J. *Renger*, Wiedererstehendes Babylon

Ausgewählte archäologische Literatur über Babylon in der Achaemeniden-Zeit

E. Haerinck

F. W. von Bissing, Ägyptische und ägyptisierende Alabaster Gefäße aus den Deutschen Ausgrabungen in Babylon, ZA 47 (1942) 26ff.

G. Gropp, Zwei achämenidische Gefäße mit Inschriften, AMI, N. F. 12 (1979) 321ff.

E. Haerinck, Le palais achéménide de Babylone, IA X (1973) 108ff.

H. Klengel, Babylon zur Zeit der Perser, Griechen und Parther, Staatliche Museen zu Berlin, FuB 5 (1962) 40ff.

R. Koldewey, Die Königsburgen von Babylon, WVDOG 54 (Leipzig 1931).

D. Metzler, Wandteppiche mit Bildern der Perserkriege im Achämenidenpalast zu Babylon, Mitteilungen des Deutschen Archäologen-Verbandes 6 (1975) 37f.

O. E. Ravn, Herodotus ‚Description of Babylon' (Kopenhagen 1942)

O. Reuther, Die Innenstadt von Babylon, WVDOG 47 (Leipzig 1926)

E. S. G. Robinson, A "silversmith's hoard" from Mesopotamia, Iraq XII (1950) 44ff.

E. Schmidt, Die Griechen in Babylon und das Weiterleben ihrer Kultur, AA 1941, 786ff.

R. Schmitt, Altpersische Inschriften aus Babylon, Die Sprache 21 (1975) 42f.

U. Seidl, Ein Relief Dareios' I. in Babylon, AMI, N. F. 9 (1976) 124ff.

E. Strommenger, Grabformen in Babylon, BaM 3 (1964) 157ff.

E. Unger, Babylon, Die heilige Stadt nach der Beschreibung der Babylonier (Berlin 1931. ²1970).

F. Wetzel, Der Perserbau im Westen der Südburg, MDOG 69 (1931) 14ff.

F. Wetzel, Babylon zur Zeit Herodot's, ZA 48 (1944) 45ff.

F. Wetzel/E. Schmidt/A. Mallwitz, Das Babylon der Spätzeit, WVDOG 62 (Berlin 1957).

Biographie Robert Koldeweys

(nach Neue Deutsche Biographie 12 [1980] 458—460)

B. Hruoda

* 20. 9. 1855 Blankenburg (Harz), † 4. 2. 1925 Berlin

Mit zehn Jahren übersiedelte Koldewey mit seinen Eltern von Braunschweig nach Hamburg und absolvierte dort das Altonaer Gymnasium. Er studierte in Berlin, München und Wien Architektur, Archäologie und Kunstgeschichte. Als Architekt war K. zunächst bei der Stadt Hamburg beschäftigt. Er trat hier in freundschaftliche Beziehung zu dem Ingenieur und Hafenbauer Franz Andreas Meyer und zu Alfred Lichtwark, dem Begründer der Hamburger Kunsthalle. Schon nach wenigen Jahren wandte sich K. ganz dem Beruf des Ausgräbers zu, für den er als Architekt und Bauforscher die besten Voraussetzungen mitbrachte. An einer ersten Ausgrabung nahm er als Mitglied einer amerikanischen Unternehmung 1882—83 in Assos, südlich von Troila, teil. Hier wurde eine archaisch-griechische Siedlung mit ihrem Heiligtum freigelegt. Im Auftrag des Deutschen Archäologischen Instituts führte er 1885—86 selbständig Grabungen auf der Insel Lesbos durch. Ein Jahr später fuhr er zum ersten Mal nach Mesopotamien und grub in Surghul, dem antiken Nina, und in el-Hiba, dem antiken Lagasch. Im westlichen Kleinasien folgte die Untersuchung von Neandria, einer griechischen Siedlung zwischen Assos und Troia, wo K. die sogenannten äolischen Kapitelle fand.

1890—91 und 1894 half er Felix Luschan bei der Erforschung der späthethitischen Stadt Samal (modern Zincirli) in der südlichen Türkei. In der Zwischenzeit nahm er 1892—93 mit Otto Puchstein die griechischen Tempel in Unteritalien in sorgfältigen Planzeichnungen auf. Im Anschluß an Zincirli war er 1895—98 Lehrer an der Baugewerbeschule in Görlitz.

Eine Erkundungsreise nach Mesopotamien, die er 1897—98 zusammen mit dem Orientalisten Eduard Sachau unternahm, gab den Anstoß zur Ausgrabung der Weltstadt Babylon, wodurch sich K. weltweite Anerkennung erwarb. Er leitete dieses im Auftrag der Berliner Museen durchgeführte Unternehmen 1899—1917, bis die Engländer Baghdad eroberten. Am Ende von K.s. Tätigkeit in Babylon war ein großer Teil der Stadt freigelegt. Sein Hauptanliegen nach dem Krieg war in Berlin die weitere Veröffentlichung der Grabungsergebnisse und die Ausstellung der aus Babylon mitgebrachten Funde. Diesen Plan konnte jedoch erst Walter Andrae in die Tat umsetzen. Die Prozessionsstraße von Babylon und das Ischtar-Tor sind die herausragenden Stücke dieser Sammlung im Pergamon-Museum.

Seine großen Grabungserfahrungen stellte K. nach dem ersten Weltkrieg auch Carl Schuchardt zur Verfügung, dem er bei der Aufdeckung prähistorischer Funde auf der Insel Rügen half. K. ist der Begründer einer modernen Ausgrabungstechnik im Vorderen Orient und neben seinem Schüler Andrae der erfolgreichste deutsche Ausgräber in Mesopotamien. Weitere namhafte Ausgräber, wie Ernst Heinrich und Heinrich J. Lenzen, beide später in Uruk-Warka tätig, arbeiteten in seinem Sinne weiter. K. gehörte mit seinem Zeitgenossen Wilhelm Dörpfeld und wenigen anderen zu der kleinen Schar von ungemein aktiven Ausgräbern, durch deren Leistungen unsere Vorstellungen von der frühen Geschichte des östlichen Mittelmeerraumes und des Vorderen Orients über den bis dahin vorwiegend philologisch geprägten Horizont hinaus zur konkreten Anschauung der frühen Kulturen dieser Region kommen konnte. Seine Ausgrabungen haben in diesem Bereich das Geschichtsbild entscheidend mitgeprägt. Wie nachhaltig die Bedeutung K.s für das deutsche Ausgrabungswesen und die Baugeschichte ist, zeigt sich auch in der ein Jahr nach seinem Tode begründeten Vereinigung für Baugeschichtliche Forschung, der Koldewey-Gesellschaft. — Silberne Leibniz-Medaille 1910.

Publ.: Surgul u. El Hibba, in: ZA 2 (1887) 403ff.; Die antiken Baureste d. Insel Lesbos (1890); Neandria, in: 51. Winckelmannsprogramm d. Archäolog. Ges. z. Berlin (1891); Die Architektur v. Sendschirli, in: Ausgrabungen v. Sendschirli II (1898); Die griech. Tempel in Unteritalien u. Sizilien, (Bde. 1899) (mit O. Puchstein); Die hethit. Inschr., gefunden in d. Königsburg v. Babylon am 22. 8. 1899 (1900); Die Pflastersteine v. Airbur-schabu in Babylon (1901); Investigations at Assos, Drawings and phot. of the buildings and objects discovered during the excavations of 1881, 1882, 1883 by J. T. Clarke, F. H. Bacon, R. K. (1902—21); Die Tempel v. Babylon u. Borsippa (1911); Das wieder erstehende Babylon (1913, 1925); Das Ischtar-Tor in Babylon (1918); Ausführl. Verz. in: Skizzen z. 50j. Bestehen d. Koldewey-Ges. (Tagung 1976), Zusammengest. v. A. Hoffmann u. S. Dietrich; Heitere u. ernste Briefe aus e. Archäologenleben, hrsg. v. C. Schuchardt (1925); Die Königsburgen v. Babylon, 2 Bde. (1931—32) (mit F. Wetzel).

Antike Quellentexte mit Übersetzungen

Herodot I, 178—187

178. Κῦρος ἐπείτε τὰ πάντα τῆς ἠπείρου ὑποχείρια ἐποιήσατο,᾿Ασσυρίοισι᾿ ἐπετίθετο. τῆς δὲ ᾿Ασσυρίης ἐστὶ μέν κου καὶ ἄλλα πολίσματα μεγάλα πολλά, τὸ δὲ οὐνομαστότατον καὶ ἰσχυρότατον καὶ ἔνθα σφι Νίνου ἀναστάτου γενομένης τὰ βασιλήια κατεστήκεε, ἦν ΒΑΒΥΛΩΝ, ἐοῦσα τοιαύτη δή

τις πόλις. κέεται ἐν πεδίῳ μεγάλῳ, μέγαθος ἐοῦσα μέτωπον ἕκαστον εἴκοσι καὶ ἑκατὸν σταδίων, ἐούσης τετραγώνου· οὗτοι στάδιοι τῆς περιόδου τῆς πόλιος γίνονται συνάπαντες ὀγδώκοντα καὶ τετρακόσιοι. τὸ μέν νυν μέγαθος τοσοῦτόν ἐστι τοῦ ἄστεος τοῦ Βαβυλωνίου, ἐκεκόσμητο δὲ ὡς οὐδὲν ἄλλο πόλισμα τῶν ἡμεῖς ἴδμεν. τάφρος μὲν πρῶτά μιν βαθέα τε καὶ εὐρέα καὶ πλέη ὕδατος περιθέει, μετὰ δὲ τεῖχος πεντήκοντα μὲν πηχέων βασιληίων ἐὸν τὸ εὖρος, ὕψος δὲ διηκοσίων πηχέων· ὁ δὲ βασιλήιος πῆχυς τοῦ μετρίου ἐστὶ πήχεος μέζων τρισὶ δακτύλοισι.

179. δεῖ δή με πρὸς τούτοισι ἔτι φράσαι, ἵνα τε ἐκ τῆς τάφρου ἡ γῆ ἀναισιμώθη καὶ τὸ τεῖχος ὅντινα τρόπον ἔργαστο. ὀρύσσοντες ἅμα τὴν τάφρον ἐπλίνευον τὴν γῆν τὴν ἐκ τοῦ ὀρύγματος ἐκφερομένην, ἑλκύσαντες δὲ πλίνους ἱκανὰς ὤπτησαν αὐτὰς ἐν καμίνοισι· μετὰ δὲ τέλματι χρεώμενοι ἀσφάλτῳ θερμῇ καὶ διὰ τριήκοντα δόμων πλίνθου ταρσοὺς καλάμων διαστοιβάζοντες ἔδειμαν πρῶτα μὲν τῆς τάφρου τὰ χείλεα, δεύτερα δὲ αὐτὸ τὸ τεῖχος τὸν αὐτὸν τρόπον. ἐπάνω δὲ τοῦ τείχεος παρὰ τὰ ἔσχατα οἰκήματα μουνόκωλα ἔδειμαν, τετραμμένα ἐς ἄλληλα· τὸ μέσον δὲ τῶν οἰκημάτων ἔλιπον τεθρίππῳ περιέλασιν. πύλαι δὲ ἐνεστᾶσι λέριξ τοῦ τείχεος ἑκατόν, χάλκεαι πᾶσαι, καὶ σταθμοί τε καὶ ὑπέρθυρα ὡσαύτως. ἔστι δὲ ἄλλη πόλις ἀπέχουσα ὀκτὼ ἡμερέων ὁδὸν ἀπὸ Βαβυλῶνος. Ἴς οὔνομα αὐτῇ. ἔνθα ἐστὶ ποταμὸς οὐ μέγας· Ἴς καὶ τῷ ποταμῷ τὸ οὔνομα. ἐσβάλλει δὲ οὗτος ἐς τὸν Εὐφρήτην ποταμὸν τὸ ῥέεθρον. οὗτως ὦν ὁ Ἴς ποταμὸς ἅμα τῷ ὕδατι θρόμβους ἀσφάλτου ἀναδιδοῖ πολλούς, ἔνθεν ἡ ἄσφαλτος ἐς τὸ ἐν Βαβυλῶνι τεῖχος ἐκομίσθη.

180. ἐτετείχιστο μέν νυν Βαβυλὼν τρόπῳ τοιῷδε, ἔστι δὲ δύο φάρσεα τῆς πόλιος. τὸ γὰρ μέσον αὐτῆς ποταμὸς διέργει, τῷ οὔνομά ἐστι Εὐφρήτης. ῥέει δὲ ἐξ Ἀρμενίων, ἐὼν μέγας καὶ βαθὺς καὶ ταχύς· ἐξίει δὲ οὗτος ἐς τὴν Ἐρυθρὴν θάλασσαν. τὸ ὦν δὴ τεῖχος ἑκάτερον τοὺς ἀγκῶνας ἐς τὸν ποταμοῦ ἐλήλαται· τὸ δὲ ἀπὸ τούτου αἱ ἐπικαμπαὶ παρὰ χεῖλος ἑκάτερον τοῦ ποταμοῦ αἱμασιὴ πλίνθων ὀπτέων παρατείνει. τὸ δὲ ἄστυ αὐτό, ἐὸν πλῆρες οἰκέων τριωρόφων τε καὶ τετρωρόφων, κατατέτμηται τὰς ὁδοὺς ἰθέας, τάς τε ἄλλας καὶ τὰς ἐπικαρσίας τὰς ἐπὶ τὸν ποταμὸν ἐχούσας. κατὰ δὴ ὦν ἑκάστην ὁδὸν ἐν τῇ αἱμασιῇ τῇ παρὰ τὸν ποταμὸν πυλίδες ἐπῆσαν, ὅσαι περ αἱ λαῦραι, τοσαῦται ἀριθμόν. ἦσαν δὲ καὶ αὗται χάλκεαι, φέρουσαι καὶ αὐταὶ ἐς αὐτὸν τὸν ποταμόν.

178. Als Kyros all die Völker Asiens in seine Hand bekommen hatte, machte er sich an die Assyrer. In Assyrien gibt's nun auch sonst viele große Städte, die namhafteste und stärkste aber, und nach der Zerstörung von Ninos Sitz des Königs, war Babylon. Und nun die Beschreibung der Stadt. Sie liegt in einer großen Ebene und ist ein Viereck, und jede Front ist einhundertzwanzig Stadien* lang, das macht im ganzen

* Zu den griechischen Maßen s. S. 400.

einen Stadtumfang von vierhundertachtzig Stadien. Das wäre die Ausdehnung der Stadt Babylon. Bauten und Anlage aber sind so großzügig wie sonst bei keiner Stadt, von der wir wissen. Erstens läuft ein Graben um sie, der ist tief und breit und voll Wasser, dann die Mauer, die ist fünfzig Königsellen breit, zweihundert hoch. Eine Königselle aber ist drei Fingerbreiten länger als die gewöhnliche.

179. Hier muß ich auch noch gleich sagen, wozu die Erde aus dem Graben verwendet wurde und wie die Mauer gebaut ist. Während sie den Graben aushoben, formten sie gleich Backsteine aus der Erde, die sie aus dem Graben schafften, und wenn sie genug Backsteine gestrichen hatten, brannten sie die in Öfen. Dann nahmen sie als Bindemittel heißes Erdpech, legten auch noch nach je dreißig Lagen Ziegel ein Rohrgeflecht auf, und so bauten sie zuerst die Wände des Grabens, dann die Mauer selber nach dem gleichen Verfahren. Oben auf der Mauer an beiden Rändern errichteten sie einstöckige Aufbauten, einander gegenüber; in der Mitte zwischen den Aufbauten aber blieb Raum genug für ein Viergespann, die Stadt zu umfahren. Torflügel gibt's rings in der Mauer einhundert, alle mit Bronze beschlagen, und die Pfosten und Oberbalken desgleichen. Nun liegt acht Tagereisen von Babylon weg eine Stadt, Is ist ihr Name; da ist ein Fluß, nicht eben groß, und auch der Fluß hat den Namen Is, und er ergießt sich in den Euphrat. Da nun, wo dieser Is entspringt, steigen mit dem Wasser zahlreiche Klumpen Erdpech auf, und von dort wurde der Asphalt für die Mauer von Babylon geholt.

180. Auf die Art wurde Babylon mit Mauern umgeben, die Stadt besteht aber aus zwei Teilen. Denn in der Mitte trennt sie ein Fluß, der heißt Euphrat und kommt von Armenien geflossen und ist groß und tief und schnell, und er mündet ins Rote Meer. Die Mauer ist nun beidseits in einem Vorsprung bis an den Fluß geführt, von dort an aber biegt ein Wall aus gebrannten Ziegeln ab und zieht sich an beiden Ufern entlang. Die Stadt darin, die voll ist von Häusern mit drei oder vier Stockwerken, wird durchschnitten von geraden Straßen, die längs des Flusses oder quer auf ihn zulaufen. Am Ende einer jeden Straße nun waren Pforten in dem Wall am Fluß, soviel Gassen, soviel Pforten. Auch diese waren mit Bronze beschlagen, und durch diese kam man unmittelbar an den Fluß.

181. τοῦτο μὲν δὴ τὸ τεῖχος θώρηξ ἐστί, ἕτερον δὲ ἔσωθεν τεῖχος περιθέει, οὐ πολλῷ τέῳ ἀσθενέστερον τοῦ ἑτέρου τείχεος, στεινότερον δέ. ἐν δὲ φάρσεϊ ἑκατέρῳ τῆς πόλιος ἐτετείχιστο ἐν μέσῳ ἐν τῷ μὲν τὰ βασιλήια περιβόλῳ τε μεγάλῳ καὶ ἰσχυρῷ, ἐν δὲ τῷ ἑτέρῳ Διὸς Βήλου ἱρὸν χαλκόπυλον, καὶ ἐς ἐμὲ ἔτι τοῦτο ἐόν, δύο σταδίων πάντῃ, ἐὸν τετράγωνον. ἐν μέσῳ

δὲ τοῦ ἱροῦ πύργος στερεὸς οἰκοδόμηται, σταδίου καὶ τὸ μῆκος καὶ τὸ εὖρος, καὶ ἐπὶ τούτῳ τῷ πύργῳ ἄλλος πύργος ἐπιβέβηκε, καὶ ἕτερος μάλα ἐπὶ τούτῳ, μέχρι οὗ ὀκτὼ πύργων. ἀνάβασις δὲ ἐς αὐτοὺς ἔξωθεν κύκλῳ περὶ πάντας τοὺς πύργους ἔχουσα πεποίηται. μεσοῦντι δέ κου τῆς ἀναβάσιός ἐστι καταγωγή τε καὶ θῶκοι ἀμπαυστήριοι, ἐν τοῖσι κατίζοντες ἀμπαύονται οἱ ἀναβαίνοντες. ἐν δὲ τῷ τελευταίῳ πύργῳ νηὸς ἔπεστι μέγας. ἐν δὲ τῷ νηῷ κλίνη μεγάλη κέεται εὖ ἐστρωμένη καὶ οἱ τράπεζα παρακέεται χρυσέη. ἄγαλμα δὲ οὐκ ἔνι οὐδὲν αὐτόθι ἐνιδρυμένον· οὐδὲ νύκτα οὐδεὶς ἐναυλίζεται ἀνθρώπων ὅτι μὴ γυνὴ μούνη τῶν ἐπιχωρίων, τὴν ἂν ὁ θεὸς ἕληται ἐκ πασέων, ὡς λέγουσιν οἱ Χαλδαῖοι, ἐόντες ἱρέες τούτου τοῦ θεοῦ.

182. φασὶ δὲ οἱ αὐτοὶ οὗτοι, ἐμοὶ μὲν οὐ πιστὰ λέγοντες, τὸν θεὸν αὐτὸν φοιτᾶν τε ἐς τὸν νηὸν καὶ ἀμπαύεσθαι ἐπὶ τῆς κλίνης, κατάπερ ἐν Θήβῃσι τῇσι Αἰγυπτίῃσι κατὰ τὸν αὐτὸν τρόπον, ὡς λέγουσι οἱ Αἰγύπτιοι (καὶ γὰρ δὴ ἐκεῖθι κοιμᾶται ἐν τῷ τοῦ Διὸς τοῦ Θηβαιέος γυνή, ἀμφότεραι δὲ αὗται λέγονται ἀνδρῶν οὐδαμῶν ἐς ὁμιλίην φοιτᾶν), καὶ κατάπερ ἐν Πατάροισι τῆς Λυκίης ἡ πρόμαντις τοῦ θεοῦ, ἐπεὰν γένηται. οὐ γὰρ ὦν αἰεί ἐστι χρηστήριον αὐτόθι· ἐπεὰν δὲ γένηται, τότε ὦν συγκατακληίεται τὰς νύκτας ἔσω ἐν τῷ νηῷ.

183. ἔστι δὲ τοῦ ἐν Βαβυλῶνι ἱροῦ καὶ ἄλλος κάτω νηός, ἔνθα ἄγαλμα μέγα τοῦ Διὸς ἔνι κατήμενον χρύσεον, καὶ οἱ τράπεζα μεγάλη παρακέεται χρυσέη καὶ τὸ βάθρον οἱ καὶ ὁ θρόνος χρύσεός ἐστιν. καὶ ὡς ἔλεγον οἱ Χαλδαῖοι, ταλάντων ὀκτακοσίων χρυσίου πεποίηται ταῦτα. ἔξω δὲ τοῦ νηοῦ βωμός ἐστι χρύσεος. ἔστι δὲ καὶ ἄλλος βωμὸς μέγας, ἐπ᾽ οὗ θύεται τὰ τέλεα τῶν προβάτων· ἐπὶ γὰρ τοῦ χρυσέου βωμοῦ οὐκ ἔξεστι θύειν ὅτι μὴ γαλαθηνὰ μοῦνα, ἐπὶ δὲ τοῦ μέζονος βωμοῦ καὶ καταγίζουσι λιβανωτοῦ χίλια τάλαντα ἔτεος ἑκάστου οἱ Χαλδαῖοι τότε ἐπεὰν τὴν ὁρτὴν ἄγωσι τῷ θεῷ τούτῳ· ἦν δὲ ἐν τῷ τεμένεϊ τούτῳ ἔτι τὸν χρόνον ἐκεῖνον καὶ ἀνδριὰς δυώδεκα πηχέων χρύσεος στερεός. ἐγὼ μέν μιν οὐκ εἶδον, τὰ δὲ λέγεται ὑπὸ Χαλδαίων, ταῦτα λέγω. τούτῳ τῷ ἀνδριάντι Δαρεῖος μὲν ὁ Ὑστάσπεος ἐπιβουλεύσας οὐκ ἐτόλμησε λαβεῖν, Ξέρξης δὲ ὁ Δαρείου ἔλαβε καὶ τὸν ἱρέα ἀπέκτεινε ἀπαγορεύοντα μὴ κινέειν τὸν ἀνδριάντα. τὸ μὲν δὴ ἱρὸν τοῦτο οὕτω κεκόσμηται, ἔστι δὲ καὶ ἴδια ἀναθήματα πολλά.

181. Diese Mauer also ist der Panzer, innen läuft aber noch eine zweite Mauer herum, nicht viel schwächer als die andere, doch schmäler. Mitten in beiden Stadtteilen steht je ein Bau mit Mauern, hier die Königsburg mit großer, starker Ringmauer, dort das Heiligtum des Zeus-Baal, mit Bronzetoren, und das steht noch zu meiner Zeit, zwei Stadien lang und breit, im Quadrat. In der Mitte des Heiligtums ist ein Turm gebaut, ohne Innenraum, ein Stadion lang und breit, und auf diesen Turm ist ein weiterer Turm gekommen und dann immer noch einer drauf, bis es sind. Der Aufstieg ist außen rings um alle Türme

herum geführt; und ist man bis zur Mitte aufgestiegen, gibt es einen Ort zur Rast und Sitze zum Ausruhen, und da lassen die Aufsteigenden sich nieder und ruhen sich aus. Auf dem letzten Turm aber steht ein großes Gotteshaus, und in dem Haus steht ein großes Ruhebett mit schönen Decken und daneben ein goldener Tisch. Aber ein Götterbild ist nicht darinnen aufgestellt. Und nachts schläft auch kein Mensch dort, außer zuweilen eine Frau alleine, die sich der Gott auserwählt hat aus allen Frauen des Landes, wie die Chaldäer sagen, die die Priester dieses Gottes sind.

182. Diese behaupten auch — ich glaube es aber nicht —, daß der Gott selber in den Tempel kommt und auf dem Bette ruht, ganz wie im ägyptischen Theben, wo es die Ägypter behaupten; denn auch dort ruht in dem Heiligtum des ägyptischen Zeus eine Frau, und beide Frauen, erzählt man, nahen sich nie dem Lager eines Mannes —, und ganz wie in Patara in Lykien die Verkünderin des Gottes, wenn er da ist; denn das Orakel wird dort nicht immer erteilt. Ist der Gott aber gekommen, dann wird sie nachts mit eingeschlossen im Innern des Tempels.

183. Es gibt aber in dem Heiligtum in Babylon noch einen andern, unteren Tempel, da ist ein großes Bild des Zeus, in sitzender Stellung, von Gold, und ein großer Tisch steht neben ihm auch von Gold, und sein Schemel und der Thron sind auch von Gold. Und wie die Chaldäer erzählten, sind achthundert Talente* Gold darauf verwendet worden. Vor dem Tempel aber steht ein goldener Altar. Es gibt noch einen zweiten Altar, einen großen, auf dem die voll ausgewachsenen Tiere geschlachtet werden; denn auf dem goldenen dürfen allein Tiere, die noch saugen, geopfert werden. Auf dem großen Altar verbrennen die Chaldäer auch tausend Talente Weihrauch Jahr für Jahr, wenn sie das Fest ihres Gottes feiern. Es war aber in diesem heiligen Bezirk zu Kyros' Zeit auch noch ein Standbild, zwölf Ellen hoch und ganz aus massivem Gold. Ich selber hab' es nicht gesehen und gebe nur wieder, was die Chaldäer erzählen. Auf dieses Standbild hatte es Dareios, Hystaspes' Sohn, abgesehen, doch getraute er sich nicht, es zu nehmen. Xerxes aber, sein Sohn, nahm es und tötete den Priester, der verbot, das Standbild von der Stelle zu bewegen. Damit genug von diesem Heiligtum und seiner prächtigen Ausstattung, es gibt dort aber auch viele private Weihgaben.

184. τῆς δὲ Βαβυλῶνος ταύτης πολλοὶ μὲν κου καὶ ἄλλοι ἐγένοντο βασιλέες, τῶν ἐν τοῖσι Ἀσσυρίοισι λόγοισι μνήμην ποιήσομαι, οἳ τὰ τείχεά τε ἐπεκόσμησαν καὶ τὰ ἱρά, ἐν δὲ δὴ καὶ γυναῖκες δύο· ἡ μὲν πρότερον ἄρξασα,

* 1 Talent ≈ 30 kg.

τῆς ὕστερον γενεῇσι πέντε πρότερον γενομένῃ, τῇ οὔνομα ἦν Σεμίραμις, αὕτη μὲν ἀπεδέξατο χώματα ἀνὰ τὸ πεδίον ἐόντα ἀξιοθέητα· πρότερον δὲ ἐώθεε ὁ ποταμὸς ἀνὰ τὸ πεδίον πᾶν πελαγίζειν.

185. ἡ δὲ δὴ δεύτερον γενομένη ταύτης βασίλεια, τῇ οὔνομα ἦν Νίτωκρις, αὕτη δὲ συνετωτέρη γενομένη τῆς πρότερον ἀρξάσης τοῦτο μὲν μνημόσυνα ἐλίπετο, τὰ ἐγὼ ἀπηγήσομαι, τοῦτο δὲ τὴν Μήδων ὁρῶσα ἀρχὴν μεγάλην τε καὶ οὐκ ἀτρεμίζουσαν, <ἀλλ'> ἄλλα τε ἀραιρημένα ἄστεα αὐτοῖσι, ἐν δὲ δὴ καὶ τὴν Νίνον, προεφυλάξατο ὅσα ἐδύνατο μάλιστα. πρῶτα μὲν τὸν Εὐφρήτην ποταμόν, ῥέοντα πρότερον ἰθύν, ὅς σφι διὰ τῆς πόλιος μέσης ῥέει, τοῦτον ἄνωθεν διώρυχας ὀρύξασα οὕτω δή τι ἐποίησε σκολιόν, ὥστε δὴ τρὶς ἐς τῶν τινὰ κωμέων τῶν ἐν τῇ Ἀσσυρίῃ ἀπικνέεται ῥέων. τῇ δὲ κώμῃ οὔνυμά ἐστι, ἐς τὴν ἀπικνέεται ὁ Εὐφρήτης, Ἀρδέρικκα. καὶ νῦν οἳ ἂν κομίζωνται ἀπὸ τῆσδε τῆς θαλάσσης ἐς Βαβυλῶνα, καταπλέοντες [ἐς] τὸν Εὐφρήτην ποταμὸν τρίς τε ἐς τὴν αὐτὴν ταύτην κώμην παραγίνονται καὶ ἐν τρισὶ ἡμέρῃσι. τοῦτο μὲν δὴ τοιοῦτο ἐποίησε, χῶμα δὲ παρέχωσε παρ' ἑκάτερον τοῦ ποταμοῦ τὸ χεῖλος, ἄξιον θώυματος, μέγαθος καὶ ὕψος ὅσον τι ἐστί. κατύπερθε δὲ πολλῷ Βαβυλῶνος ὤρυσσε ἔλυτρον λίμνῃ, ὀλίγον τι παρατείνουσα ἀπὸ τοῦ ποταμοῦ, βάθος μὲν ἐς τὸ ὕδωρ αἰεὶ ὀρύσσουσα. εὖρος δὲ τὸ περίμετρον αὐτοῦ ποιεῦσα εἴκοσί τε καὶ τετρακοσίων σταδίων· τὸν δὲ ὀρυσσόμενον χοῦν ἐκ τούτου τοῦ ὀρύγματος ἀναισίμου παρὰ τὰ χείλεα τοῦ ποταμοῦ παραχέουσα. ἐπείτε δέ οἱ ὀρώρυκτο, λίθους ἀγαγομένη, κρηπῖδα κύκλῳ περὶ αὐτὴν ἤλασε. ἐποίεε δὲ ἀμφότερα ταῦτα, τόν τε ποταμὸν σκολιὸν καὶ τὸ ὄρυγμα πᾶν ἕλος, ὡς ὅ τε ποταμὸς βραδύτερος εἴη περὶ καμπὰς πολλὰς ἀγνύμενος, καὶ οἱ πλόοι ἔωσι σκολιοὶ ἐς τὴν Βαβυλῶνα, ἔκ τε τῶν πλόων ἐκδέκηται περίοδος τῆς λίμνης μακρή. κατὰ τοῦτο δὲ ἐργάζετο τῆς χώρης, τῇ αἵ τε ἐσβολαὶ ἦσαν καὶ τὰ σύντομα τῆς ἐκ Μήδων ὁδοῦ, ἵνα μὴ ἐπιμισγόμενοι οἱ Μῆδοι ἐκμανθάνοιεν αὐτῆς τὰ πράγματα.

184. Dieses Babylon hat nun viele Könige gehabt, ihrer werde ich in den assyrischen Geschichten gedenken; und sie haben die Mauern erbaut und die Heiligtümer. Unter ihnen waren aber auch zwei Frauen. Die zuerst Königin war, hat fünf Generationen vor der späteren gelebt, Semiramis war ihr Name, und die hat Dämme in der Ebene aufgeführt, die sind sehenswert. Vorher setzte nämlich der Fluß immer wieder die ganze Ebene unter Wasser.

185. Und die nach dieser die zweite Königin war, Nitokris war ihr Name, die hatte noch mehr Verstand als die frühere Regentin und hinterließ zum einen Denkwürdigkeiten, die ich gleich beschreiben will, und zum andern war sie auf der Hut, als sie sah, daß das Reich der Meder groß wurde und keine Ruhe gab, sondern Stadt um Stadt dazugewann, darunter auch Ninos, und traf Vorsorge, soviel sie nur konnte. Zuerst

ließ sie den Euphratstrom, der mitten durch ihre Stadt fließt und vordem einen geraden Lauf hatte, oberhalb der Stadt durch ein künstliches Bett, das sie ausheben ließ, sich so hin und her wenden, daß er in seinem Lauf dreimal zu einem der assyrischen Orte kommt. Dieser Ort, den der Euphrat berührt, hat den Namen Arderikka. Und noch heute kommt, wer von diesem unserm Meer den Weg nach Babylon macht und am Ende den Euphrat hinabfährt, dreimal an diesem Ort, immer dem gleichen, vorbei, und das in drei Tagen. Das war eins von ihren Werken. Sie schüttete auch einen Damm auf an beiden Seiten des Flusses, und es ist das Staunens wert, wie groß und hoch er ist. Und weit oberhalb von Babylon hob sie ein Becken aus für einen See, der sich nicht weit vom Fluß hinzieht, und grub so tief, bis überall das Grundwasser kam, und so breit und lang, daß sein Umfang vierhundert und zwanzig Stadien beträgt. Die aus diesem Becken ausgehobene Erde aber verwendete sie zu Deichen am Ufer. Und als das Becken gegraben war, führte sie Steine heran und setzte sie als Befestigung rings um die Böschung. Dies beides, die Krümmungen des Flusses und das flache Becken für das sumpfige Gewässer, machte sie deshalb, damit der Fluß, in vielen Windungen gebrochen, langsamer strömte und die Schiffahrt nach Babylon in Windungen ging und nach der Fahrt auf dem Fluß noch ein langer Umweg auf dem See dazukam. Das wurde aber in dem Teil des Landes angelegt, wo der Zugang war und der Weg von den Medern am kürzesten, damit die Meder nicht durch regen Verkehr selber sahen, wie es dort im Lande stand.

186. ταῦτα μὲν δὴ ἐκ βάθεος περιεβάλετο, τοιήνδε δὲ ἐξ αὐτῶν παρενθήκην ἐποιήσατο. τῆς πόλιος ἐούσης δύο φαρσέων, τοῦ δὲ ποταμοῦ μέσον ἔχοντος, ἐπὶ τῶν πρότερον βασιλέων, ὅκως τις ἐθέλοι ἐκ τοῦ ἑτέρου φάρσεος ἐς τοὔτερον διαβῆναι, χρῆν πλοίῳ διαβαίνειν, καὶ ἦν, ὡς ἐγὼ δοκέω, ὀχληρὸν τοῦτο. αὕτη δὲ καὶ τοῦτο προεῖδε· ἐπείτε γὰρ ὤρυσσε τὸ ἔλυτρον τῇ λίμνῃ, μνημόσυνον τόδε ἄλλο ἀπὸ τοῦ αὐτοῦ ἔργου ἐλίπετο. ἐτάμνετο λίθους περιμήκεας, ὡς δέ οἱ ἦσαν οἱ λίθοι ἕτοιμοι, καὶ τὸ χωρίον ὀρώρυκτο, ἐκτρέψασα τοῦ ποταμοῦ τὸ ῥέεθρον πᾶν ἐς τὸ ὤρυξε χωρίον, ἐν ᾧ ἐπίμπλατο τοῦτο, ἐν τούτῳ ἀπεξηρασμένου τοῦ ἀρχαίου ῥεέθρου, τοῦτο μὲν τὰ χείλεα τοῦ ποταμοῦ κατὰ τὴν πόλιν καὶ τὰς καταβάσιας τὰς ἐκ τῶν πυλίδων ἐς τὸν ποταμὸν φερούσας ἀνοικοδόμησε πλίνθοισι ὀπτῇσι κατὰ τὸν αὐτὸν λόγον τῷ τείχεϊ, τοῦτο δὲ κατὰ μέσην κου μάλιστα τὴν πόλιν τοῖσι λίθο.σι, τοὺς ὠρύξατο, οἰκοδόμεε γέφυραν, δέουσα τούς λίθους σιδήρῳ τε καὶ μολύβδῳ. ἐπιτείνεσκε δὲ ἐπ' αὐτήν, ὅκως μὲν ἡμέρη γένοιτο, ξύλα τετράγωνα, ἐπ' ὧν τὴν διάβασιν ἐποιεῦντο οἱ Βαβυλώνιοι· τὰς δὲ νύκτας τὰ ξύλα ταῦτα ἀπαιρέεσκον τοῦδε εἵνεκα, ἵνα μὴ διαφοιτέοντες τὰς νύκτας κλέπτοιεν παρ' ἀλλήλων. ὡς δὲ τό τε ὀρυχθὲν λίμνη πλήρης ἐγεγόνεε ὑπὸ τοῦ ποταμοῦ καὶ τὰ περὶ τὴν γέφυραν ἐκεκόσμητο, τὸν Εὐφρήτην ποταμὸν

ἐς τὰ ἀρχαῖα ῥέεθρα ἐκ τῆς λίμνης ἐξήγαγε· καὶ οὕτω τὸ ὀρυχθὲν ἕλος γενόμενον ἐς δέον ἐδόκεε γεγονέναι καὶ τοῖσι πολιήτῃσι γέφυρα ἦν κατεσκευασμένη.

187. ἡ δ' αὐτὴ αὕτη βασίλεια καὶ ἀπάτην τοιήνδε τινὰ ἐμηχανήσατο. ὑπὲρ τῶν μάλιστα λεωφόρων πυλέων τοῦ ἄστεος τάφον ἑωυτῇ κατεσκευάσατο μετέωρον ἐπιπολῆς αὐτέων τῶν πυλέων, ἐνεκόλαψε δὲ ἐς τὸν τάφον γράμματα λέγοντα τάδε··
ΤΩΝ ΤΙΣ 'ΕΜΕΥ 'ΥΣΤΕΡΟΝ ΓΙΝΟΜΕΝΩΝ ΒΑΒΥΛΩΝΟΣ ΒΑΣΙΛΕΩΝ 'ΗΝ ΣΠΑΝΙΣΗι ΧΡΗΜΑΤΩΝ, 'ΑΝΟΙΞΑΣ ΤΟΝ ΤΑΦΟΝ ΛΑΒΕΤΩ 'ΟΚΟΣΑ ΒΟΥΛΕΤΑΙ ΧΡΗΜΑΤΑ. ΜΗ ΜΕΝΤΟΙ ΓΕ ΜΗ ΣΠΑΝΙΣΑΣ ΓΕ 'ΑΛΛΩΣ 'ΑΝΟΙΞΗι. Ο'Υ ΓΑΡ 'ΑΜΕΙΝΟΝ.
οὗτος ὁ τάφος ἦν ἀκίνητος μέχρι οὗ ἐς Δαρεῖον περιῆλθε ἡ βασιληίη. Δαρείῳ δὲ καὶ δεινὸν ἐδόκεε εἶναι τῇσι πύλῃσι ταύτῃσι μηδὲν χρᾶσθαι καὶ χρημάτων κειμένων καὶ αὐτῶν τῶν χρημάτων ἐπικαλεομένων μὴ οὐ λαβεῖν αὐτά. τῇσι δὲ πύλῃσι ταύτῃσι οὐδὲν ἐχρᾶτο τοῦδε εἵνεκα, ὅτι ὑπὲρ κεφαλῆς οἱ ἐγίνετο ὁ νεκρὸς διεξελαύνοντι. ἀνοίξας δὲ τὸν τάφον εὗρε χρήματα μὲν οὔ, τὸν δὲ νεκρὸν καὶ γράμματα λέγοντα τάδε·
'ΕΙ ΜΗ 'ΑΠΛΗΣΤΟΣ ΤΕ 'ΕΑΣ ΧΡΗΜΑΤΩΝ ΚΑΙ 'ΑΙΣΧΡΟΚΕΡΔΗΣ, Ο'ΥΚ 'ΑΝ ΝΕΚΡΩΝ ΘΗΚΑΣ 'ΑΝΕΩιΓΕΣ.
αὕτη μέν νυν ἡ βασίλεια τοιαύτη τις λέγεται γενέσθαι.

186. Das sind die Wasserbauten, mit denen sie sich sicherte, doch benutzte sie die auch, um noch zusätzlich etwas anzuhängen, nämlich folgenden Bau: Weil doch die Stadt aus zwei Teilen besteht und der Fluß in der Mitte sie trennt, so mußte man zu den Zeiten der früheren Könige, wenn man von einem Stadtteil hinüber wollte in den anderen, mit einem Boot übersetzen, und das war, meine ich, recht lästig. Aber auch dafür sorgte die Königin. Denn als sie das Becken für den See gegraben hatte, hinterließ sie mit Hilfe dieses Baus noch dies weitere Denkmal. Sie ließ mächtige Steinblöcke zuhauen, und als die zur Stelle waren und das Becken ausgehoben, leitete sie alles Wasser des Flusses in dieses, und während das sich allmählich füllte und das alte Strombett trocken lag, nutzte sie die Zeit und befestigte einmal die Ränder des Flusses in der Stadt und die Rampen, die von den Pforten zum Fluß hinabführten, mit gebrannten Ziegeln, in der gleichen Bauweise wie bei den Mauern, zum andern aber baute sie aus den Steinen, die sie hatte brechen lassen, eine Brücke, ziemlich genau in der Mitte der Stadt, und verklammerte die Steine durch Eisen und Blei. Oben auf der Brücke ließ sie, sooft es Tag wurde, viereckige Balken legen, und auf diesen gingen die Babylonier über den Fluß. Nachts aber nahmen sie diese Bohlen weg, und das dazu, daß sie nicht hinüber und einander bestehlen

konnten. Als nun der gegrabene See voll war vom Wasser des Flusses, war auch alles an der Brücke sauber ausgeführt, und nun leitete sie den Euphrat vom See wieder in sein altes Bett. Und so wurde das Becken ein flacher, sumpfiger See, wie es auch beabsichtigt war, und die Bewohner der Stadt hatten ihre Brücke.

187. Eben diese Königin dachte sich auch einen Trug aus, der war so: Über dem Tor der Stadt, wo das Volk am meisten aus und ein ging, ließ sie ihr Grabmal bauen, hoch oben, grad über den Torflügeln, und auf dem Grabmal haute sie eine Inschrift ein, die lautete: „Wer nach mir König ist von Babylon und hat Mangel an Geld, der mag das Grab öffnen und so viel Geld entnehmen, wie er wünscht. Jedoch nur in der Not, sonst nicht. Denn das wird ihm nicht bekommen." Dies Grab blieb unangerührt, bis das Königtum schließlich an Dareios kam. Dareios aber fand es unerträglich, dieses Tor nicht zu benutzen und daß die Schätze dalagen und die Inschrift selber dazu aufforderte, und er sollte es nicht nehmen. Er benutzte nämlich dieses Tor deshalb nicht, weil er den Leichnam über seinem Kopf hatte, wenn er durchfuhr. Er öffnete also das Grabmal und fand die Schätze nicht, wohl aber die Leiche und diese Inschrift: „Wärst du nicht unersättlich im Geld und widerwärtig aus auf Gewinn, du würdest der Toten Gräber nicht öffnen." So also war diese Königin, wie man erzählt.

Übersetzung von Walter Marg nach: Herodot, Geschichten und Geschichte, Buch 1—4, Zürich und München 1973. Abdruck mit freundlicher Genehmigung des Artemis Verlags Zürich und München. Orthographie und Interpunktion modernisiert, B. Hrouda.

Diodor II, 7—10

7. ῾Ο δὲ Νίνος τούς τε ἐν Βάκτροις παρέλαβε θησαυρούς, ἔχοντας πολὺν ἄργυρόν τε καὶ χρυσόν, καὶ τὰ κατὰ τὴν Βακτριανὴν καταστήσας ἀπέλυσε τὰς δυνάμεις. μετὰ δὲ ταῦτα γεννήσας ἐκ Σεμιράμιδος υἱὸν Νινύαν ἐτελεύτησε, τὴν γυναῖκα ἀπολιπὼν βασίλισσαν. τὸν δὲ Νίνον ἡ Σεμίραμις ἔθαψεν ἐν τοῖς βασιλείοις, καὶ κατεσκεύασεν ἐπ' αὐτῷ χῶμα παμμέγεθες, οὗ τὸ μὲν ὕψος ἦν ἐννέα σταδίων, τὸ δ' εὖρος, ὥς φησι Κτησίας, δέκα. διὸ καὶ τῆς πόλεως παρὰ τὸν Εὐφράτην ἐν πεδίῳ κειμένης ἀπὸ πολλῶν σταδίων ἐφαίνετο τὸ χῶμα καθαπερεί τις ἀκρόπολις. ὃ καὶ μέχρι τοῦ νῦν φασι διαμένειν, καίπερ τῆς Νίνου κατεσκαμμένης ὑπὸ Μήδων, ὅτε κατέλυσαν τὴν Ἀσσυρίων βασιλείαν. ἡ δὲ Σεμίραμις, οὖσα φύσει μεγαλεπίβολος καὶ φιλοτιμουμένη τῇ δόξῃ τὸν βεβασιλευκότα πρὸ αὐτῆς ὑπερθέσθαι, πόλιν μὲν ἐπεβάλετο κτίζειν ἐν τῇ Βαβυλωνίᾳ, ἐπιλεξαμένη δὲ τοὺς παντα-

χόθεν ἀρχιτέκτονας καὶ τεχνίτας, ἔτι δὲ τὴν ἄλλην χορηγίαν παρασκευασαμένη, συνήγαγεν ἐξ ἁπάσης τῆς βασιλείας πρὸς τὴν τῶν ἔργων συντέλειαν ἀνδρῶν μυριάδας διακοσίας. ἀπολαβοῦσα δὲ τὸν Εὐφράτην ποταμὸν εἰς μέσον περιεβάλετο τεῖχος τῇ πόλει σταδίων ἑξήκοντα καὶ τριακοσίων, διειλημμένον πύργοις πυκνοῖς καὶ μεγάλοις, ὥς φησι Κτησίας ὁ Κνίδιος, ὡς δὲ Κλείταρχος καὶ τῶν ὕστερον μετ᾽ Ἀλεξάνδρου διαβάντων εἰς τὴν Ἀσίαν τινὲς ἀνέγραψαν, τριακοσίων ἑξήκοντα πέντε σταδίων. καὶ προστιθέασιν ὅτι τῶν ἴσων ἡμερῶν εἰς τὸν ἐνιαυτὸν οὐσῶν ἐφιλοτιμήθη τὸν ἴσον ἀριθμὸν τῶν σταδίων ὑποστήσασθαι. ὀπτὰς δὲ πλίνθους εἰς ἄσφαλτον ἐνδησαμένη τεῖχος κατεσκεύασε τὸ μὲν ὕψος, ὡς μὲν Κτησίας φησί, πεντήκοντα ὀργυιῶν, ὡς δ᾽ ἔνιοι τῶν νεωτέρων ἔγραψαν, πηχῶν πεντήκοντα, τὸ δὲ πλάτος πλέον ἢ δυσὶν ἅρμασιν ἱππάσιμον. πύργους δὲ τὸν μέν ἀριθμὸν διακοσίους καὶ πεντήκοντα, τὸ δ᾽ ὕψος καὶ πλάτος ἐξ ἀναλόγου τῷ βάρει τῶν κατὰ τὸ τεῖχος ἔργων. οὐ χρὴ δὲ θαυμάζειν εἰ τηλικούτου τὸ μέγεθος τοῦ περιβόλου καθεστῶτος ὀλίγους πύργους κατεσκεύασεν. ἐπὶ πολὺν γὰρ τόπον τῆς πόλεως ἕλεσι περιεχομένης, κατὰ τοῦτον τὸν τόπον οὐκ ἔδοξεν αὐτῇ πύργους οἰκοδομεῖν, τῆς φύσεως τῶν ἑλῶν ἱκανὴν παρεχομένης ὀχυρότητα. ἀνὰ μέσον δὲ τῶν οἰκιῶν καὶ τῶν τειχῶν ὁδὸς πάντῃ κατελέλειπτο δίπλεθρος.

7. Ninus bemächtigte sich der Schatzkammern Baktras, welche vie Silber und Gold enthielten. Nachdem er die Landesregierung angeordnet, entließ er seine Truppen. Semiramis gebar ihm einen Sohn, Ninyas. Bei seinem Tode ging die Regierung auf seine Witwe über. Semiramis ließ den Ninus bei der königlichen Wohnung bestatten und über seinem Grab einen gewaltigen Hügel aufwerfen, neun Stadien hoch und zehn breit, wie Ktesias schreibt. Da die Stadt in einer Ebene am Euphrat lag, so war der Grabhügel in einer Entfernung von vielen Stadien sichtbar, gleich einer hohen Burg; und noch gegenwärtig soll er vorhanden sein, obgleich die Stadt Ninus von den Medern zerstört worden ist, als sie dem Assyrischen Reich ein Ende machten. Semiramis, von selbst schon eine unternehmende Frau und von dem Wunsche beseelt, noch höheren Ruhm als der verstorbene König zu erwerben, faßte den Entschluß, eine Stadt in Babylonien zu gründen. Sie berief überallher Baumeister und Künstler und ließ auch sonst das erforderliche Bauzeug herbeischaffen und zur Ausführung des Werks zwei Millionen Arbeiter aus dem ganzen Reich aufbieten. Die Stadt wurde so angelegt, daß der Euphrat mitten durchfloß und daß die Mauer, welche die Stadt umgab und die mit vielen Festen und hohen Türmen versehen war, einen Umfang von 360 Stadien hatte. Diese Mauer war ein ungeheures Werk, breit genug für sechs Wagen und ganz unglaublich hoch, wie Ktesias von Knidos behauptet. Klitarch und andere, die mit Alexander in Asien gewesen sind, geben den Umfang mit 365 Stadien an; sie setzen

hinzu, Semiramis habe absichtlich diese Zahl von Stadien gewählt, weil das Jahr gerade so viel Tage hat. Sie baute die Mauer aus gebrannten Ziegelsteinen, die mit Erdpech gekittet wurden. Nach den neueren Schriftstellern betrug die Höhe der Mauer, die nach Ktesias fünfzig Klafter ausmachte, nur fünfzig Ellen, und die Breite war für zwei Wagen mehr als hinreichend. Die Zahl der Türme war 250; ihre Höhe und Breite stand im Verhältnis mit der ungeheuren Masse der Mauer. Man darf sich nicht wundern, daß in einem so weiten Umkreis nur so wenige Türme standen. Denn auf eine weite Strecke war die Stadt mit Sümpfen umgeben; daher hielt es Semiramis nicht für nötig, auf dieser Seite Türme zu bauen, wo die Sümpfe eine hinlängliche natürliche Schutzwehr bildeten. Zwischen den Häusern und der Mauer war rings eine 200 Fuß breite Straße frei gelassen.

8. Πρὸς δὲ τὴν ὀξύτητα τῆς τούτων οἰκοδομίας ἑκάστῳ τῶν φίλων στάδιον διεμέτρησε, δοῦσα τὴν ἱκανήν εἰς τοῦτο χορηγίαν καὶ διακελευσαμένη τέλος ἐπιθεῖναι τοῖς ἔργοις ἐν ἐνιαυτῷ. ὧν ποιησάντων τὸ προσταχθὲν μετὰ πολλῆς σπουδῆς, τούτων μὲν ἀπεδέξατο τὴν φιλοτιμίαν, αὐτὴ δὲ κατὰ τὸ στενώτατον μέρος τοῦ ποταμοῦ γέφυραν σταδίων πέντε τὸ μῆκος κατεσκεύασεν, εἰς βυθὸν φιλοτέχνως καθεῖσα τοὺς κίονας, οἳ διειστήκεσαν ἀπ᾽ ἀλλήλων πόδας δώδεκα. τοὺς δὲ συνερειδομένους λίθους τόρμοις σιδηροῖς διελάμβανε, καὶ τὰς τούτων ἁρμονίας ἐπλήρου μόλιβδον ἐντήκουσα. τοῖς δὲ κίοσι πρὸ τῶν τὸ ῥεῦμα δεχομένων πλευρῶν γωνίας προκατεσκεύασεν ἐχούσας τὴν ἀπορροὴν περιφερῆ καὶ συνδεδεμένην κατ᾽ ὀλίγον ἕως τοῦ κατὰ τὸν κίονα πλάτους, ὅπως αἱ μὲν περὶ τὰς γωνίας ὀξύτητες τέμνωσι τὴν καταφορὰν τοῦ ῥεύματος, αἱ δὲ περιφέρειαι τῇ τούτου βίᾳ συνείκουσαι πραΰνωσι τὴν σφοδρότητα τοῦ ποταμοῦ. ἡ μὲν οὖν γέφυρα, κεδρίναις καὶ κυπαριττίναις δοκοῖς, ἔτι δὲ φοινίκων στελέχεσιν ὑπερμεγέθεσι καταεστεγασμένη καὶ τριάκοντα ποδῶν οὖσα τὸ πλάτος, οὐδενὸς ἐδόκει τῶν Σεμιράμιδος ἔργων τῇ φιλοτεχνίᾳ λείπεσθαι. ἐξ ἑκατέρου δὲ μέρους τοῦ ποταμοῦ κρηπῖδα πολυτελῆ κατεσκεύασε παραπλησίαν κατὰ τὸ πλάτος τοῖς τείχεσιν ἐπὶ σταδίους ἑκατὸν ἑξήκοντα. ᾠκοδόμησε δὲ καὶ βασίλεια διπλᾶ παρ᾽ αὐτὸν τὸν ποταμὸν ἐξ ἑκατέρου μέρους τῆς γεφύρας, ἐξ ὧν ἅμ᾽ ἔμελλε τήν τε πόλιν ἅπασαν κατοπτεύσειν καὶ καθαπερεὶ τὰς κλεῖς ἕξειν τῶν ἐπικαιροτάτων τῆς πόλεως τόπων. τοῦ δ᾽ Εὐφράτου διὰ μέσης τῆς Βαβυλῶνος ῥέοντος καὶ πρὸς μεσημβρίαν καταφερομένου, τῶν βασιλείων τὰ μὲν πρὸς ἀνατολὴν ἔνευε, τὰ δὲ πρὸς δύσιν, ἀμφότερα δὲ πολυτελῶς κατεσκεύαστο. τοῦ μὲν γὰρ [εἰς τὸ] πρὸς ἑσπέραν κειμένου μέρους ἐποίησε τὸν πρῶτον περίβολον ἑξήκοντα σταδίων, ὑψηλοῖς καὶ πολυτελέσι τείχεσιν ὠχυρωμένον, ἐξ ὀπτῆς πλίνθου. ἕτερον δ᾽ ἐντὸς τούτου κυκλοτερῆ κατεσκεύασε, καθ᾽ ὃν ἐν ὠμαῖς ἔτι ταῖς πλίνθοις διετετύπωτο θηρία παντοδαπὰ τῇ τῶν χρωμάτων φιλοτεχνίᾳ τὴν ἀλήθειαν ἀπομιμούμενα· οὗτος δ᾽ ὁ περίβολος ἦν τὸ μὲν μῆκος σταδίων τετταράκοντα, τὸ δὲ πλάτος ἐπὶ τριακοσίας

πλίνθους, τὸ δ' ὕψος, ὡς Κτησίας φησίν, ὀργυιῶν πεντήκοντα. τῶν δὲ πύργων ὑπῆρχε τὸ ὕψος ὀργυιῶν ἑβδομήκοντα. κατεσκεύασε δὲ καὶ τρίτον ἐνδοτέρω περίβολον, ὃς περιεῖχεν ἀκρόπολιν, ἧς ἡ μὲν περίμετρος ἦν σταδίων εἴκοσι, τὸ δὲ μῆκος καὶ πλάτος τῆς οἰκοδομίας ὑπεραῖρον τοῦ μέσου τείχους τὴν κατασκευήν. ἐνῆσαν δ' ἔν τε τοῖς πύργοις καὶ τείχεσι ζῷα παντοδαπὰ φιλοτέχνως τοῖς τε χρώμασι καὶ τοῖς τῶν τύπων ἀπομιμήμασι κατεσκευασμένα. τὸ δ' ὅλον ἐπεποίητο κυνήγιον παντοίων θηρίων ὑπάρχον πλῆρες, ὧν ἦσαν τὰ μεγέθη πλέον ἢ πηχῶν τεττάρων. κατεσκεύαστο δ' ἐν αὐτοῖς καὶ ἡ Σεμίραμις ἀφ' ἵππου πάρδαλιν ἀκοντίζουσα, καὶ πλησίον αὐτῆς ὁ ἀνὴρ Νίνος παίων ἐκ χειρὸς λέοντα λόγχῃ. ἐπέστησε δὲ καὶ πύλας τριττάς, ['ἐφ'] ὧν ὑπῆρχον διτταὶ χαλκαῖ διὰ μηχανῆς ἀνοιγόμεναι. ταῦτα μὲν οὖν τὰ βασίλεια καὶ τῷ μεγέθει καὶ ταῖς κατασκευαῖς πολὺ προεῖχε τῶν ὄντων ἐπὶ θάτερα μέρη τοῦ ποταμοῦ. ἐκεῖνα γὰρ εἶχε τὸν μὲν περίβολον τοῦ τείχους τριάκοντα σταδίων ἐξ ὀπτῆς πλίνθου, ἀντὶ δὲ τῆς περὶ τὰ ζῷα φιλοτεχνίας χαλκᾶς εἰκόνας Νίνου καὶ Σεμιράμιδος καὶ τῶν ὑπάρχων, ἔτι δὲ Διός, ὃν καλοῦσιν οἱ Βαβυλώνιοι Βῆλον. ἐνῆσαν δὲ καὶ παρατάξεις καὶ κυνήγια παντοδαπά, ποικίλην ψυχαγωγίαν παρεχόμενα τοῖς θεωμένοις.

8. Um das Bauwesen zu beschleunigen, teilte Semiramis jedem ihrer Freunde ein Stadium zu, und zugleich alles, was er zum Überbauen dieses Platzes bedurfte. Dabei gab sie ihnen den Befehl, die Arbeit in einem Jahr zu vollenden. Sie befolgten das Gebot und betrieben ihr Geschäft mit großem Eifer, zur Zufriedenheit der Königin. Sie selbst ließ über den Fluß, wo er am schmalsten ist, eine Brücke bauen von 5 Stadien in der Länge. Die Pfeiler wurden künstlich in den Grund eingesenkt; sie standen 12 Fuß von einander ab. Die Steine, welche die Gewölbe bildeten, wurden mit eisernen Zapfen befestigt und die Fugen derselben mit gegossenem Blei ausgefüllt. Die Pfeiler hatten auf der Seite gegen die Strömung einen eckigen Vorsprung, dessen Seiten geschweift waren und allmählich bis zu der Breite des Pfeilers ausliefen, so daß das scharfe Eck den Andrang des Gewässers zerteilte und die dem Stoß ausweichende Rundung die Gewalt des Stromes brach. Die Brücke war mit Zedern- und Zypressenbalken und mit ungewöhnlich großen Palmstämmen belegt und hatte 30 Fuß in der Breite. Sie war mit so vieler Kunst gebaut als irgend ein anderes Werk der Semiramis. Zu beiden Seiten des Flusses ließ die Königin einen Uferdamm mit großen Kosten aufführen, so breit als die Mauer und 160 Stadien lang. Sie baute ferner zwei königliche Paläste am Ufer des Flusses zu beiden Seiten der Brücke; von dort aus konnte sie die ganze Stadt überschauen, und so standen die ihr am vorteilhaftesten gelegenen Plätze derselben immer offen. Da der Euphrat mitten durch Babylon in südlicher Richtung floß, so lag der eine Palast gegen Osten, der andere gegen Westen. Beide waren mit großem Aufwande eingerichtet. Den auf der Abend-

seite umschloß von außen eine hohe prächtige Mauer aus gebrannten Ziegelsteinen, welche 60 Stadien im Umfang hatte. Innerhalb derselben war eine andere, kreisrunde Einfassung, an welcher auf rohen Ziegeln allerhand Tiergestalten abgebildet waren, mit einer die Natur glücklich nachahmenden Farbengebung. Diese Mauer hatte 40 Stadien in der Runde, eine Breite von 300 Ziegeln und, nach Ktesias, eine Höhe von 50 Klaftern; die Türme waren 70 Klafter hoch. Eine dritte Einfassung endlich umschloß zunächst die Burg; ihr Umkreis betrug 20 Stadien, und sie war noch höher* und breiter als die mittlere Mauer. An den Türmen und Mauern sah man Abbildungen von mancherlei Tieren, in Rücksicht auf Farbe und Gestalt wohl getroffen. Das Ganze stellte eine Jagd vor, wo alles voll war von Tieren jeder Art, in der Größe von mehr als 4 Ellen. Dabei war auch Semiramis zu Pferd dargestellt, wie sie eben den Speer nach einem Panther warf, und in geringer Entfernung ihr Gemahl, Ninus, wie er mit der Lanze einen Löwen niederstieß. Die Mauern waren durch drei Tore verschlossen, und innerhalb derselben waren noch zwei* eherne angebracht, welche durch eine besondere Vorrichtung geöffnet wurden. Lange nicht so groß und herrlicher als dieser Palast war der auf der andern Seite des Flusses. Dort hatte die Mauer, die auch aus gebrannten Ziegeln gebaut war, nur 40 Stadien im Umfang; und statt der kunstreichen Tiergestalten sah man nur die ehernen Bilder des Ninus und der Semiramis und der Statthalter, auch des Zeus, den die Babylonier Belus nennen. Doch fand man auch allerlei Schlacht- und Jagdstücke, die den Beschauern Unterhaltung genug gewährten.

9. Μετὰ δὲ ταῦτα τῆς Βαβυλωνίας ἐκλεξαμένη τὸν ταπεινότατον τόπον ἐποίησε δεξαμένην τετράγωνον, ἧς ἦν ἑκάστη πλευρὰ σταδίων τριακοσίων, ἐξ ὀπτῆς πλίνθου καὶ ἀσφάλτου κατεσκευασμένην καὶ τὸ βάθος ἔχουσαν ποδῶν τριάκοντα καὶ πέντε. εἰς ταύτην δ' ἀποστρέψασα τὸν ποταμὸν κατεσκεύασεν ἐκ τῶν ἐπὶ τάδε βασιλείων εἰς θάτερα διώρυχα. ἐξ ὀπτῆς δὲ πλίνθου συνοικοδομήσασα τὰς καμάρας ἐξ ἑκατέρου μέρους ἀσφάλτῳ κατέχρισεν ἡψημένῃ, μέχρι οὗ τὸ πάχος τοῦ χρίσματος ἐποίησε πηχῶν τεττάρων. τῆς δὲ διώρυχος ὑπῆρχον οἱ μὲν τοῖχοι τὸ πλάτος ἐπὶ πλίνθους εἴκοσι, τὸ δ' ὕψος χωρὶς τῆς καμφθείσης ψαλίδος ποδῶν δώδεκα, τὸ δὲ πλάτος ποδῶν πεντεκαίδεκα. ἐν ἡμέραις δ' ἑπτὰ κατασκευασθείσης αὐτῆς ἀποκατέστησε τὸν ποταμὸν ἐπὶ τὴν προϋπάρχουσαν ῥύσιν, ὥστε τοῦ ῥεύματος ἐπάνω τῆς διώρυχος φερομένου δύνασθαι τὴν Σεμίραμιν ἐκ τῶν πέραν βασιλείων ἐπὶ θάτερα διαπορεύεσθαι μὴ διαβαίνουσαν τὸν ποταμόν. ἐπέστησε δὲ καὶ πύλας τῇ διώρυχι χαλκᾶς ἐφ' ἑκάτερον μέρος, αἳ διέμειναν

* Statt μῆχος muß, nach dem Zusammenhang, ὕψος gelesen werden.
* Statt δίαιται ließt der Übersetzer διτταί.

man seine Wünsche bannte, um sie der Göttin Inanna — Ischtar als Göttin der körperlichen Liebe nahe und darzubringen: L. Trümpelmann, Eine Kneipe in Susa, IA 16 (1981) 259f. (L. Trümpelmann). Es gibt jetzt dazu zwei neue Untersuchungen mit anderen Deutungen: H.-P. Werner, Untersuch. über die in der Form hergestellt. brusthalt. Frauen aus Terrakotta, Magister-Arbeit München (1987) u. F. Blocher, Untersuch. z. Motiv der nackten Frau in der Altbabyl. Zeit, Münchener Vorderasiat. Stud. IV (München 1987).
130. Abb. 208 = 3. Jahrtausend v. Chr.
131. In ähnlicher Attitüde sind die Vornehmen und Könige der Achaemeniden-Zeit auf den Reliefs von Persepolis beispielsweise dargestellt. Die hier angeführten Terrakotten dürften daher vielleicht der Achaemeniden-Zeit zuzurechnen sein. So argumentiert auch B. Hrouda in: Tell Halaf Bd. 4: Die Kleinfunde aus historischer Zeit (Berlin 1962) 12. — H. Klengel, Babylon zur Zeit der Perser, Griechen und Parther, FuB 5 (1962) 52 datiert hingegen wie R. Koldewey ‚parthisch'. (L. Trümpelmann)
132. Die Darstellung von Männern auf Stelen der Arsakidenzeit aus Assur (W. Andrae u. H. Lenzen, Die Partherstadt Assur, WVDOG 57 [1933] Taf. 59a u. c), die Palmenzweige in der linken Hand halten, gibt der Deutung des Gegenstandes durch R. Koldewey recht. Auch Könige und Fürsten von Hatra sind häufig mit dem Palmenzweig in der linken Hand wiedergegeben. Vgl. F. Safar — M. A. Mustafa, Hatra (1974) (arab.) Abb. 9, 13—16, 198, 326—327 u. a. (L. Trümpelmann)
133. Im allgemeinen als Dämon Pazuzu bezeichnet.
134. An neuerer Literatur zu altorientalischen Musikinstrumenten: S. A. Rashid, Hundert Jahre Berl. Ges. für Anthropol., Ethnol. und Urgesch. 2. Teil (Berlin 1970) 207ff.; ders., Musikgeschichte in Bildern, Bd. II: Musik des Altertums/Lieferung 2 — Mesopotamien (Leipzig 1984).
135. Mit der Veröffentlichung der Grabungsergebnisse von Merkes (O. Reuther, Die Innenstadt von Babylon (1926) „ist nur das Gerüst gegeben" für eine Behandlung der Kleinfunde durch die Darstellung der Schichtenfolge. Aber abgesehen von der zeitlichen Einordnung bleibt für die Zukunft auch noch die Aufgabe der Deutung, die W. Andrae, Babylon, Die versunkene Weltstadt und ihr Ausgräber Robert Koldewey (Berlin 1952) 217 angesprochen hat. (L. Trümpelmann)
136. Vgl. dazu auch E. Heinrich, „Haus", RlA IV, 176ff. und O. Aurenche, La Maison Orientale, BAH CIX (Paris 1981).
137. Über die Verbindung zum modernen arabischen Haus gibt ein Artikel von E. Heinrich Auskunft: MDOG 82 (1950) 19ff.
138. Ist inzwischen geschehen, so in Redau Scharqī bei Warka, s. dazu auch E. Heinrich, Anm. 107.
139. Vgl. jetzt A. Parrot, Tello (Paris 1948) 151ff.
140. C. S. Fisher, Excavations at Nippur (Philadelphia 1905—06) 411.
141. In der Tat. Vgl. aber dazu A. Parrot, Anm. 109.
142. Neue Untersuchungen durch M. Nasir, Sumer 35 (1979) 76ff.
143. Dazu A. Mallwitz in: Das Babylon der Spätzeit, WVDOG 62 (1957) 3ff. u. M. S. Mohammed Ali, Sumer 35 (1979) 99ff.

181ff., M. Falkner, RlA III, 59f. sowie R. M. Boehmer, WVDOG 87 (1972) 46ff. und „Die Kleinfunde aus der Unterstadt von Boğazköy" (Berlin 1979) 4ff.

118. Es gab auch andere Befestigungsmöglichkeiten für die Tragevorrichtung, Kappen, die oben und unten auf das Rollsiegel aufgesetzt wurden. An der oberen Kappe ist dann die Vorrichtung zum Tragen des Rollsiegels befestigt gewesen. Vgl. U. Moortgat-Correns, Glyptik in RlA III, 440ff.

119. Vgl. dazu beispielsweise J. Boessneck in Isin-Išān Baḥrīyāt I (München 1977) 97ff. und Isin-Išān Baḥrīyāt II (München 1981) 131ff. oder S. Bökönyi in L. De Meyer, Tell ed-Dēr II (Leuven 1978) 185ff. und Tell ed-Dēr III (Leuven 1980) 87ff.

120. Siehe dazu A. von den Driesch, Isin-Išān Baḥrīyāt II (München 1981) 157ff.

121. Dazu A. Finet Stud. P. Naster II (Leuren 1982) 169ff.

122. Das ist inzwischen widerlegt. Die Toten wurden in Mesopotamien von der Ur-III-Zeit (um 2000 v. Chr. bis in die Spätzeit (spätbabylonisch 6. Jh. v. Chr.) in der Regel unter den Fußböden von Wohnhäusern oder Palästen begraben: E. Strommenger u. B. Hrouda, RlA III, 581ff.

123. Siehe dazu ebenfalls E. Strommenger u. B. Hrouda in RlA III, 581ff.

124. Vgl. E. Heinrich, „Gewölbe", RlA III, 323ff.

125. Sie könnten durchaus assyrisch sein.

126. Seit der vierten Auflage von 1925 sind einige Werke erschienen, die die Vielfalt der Bildtypen erkennbar werden lassen. Zum Vergleich mit den Terrakotten vor allem der hellenistischen und späteren Perioden sind heranzuziehen: E. Douglas van Buren, Clay figurines of Babylonia and Assyria (1930); L. Legrain, Terra-cottas from Nippur (1930); W. van Ingen, Figurines from Seleucia on the Tigris (1939); Ch. Ziegler, Die Terrakotten von Warka (Berlin 1962); A. Invernizzi, Mesopotamia III—IV (1968—69) 244ff. (L. Trümpelmann)

127. Das trifft beispielsweise für den Typus der ‚Frau mit Kind im Arm' (Nr. 2) zu, die in seleukidisch-arsakidischer Zeit bekleidet dargestellt wird, während sie vorher nackt war (s. S. 268f.). Hingegen gibt es andere, die sowohl technisch wie stilistisch unverändert in der Zeit der Seleukiden und Arsakiden weiterhin vorkommen, wie das Mädchen mit den herabhängenden Armen, Abb. 211. (L. Trümpelmann)

128. Die Terrakotten aus Assur sind inzwischen bearbeitet und publiziert worden, zumindest die aus dem Vorderasiatischen Museum in Berlin: E. Klengel-Brandt, Die Terrakotten aus Assur im Vorderasiatischen Museum Berlin (Berlin 1978). Dort auch eine Übersicht über die wichtigsten Publikationen. Mit den Terrakotten von Babylon hatte sich das Ehepaar Wetzel befaßt. Meines Wissens ist die Arbeit aber nicht abgeschlossen worden.

129. Der Gestus wurde jetzt als Darbietung der Brüste gedeutet. Dieser Typus, wie auch der der nackten Frau mit über dem Leib zusammengelegten Händen (Nr. 1), wurde zahlreich in der Nähe einer Kneipe in Susa gefunden. Interpretiert wurden sie als „magische Bilder", in die

bis zu den Kassiten) kann aber eine Untersuchung von S. A. S. Ayoub, Die Keramik in Mesopotamien und in den Nachbargebieten. Von der Ur-III-Zeit bis zum Ende der kassitischen Periode. Münchener Vorderassiatische Studien Bd. II, dienen.
106. Zu diesem Glasvorprodukt vgl. den Artikel „Fritte und Glas" im RlA III, 117f. u. 407ff.
107. Vgl. dazu C. Börker, BaM 7 (1974) 31ff.
108. Das stimmt nach unserer heutigen Kenntnis nicht. Zwar ist die sich schnelldrehende Töpferscheibe in der Tat in Babylonien von den Sumerern im 4. Jahrtausend v. Chr. „erfunden" worden (O. Rieth, Die Entwicklung der Töpferscheibe [Leipzig 1939]), aber Keramik gab es schon wesentlich früher. Mit dem Auftreten der ersten handgeformten Gefäße lassen wir die zweite Phase des Neolithikums beginnen.
109. Lampen mit Kleeblatt-Düllen sind auch älter.
110. Siehe jetzt O. Deubner in: Das Babylon der Spätzeit, WVDOG 62 (1957) 58ff. Die späte Keramik aus der hellenistischen und römischen Zeit (in Syrien, Palästina und Kleinasien) ist bis heute noch recht mangelhaft untersucht.
111. Die Keramik ist ebenfalls im „Babylon der Spätzeit" von K. Erdmann auf S. 58ff. behandelt worden. Es fehlt bisher aber die Bearbeitung der Glassachen.
112. Es ist bis heute noch unsicher, wo das Glas erfunden worden ist. Glasgefäße tauchen in Ägypten wie in Mesopotamien um 1500 v. Chr. auf. In Mesopotamien diente es als Ersatz für Lapislazuli und Gold, die in jener Zeit offenbar Mangelware waren. Vgl. dazu den Artikel „Glas" im RlA III, 407ff., aber auch die Anm. 7 auf S. 183 im Handbuch der Archäologie, Vorderasien I (München 1971). Dort auch der Hinweis auf die Dissertation von I. Peltenburg (Glas in Mesopotamien) und B. Nolte (für Ägypten). Aufgrund der Tatsache, daß in Mesopotamien mit Glas „synthetisch" Gold und Lapis ersetzt wurden, könnte man annehmen, daß diese „Erfindung" hier geschah. Denn Gold hatten ja die Ägypter. Zur Frage des Goldes und seines Wertes für die Babylonier vgl. D. O. Edzard, JESHO 3 (1960) 40ff.
113. Vgl. dazu die Darstellung eines Schiffes mit Göttersymbolen auf einem Grenzstein/Kudurru aus Susa, jetzt Louvre, Paris: A. Moortgat, Die Kunst des Alten Mesopotamien (Köln 1967) Abb. 233.
114. Die Verwendung von Steinklingen läßt sich auch noch in historischer Zeit nachweisen. Sie fanden dann bei Beschneidungen (aus hygienischen Grunden) oder generell bei Kulthandlungen Verwendung.
115. Diese Pfeilspitzen wurden später als „skythisch" bezeichnet, was aber nicht stimmen kann, zumindest nicht in dieser Einengung. Sie wurden wohl auch von den Skythen benutzt, jedoch in gleicher Weise von den Medern (Stadtmauer von Assur, 614 von den Medern eingenommen) und Persern (eben hier in Babylon).
116. In Hatra wurde eine Wurfmaschine aus römischer Zeit gefunden und von D. Baatz veröffentlicht: Sumer 33 (1977) 141ff.
117. Über Fibeln im Alten Orient informiert D. Stronach, Iraq 21 (1959)

babylonische Zeit (1. Hälfte des 2. Jt. v. Chr.) É-nam-ti-la „Haus des Lebens" als Namen des Ninurta-Tempels von Babylon nachweist. (C. Wilcke)

93. Zu den Affendarstellungen im Alten Orient vgl. S. Dunham, The Monkey in the Middle, ZA 75 (1985) 234ff.
94. Besonders zahlreich und wohl zum ersten Mal in dieser Häufigkeit in Darstellungen besonders auf Rollsiegeln aus der 1. Hälfte des 2. Jahrtausends v. Chr. A. Moortgat, Vorderasiatische Rollsiegel (Berlin 1966²) Taf. 38—39.
95. Das angeführte Beispiel zeigt, daß die Reiterfigürchen großenteils aus der Achaemeniden-Zeit stammen dürften. Vgl. auch L. Legrain, Terracottas from Nippur (1930) 10 u. H. Klengel, Babylon zur Zeit der Perser, Griechen und Parther, FuB 5 (1962) 45. Aus der Seleukiden- resp. Arsakidenzeit stammt der Reiter aus Warka (IM W 22320), abgebildet in: (Kat.) München — Der Garten in Eden (1978) Nr. 181. (L. Trümpelmann)
96. Aufgrund der exakten Ausführung mit den klaren Abgrenzungen der einzeln glasierten Felder wohl ein assyrisches Erzeugnis.
97. Weitere Funde von Tempel-Bibliotheken im Nabû-Tempel in Nimrūd und im Nabû-ša-ḫarê-Tempel in Babylon selbst (letztere veröff. von A. Cavigneaux, Textes scolaires du Temple de Nabû-ša-ḫarê (Baghdad 1981).
98. In el-Hibā bis vor kurzem neue amerikanische Ausgrabungen: Vgl. Iraq 41 (1979) 145f.
99. Wohl eher Sickerschächte als Ringbrunnen.
100. Dieser Brandhorizont könnte u. U. der sichtbare Nachweis für die Eroberung Babylons durch den Hethiter Murschili I. (16. Jh. v. Chr.) sein.
101. Das ist jetzt anders. Wir kennen Stadtviertel, beispielsweise aus Ur: Sir Leonard Woolley u. Sir Max Mallowan, Ur Excavations VII (London 1976) Taf. 122 u. 124. Taf. 17—53.
102. Altäre in Ecken und Wohnhäusern kennen wir ebenfalls aus Ur: a. a. O. Taf. 43—46 und Tell ed-Dēr: L. De Meyer, Tell ed-Dēr II (Leuven 1978) Taf. 9,4 beispielsweise.
103. Siehe dazu den Versuch, die in diesem Buch abgedruckten Übersetzungen dem heutigen Wissensstand anzupassen und die Literaturangaben im Anhang S. 384ff. Beides verdanken wir C. Wilcke.
104. Wie wir heute vor allem durch die Ausgrabungsergebnisse der Italiener in Tell Mardich/Ebla (Syrien) und durch die Iraker in Abu Habba/Sippar (Irak) wissen, waren Tontafeln auf Regalen oder in Nischen deponiert. Vgl. P. Matthiae, An Empire rediscovered (New York 1981) 153, Abb. 44 u. The Baghdad Observer 22/4/1986.
105. Leider bis heute nicht veröffentlicht. Ähnlich steht es um die Keramik von Assur. Beides hängt mit dem Ausgrabungs- bzw. Veröffentlichungssystem zusammen. Da von Bauforschern gegraben, wurden in erster Linie die Architektur-Komplexe publiziert. Lagen Keramik und andere Kleinfunde in den Gebäuden, wurden sie mitveröffentlicht, die von Plätzen oder Straßen dagegen nicht. Als Ersatz für eine fehlende Veröffentlichung über babylonische Keramik von der Ur-III-Zeit (um 2000

81. Journal of the Archaeol. Institute of America VIII (1804) 403.
82. Es muß sich um Figürchen der Art handeln, wie sie auch in Seleukeia gefunden wurden. Vgl. W. van Ingen, Figurines from Seleucia on the Tigris (1939) Nr. 1596, 1602, 1608 u. a. (L. Trümpelmann)
83. Einige mit beweglichen Gliedern werden auch als Puppen, also als Kinderspielzeug angesprochen.
84. Vgl. zu den Bestattungen aus späterer Zeit J. Oelsner, ZA 70 (1980) 246ff. und E. Haerinck im Anhang S. 383. Die von Koldewey als Stülpgräber bezeichneten Grabformen werden hier „Schlüsselloch"-Gräber genannt.
85. Diese Deutung hat sich als falsch herausgestellt. Es handelte sich hierbei offenbar wie in Warka um trogförmige Opferstätten, in denen u. a. wohl Tiere verbrannt worden sind. H. J. Lenzen, Die Entwicklung der Zikurrat (Leipzig 1941) 13f.
86. A. Haller, Die Gräber und Grüfte von Assur, WVDOG 65 (1954).
87. Gute Abbildung bei F. Wetzel, WVDOG 62 (1957) Taf. 43—44.
88. Sog. *tondi*, vgl. Anm. 59.
89. Früher der Heilgöttin Gula zugewiesen (E. Unger, Babylon 1931, 139f.), jetzt der Göttin Išḫara, vgl. A. R. George, Sumer 35 (1979) 229f., unten und im Anhang S. 356.
90. Vgl. D. Rittig (hier Anm. 79) 123f. Versuche, die Inschrift zu lesen, führte Koldewey in der 4. Auflage, 220, Anm. 1 an; dazu kommt B. Meissner, OLZ 15, (1912) Sp. 419f. Da das Original nicht zugänglich ist, fußt die folgende Deutung auf der Abbildung in WVDOG 15, 19, Abb. 21 (aus Tempel „Z") und (für die letzten Zeichen der letzten Zeile) auf dem ibid. S. 7 Abb. 5 gezeichneten Fragment (aus Emach): UMBI[N].⌈HU⌉.RÍ.IN.NA².AK².X / *pa-an* ⌈KÚR⌉ *šu-du* KÁ.GAL-*šû* / [*l*]*i-né-e"* GABA-*su* / *sun-níq-šû u ki-bi-su li-in-na-si-i*[*h*] „Adlerklaue, dem Antlitz des Feindes ist das Tor gewiesen, damit er umkehre. Überprüfe ihn genau, damit seine Fußspur getilgt werde!"
  In der 1. Zeile findet sich das akkadische Wort *urinnu* „Adler" in seiner Form als Lehnwort im Sumerischen: ḫu-rí-in. Wenn die letzten Zeichen der Zeile richtig gelesen sind, liegt vielleicht eine Rückentlehnung ins Akkadische in einem Kompositum *umbin-ḫurinnakku vor, das aber sonst nicht belegbar ist. D. Rittig, l. c., hatte bereits Zweifel an Koldeweys Deutung der Vögel aus den Ziegelkapseln von E-mach und vom Tempel „Z" als „Tauben" geäußert. Die vorgeschlagene Lesung bestätigt das. (C. Wilcke)
91. Vgl. dazu die Untersuchungen von W. Nützel, hier Anm. 9.
92. Die Zeichenverbindung PA.TÙN im Tempelnamen ist noch ungedeutet. R. Borgers Vorschlag (in: Assyr.-babyl. Zeichenliste, 135), *ḫat-tu* zu lesen, steht entgegen, daß ein akkadisches Wort in den durchweg sumerischen Tempelnamen (J. Krecher, Sumer 41 [1979/81 ersch. 1986] 41ff.) befremden müßte. A. R. George, Sumer 35 (1979) 229 zeigt, daß der Tempel zur Zeit der Abfassung der Serie TIN.TIR^{ki} (Stadtbeschreibung, s. u., S. 355ff.) É-ḫur-sag-til-la „Haus: Berg des Lebens" hieß (ca. 8. Jh. v. Chr.?), während J. Renger, Sumer 35, 207—206, für die alt-

gen, 1961, 237). Dennoch meinte auch er 1926, daß diese Zikkurrat „spurlos verschwunden" sei (MDOG 64 [1926] 53). Dies hatte eine mit Recht empörte Rückäußerung Dombarts zur Folge, der dabei ein Ruinenfoto von Streck vorlegte (JSOR 16 [1932] 94f.). (H. Schmid)
72. Siehe dazu ebenfalls H. Schmid im Anhang S. 304f. Ein neuer akkadischer Text zur Zikkurrat von Babylon (?): D. J. Wiseman, AnSt. 22 (1972) 141ff.
73. Die „Buntheit" der Tempeltürme, hervorgerufen durch die unterschiedliche Farbigkeit der einzelnen Geschosse, wird heute wieder ernsthaft diskutiert, nachdem die Ausgrabungen in Tschogha Zanbil/Iran durch R. Ghirshman entsprechende Hinweise geliefert haben. R. Ghirshman, Mémoires de la Délégation Archéol. en Iran 49 (Paris 1966).
74. Der Text Koldeweys ist deshalb so geändert worden, weil sich nach Ansicht von C. Wilcke die Inschrift wohl nicht mehr ohne weiteres auf den Brückenbau beziehen läßt; siehe AHw und CAD s. v. makūtu.
75. Die Ableitung des Kanal-Namens Arachtu von *(w)arah* „Mond" ist nicht zu halten, da in der Ur-III- und altbabyl. Zeit das anlautende „w" erhalten sein müßte, was nicht der Fall ist. W. von Soden, Akkadisches Handwörterbuch, schlägt vor, Arachtu als Femininum von *arḫu/urḫu* „Weg" anzusehen. Siehe auch die Literatur im Répertoire Géographique des Textes Cunéiformes Bd. 2, 271f. (D. O. Edzard—G. Farber) und Bd. 3, 274f. (B. Groneberg). Die Spekulation über die Analogie zum Binger Loch und zu Arachtu als Namen des Hafens von Babylon erübrigen sich damit. (C. Wilcke)
76. In Borsippa graben jetzt die Österreicher unter Leitung von Helga Trenkwalder — Innsbruck (vgl. Festschrift K. Oberhuber, Innsbr. Beitr. z. Kulturwiss. 24 [1986] 269ff.
77. Diese Ausführungen sind unverändert aus der Erstausgabe von 1913 beibehalten worden, obwohl sie durch die Rekonstruktion der Zikkurrat in MDOG 59 (1918) 1ff. und deren Übernahme in die vierte Ausgabe von 1925 überholt waren bzw. zur Argumentation Koldeweys im Widerspruch stehen. (Das ist zweifellos ein Versehen, denn auch der Anmerkungshinweis auf der Seite 209 blieb, obwohl diese Anmerkung in der vierten Ausgabe wegfiel). (H. Schmid)
In Esagila ist später nicht mehr gegraben worden, lediglich am südlichen Peribolos von Etemenanki hat J. Schmidt eine kleine Untersuchung durchgeführt: Arch. Anz. 1973, 759.
78. Zur Wiedergabe von *ruššû* durch „goldgelb glänzend" s. H. Waetzoldt, Oriens Antiquus 24 (1985) 1ff. (C. Wilcke)
78a. Jetzt gut abgebildet: WVDOG 62 (1957) Taf. 35—39
79. Vgl. zu solchen und ähnlichen Figuren die Untersuchung von D. Rittig, Assyr.-babylon. Kleinplastik magischer Bedeutung vom 13.—6. Jh. v. Chr., MVS I (1977).
80. R. Borger, in: Bibliotheca Orientalis 30 (1973) 182f. hat den Namen dieser und ähnlicher Figuren als „Ninšubur" (Ninschubura) bestimmt. Wie sich die Götter(-namen) Ninschubura und Papsukkal zueinander verhalten, ist noch unbekannt. (C. Wilcke)

andere Bauurkunden in situ zu finden, hatte diese Grabungsmethode natürlich auch ihre Nachteile für die Vermessung, zumal die Höhenlage der erhaltenen Teile gerade entlang der Kanten sehr stark schwankt. Dennoch kam die in Babylon zum Standard gehörende ziegelgerechte Bauaufnahme der freigelegten Kanten zustande, die Wetzel 1938 vorlegte (WVDOG 59, Taf. 16). Dabei mußte er aber, wie vor ihm schon Koldewey, zugeben, daß das Maß für die Gesamtlänge der Südseite mit 91,1 m unsicher sei (a. a. O. 33). Koldewey hatte 1918 empfohlen, zur Berechnung der Maßeinheit nur die Längen der Ost-, Nord- und Westseite mit 91,48 m, 91,66 m und 91,52 m zugrundezulegen, woraus sich dann der Mittelwert von 91,55 m für die Kantenlänge und von 50,861 cm für die (kleinere) Elleneinheit ergab (Koldewey, MDOG 59 [1918] 22). Auch angesichts der Abmessungen des Lehmziegelkerns, den der Backsteinmantel umgab, und die mit Werten zwischen 61,10 m und 61,20 m festgestellt waren, gab Koldewey zu bedenken, daß dies nicht unbedingt die ursprünglichen Maße sein müßten, weil das Lehmziegelmauerwerk abgearbeitet sein könnte (a. a. O. 23).

So offen zugegeben haben die Ausgräber allerdings eine andere Unsicherheit in ihrem Befund nicht, obwohl gerade hier eindeutige Informationen für jeden Rekonstruktionsversuch unerläßlich sind: das Steigungsverhältnis der Treppen. Erhalten waren von der westlichen Seitentreppe noch Teile von 16 Stufen (s. Abb. 121a), von der östlichen Seitentreppe noch 7 Stufen, von der Mitteltreppe aber keine einzige mehr. Das exakte Steigungsverhältnis kann man erst in Wetzels Treppenzeichnung finden, die er 1938 vorlegte — dies aber stimmt mit seiner Beschreibung des Ziegelverbandes der Treppenstufen nicht überein (vgl. WVDOG 1938, 33 mit den Maßen der Zeichnung des Stufenaufbaus Taf. 16).

Keine dieser Angaben läßt den von Koldewey bei seiner Rekonstruktion gezeichneten Neigungswinkel der Treppenläufe von (nachgemessen) 38° zu, nicht einmal „höchstens 36°", wie G. Martiny 1933 feststellte (Architectura I, 218), sondern knapp 34° 40' oder noch weniger. Die Zeichnung gibt ganz offensichtlich nicht den beobachteten Befund wieder — dazu fehlt auch die Benennung „Schnitt" —, sondern die Vorstellung Wetzels vom Stufenaufbau der Treppenanlagen. (H. Schmid)
Zu den Grundwasserproblemen in neuerer Sicht: H. Winkler, MDOG 114 (1982) 129 ff.

71. Diese Äußerungen richten sich gegen Th. Dombart, der noch vor Koldewey eine erste Rekonstruktionszeichnung von der Zikkurrat vorgelegt und dabei — in Anlehnung an die Aufgangsbeschreibung von Herodot und an die Aussage von Place über die genannte Zikkurrat — für die oberen Teile die Form von Wendelrampen angenommen hatte (Th. Dombart, Zikkurrat und Pyramide, München 1915, Abb. 35. 36. 43; s. auch S. 309). Koldeweys Behauptung, die Stelle sei ebenes Ackerland, ist höchstens verständlich vor dem Hintergrund der bitterbösen Auseinandersetzungen um seine eigene Rekonstruktion seit 1918. Tatsächlich sah auch W. Andrae, der die Ruine während des Krieges besuchte, „fast nichts" — aber er war auch erst nachts angekommen (Lebenserinnerun-

61. Es handelt sich wohl bei diesem Symbol um einen Schreibgriffel, denn Nabû war der Gott der „Schreibkunde".
62. Die Entzifferung bzw. das Lesen ist jetzt zum größten Teil möglich: J. Friedrich, Entzifferung verschollener Schriften und Sprachen (Berlin 1954) 72ff.
63. Diese Statuen datieren um 2000 v. Chr. und stammen aus Mâri, dem heutigen Tell Harīrī in Syrien. Vgl. dazu: W. Nagel, ZA 53 (1959) 261ff. Der Kopf der Statue des Puzur-Ischtar befindet sich in Berlin, Staatliche Museen. Dort der Körper nach dem Original (Altorient. Museum in Istanbul) in Nachbildung ergänzt. Entsprechend umgekehrtes Verfahren bei dem Bildwerk in Istanbul. Vgl. W. Orthmann, Propyl. Kunstgesch. 14, Abb. 160a (hierbei handelt es sich aber um das Beispiel in Berlin, wie an den Nähten am rechten Oberarm [Gipsabguß] zu erkennen ist. Siehe auch dort S. 292 und unsere Abb. 105c).
64. Vgl. dazu R. Koldewey/F. Wetzel, WVDOG 52 (1932). Hier auch Anm. 51.
65. Zu den griechischen und babylonischen Maßen s. Anhang S. 412 u. Anm. 26.
66. Heute nicht mehr.
67. Vgl. auch S. 190ff. sowie vor allem zum ursprünglichen Aussehen (Rekonstruktionen) den Beitrag von H. Schmid im Anhang S. 291ff.
68. Zu Göttersymbolen in Mesopotamien: U. Calmeyer-Seidl, RlA III, 483ff.
69. Siehe dazu H. Schmid im Anhang S. 335ff.
70. Koldeweys Ansicht, man könne aus dem Steigerungsverhältnis der gefundenen Treppenreste die Höhenlage des gemeinsamen Podests der Seitentreppen genau berechnen, hat zusammen mit seiner Neigungsannahme von 38° bis 1933 alle Rekonstruktionsversuche maßgeblich beeinflußt — soweit man nicht steilere Neigungen annahm (vgl. dazu Th. Dombart, AfO 11 [1936—1937] und W. Andrae im Anhang S. 311). Eine gezielte Untersuchung dieses Problems ist in Vorbereitung. (H. Schmid)

Anlaß und Gelegenheit für die Grabung bot der im Jahre 1913 wegen des Dammbruches bei Museijib um 3,3 m gegenüber Normalstand gesunkene Grundwasserspiegel in Babylon. Dies ließ die Ausgräber hoffen, die gewöhnlich mit Wasser und Schutt bedeckte Sohle des Raubgrabens zu erreichen und noch Reste des erst wenige Jahre vor der Grabung abgebauten Backsteinmauerwerks zu finden. Indessen fehlten die Mittel für eine vollständige Freilegung der Ruine. So schrieb Koldewey in seinem Bericht vom 10. März 1913: „Eine Nebenuntersuchung ist am Babylonischen Turm als Vorbereitung für eine spätere Ausgrabung begonnen, wo wir die Kanten der Fundamente feststellen möchten", und Wetzel nannte es „eine kleine Tastgrabung", die „mit schmalen Gruben und kurzen Tunneln unter den abstützenden Stegen" erfolge (MDOG 51 [1913] 21 bzw. 24). Auf diese Weise tastete man sich an der Außen- und Innenkante des Backsteinmantels entlang und legte die Oberfläche des Mauerwerks nur in zwei engen Gräben auf der Nord- und Westseite frei.

Abgesehen von der unter diesen Umständen unmöglichen Beobachtung von Benützungsebenen und geringer Hoffnung, beschriftete Ziegel oder

Denkmäler im Vorderasiatischen Museum zu Berlin (Leipzig 1965) Abb. 174. Vgl. W. Andrae im Anhang S. 348f.
50. Wie wir heute wissen, hängt die starke Versalzung des Bodens mit der künstlichen Bewässerung zusammen, so eigenartig dies auch klingen mag. Der an sich schon starke Salzgehalt wird nicht etwa durch das Wasser ausgespült, sondern durch die hohe Verdunstung als Rückstand zurückgelassen. Die modernen Stauseen sind daher meist ein „Danaiden-Geschenk". Vgl. auch M. A. Powell, Salt, Seed, and Yields in Sumerian Agriculture. A Critique of the Theory of Progressive Salinization, ZA 75 (1985) 7ff.
51. Diese Fassadengliederung läßt sich auch in anderen Orten beobachten, so beispielsweise in Ur: Sir Leonard Woolley, Ur Excavations IX (London 1962) Taf. 15.
52. Auf dem Plan WVDOG 54 (1931) Taf. 2 sind die Angaben von R. Koldewey vor allem bei den Häusern 25—27 nicht nachzuvollziehen. Zu den Anfängen des Iwān vgl. E. J. Keall, Studies in Honour of G. C. Miles (Beirut 1975) 123ff. u. L. Trümpelmann, Sumer 35 (1979) 292.
53. Man wird bei diesem Grab an die Geschichte der babylonischen Königin Nitokris erinnert, die nach Herodot I, 187 ein Scheingrab über dem belebtesten Stadttor (dem Ischtar-Tor) errichtet haben soll, um habgierige Nachfolger zu foppen, was dann auch geschehen sein soll. In unserem Falle war es aber ein echtes Grab, das offenbar an einer versteckten Stelle im Palast angelegt worden war, um eben vor Plünderern einigermaßen sicher zu sein. Ob auch für den Vater Nebukadnezars, bleibt offen.
54. Vgl. E. Haerinck im Anhang S. 372ff.
55. Euphrat und Arachtu sind in Babylon identisch. Zur Etymologie Anm. 75.
56. Vgl. dazu die Originalpublikation R. Koldewey/F. Wetzel, Die Königsburgen von Babylon 2, WVDOG 55 (1932).
57. Wohl eher über ihm stehend und ihn, den Menschen, tötend. Bei der nachfolgenden Geschichte von dem Europäer wird man an den spleenigen Sir David Lindsay bei Karl May erinnert. Das Denkmal steht heute nicht mehr an der gleichen Stelle wie zu Koldeweys bzw. Nebukadnezars Zeiten. Es ist weiter nach Osten verrückt.
58. Die Datierung ist nach wie vor umstritten. Es ist richtig, was Koldewey sagt, daß das Bild nicht fertig ausgearbeitet ist. Wahrscheinlich ist es ein Beutestück aus dem Norden, aus dem späthethitischen Kulturkreis. Dafür spricht auch das Material Basalt. Dagegen W. Orthmann, der den Löwen fur gut spätbabylonisch hält: Propyl. Kunstgesch. 14 (Berlin 1975) 297, Nr. 177 und W. Nagel, der dieses Denkmal als frühsumerisches Bildwerk ansprach: BJV 6 (1966) 48ff. Für syrisch/späthethitische Herkunft plädiert auch Agnès Spycket, La Statuaire du Proche-Orient Ancient, Handbuch der Orientalistik (Leiden—Köln 1981) 431ff.
59. Sog. *tondi*, Scheiben aus Metall. Vgl. P. Calmeyer, Reliefbronzen im babylonischen Stil (München 1973) 140ff. (Bayer. Akad. d. Wiss. Phil.-Hist. Kl. Abh. Neue Folge 73).
60. Es handelt sich wohl hierbei um Kultbilder, s. Anm. 28.

34. S. R. Opificius, a. a. O. Danach sind sie vergleichbar mit den Devotinalien in der katholischen Kirche.
35. Dieser Typ, den wir heute als Breitraum-Tempel bezeichnen, läßt sich wohl zumindest bis in das ausgehende 3. Jahrtausend v. Chr. verfolgen und wurde von A. Moortgat mit dem zur gleichen Zeit zu belegenden Einführungs-Ritus in Verbindung gebracht. Zu Darstellungen von Einführungen, Beter durch niedere Gottheiten zu höheren Göttern, vgl. D. J. Wiseman, Götter und Menschen im Rollsiegel Westasiens (Prag 1958) Abb. 40 und jetzt Martha Haussperger, Dissert. München (1989).
36. Über Babylon in altbabylonischer Zeit: J. Renger, Sumer 35 (1979) 204 ff.; H. Klengel/Fs. Diakonoff, 169—173 (Warminster 1982).
37. Zu den ältesten Urkunden aus dem Merkes, Zeit Hammurabis und seines Vaters Sinmuballit s. H. Klengel, Altorientalische Forschungen 10 (1983) 5 ff. u. 8 f. und Vorderasiatische Schriftdenkmäler 22 (1983) Nr. 1—2.
38. Von einem König der Ur-III-Dynastie um 2000 v. Chr. wird das É-dublál-mach, ein Torgebäude am Temenos des Sin-Heiligtums in Ur als „Platz seiner Rechtssprechung, sein Netz, dem der Feind des Amarsu'ena nicht entkommt" bezeichnet (Ur Excavat. Texts I, Nr. 71, 21—25 u. E. Strommenger, Ur [München 1964] 29).
39. Diesen Gewölbebau als Unterbau der Hängenden Gärten von Babylon bzw. dieses Weltwunder der Antike hier zu lokalisieren, wird jetzt angezweifelt: W. Nagel, Sumer 35 (1967) 241 f.; ders., MDOG 110 (1978) 19 ff.
40. Zum Gewölbe E. Heinrich, RlA III, 323 ff. Vgl. auch dazu M. S. Damerji, The Development of the Architecture of Doors and Gates in Ancient Mesopotamia (Tokyo 1987) 199 ff.
41. Die Übersetzungen der antiken Stadtbeschreibungen befinden sich im Anhang S. 390 ff.
42. Das Festhaus in Babylon lag nördlich der Burg: J. Schmidt, AA 1973, 759. u. Iraq 41 (1979) 147.
43. Hierzu am besten F. Krischen, Die Weltwunder der Baukunst in Babylonien und Jonien (Tübingen 1956).
44. Vgl. zur Geschichtlichkeit und Herkunft der Semiramis aus einer anderen Sicht: W. Eilers, Semiramis (Wien 1971).
45. Wie viele Geschosse es waren, ist nach wie vor fraglich, mindestens aber ein Obergeschoß. Die gewöhnlichen Häuser im Irak haben auch heute nicht mehr als ein Obergeschoß.
46. Vgl. die Rekonstruktion der Wohnhäuser in der Isin-Larsa-Stadt von Ur mit Treppen aus gebrannten Ziegeln: Sir Leonard Woolley and Sir Max Mallowan, Ur Excavations VII (London 1976) Taf. 22—23.
47. Das Niveau der heutigen Rekonstruktion liegt um einige Meter unter dem des 6. Jahrhunderts v. Chr.
48. Nach E. Heinrich hat sich dahinter kein Tonnengewölbe oder eine Kuppel befunden. Vgl. daher seine neue Rekonstruktion in MDOG 99 (1968) 36 f. u. Tafelbeilage.
49. In der Vorderasiatischen Abteilung der Staatlichen Museen zu Berlin später mit drei Voluten rekonstruiert: G. R. Meyer, Altorientalische

24. Im Anhang S. 355 ff. findet sich eine Übersetzung der Stadtbeschreibung von Babylon durch A. R. George.
25. *Ai-ibūr-ša/āb/pū* „Nicht möge Bestand haben der ...", vielleicht mit AHw, s. v., zu šāpû I „schweigend, heimlich feindlich" zu stellen (C. Wilcke).
26. Detailliertere Angaben über die Erhöhungen der Prozessionsstraßen von Nabû (*Nabû-dajjān-nišī-šu* „Nabû ist Richter seines Volkes") und Marduk (*Ištar-lamas-ummāni-ša* „Ištar ist Schutzgottheit ihrer Truppen") enthält der in drei Exemplaren bei den irakischen Grabungen an der Prozessionsstraße gefundene Text: Bahija Khalīl Ismail, Sumer 41 (1979/81, ersch. 1986), 34 f. Danach wurden beide Straßen zunächst um 6 und dann noch einmal um 18 (insgesamt 24) Ellen erhöht und in einem dritten Schritt die Prozessionsstraße Marduks noch einmal um 17 Ellen, d. h. um insgesamt 41 Ellen ≅ 20,5 m. Dies ist vielleicht so vorzustellen, daß Nebukadnezar das Niveau im Bereich des Urasch-Tores (im Süden) um 6 Ellen anhob und die beiden Straßen von dort aus ansteigen ließ, bis sie das Endniveau der Nabû-Straße bei 24 Ellen (≅ 12 m) beim Esagila erreichten. Die Marduk-Straße ließ er dann bis zum Ischtar-Tor um weitere 17 Ellen (8,5 m) ansteigen. Wie sich die von D. Ishaq, Sumer 41, S. 30, beschriebenen drei verschiedenen Niveaus der Prozessionsstraße im Verlauf südlich des Ischtar-Tores dazu verhalten, ist noch unklar; insbesondere stellt sich die Frage, ob sie parallel oder in unterschiedlichen Neigungs-/Steigungswinkeln zueinander verlaufen. (C. Wilcke)
27. Zu den Gräbern von Babylon: E. Strommenger, BaM 3 (1964) und J. Oelsner, ZA 70 (1981) 146 ff.
28. Vom irakischen Department of Antiquities wieder aufgebaut. S. die Abb. 38b—c. Tempel der Ninmach bzw. Belet-ilī. Der Name des Tempels lautet E-mach.
29. Ob diese Wirkung angestrebt wurde, ist nicht sicher. Die Babylonier waren keine Griechen!
30. Wohl durch Vorhänge und Türen verdeckt gewesen und nur für Eingeweihte zu sehen. Vor einigen Tempeleingängen dieses Typs befanden sich sogar aufgemauerte Sichtblenden: Isin-Išān Baḥrīyāt II (München 1981) 11.
31. Nach R. Koldewey gab es im Vorderen Orient zwei unterschiedliche Hofhäuser: das sog. injunktive, bei dem Hürde bzw. Hof primär und die Räume sekundär waren, sowie das konjunktive, bei dem die Entwicklung oder Entstehung genau umgekehrt verlief. Erst durch das Aneinanderfügen von mehreren Räumen entstand hier der Hof. Vgl. dazu E. Heinrich, MDOG 82 (1950) 19 ff.
32. In der Regel haben sich keine Kultbilder erhalten. Wir haben nur Abdrücke wie in Babylon selbst: WVDOG 62 (1967) Taf. 35—39. Aber auch hier ist nur der Thron, nicht das Kultbild selbst bezeugt, oder wir wissen durch Abbildungen über sie, wie auf einem Orthostatenrelief aus Nimrūd: R. D. Barnett and M. Falkner, The Sculptures of Tiglath-Pileser III (London 1962) Taf. 88 u. 92. Zu Götter-/Kultbildern vgl. RlA VI, 307 ff.
33. Vgl. jetzt S. R. Opificius, Das Altbabylonische Terrakottarelief, Untersuchungen z. Assyriologie u. Vorderasiatischen Archäologie, Bd. 2 (Berlin 1961).

Archaeological Study of a Third Millenium City. Its Internal Development and External Relations. Diss. Chicago 1972. Jetzt als Monographie: Harriet P. Martin, Fara: A Reconstruction of the Ancient Mesopotamian City of Shuruppak. (Birmingham 1988).
9. Vgl. beispielsweise W. Nützel, MDOG 107 (1975) 27ff. MDOG 110 (1978) 5ff. und MDOG 112 (1980) 95ff.
10. Das Begehungsniveau um 2000 v. Chr. in Isin (100 km südlich von Babylon) lag ca. 5 m unter dem heutigen. Vgl. Isin-Išān Baḥrīyāt I (München 1977) 19f. und Isin-Išān Baḥrīyāt II (München 1981) 169ff. (Geologische Untersuchungen an heutigen Entsalzungskanälen in der Umgebung von Isin durch Prof. W. Schirmer.)
11. Noch heute in Babylon zu beobachten.
12. Vgl. dazu die Ausführungen von W. Nützel, Anm. 8 oder beispielsweise auch die Beobachtungen in der Umgebung von Isin, s. Anm. 9.
13. In Überresten erhalten und als Medresse benutzt.
14. Die Löhne von heute liegen um ein vielfaches höher. So wurden beispielsweise in der deutschen Ausgrabung von Isin 1978 bezahlt als Tageslohn für den Spezialarbeiter Irak Dinar 2,000 = DM 15,— und für den Normalarbeiter ID 1,500 = DM 11,25. Und diese Löhne gehören jetzt auch schon wieder der Vergangenheit an.
15. So wird heute nicht mehr gegraben. Man gräbt jetzt horizontal und trägt die „Sandlagen" zentimeterweise ab. Die Ausgrabungsmethode in Assur war schon der von Babylon gegenüber „moderner".
16. Diese Straße ist von Irakern restauriert und begehbar. Die hohen Begrenzungen an den Seiten wurden 1986 neu aufgebaut.
17. Zu den Bestandteilen der Emaille/Glasurfarben vgl. im Anhang S. Fitz S. 353ff. und W. Andrae S. 346ff..
18. Vgl. auch hierzu S. Fitz im Anhang S. 353.
19. Der Leser mag ermessen, welche Arbeit damit verbunden war, aber auch mit den späteren Rekonstruktionen in der Vorderasiatischen Abteilung der Staatlichen Museen zu Berlin, ausgeführt von W. Andrae. Vgl. dazu W. Andrae, MDOG 66 (1928) 19ff.
20. Ursprünglich wollte R. Koldewey das Vorhandensein dieser beiden Mauerzüge am oder auf dem Kasr nicht wahrhaben. Vgl. zu der mit Heftigkeit, besonders von Koldewey gegen F. Delitzsch, ausgetragenen Kontroverse: MDOG 12 (1902) 4ff. und MDOG 19 (1903) 22ff., sowie W. Andrae, Babylon. Die Versunkene Weltstadt und ihr Ausgräber R. Koldewey (Berlin 1953) 170, 205f. Zu den neueren irakischen Ausgrabungen und Rekonstruktionen s. W. Abdul-Razak, Sumer 35 (1979) 114ff.
21. Vielleicht lag in dieser Anordnung: 1) reliefierte, unglasierte; 2) flache, aber glasierte und schließlich 3) reliefierte und glasierte, von unten nach oben, eine gewisse Symbolik; vom weniger Vollkommenen zum Endgültigen und Vollkommenen, welche dann nur allein sichtbar war. Vgl. dazu auch W. Andrae im Anhang S. 343.
22. Wohl von Koldewey zu modern und praktisch gedacht.
23. Vgl. dazu F. Wetzel, WVDOG 62 (1957) 1ff.

versuchten, um jene zum Einsturz zu bringen oder um ins Innere der Stadt zu dringen.

Poternen: Hiermit bezeichnet man tunnelartige, enge Mauerdurchlässe am Fuße der Festungsmauern. Sie erlaubten den Verteidigern heimliche Ausfälle und verhinderten das Nach- und Eindringen des Angreifers durch ihre Enge.

Skäisch: Dieser Ausdruck bezog sich bei den Griechen auf ein Tor, das so angelegt war, daß der Angreifer gezwungen war, sich ihm mit der vom Schilde ungedeckten rechten Flanke zu nähern.

2. Diese auf Herodot und Curtius Rufus zurückgehenden Behauptungen hält F. Krischen für „abwegig" (Die Weltwunder der Baukunst in Babylonien und Jonien [Tübingen 1956] 39f.). In diesem Kapitel, Die Mauern von Babylon, ein guter zusammenfassender Überblick über die Befestigungsanlagen von Babylon. Originalpublikation: F. Wetzel, Die Stadtmauern von Babylon, WVDOG 48 (1930).
3. In den Übersetzungen werden die akkadischen Wörter *erû* mit „Kupfer" und *siparru* mit „Bronze" wiedergegeben (so die Wörterbücher), wenngleich vermutlich auch im 1. Jt. v. Chr. *erû* (sumerisch: urudu) eine Kupferlegierung bezeichnete, wie das H. Waetzoldt jetzt (Oriens Antiquus 23 [1984] 1ff.) für urudu im 3. Jt. v. Chr. nachweisen konnte. Das AHw (S. 1495 s. v. werû, erû II) trägt dem bereits mit der Bedeutungsangabe „Kupfer, Bronze" Rechnung. (C. Wilcke)
4. Nachgrabung durch die irakische State Organization of Antiquities and Heritage. Vgl. S. 303ff. im Anhang. Zu der Bezeichnung *ap-pa/pi da-*NUM s. AHw S. 60b appu(m) 8 „Strompfeiler, Wellenbrecher"; CAD A/2, S. 189 appu A 3 und N/1, S. 21 nābalu b 1' jeweils mit Übersetzung „levee".
5. „Pforte oder Tor der Götter" ist eine Volksetymologie. In Wirklichkeit ist es ein Eigenname und „protoeuphratisch". Dadurch Anzeichen für ein relativ hohes Alter von Babylon. Vgl. H. Trenkwalder, Sumer 35 (1979) 237ff. und B. Kienast, a. a. O. 246ff.
6. Inschriftliche Hinweise bis zu Samsuiluna, dem Nachfolger Hammurabis: O. Reuther. Die Innenstadt von Babylon, WVDOG 47 (1968) 7. Zu noch älteren von Hammurabi und Sînmuballiṭ s. Anm. 33.
7. Zum Vergleich für die Veränderung des Euphrat-Laufes in ca. 200 Jahren vgl. F. Wetzel, ZANF 14 (1944) 45ff. u. WVDOG 62 (1957) 1ff.
8. Der Euphrat verläuft heute etwa 60 km westlich von Diwanīyāh. Im 2. Jahrtausend v. Chr. befand sich sein Bett ca. 40 km östlich von Diwanīyāh bei den antiken Städten Nippur und Isin. Vgl. dazu auch E. Banse in E. Unger, Babylon (Berlin 1931) 346. Zu den Ausgrabungen von Farah durch die DOG: W. Andrae und E. Heinrich, Ergebnisse der Ausgrabungen der DOG in Farah und Abu Hatab (Berlin 1931). Eine Untersuchung durch Amerikaner unter Leitung von E. F. Schmidt fand 1931 statt: Mus. Journal 22 (1931) 193ff. Vgl. auch H. Martin, Farah: An

Anmerkungen

Zum Koldeweyschen Text

Wenn kein Name angegeben ist, sind die Anmerkungen vom Herausgeber verfaßt worden.

1. Technische Ausdrücke zu Befestigungsanlagen nach W. Andrae, Das wiedererstehende Assur, 2. Aufl. (München 1977) 323.

Breschieren oder Brescheschlagen: Dies geschah in assyrischer Zeit durch Mauerbrecher, Sturmböcke und Rammwidder.

Dilatationsfuge: Dehnungsfuge, die durch Wärmeausdehnung entstehende Pressungen verhindern soll.

Eskarpe-Kontreeskarpe: Die erste ist die innere, die zweite die äußere Grabenwand.

Faussebraie: So nannte man den Wehrgang am Fuße der Festungsmauer. Von ihm aus konnte man Angriffe auf den Mauerfuß abwehren. Zugänglich war er von innen durch poternenartige enge Pforten. Dieser Wehrgang, den man auch Niederwall nennen konnte, war mit Zinnen bewehrt.

Glacis: Künstliches Vorfeld vor Befestigungsanlagen.

Ixeln: Außenecken

Kavaliertürme: Es waren Türme, die gleichsam auf der Festungsmauer ritten, also nach innen wie nach außen vorsprangen; daher auf der Mauerkrone meist einen Durchgang erhielten, weil sie sonst den Verkehr unterbrochen hätten.

Kisû: Sumerisches Lehnwort im Akkadischen für Stütz- oder Lehnmauer (AHw I, 487).

(Wall-) Kurtine: Hierbei handelte es sich um den zwischen den Türmen gelegenen Teil der Festungsmauer, auf dem sich der Verteidiger während des Kampfes hin und her bewegen konnte.

Machicouli: Darunter verstand die französische Festungsbaukunst „Senkscharten", durch die der auf der Mauerkrone gedeckt hinter dem Zinnenkranz stehende Verteidiger fast senkrecht auf einem nahe am Mauerfuß operierenden Angreifer schießen konnte (vgl. W. Andrae, Die Festungswerke von Assur, WVDOG 23 [1913] 115 ff. Abb. 186. 189—190).

Mesopyrgion: Darunter versteht man den Abstand zweier Mauertürme des Festungswalles.

Minieren: Dies war die Tätigkeit der Mineure, d. h. von Pionieren, die Minengänge durch die Festungsmauer der belagerten Stadt zu schlagen

Propyl. Kunstgesch.	Propyläen Kunstgeschichte (Berlin)
PSBA	Proceedings of the Society of Biblical Archaeology (London)
Revue d'Assyr.	Revue d'Assyriologie et d'Archéologie orientale (Paris)
RlA	Reallexikon der Assyriologie und Vorderasiatischen Archäologie (Berlin)
StOr	Studia Orientalia (Helsinki)
Sumer	Sumer. A Journal of Archaeology and History in Iraq (Baghdad)
VAB	Vorderasiatische Bibliothek (Leipzig)
WVDOG	Wissenschaftliche Veröffentlichungen der Deutschen Orient-Gesellschaft (Leipzig/Berlin)
ZA	Zeitschrift für Assyriologie und vorderasiatische Archäologie; NF = Neue Folge (Leipzig/Berlin)
ZDMG	Zeitschrift der Deutschen Morgenländischen Gesellschaft (Leipzig)
FD	Frühdynastisch (1. Hälfte 3. Jts. v. Chr.)
Nbk	Nebukadnezar II. (605−562 v. Chr.)
Nbn	Nabonid (556−539 v. Chr.)
nb	neu/spätbabylonisch (626−538 v. Chr.)

Verzeichnis der Abkürzungen

AA	Archäologischer Anzeiger (Berlin)
AfO	Archiv für Orientforschung (Berlin/Graz)
AHw	W. von Soden, Akkadisches Handwörterbuch (Wiesbaden 1958 bis 1981)
AMI	Archäologische Mitteilungen aus Iran; N.F. = Neue Folge (Berlin)
AnSt.	Anatolian Studies (London)
AO	Der Alte Orient (Leipzig)
Arch. Anz.	Archäologischer Anzeiger (Berlin)
Architectura	Zeitschrift Architectura (Berlin)
BAH	Bibliothèque Archéologique et Historique (Paris)
BaM	Baghdader Mitteilungen (Berlin)
Bayer. Akad. d. Wiss. Phil.-Hist. Kl. Abh.	Bayerische Akademie der Wissenschaften, Philosophisch-Historische Klasse, Abhandlungen (München)
BJV	Berliner Jahrbuch für Vor- und Frühgeschichte (Berlin)
CAD	The Chicago Asyyrian Dictionary (Chicago/Glückstadt 1956 ff.)
Cahier de la DAFI	Cahier de la Délégation archéologique française en Iran (Paris)
Die Sprache	Zeitschrift Die Sprache (Wien)
DOG	Deutsche Orient-Gesellschaft (Berlin)
FuB	Forschungen und Berichte (Berlin)
GGA	Göttingische Gelehrte Anzeigen (Göttingen)
IA	Iranica antiqua (Leiden)
Iraq	Iraq. British School of Archaeology in Iraq (London)
JA	Journal Asiatique (Paris)
JdI	Jahrbuch des Deutschen Archäologischen Instituts (Berlin)
JEOL	Jaarbericht van het Vooraziatisch-Egyptisch Genootschap, Ex Oriente Lux (Leiden)
JESHO	Journal of Economic and Social History of the Orient (Leiden)
JSOR	Journal of the Society of Oriental Research (Toronto)
Kat.	Katalog
KB	Keilinschriftliche Bibliothek (Berlin)
Klio	Klio. Beiträge zur alten Geschichte (Berlin)
MDOG	Mitteilungen der Deutschen Orient-Gesellschaft (Berlin)
Mesopotamia	Mesopotamia Rivista di Archeologia (Turin)
Mus. Journal	Museum Journal, University of Pensylvania (Philadelphia)
MVS	Münchener Universitäts-Schriften, Philosophische Fakultät 12, Münchener Vorderasiatische Studien (München)
OLZ	Orientalistische Literaturzeitung (Berlin)

des Orients; denn der Euphrat führt tiefen Schlamm mit sich, und obwohl man diesen, um den Grund zu legen, gänzlich ausgeräumt hatte, fand man doch kaum einen zur Unterlage eines festen Baues geeigneten Boden. Aber der allmählich aufgehäufte und an den steinernen Brückenpfeilern abgelagerte Sand hemmt den Strom, der infolge dieses Hindernisses weniger heftig anprallt, als wenn er freien Laufes dahinflösse. Die Burg hat einen Umfang von zwanzig Stadien. Der Grund ihrer Türme ist dreißig Fuß tief in die Erde gelegt, und die größte Höhe ihrer Befestigungswerke erhebt sich bis zu achtzig Fuß. Oberhalb der Burg befindet sich das durch die Erzählungen der Griechen allbekannte Wunderwerk der hängenden Gärten, die die Höhe der Mauern erreichen und deren Reiz in dem Schatten und hohen Wuchs ihrer zahlreichen Bäume besteht. Es sind steinerne Pfeiler aufgeführt, auf denen die ganze Last ruht; über die Pfeiler ist ein Fußboden von Quadersteinen gelegt, der imstande ist, die hoch darauf gehäufte Erde samt dem Wasser, mit dem man die Erde tränkt, zu tragen. Und so mächtig sind die Bäume, die dieser Bau trägt, daß ihre Stämme eine Dicke von acht Ellen erreichen und sich zu einer Höhe von fünfzig Fuß erheben; auch tragen sie ebensogut Früchte, als ob sie in ihrem gewohnten Boden wüchsen. Und wiewohl das Alter nicht nur die Werke von Menschenhand, sondern auch selbst die der Natur allmählich zernagt und vernichtet, so dauert doch dieser Riesenbau, worauf so viele Bäume mit ihren Wurzeln drücken und auf dem die Last eines solchen Parkes ruht, unversehrt fort. Denn zwanzig Fuß breite Mauern stützen ihn, die in einer Entfernung von elf Fuß voneinander stehen, so daß es aus der Ferne das Ansehen hat, als ob sich eine Waldung über ihrem Berge erhöbe. Man erzählt, ein König von Syrien, der über Babylon herrschte, habe das Werk aus Liebe zu seiner Gattin aufgeführt, die sich in der ebenen Gegend nach Wäldern und Hainen sehnend, ihren Gemahl bat, die Reize der Natur durch ein derartiges Bauwerk nachzuahmen.

Übersetzung von Johannes Siebelis (bearb. von Georg Dorminger) nach: Curtius Rufus, Geschichte Alexanders des Großen, München o. J. [1961].

Griechische Längenmaße

Orgyia (Klafter) = 1,78 — 2,10 m
Pechys (Elle) = 0,37 — 0,55 m
Plethron (= 100 Fuß) = 27 — 35 m
Pus (Fuß) = 0,27 — 0,35 m
Stadion = 177,6 — 185 m

Nach „Der kleine Pauly. Lexikon der Antike" (München 1979).
Zu den babylonischen Maßen siehe M. A. Powel in RlA VI (1987).

demissa sunt, ad LXXX summum munimenti fastigium pervenit. Super arcem, vulgatum Graecorum fabulis miraculum, pensiles horti sunt, summam murorum altitudinem aequantes multarumque arborum umbra et proceritate amoeni. Saxo pilae, quae totum onus sustinent, instructae sunt, super pilas lapide quadrato solum stratum est patiens terrae, quam altam iniciunt, et humoris, quo rigant terras: adeoque validas arbores sustinet moles, ut stipites earum VIII cubitorum spatium crassitudine aequent, in L pedum altitudinem emineant frugiferaeque sint, ut si terra sua alerentur. Et cum vetustas non opera solum manu facta, sed etiam ipsam naturam paulatim exedendo perimat, haec moles, quae tot arborum radicibus premitur tantique nemoris pondere onerata est, inviolata durat: quippe XX [pedes] lati parietes sustinent XI pedum intervallo distantes, ut procul visentibus silvae montibus suis inminere videantur. Syriae regem Babylone regnantem hoc opus esse molitum memoriae proditum est, amore coniugis victum, quae desiderio nemorum silvarumque in campestribus locis virum conpulit amoenitatem naturae genere hius operis imitari.

Übrigens zog die Schönheit und das Alter der Stadt nicht nur des Königs, sondern auch aller andern Augen nicht mit Unrecht auf sich. Semiramis hatte sie gebaut, nicht, wie die meisten geglaubt haben, Belus, dessen Palast man noch zeigt. Die Mauer, aus Backsteinen gebaut und mit Erdpech gekittet, hat eine Breite von zweiunddreißig Fuß, so daß, wie man sagt, Viergespanne sich ohne Gefahr begegnen und nebeneinander fahren können. Die Höhe der Mauer übersteigt fünfzig Ellen, die Türme sind jedesmal zehn Fuß höher als die Mauer. Der Umfang des ganzen Baues beträgt 365 Stadien, und der Erzählung zufolge soll jedesmal in einem Tage der Bau eines Stadiums beendigt worden sein. Die Gebäude lehnen sich nicht an die Mauer, sondern stehen ungefähr einen Morgen davon entfernt. Auch ist nicht die ganze Stadt mit Gebäuden besetzt, sondern nur auf einer Strecke von achtzig Stadien stehen Wohnhäuser und auch diese nicht ohne Unterbrechung, vielleicht, weil man es für sicherer hielt, sie zu verteilen. Den übrigen Raum besät und bestellt man, so daß, wenn eine auswärtige Streitmacht einbricht, der Boden der Stadt den Belagerten Lebensmittel darbieten kann. Durch sie fließt der Euphrat, der durch gewaltige Ufermauern eingedämmt wird. Doch um alle diese mächtigen Bauten ziehen sich ungeheure, tief ausgegrabene Reservois, um die einbrechende Gewalt des Stromes in sich aufzunehmen. Denn wenn dieser die Höhe der ihn umgebenden Einfassung überschritte, würde er die Häuser der Stadt mit sich fortreißen, wenn nicht die Stauseen und Bassins da wären, ihn aufzunehmen. Sie sind aus Backsteinen gemauert, und der ganze Bau ist mit Erdpech gekittet. Eine steinerne Brücke, die über den Fluß gelegt ist, verbindet die Stadtteile. Auch sie zählt unter die Wunderwerke

Ziegeln umgab. Als er so Babylon befestigt und mit prächtigen Toren versehen hatte, erbaute er einen mit der Königsburg seines Vaters zusammenhängenden Palast, dessen Höhe und glanzvolle Ausstattung zu beschreiben ich mir wohl ersparen kann. Doch darf nicht unerwähnt bleiben, daß er trotz seiner gewaltigen Ausdehnung schon in fünfzehn Tagen vollendet war. Bei diesem Palaste ließ er aus Steinen Anhöhen errichten, denen er die Gestalt von Bergen geben und die er mit allerlei Bäumen bepflanzen ließ. Ferner legte er einen sogenannten hängenden Garten an, weil seine Gattin, die aus Medien stammte, danach verlangte, da das bei ihr zu Hause üblich war.

Übersetzung von Heinrich Clementz nach: Flavius Josephus, Jüdische Altertümer, Bd. 1, Berlin—Wien 1923.

Q. Curti Rufi Histor. Alex. V, 1, 24—35

Ceterum ipsius urbis pulchritudo ac vetustas non regis modo, sed etiam omnium oculos in semet haud immerito convertit. Samiramis eam condiderat, non, ut plerique credidere, Belus, cuius regia ostenditur. Murus instructus laterculo coctili bitumine interlito spatium XXX et duorum pedum in latitudinem amplectitur: quadrigae inter se occurrentes sine periculo commeare dicuntur. Altitudo muri L cubitorum eminet spatio: turres denis pedibus quam murus altiores sunt. Totius operis ambitus CCCLXV stadia complectitur: singulorum stadiorum structuram singulis diebus perfectam esse memoriae proditum est. Aedificia non sunt admota muris, sed fere spatium iugeri unius absunt. Ac ne totam quidem urbem tectis occupaverunt — per LXXX stadia habitabatur —, nec omnia continua sunt, credo, quia tutius visum est pluribus locis spargi. Cetera serunt coluntque, ut, si externa vis ingruat, obsessis alimenta ex ipsius urbis solo subministrentur. Euphrates interfluit magnaeque molis crepidinibus coercetur. Sed omnium operum magnitudinem circumveniunt cavernae ingentem in altitudinem pressae ad accipiendum impetum fluminis: quod ubi adpositae crepidinis fastigium excessit, urbis tecta corriperet, nisi essent specus lacusque, qui exciperent. Coctili laterculo structi sunt, totum opus bitumine adstringitur. Pons lapideus flumini inpositus iungit urbem. Hic quoque inter mirabilia Orientis opera numeratus est. Quippe Euphrates altum limum vehit, quo penitus ad fundamenta iacienda egesto vix suffulciendo operi firmum reperiunt solum: harenae autem subinde cumulatae et saxis, quibus pons sustinetur, adnexae morantur amnem, qui retentus acrius, quam si libero cursu mearet, inliditur. Arcem quoque ambitu XX stadia conplexam habent. XXX pedes in terram turrium fundamenta

Lehren vortragen. Einiger dieser Männer gedenken auch die Mathematiker, wie des Kidenas, Naburianus und Sudinus; auch Seleukus von Seleukeia ist ein Chaldäer und mehrere andere namhafte Männer.

7. Borsippa ist eine heilige Stadt der Artemis und des Apollo, eine große Leinwandfabrik. In ihr findet sich eine Menge Fledermäuse und viel größere als an anderen Orten. Sie werden zum Essen gefangen und eingesalzen.

Übersetzung von Albert Forbinger nach: Strabo, Erdbeschreibungen, Bd. 7, 2. Aufl., Berlin o. J. [1911].

Flavii Josephi Antiquitates X, 11

Παραλαβὼν δὲ τὰ πράγματα διοικούμενα ὑπό τῶν Χαλδαίων καὶ διατηρουμένην τὴν βασιλείαν ὑπὸ τοῦ βελτίστου αὐτῶν, κυριεύσας ὁλοκλήρου τῆς πατρικῆς ἀρχῆς, τοῖς μὲν αἰχμαλώτοις παραγενομένοις συνέταξεν ἀποικίας ἐν τοῖς ἐπιτηδειτάτοις τῆς Βαβυλωνίας τόποις ἀποδεῖξαι, αὐτὸς δ' ἀπὸ τῶν ἐκ τοῦ πολέμου λαφύρων τό τε τοῦ Βήλου ἱερὸν καὶ τὰ λοιπὰ κοσμήσας φιλοτίμως, τήν τε ὑπάρχουσαν ἐξ ἀρχῆς πόλιν ἀνακαινίσας καὶ ἑτέραν καταχαρισάμενος πρὸς τὸ μηκέτι δύνασθαι τοὺς πολιορκοῦντας τὸν ποταμὸν ἀναστρέφοντας ἐπὶ τὴν πόλιν κατασκευάζειν, ὑπερεβάλετο τρεῖς μὲν τῆς ἔνδον πόλεως περιβόλους, τρεῖς δὲ τῆς ἔξω, τούτων δὲ τοὺς μὲν ἐξ ἀπτῆς πλίνθου καὶ ἀσφάλτου, τοὺς δὲ ἐξ αὐτῆς τῆς πλίνθου. Καὶ τειχίσας ἀξιολόγως τὴν πόλιν καὶ τοὺς πυλῶνας κοσμήσας ἱεροπρεπῶς προσκατεσκεύασε τοῖς πατρικοῖς βασιλείοις ἕτερα βασίλεια ἐχόμενα αὐτῶν· ὧν τὸ μὲν ἀνάστημα καὶ τὴν λοιπὴν πολυτέλειαν περισσὸν ἴσως ἂν εἴη λέγειν, πλὴν ὡς ὄντα μεγάλα καὶ ὑπερήφανα συνετελέσθη ἡμέραις πεντεκαίδεκα. ἐν δὲ τοῖς βασιλείοις τούτοις ἀναλήμματα λίθινα ἀνοικοδομήσας καὶ τὴν ὄψιν ἀποδοὺς ὁμοιοτάτην τοῖς ὄρεσι, καταφυτεύσας δένδρεσι παντοδαποῖς ἐξειργάσατο, καὶ κατεσκεύαδε τὸν καλούμενον κρεμαστὸν παράδεισον, διὰ τὸ τὴν γυναῖκα αὐτοῦ ἐπιθυμεῖν τῆς οἰκείας διαθέσεως, ὡς τεθραμμέν ἐν τοῖς κατὰ Μηδίαν τόποις.

Nachdem er nun von seinem Reiche, das der mächtigste Fürst der Chaldäer für ihn verwaltet hatte, Besitz ergriffen, siedelte er die Kriegsgefangenen nach deren Ankunft in den dazu geeignetesten Landstrichen Babyloniens an, bedachte aus der Beute den Tempel des Bel und anderer Götter reichlich und fügte zu der alten Stadt Babylon einen neuen Stadtteil hinzu; auch verhütete er die etwa von zukünftigen Belagerern der Stadt geplante Ableitung des Flusses dadurch, daß er nicht nur die innere, sondern auch die äußere Stadt mit je drei Mauern aus gebrannten

Seuleukeia am Tigris erbaute. Denn sowohl er als alle seine Nachfolger begünstigten diese Stadt und verlegten ihren Königssitz dahin; und so ist sie denn jetzt größer geworden als Babylon, dieses aber größtenteils verödet, so daß man kein Bedenken tragen darf, auch von ihm zu sagen, was einer der Lustspieldichter von Megalopolis in Arkadien sagte: „Doch große Wüstenei ist jetzt die Große Stadt." "Wegen Mangels an [anderem] Bauholz wird [daselbst] der Häuserbau von Balken und Pfosten aus Palmenholz bewerkstelligt; um die Pfosten aber windet man aus Stroh gedrehte Seile, welche man hernach übertüncht unp mit Farben bestreicht, sowie die Türen mit Erdpech. Auch diese sind hoch und alle Häuser des Holzmangels wegen überwölbt. Denn das Land ist größtenteils kahl und trägt, den Palmbaum ausgenommen, bloß Strauchwerk; dieser aber wächst in Babylonien sehr häufig, häufig auch in Susa an der persischen Küste und in Karmanien. Dachziegel jedoch gebrauchen sie nicht; denn sie haben wenig Regen. Ähnlich sind auch die Einrichtungen in Susa und Sitakene.

6. Ἀφώριστο δ' ἐν τῇ Βαβυλῶνι κατοικία τοῖς ἐπιχωρίοις φιλοσόφοις τοῖς Χαλδαίοις προσαγορευομένοις, οἳ περὶ ἀστρονομίαν εἰσὶ τὸ πλέον· προσποιοῦνται δέ τινες καὶ γενεθλιαλογεῖν, οὓς οὐκ ἀποδέχονται οἱ ἕτεροι. ἔστι δὲ καὶ φῦλον τι τὸ τῶν Χαλδαίων καὶ χώρα τῆς Βαβυλωνίας ὑπ' ἐκείνων οἰκουμένη, πλησιάζουσα καὶ τοῖς Ἄραψι καὶ τῇ κατὰ Πέρσας λεγομένῃ θαλάττῃ. ἔστι δὲ καὶ τῶν Χαλδαίων τῶν ἀστρονομικῶν γένη πλείω. καὶ γὰρ Ὀρχηνοί τινες προσαγορεύονται καὶ Βορσιππηνοὶ καὶ ἄλλοι πλείους ὡς ἂν κατὰ αἱρέσεις ἄλλα καὶ ἄλλα νέμοντες περὶ τῶν αὐτῶν δόγματα. μέμνηνται δὲ καὶ τῶν ἀνδρῶν ἐνίων οἱ μαθηματικοί, καθάπερ Κιδηνᾶ τε καὶ Ναβουριανοῦ καὶ Σουδίνου. καὶ Σέλευκος δ' ὁ ἀπὸ τῆς Σελευκείας Χαλδαῖός ἐστι ἄλλοι πλείους ἀξιόλογοι ἄνδρες.

7. Τὰ δὲ Βόρσιππα ἱερὰ πόλις ἐστὶν Ἀρτέμιδος καὶ Ἀπόλλωνος, λινουργεῖον μέγα. πληθύουσι δὲ ἐν αὐτῇ νυκτερίδες μείζους πολὺ τῶν ἐν ἄλλοις τόποις. ἁλίσκονται δ' εἰς βρῶσιν καὶ ταριχεύονται.

6. In Babylon war für die einheimischen Weisen, die sogenannten Chaldäer, welche sich meist mit der Sternkunde beschäftigen, ein Wohnplatz abgegrenzt. Einige [von ihnen] maßen sich auch die Deutung des Standes der Gestirne in der Geburtsstunde an, werden jedoch von den übrigen nicht anerkannt. Auch gibt es ein gewisses Volk der Chaldäer und eine von ihnen bewohnte Landschaft Babyloniens, welche den Arabern und dem sogenannten Persischen Meere benachbart ist. Auch von den sternkundigen Chaldäern gibt es mehrere Arten; denn einige heißen Orchener, andere Borsippener und so mehrere andere, die, gleichsam in Schulen geteilt, über dieselben Gegenstände verschiedene

πόλιν καὶ τὸ βασίλειον ἐνταῦθα μετήνεγκαν· καὶ δὴ καὶ νῦν ἡ μὲν γέγονε Βαβυλῶνος μείζων ἡ δ' ἔρημος ἡ πολλή, ὥστ' ἐπ' αὐτῆς μὴ ἂν ὀκνῆσαί τινα εἰπεῖν ὅπερ ἔφη τις τῶν κωμικῶν ἐπὶ τῶν Μεγαλοπολιτῶν τῶν ἐν Ἀρκαδίᾳ „ἐρημία μεγάλη 'στὶν ἡ Μεγάλη πόλις". διὰ δὲ τὴν τῆς ὕλης σπάνιν ἐκ φοινικίνων ξύλων αἱ οἰκοδομαὶ συντελοῦνται καὶ δοκοῖς καὶ στύλοις. περὶ δέ τοὺς στύλους στρέφοντες ἐκ τῆς καλάμης σχοινία περιτιθέασιν, εἶτ' ἐπαλείφοντες χρώμασι καταγράφουσι, τὰς δὲ θύρας ἀσφάλτῳ· ὑψηλαὶ δὲ καὶ αὗται και οἱ οἶκοι καμαρωτοὶ πάντες διὰ τὴν ἀξυλίαν· ψιλὴ γὰρ ἡ χώρα καὶ θαμνώδης ἡ πολλὴ πλὴν φοίνικος· οὗτος δὲ πλεῖστος ἐν τῇ Βαβυλωνίᾳ, πολὺς δὲ καὶ ἐν Σούσοις καὶ ἐν τῇ παραλίᾳ [τῇ] Περσίδι καὶ ἐν τῇ Καρμανίᾳ. κεράμῳ δ' οὐ χρῶνται· οὐδὲ γὰρ κατομβροῦνται. παραπλήσια δὲ καὶ τὰ ἐν Σούσοις καὶ τῇ Σιτακηνῇ.

5. Babylon liegt gleichfalls in der Ebene, und seine Mauer hat einen Umfang von 365 Stadien und eine Dicke von zweiunddreißig Fuß; die Höhe zwischen den fünfzig Mauertürmen beträgt fünfzig Ellen, die der Türme aber sechzig; der Weg auf der Mauer hin ist so breit, daß Vierspanner leicht aneinander vorbeifahren können. Deshalb wird sowohl diese Mauer den sieben Wunderwerken zugezählt, als der schwebende Garten, welcher bei einer viereckigen Gestalt auf jeder Seite eine Länge von vier Plethren hat. Er wird von Schwibbogen bildenden Gewölben getragen, die, eines über dem anderen, auf würfelförmigen Pfeilern ruhen; diese Pfeiler aber sind hohl und mit Erde ausgefüllt, so daß sie die Wurzeln der größten Bäume fassen, und sowohl sie selbst als die Schwibbogen und Gewölbe sind aus gebrannten Ziegelsteinen und Erdpech aufgeführt. Das oberste Stockwerk hat treppenähnliche Aufgänge und neben denselben liegende Schraubenpumpen, vermittelst derer dazu angestellte Leute beständig das Wasser aus dem Euphrat in den Garten hinaufheben. Denn der ein Stadium breite Strom fließt mitten durch die Stadt, und der Garten liegt am Strome. — Daselbst fand sich auch das jetzt vernichtete Grabmal des Belus, welches, wie man sagt, Xerxes zerstörte. Es war aber eine vierseitige Pyramide aus gebrannten Ziegelsteinen und sowohl selbst ein Stadium hoch als auch jede der Seiten ein Stadium lang. Alexander wollte sie wiederherstellen, aber das Unternehmen war groß und erforderte viel Zeit (denn schon das Wegräumen des Schuttes war eine Arbeit von zwei Monaten für zehntausend Menschen,) so daß er das schon begonnene Werk nicht vollenden konnte; denn alsbald befiel den König seine Krankheit und der Tod; von den Späteren aber kümmerte sich niemand darum. Doch auch das übrige wurde vernachlässigt; denn einen Teil der Stadt zerstörten die Perser, einen andern die Zeit und die Geringschätzung solcher Werke von Seiten der Makedonier und besonders seitdem Seleukus Nikator in der Nähe von Babylon, etwa 300 Stadien davon,

144. Wohl nicht ausschließlich aus Etemenanki (Sumer 35, 111). Aber wohin wurde der Schutt von der Zikkurrat vor einer älteren Erneuerung gebracht? H. Schmid, BaM 12 (1981) 130ff.
145. Das ist kein eindeutiger Beweis, denn Steinklingen wurden auch noch später benutzt, vgl. aber Anm. 114.

Zu W. Andrae, Das Kleinod von Babylon

1 Nach meiner Meinung könnte die Auffassung von Andrae durchaus zutreffen. (Hrsg.)
2 R. Koldewey, Das Ischtar-Tor in Babylon, WVDOG 32 (1918) C VII 5—63.
3 H. Winckler, KB B III 2. Hälfte.
4 Vgl. den Altar in der Zella des Irregal in Warka.
5 Vgl. Anm. 49 auf S. 419.
6 Vgl. dazu B. Hrouda, Festschrift E. Porada (Bibl. Mesop. 21, 1986) 119ff.
7 Der zweifache Glasurbrand ist nicht als notwendig erwiesen; das Aufschmelzen der Glasur gemeinsam mit den schwarzen Konturlinien in einem Arbeitsgang ist gleichfalls denkbar. (S. Fitz)
8 Vgl. dazu auch S. Fitz im Anhang S. 353f.
9 Feldspat wurde nicht verwendet; als Flußmittel dienten Pflanzenaschen. (S. Fitz)
10 Zinnober war ebenfalls unbekannt. (S. Fitz)
11 Keramische Zeitschrift 7. Jg. Br. 12 (1955) 622ff. (S. Fitz)

Zu E. Haerinck, Babylon unter der Herrschaft der Achaemeniden

1 Siehe Anhang 303ff.
2 R. M. Boehmer, BaM 11 (1980) 88f. — L. Trümpelmann glaubt nachweisen zu können, daß die Brandreste von der Einäscherung Alexanders des Großen herrühren, der oben auf der Zikkurrat von Borsippa aufgebahrt und verbrannt worden sei (Kongreß d. Klass. Archäologie in Athen 1983).
3 Vgl. für Babylon: O. Reuther, WVDOG 47 (Leipzig 1926) 36.
Sippar: E. Haerinck, Tell ed-Dēr III (Ed. L. D. Meyer) (Leuven 1980) Taf. 6. 12, 10, 3.
Nippur: Nippur I (Chicago 1967) Taf. 103. 104. Mc. Guire Gibson, Excavations at Nippur, Eleventh Season (Chicago 1975) 120, Abb. 88, 2.
Ur: Sir Leonnard Woolley, Ur Excavations IX (London 1962) Taf. 35 (U. 15195) Taf. 38,3.
Susa: A. Labrousse/U. R. Boucharlat, Cahiers de la DAFI 2 (1974) 94, Nr. 2, S. 151, Abb. 51, 2   4. Taf. XXXV, 1. R. Boucharlat u. A. Labrousse, Cahier de la DAFI 10 (1979) 74f.; 109, Abb. 29, 1—2, Taf. XI, 6.
4 E. S. Robinson, Iraq XII (1950) 47f., Taf. XXIII. P. Amandra, Antike Kunst II, 2 (1959) 46ff., Taf. 23, 4—5.
5 Vgl. E. S. Robinson, a. a. O. 47f., Taf. XXIV, 27.
6 Vgl. O. Reuther, WVDOG 47 (Leipzig 1926) 212ff., Taf. 70—72. 78. E. Strommenger, BaM 3 (1964) 161, Abb. 3. 6—7. RlA III, 585, Abb. 10.
7 Vgl. O. Reuther, a. a. O. 234ff., Taf. 79—81. E. Strommenger, BaM 3, 163, Abb. 4, 1—2. Hier Abb. 198.

Verzeichnis der Abbildungen

1. Plan der Stadtruinen von Babylon. 13
2. Stück der äußeren Stadtmauer, Grundriß. 17
3. Plan vom Hügel „Babil". 20
4. Kanalquerschnitte bei Neubau (B) und nach langer Benutzung (C). 21
5. Ansicht vom Hügel „Babil". 22
5a. Der Palast „Babil. Die Bauperioden 25
6. Panorama von Babylon, von Nordwesten gesehen. 27
7. Der Euphrat vom Expeditionshause aus nach Norden im Jahre 1911. 28
8. Der Euphrat im Jahre 1907. 28
9. Ein „Dschird" gegenüber von Kweiresch. 31
10. Araber beim Kanalbau auf dem Stadtgebiet von Babylon. . . . 32
11. Der Hakenpflug in Babylon. 32
12. Tor des Expeditionshauses in Kweiresch. 33
13. Plan des „Kasr". 34
14. Pflasterstein von der Prozessionsstraße. 35
15. Beginn der Ausgrabung am 26. März 1899 an der Ostseite des „Kasr" mit dem Pflaster der Prozessionsstraße. 36
16. Der Löwe von der Prozessionsstraße. 39
17. Querschnitt durch den Löwen (B) und durch ein assyrisches Relief (A). 41
18. Das östliche Ende der Lehmmauer-Schenkel am Ischtar-Tor von Norden. 43
19. Gesamtansicht des Ischtar-Tors von Norden her. 44
20. Goldplättchen aus dem Sarg im Nabupolassar-Palast (3:1). . . 45
21. Querschnitt durch das Ischtar-Tor. 46
22. Genutete Dilatationsfuge am Ischtar-Tor. 47
23. Ansicht des Ischtar-Tors von Westen. 48
24. Die beiden östlichen Torpfeiler vom Ischtar-Tor. 49
25. Beginn der Ausgrabung am Ischtar-Tor mit dem glasierten Mauerstück am 1. April 1902. 50
26. Der Stier vom Ischtar-Tor. 54
27. Der nicht glasierte Stier. 55
28. Inschrift vom Ischtar-Tor. 55
29. Das glasierte Mauerstück bei der Ausgrabung. 56
30. Das glasierte Mauerstück vom Ischtar-Tor. 57
31. Der Muschchusch vom Ischtar-Tor. 60
32. Der nicht glasierte Muschchusch. 61
33. Beine von Muschchusch und Raubvogel. 62
34. Geschützkugeln aus Stein. 64
35. Kanal südlich vom Kasr. 65
36. Ansicht der Prozessionsstraße östlich von Etemenanki. 66
37. Die „Straßeninschrift". 67
38a. Der Ninmach-Tempel. Grundriß und Schnitt. 69
38b Das Ischtar-Tor, die „Hängenden Gärten der Semiramis" und der Ninmach-Tempel. Nach einer Luftaufnahme von G. Gerster. . . 70

430

38c. Der Ninmach-Tempel von Norden. Neue iraqische Rekonstruktion 71
39. Der bronzene Pfostenschuh von E-mach. 72
40. Hof im Ninmach-Tempel (E-mach). 73
41. Inschrift des Assurbanipal-Zylinders vom Ninmach-Tempel . . 74
42. Kisû-Inschrift von E-mach. 75
43. Die Südburg des Kasr, von Norden gesehen, ergänzt. Der westliche Teil ist noch nicht fertig ausgegraben. 79
44. Gesamtplan der Südburg. 80
45. Das Bogentor in der Südburg. 81
46. Der östliche Teil der Südburg. 84
47. Ein Alabastron. 85
48. Ziegelstempel Nebukadnezars. 86
49. Gestempelter Ziegel Nebukadnezars (ohne Vatername). 88
50. Ziegelstempel Amēl-Marduks. 89
51. Ziegelstempel Nebukadnezars (E, F), Neriglissars (G) und Nabonids (H). 90
52. Aramäischer Beistempel auf Nebukadnezar-Ziegel. 91
53. Nebukadnezar-Ziegel mit aramäischem Beistempel. 92
54. Ausgrabung in der Südburg von Norden gesehen. 93
55. Die sechszeilige Libanon-Inschrift von der Südburg. 94
56. Die achtzeilige Hauptinschrift von der Südburg. 95
57. Ziegelinschriften in der Südburg an Ort und Stelle. 96
58. Säulenbasis in der Südburg. 98
59. Der Gewölbebau von Nordwesten. 100
60. Bogen vom Gewölbebau. 101
61. Bogenansätze vom Gewölbebau. 102
62. Querschnitt durch den Gewölbebau. 103
63. Der mittlere Teil der Südburg. 109
64. Ornamente vom Thronsaal. 111
65. Versatzmarken von den Glasurziegeln. 114
66. Die späteren Säulenbasen im Hof 36 der Südburg. 117
67. Rampe zwischen Nebukadnezar- und Nabupolassar-Palast. . . . 119
68. Zwischenraum zwischen dem Nabupolassar-Palast und der Burgmauer im Süden. 122
69. Papsukal-Statuette im Nabupolassar-Palast. 123
70. Nordwand des Nabupolassar-Palastes. 124
70a. Der westliche Teil der Südburg nach der Ausgrabung 1913 . . . 125
71. Zweistrichiges Mauerwerk in der Südburg. 127
72. Pforte in der Südmauer der Südburg. 128
73. Die Südmauer am Nabupolassar-Palast von Westen. 129
74. Fundament der Festungsmauer im Norden der Südburg. 130
75. Zwischenraum zwischen Lehmmauer und Südburg-Mauer mit Kanälen. 131
76. Der westliche Teil der Südburg. 133
77. Apadana (Thronsaal) des Xerxes in Persepolis. Nach F. Krefter, Teh. Forschungen 3, Beilage 36 135

78. Säulenbasis vom Perserbau. 136
79. Inschrift vom Perserbau. 137
80. Glasierter Kunststein vom Perserbau. 137
81. Die nordwestliche Ecke der Südburg. 138
82. Schriftziegel von der Grabenmauer von Imgur-Enlil. 140
83. Der Graben westlich von der Südburg während der Ausgrabung. . . 140
84. Der Graben westlich von der Südburg nach vollendeter Ausgrabung. 141
85. Die Grabenmauer von Imgur-Enlil im Westen der Südburg. . . . 142
86. Beschrifteter Ziegel von der Sargon-Mauer. 143
87. Querschnitt durch die Festungsmauern nördlich der Südburg. . . . 144
88. Bestempelter Ziegel von Nabupolassars Arachtu-Mauer. 145
89. Beschrifteter Ziegel von Nabupolassars Arachtu-Mauer. 146
90. Gemeißelter Ziegel von Nabupolassars Arachtu-Mauer. 147
91. Ansicht der Nordwestecke der Südburg mit den Arachtu-Mauern. 148
92. Zwischenraum zwischen den beiden Lehmmauern. 151
93. Das nördliche Ende der inneren Stadtmauer von Südost. 153
94. System der inneren Stadtmauer. 154
95. Wasserableitung an der inneren Stadtmauer. 155
96. Gründungszylinder Assurbanipals für Nemetti-Enlil. 156
97. Kanal durch die innere Stadtmauer. 157
98. Mauerpfeiler in der Hauptburg. 154
99. Pflastersteine mit Inschrift, oben Amēl-Marduks, unten Nebukadnezars. 160
100. Die Nordost-Ecke der Hauptburg von Norden. 161
100a. Der Palast der Hauptburg nach der Ausgrabung 1914. 162
101. Der Basaltlöwe in der Hauptburg. 163
102. Die Schamasch-rēsch-ussur-Stele. 164
103. Die „Spät"hethitische Stele, Vorderseite. 165
104. Die „Spät"hethitische Stele, Rückseite. 165
105. Fußbodenplatte Adad-niraris II. 166
105a. „Archaische" Statuen auf der Hauptburg in Fundlage. 167
105b. „Archaische" Statuen aus der Hauptburg. 168
105c. Zusammengesetzte Statue des Puzur-Ischtar aus der Hauptburg . 169
106. Pforte mit Kanal in der Nordmauer der Hauptburg. 172
107. Plan der nördlichen Bastionen vom Kasr Nordost. 173
108. Aufgangsbau zur Akropolis, im Hintergrunde: Hómera. 176
109. Quadermauer der Nordburg, von West nach Ost gesehen. 177
110. Quadermauer der Nordburg mit Inschrift. 178
111. Inschrift von der Quadermauer der Nordburg. 178
112. Pforte mit Kanal in der Quadermauer. 179
113. Der Kanal nördlich vor der Nordburg. 180
114. Plan von Esagila und Etemenanki. 183
115. Ostseite des Peribolos von Etemenanki. 185
116. Ziegelinschrift Asarhaddons von Etemenanki. 186
117. Ziegelinschrift Assurbanipals von Etemenanki. 186
118. Ziegelinschrift Nebukadnezars von Etemenanki. 187

432

119. Wiederhergestellte Ansicht des Turms von Babel in seinem Peribolos,
    mit Esagila rechts und Euphratbrücke links (Modell im Vorder-
    asiatischen Museum Berlin). 188
120. Entengewicht mit Inschrift. 189
121. Oberer Teil eines Kudurru mit Göttersymbolen. 189
121a. Die erhaltenen Treppenstufen zum babylonischen Turm. . . . 190
121b. Wiederhergestellte perspektivische Ansicht des babylonischen
    Turms aus Südosten nach R. Koldewey (vgl. H. Schmid, S. 303ff.). 190
121c. Die Reste des babylonischen Turms heute. 191
122. Der westlichste Pfeiler der Brücke über den Euphrat. 196
122a. Wiederhergestellte Ansicht der Stadt Babylon von Westen. . . . 198
123. Plan vom Hügel Amrān. 202
124. Schnitt durch Esagila. 203
125. Assurbanipal-Ziegel von Esagila. 204
126. Asarhaddon-Ziegel von Esagila. 205
127. Asarhaddon-Ziegel von Esagila und Babylon. 206
128. Tonfigur aus einer Ziegelkapsel von Esagila (Stiermensch). . . 207
129. Ausgrabung von Esagila. 209
130. Das Grab des Amrān Ibn Ali. 210
131. Spätere Gebäude am Nordrand des Amrān. 212
132. Alabaster-Figur mit Asphalt-Perücke. 213
133. Ein „Pantoffel-Sarkophag". 214
134. Asarhaddons Adad-Kunukku von Esagila. 215
135. Marduk-zakir-schumis I. Marduk-Kunukku. 215
136. Plan von Ischīn aswad. 217
137. Tempel „Z", Grundriß. 218
138. Tempel „Z", Cella-Fassade. 219
139. Rekonstruktion des Tempels „Z". 220
140. Papsukal aus Tempel „Z" von vorn. 220
141. Papsukal aus Tempel „Z" von hinten. 220
142. Plan von E-chursag-tilla. 222
143. Querschnitt von E-chursag-tilla. 223
144. Gründungszylinder Nabupolassars für E-chursag-tilla. 224
145. Puppe aus den Ziegelkapseln von E-chursag-tilla, ergänzt. . . . 224
146. Der Papsukal aus dem Hauptcella-Postament in E-chursag-tilla. . 225
147. Die Ruine von E-chursag-tilla. 225
148. Männliche und weibliche Affentypen in Terrakotta. 226
149. Älterer glasierter Reiter. 226
150. Späterer (parthischer?) Reiter. 226
151. Frau im Baldachin zu Pferde. 227
152. Bunt glasiertes Gefäß. 229
153. Schematische Darstellung der Verwehung der oberen Schichten
    (A.B links) eines Ruinenhügels in die tieferen Gegenden (A.B rechts). 231
154. Schematischer Schnitt durch babylonische Häuserruinen mit
    Brunnen (bzw. Sickerschächten). 231
155. Plan vom Merkes. 233
156. Straßenansicht im Merkes. 235

157. Tontafeln aus der altbabylonischen Zeit. 236
158. Linienzüge, durch welche die verschiedene Bildung der Eingeweide
 des Opfertieres auf einer Tontafel dargestellt wird. 237
159. Zeichnung auf einer Tontafel (Kassitisch). 238
160. Ein Topf mit Tontafeln. 239
161. Schalen. 239
162. Aramäische Zauberschale. 240
163. Becher. 241
164. Kassitische Becher und Schüssel. 241
165. Aufbewahrungsgefäße, unten auf Standringen. 242
166. Große Aufbewahrungsgefäße (Pithoi). 243
167. Griechische Keramik mit Amphorenstempeln. 243
168. Flaschen (Kannen). 244
169. Pilgerflaschen. 244
170. Lampen. 245
171. Glasiertes „Rhyton". 246
172. Kelch und Fläschchen aus Glas. 247
173. Ältere Glasware. 248
174. Glocke aus Ton. 248
175. Frau auf Becher oder Omphalos. 249
176. Schiffchen aus Ton 249
177. Schiffchen aus Ton mit einem Tier darin. 250
178. Steingefäß. 250
179. Dreifuß-Schale aus Basalt. 251
180. Antike Reibmühle. Darstellung des Gebrauchs durch einen Araber. 251
181. Kleinere Reibsteine (?). 252
182. Prähistorische Steingeräte. 253
183. Schwert, Dolch, Messer und Säge aus Bronze. 254
184. Pfeilspitzen aus Bronze und Messer und Sägen aus Silex. 254
185. Onyxperlen-Gehänge aus einem Grab im Merkes. 255
186. Grabbeigaben aus Gold, Glas und Muscheln, vom Merkes. . . . 256
187. Unterschenkelknochen mit je fünf Beinspangen aus einem Sarg des
 Merkes. 256
188. Goldschmuck. 257
189. Bronze-Fibeln. 258
190. Fingerringe mit ihren Abdrücken. 258
191. Stempel- und Rollsiegel mit ihren Abdrücken. 259
192. Amulette aus Stein. 260
193. Griechische Münzen in einem Topf. 261
194. Zwei Wirbel, ein Eberzahn und drei zu Schwertgriffen vorbereitete
 Knochengelenke. 262
195. Doppeltopf-Grab aus dem Merkes. 263
196. Trogsarg mit Deckel. 264
197. Trogsarg, geöffnet. 264
198. Stülpsarkophag. 265
199. Ziegelgrab aus dem Merkes. 265
200. Anthropoider Sarkophag vom Nordosten des Kasr. 266

201. Beigaben aus einem Sarg. 267
202. Nackte Frau mit gefalteten Händen. 268
203. Nackte Frau mit gefalteten Händen in älterer Fassung. 268
204. Frau mit Kind. 269
205./206. Frau mit Kind in griechisch-parthischer Fassung. 269
207. Sitzende Frau mit Kind. 270
208. Frau mit den Händen an der Brust. 270
209. Frau mit den Händen an der Brust. 270
210. Frau mit den Händen an der Brust in griechisch-parthischer Fassung. 270
211. Frau mit herabhängenden Armen. 270
212. Gott mit der Flasche, altbabylonisch. 271
213. Mann mit gefalteten Händen. 271
214. Mann mit gefalteten Händen in parthischer Fassung. 271
215. Sitzender bärtiger Gott. 272
216. Mann mit Blume in der Hand. 272
217. Frau mit Blume in der Hand. 272
218. Frau mit Palmenzweig (?). 273
219. Frau mit Palmenzweig, idolartig. 273
220. Frau mit Palmenzweig in griechischer Fassung. 273
221. Amulett aus Terrakotta (böser Dämon, Pazuzu). 273
222. Zwei Musikantinnen mit Trommel und Doppelflöte. 273
223. Lautenspieler. 274
224. Lautenspieler. 274
225. Frau mit Harfe. 274
226. Frau mit Tamburin. 275
227. Liegende Frau. 275
228. Liegende Frau. 275
229. Tonmaske. 275
230. Tonmaske. 276
231. Griechische Terrakotte. 276
232. Griechische Terrakotte. 276
233. Griechische Terrakotte. 277
234. Eros als Gefäßhenkel. 277
235. Rekonstruktion des „großen Hauses" im Merkes. 278
236. Das „große Haus" im Merkes, Grundriß. 279
237. Das „große Haus" im Merkes, Querschnitt. 279
238. Dachtreppe im Dorfe Kweiresch. 281
239. Nordostecke des „großen Hauses" im Merkes. 282
240. Hausfront mit Tür aus dem Merkes, davor Ziegelgrab. 283
241. Grundriß eines Hauses in Farah (Schuruppak). 283
242. Grundriß von Tellō. 284
243. Papsukal aus der Gründungskapsel des Ischtar-Tempels. 286
244. Tempel der Ischtar von Akkad im Merkes, Grundriß. 287
245. Tempel der Ischtar von Akkad im Merkes, Querschnitt. 287
246. Ezida, der Tempel des Nabû in Borsippa, Grundriß. 288
247. Tempel der Ischtar von Akkad im Merkes, Ansicht der Cellafront. 289
248. Inschrift vom griechischen Theater. 291

28*

249. Plan der Hügel Hómera. 292
250. Gesamtansicht vom griechischen Theater. 293
251. Statuen-Postamente in der Orchestra. 293
252. Ansicht der Proskenien-Pfeiler. 294
253. Plan vom griechischen Theater, ergänzt. 295
254a. Gipsornamente vom griechischen Theater. 296
254b. Gipsornamente vom griechischen Theater. 297
255. Querschnitt durch den nördlichen Hügel von Hómera. 298
256. Die innere Stadt von Babylon. . . . . Ausschlagtafel

Abbildungen im Anhang

Beitrag H. Schmid:
1. Rekonstruktion der Zikkurrat nach Lethaby 1891/92 305
2. nach F. Weißbach 1904 305
3. nach M. Dieulafoy 1913 307
4. nach Th. Dombart 1915 309
5. nach R. Koldewey 1918 311
6. nach A. Moberg 1918 315
7. nach Th. Dombart 1919 317
8. nach Th. Dombart 1921 319
9. nach E. Unger 1926 320
10. nach E. Unger 1931 321
11. nach W. Andrae 1932 323
12. nach G. Martiny 1933 325
13. nach W. von Soden 1938 327
14. nach Th. A. Busink 1938 328
15. nach A. Parrot 1949 332
16. nach F. Krischen 1956 333
17. nach K. G. Siegler 1978 335
18. Vermuteter innerer Aufbau nach H. Schmid (Ost-West-Schnitt) . . 337
19. Rekonstruktion, Vorder- und Seitenansicht nach H. Schmid 1984 . 341

Beitrag A. R. George:
Skizze von Babylon . . . . Beilage

Beitrag E. Haerinck:
1. Jüngerer Euphratverlauf in Babylon 374
2. Lageplan des Kasr 375
3. Perserbau, Aufnahmeplan 376
4. Perserbau, schematischer Grundriß 377
5. Perserbau, Rekonstruktion 378
6. Basen vom Perserbau 378
7. Bruchstücke von glasierten Friesen aus Kunststein 379
8. Glasierte Friese aus a: Susa, b: Susa und c: Persepolis 380
9. Perserbau, glasierte Kunststein-Reliefs 381
10. Persepolis, Apadana-Relief mit Babyloniern 382

Nachtrag

Neue Grabungstätigkeiten in Babylon

Über die jüngsten archäologischen Aktivitäten in Babylon seitens der irakischen Archäologen, die unter der Oberleitung des Generaldirektors der irakischen Antikenverwaltung, Dr. Mu'ayid S. Damerji, stehen und fortgesetzt werden, berichtet zusammenfassend bis zum Jahr 1981 Khaled Nashef (Tübingen) in AfO 34 (1987) auf den S. 213—215 mit den Zitaten der Erstveröffentlichungen.

Wir danken dem Herausgeber dieser Zeitschrift, Prof. Dr. H. Hirsch, für seine freundliche Erlaubnis, diese Angaben hier aufnehmen zu dürfen.

Babylon

Allgemein: Mu'ayad Sa'id Damerji, *Sumer* 37, 15f. (Tätigkeiten 81): Hayat Abid Ali Hassan. *A Study of a Stamp Seal from Babylon: Sumer* 41, 80f., arab. mit Abbildungen (Gefunden in den Grabungen an der Prozessionsstraße, Mauerfassade vor den „hängenden Gärten"; Abb. 1 auf S. 124. Beter vor Göttersymbolen in einem Boot. Frühere Parallelen: Abb. 3—4 [neu]: FD II—III, 3 Stücke: Abb. 5: Akkad; Abb. 7: Ur III. Sonstige spätere Stücke: Abb. 8—11); *Iraq* 45, 207 (Gr. 81/82. 50 × 50 m Grabung nordöstl. des Ištar-Tempels, 4 Hauptschichten, die letzte davon parth. oder späthellen.; viele Gräber, eines mit Goldohrringen, Armreifen und Fußreifen, achäm.; einige spätbabyl. Rollsiegel, Wandbemalung. Gegenüber dem Nabû-ša-harê-Tempel, östl. der Prozessionsstraße: 50 × 50 m Areal gegraben: 3 Schichten; 1: parth., 2: 20 Tafeln in Vorratsgefäß, private Wirtschaftstexte, viell. achäm.; 3: nB [?], Wohnhäuser, Terrakotten u. a. Weiteres Areal nordwestl. des Nabû-ša-harê-Tempels: Schicht 1: sas. mit Münzen und gravierten Ziegeln; 2: Fundamente aus Lehmziegeln, Mauern 2 m dick und mehr als 20 m lang, parth.; 3/4: hellen., Siegelabdrücke [„head of a king on lumps of bitumen"]; Ziegel Nbk. II. Am Nordende der Prozessionsstraße: große Plattform [30 × 40 m] aus gebrannten Lehmziegeln und Bitumenmörtel, Ziegel von Nbk. II. Restaurierungsarbeiten: Prozessionsstraße, Südburg, und „Hängende Gärten"); Ali Muhammad Mahdi, *Sumer* 41, 9—27, arab. (zum Babylon Projekt. Überblick über die erste Stufe im Jahre 78. Arbeiten umfassen jetzt: 1. Südburg [Abb. 19]; 2. „hängende Gärten"; 3. Ištar-Tor; 4. Innere Mauer, angrenzend an das Ištar-Tor [Abb. 18]; 5. Prozessionsstraße nördl. des Ištar-Tores; 6. Prozessionsstraße, südl. des Ištar-Tores; 7. Ištar-Tempel; 8. Wohnviertel westl. des Ištar-Tempels [Abb. 16]; 9. Nabû-ša-harê-Tempel; 10. Temenos-Fassade; 11. Innere Stadtmauer, östl. Seite [Abb. 15]; Kišu-Tor; 12. Babylonisches Haus westl. des gr. Theaters [Abb. 17]; 13. Gr. Theater; 14. Ninmaḫ-Tempel; 15. Der östl. Tall; 16. Babylon-Brücke); Farouk N. H. al-Rawi, *New Historical Documents from Babylon: Sumer* 41, 23—26, s. a. den arab. Teil 43f. (Überblick über Inschriften aus Babylon aus der Zeit des Kurigalzu II. bis in die Seleukiden-Zeit); M. Wäfler, *Points of View to the Triangulation of Babylon: Sumer* 41, 16—18; D. J. Wiseman, *Babylon and Ashur: Sumer* 41, 60—62.

Babylonisches Haus: Ahmed [Ḥuḍair] al-Bayati, *The Babylonian House: Sumer* 41, 113—116, arab. mit Abbildungen (Arbeiten in der Gegend westl. des gr. Theaters: Wohnhaus [Grundrisse auf S. 114]; Funde: babyl./seleuk. Gefäße [Abb. 7, 10a, 11]; Tier- und menschliche Figurinen [Abb. 8 auf S. 116]; in Raum 32: Tontafeln, darunter eine Heiratsurkunde [Abb. 9 auf S. 116?]).

„Hängende Gärten": Mu'ayad Sa'id Damerji, *Where are the Hanging Gardens?: Sumer* 37, 56—61, arab. („der westliche Teil der Südburg" wäre als die „hängenden Gärten" zu sehen); Kamil Alwan Shihab, *The Vaulted Structure: Sumer* 41, 58 ff. und arab. Teil 94—97 mit Abbildungen (Gr., Freilegung der Mauer an der Prozessionsstraße bis zum Ištar-Tor u. a.; Funde: Grab vielleicht einer Frau in einem der inneren Räume, die im Osten entlang der Prozessionsstraße liegen. Anhänger aus hellbläulichem Stein, Sonnensymbol sowie eine Mušḫuššu-Darstellung auf der anderen Seite [Abb. 11—12 auf S. 96]. Stempelsiegel [Abb. 13 auf S. 97], Bootsdarstellung, ähnlich *al-mašḫuf* im Südirak. Keramik [Abb. 14—15 auf S. 97]).

Innenmauer: Ahmed Kamil Mohamed. *Excavation at the Northeastern Part of the Inner-Wall of Babylon: Sumer* 41, 21 f. und arab. Teil 36—42 mit Abbildungen (Gr. 79 im nordöstl. Teil der Mauer; 2 Bauphasen [Abb. 10 auf S. 38], in der 78 Kamp. wurde eine Zylinderinschrift des Assurbanipal gefunden, die in der Mauer der zweiten Phase war [Abb. 12 auf S. 39]. In der östl. Seite der großen Mauer unter dem zweiten Turm [Abb. 13 auf S. 39] wurden 3 Tontafeln gefunden; sonst: es wurden 3 Arten von Wasserrinnen freigelegt: Mit Bitumen verstrichene Ziegel [Abb. 14 auf S. 40], mit Ziegeln gepflastert, höher als die erste Art [Abb. 16] und im dritten Turm an der Innenseite der äußeren Mauer, eine quadratische Anlage aus mit Bitumen verstrichenen Ziegeln, 1,20 m breit [Abb. 17 auf S. 40]. Funde: Lampen, Töpfe, Schalen und Flaschen [Abb. 19]. Bronzegegenstände: Gußformen zur Herstellung von Terrakottafigurinen [nackte Frauen] u. a. Gräber [Abb. 20]. Zusammenfassung: Freilegung großer Teile der Hauptmauer mit 4 Türmen [Abb. 23 auf S. 42] sowie der Innenmauer [Abb. 21—22 auf S. 41]).

Ištar-Tempel und Wohnquartier westlich des Tempels: A'ta al-Ah al-Suba'ai ['Atallah Muhammad as-Subā'ī], *Ishtar Temple and the Residential Quarter West of the Temple: Sumer* 41, 63—66 und arab. Teil 101—107 mit Abbildungen (1. Ištar-Tempel: Freilegung aller Tempelanlagen; 3 Bauphasen; älteste: Nabopolassar, Wiederaufbau in der Regierungszeit von Nbk. und Nbn. Wohnquartier, westl. des Tempels und östl. des Nabû-ša-harê-Tempels: Haus 1, unmittelbar westl. des Ištar-Tempels, von diesem durch eine Straße [5,85 m] getrennt. Diese Straße ist eine Nebenstraße der Prozessionsstraße. Westlich des Hauses befindet sich eine weitere Baueinheit. Die zwei Bauten sind durch eine Straße [5,80 m] getrennt [Plan auf S. 103: Abb. 5]. Letztere Baueinheit ist durch zwei Phasen vertreten, die zweite ist achäm. Viele Kleinfunde, darunter mehrere Figurinen [Abb. 14 auf S. 105] und Tontafeln [Abb. 15 auf S. 105]. Dritte Phase: Haus 1 [Plan auf S. 106, Abb. 17], spätbabyl., vielleicht eines Priesters oder Wohlhabenden); R. A. al-Qit, *New Texts from Baby-*

lon: Sumer 38, 115—119 (Überblick über die Texte aus der Grabung im Wohnquartier westl. des Ištar-Tempels und in den „hängenden Gärten").

Ištar-Tempel, Wohnviertel südl. des Ištar-Tempels: Ilhām Hāšim ʿAlī aṣ-Ṣāliḥī, *Vorläufiger Bericht über die Grabungsergebnisse im Wohnviertel südlich des Ištar-Tempels: Sumer* 41, 139f., arab. (Gr. 81; Schicht 1: einfache Fundamente aus Lehmziegeln in 90 cm Tiefe, kein Plan erkennbar. Ziegelabmessungen: 26 × 26 × 8 cm und 31 × 31 × 10 cm; Schicht 2: Hausplan einzigartig. Rechteckig: 40 × 31,50 m aus Lehmziegeln gebaut [(31 × 32) × 10 cm], rötlicher Lehmüberzug, 2—5 cm dick. Das Haus besteht aus zwei parallel zueinander stehenden großen Mauern, dazwischen ein 1,80 m breiter Gang, nur von drei Seiten. In der östl. Seite nur eine innere Mauer, in der nordöstl. Seite zugemauert. Die Innenmauer ist mit vier Ecktürmen ausgestattet [110 × 110 cm]. Gebäude: Zwei Höfe und 25 Räume, ein Raum ist sehr schmal und klein; ein Gang in der Nordwestseite in nordsüdl. Richtung, mit Ziegelpflasterung [31 × 31 × 8 cm] und mit Bitumen verstrichen. Der Haupteingang wurde noch nicht gefunden. Kleinfunde: im Schutt, außer zwei achäm. Figurinen auf einem Fußboden. Sonst: 18 Gräber aus Schicht 2 und 3. Funde daraus: Keramik, Lampen, Terrakotten [2 Musikanten], Steinfigurinen [z. B. Anhänger in Form eines Affen, Augen mit Gold eingelegt], Stempel- und Rollsiegel, Metallgegenstände usw., seleuk. Tontafelfragment. Zylinderinschrift, Münzen. Gebäude vielleicht Lagerraum für den Ištar-Tempel).

Ištar-Tor und Innenmauer: Wahbi Abdul Razaq, *Ishtar Gate and the Inner Wall: Sumer* 41, 19f., s. auch arab. Teil 34f. mit Abbildungen (Restaurierungsarbeiten an der Innenmauer vor dem Ninmaḫ-Tempel; Freilegung von Bauten zwischen dem Ninmaḫ-Tempel und dem Ištar-Tor: Lagerräume in Form von Gängen, 1,80 bis 1,40 breit, Mauerdicke bis zu 1,50 m; Anlage seleuk.).

Nabû-ša-ḫarê-Tempel: A. Cavigneaux, *Le Temple de Nabû ša Harê. Rapport preliminaire sur les textes cunéiformes: Sumer* 37. 118—126; ders., *Nabû ša harê Temple and Cuneiform Texts: Sumer* 41, 27—29 (inzwischen veröffentlicht; s. letzte Irak-Zusammenstellung, Bibliographie); Ramadhan A al-Qit, *New Texts from Babylon:* [1. *Die Texte des Nabû-ša-ḫarê-Tempels, vorläufiger Bericht*]: *Sumer* 38, 103—114, arab. (Überblick über die in D I [Nabû-ša-ḫarê-Tempel] und im benachbarten Tempel D II gefundenen Texte; über 1500 zum größten Teil Fragmente. Schultexte. Beispiele: 79-B-1, Bearbeitung auf S. 104, Photo auf S. 111; 79-B-1/9, Bearbeitung S. 104, Photo: S.112; 79-B-1/ 55, Bearbeitung auf S. 105, Photo S. 113; teilweise parallel zu 79-B-1/147; 79-B-1/20, Götterliste, Bearbeitung S. 105f., Photo S. 114); s. a. Prozessionsstraße.

Östlicher Hügel: Maryam Umran Musah, *Excavations at the Eastern Tell: Sumer* 41, 67—70; arab. Teil 108—112 mit Abbildungen (Gr. 78; drei Areale. Arbeiten Kamp. 78 im südwestl. Areal; Plan: Abb. 2 auf S. 108. 4 Schichten. Schicht 1: hellen., Fundamentreste von Mauern, erhaltene Höhe 80—100 cm;

Lehmziegelabmessungen: 30 × 30 × 11 cm. Gräber zwischen Schicht 1 und 2: Zahlreiche Kleinfunde. Schicht 2: Baueinheit, Mauerhöhe: 1,10—1,35 m; vielleicht eine Friedhofsmauer. Sammel- und Einzelgräber, Schicht 3: Mauerreste aus Lehmziegeln [30 × 33 × 10 cm]. Schicht 4: Vielleicht nB Wohnhaus. Zahlreiche Funde aus den Gräbern: Terrakotten, Gefäße, Lampen, Sinnwirtel, Gefäßständer, Räucherständer, seleuk. Münzen usw.); dieselbe, *Figurines discovered in the Eastern Tell: Sumer* 41, 144f., arab., ohne Abbildungen.

Prozessionsstraße: D. Ishaq, *The Excavations at the Southern Part of the Procession Street and Nabu ša Harê Temple: Sumer* 41, 30—33, s. a. den arab. Teil 48—54 mit vielen Abbildungen auf S. 52f., ohne Hinweis darauf im Text; Bahija Khalil Ismail, *New Texts from the Procession Street: Sumer* 41, 34f., s. a. den arab. Teil 55—57 (3 Tontafeln aus der Gr. in der Prozessionsstraße; 1 Kopie auf S. 35; Kopie von IM 80017 auf S. 57 arab. Teil; Text IM 80016 auf S. 56 zu *Sumer* 35 [1979] S. 164); ʿAwwād ʿAbd al-Karīm al-Kassār, *Meinungen und Ergebnisse zu den Grabungen in der Prozessionsstraße, nördlicher Sektor, 1981: Sumer* 41, 137—138, arab. (Fläche, 140 × 29 m, wurde freigelegt. Über der heutigen Ebene der Straße lagen 6,10 m breite Überlagerungen mit Ziegelpflasterung [mit Nbk. Stempel mit einem Konsonant *w*, aram.?, arab. š? für Šamaš? Oder der Name des Ziegelherstellers wie in Hatra?]. Weitere Überlagerungen, 4,40 m breit. Beide mit Ziegeln 33 × 33 × 8 cm gepflastert. Zusammenhang mit der ursprünglichen Straße unklar).

Sommerpalast: Ali Muhammad Mahdi. *Sumer* 41, 12, arab. (Arbeiten 79 eingestellt).

Südburg: Shah Mohamed Ali [aṣ-Ṣiwānī], *The Southern Palace: Sumer* 41, 52—54, s. den arab. Teil 77—82 mit Abbildungen (Restaurierungsarbeiten und Grabungen 79; Gr. in 1. Bereich zwischen der Prozessionsstraße und der südl. Mauer [Abb. 1]: Freilegung der Mauerfassade sowie der Anlagen entlang der Mauer und an der östl. Seite des östl. Hofes. Freilegung der Palastfassade von der östl. bis zur nördl. Ecke; 2. Westseite des östlichen Hofes); R. Parapetti, *The Southern Palace of Babylon: A Restoration Proposal: Sumer* 41, 55—57.

Zikkurrat: Ala Ibrahim Salloum, *Magnetic Survey on Archaeological Sites (Ziggurat Area in Old City of Babylon): Sumer* 41, 48f.: a. arab. Teil 68f.; J. G. Schmid, *The History of the Construction of the Ziggurat according to the Results of the Excavations in 1962: Sumer* 41, 44—47.

Register

Einige Hinweise zur Aussprache:
H̱/ḫ = stimmhaftes ch
Š/š = Sch/sch
Esagila wird Esangila ausgesprochen
Entsprechend Lībilchēgalla-Kanal

Die Regierungszeiten sind den Büchern J. A. Brinkman, Materials and Studies for Kassite History Bd. I (Chicago 1976), S. 31 für die 2. Hälfte des 2. Jts. v. Chr., L. Oppenheim, Ancient Mesopotamia (Chicago 1988³) S. 339ff. für die 1. Hälfte des 1. Jts. v. Chr. und L. Trümpelmann, Persepolis, Ausstellungskatalog der Prähistorischen Staatssammlung Bd. 14 (Mainz 1988) S. 53 für die achaemenidische Zeit entnommen.

Abu Hatab (Kissura) 235
Abwässerungskanäle 110, 129ff., 150, 152, 154f., 200
Adad (Gott) 56, 164, 214
Adad-nadin-achche (Ziegel/Tellō) 285
Adadnirari II. (912–891) Fußbodenplatte 166f.
Adyton (Ischtar von Akkad-Tempel) 286
Adyton (Ninmach-Tempel) 73, 225
Affe 225f.
Agul (Flechtwerk zum Kühlen) 107
Ägypten 163
Ajjibur-schabu Aiibur-šabu s. auch Prozessions-Straße 65, 67, 120
Alabaster 212
Alabastren 85, 244
Altar (Ninmach-Tempel) 71
Altar (Ninurta-Tempel) 222
Aleppo 118, 304
Alexander der Große (*356/33–323) 193, 195, 201, 298f., 301, 337
Amel/Awīl-Marduk (562–560) (Ziegelinschrift) 89, 160f.
Ammiditana 234, 280
Amphoren-Stempel 241, 243

Amulette 260, 274
Ananeh 24
Anah 36
Andrae, W. (Zikkurrat) 322f.
Angelkapseln (Ninmach-Tempel) 73 s. auch u. Papsukal-Figur
Angelkapseln (Esagila) 204f., 207
Angelkapseln (Tempel der Ischtar von Akkad) 286
Angelkapseln (Tempel „Z" = Göttin Išḫara) 219
Angelkapseln (Ninurta-Tempel) 224f.
Anubelschunu (Tontafel) 193, 304
Apadana (Kasr) 80, 134
Apokryphen 61
āppu-dannu (Wellenbrecher) 134
Arachtu (Euphrat) 66, 146, 178, 200f.
Arachtu-Mauer 94, 96, 121, 138, 143, 197ff.
Aramäische Schrift 89, 91f., 240
Aramäische Zauberschalen 239f.
Archäologische Tätigkeiten, neue 303, 437ff.
Artaxerxes I. (465–424) 301, 377
Artaxerxes II. Mnemon (405–359) 136
Arval 61
Asarhaddon (681–669) 300
Asarhaddon (Kunukku) 214
Asarhaddon (Ziegelinschriften) 89, 96, 184, 204ff., 211
Asarhaddon (Zikkurrat) 331
Asphalt/Erdpech 17f., 24, 63, 65, 68, 72f., 79, 81f., 97, 107, 113f., 116, 120f., 129, 131, 141, 143, 158, 169, 174, 193, 195, 204, 212, 285
Asphalt-Mörtel 110, 134, 197
Asphalt-Putz 42, 71, 289
Assur (Stadt) 102, 110, 118, 139, 214, 228, 264
Assur (Festhaus) 106
Assurbanipal (669–631/629?) 300
Assurbanipal (Gründungszylinder) 74, 154, 168

Assurbanipal (Ziegelinschriften) 89, 153, 184, 204, 211
Assyrische Herrschaft über Babylon 227
Assyrische Reliefs (Querschnitt) 41
Athen 135

Bab-ilāni 26
Bad-gir (Belüftungsschächte) 24
Baghdad 21, 24, 86, 116, 220
Balken, s. auch u. Holz, Palme 151
Basalt (Hauptburg) 161
Basalt (Gefäße) 251 f.
Basaltlöwe 161
Baumaterial-Lieferungen 78
Baumbepflanzung (Gewölbebau) 106
Baumeister Labaschi 78
Bauurkunden (Kapseln) 71
 s. auch u. Papsukal-Figur
Bawiān 66, 216
Bedri Bey 22 f.
Bel-šār-uṣur/Belzāsar 110, 372
Berlin (Weißer Saal im Schloß) 110
Bestattungen (allgemein) 262 ff.
Bestattungen (spätbabylonische) 214
 s. auch u. Friedhof/Gräber
Bestattungen (griechisch-parthische) 212, 224
 s. auch u. Friedhof/Gräber
Bisūtūn 168, 372
Bleidecke (Gewölbebau) 106
Bogen (Baukonstruktion) 82
Bogentor 79, 81 ff.
Bohrer/Bohrkerne 85
Borsippa 23, 25, 43, 70, 193, 288 f., 372
Breccia-Platten 35
Brennen (Ziegel) 91 f.
Berossus (Josephus Flavius) 104, 171
Bronze s. auch Kupfer 18, 72, 87
Brücke 65
Buddensieg, G. 86
Brunnen (Stadtgebiet) 92, 231, 234, 280
Brunnen (Gewölbebau) 100
Brunnen (Hauptburg) 174
Brunnen (Imgur-Enlil) 142
Brunnen (Ninmach-Tempel) 72
Brunnen (Prozessions-Straße) 47

Brunnen (Südburg) 116, 126
Busink, Th. A. (Zikkurrat) 328 ff.
Cella (Esagila) 201
Cella (Ninmach-Tempel) 72 f., 77
Chan Mhauil 25
Chābūr (Fluß) 163
Chinesische Mauer 18
Chorsābād 102, 228
Curtius Rufus 105

Damm (Nordburg) 180
Damerji, M. S. s. u. Archäol. Tätigkeiten
Daniel 61 ff., 92, 163
Darius I. (552—486) 63, 80, 136, 168, 301, 372, 376 ff.
Dieulafoy, M. (Zikkurrat) 307
Dilatationsfuge 45, 47, 82 f., 122, 130, 142, 200, 415
Dinosaurier 63
Diodor (Ktesias) 104, 136 ff., 197, 299
Diorit 169 ff.
Diwanīyāh 30
Dschird (Teil von Bewässerungsanlagen) 30 f.
Dolab (Teil von Bewässerungsanlagen) 31, 101
Dolerit 166 f.
Dombart, Th. (Zikkurrat) 309 f., 317 ff.
Duku (Ort d. Schicksalsbestimmung) 67
Durminabanda (Pflasterplatten) (Prozessions-Straße) 36, 63, 66 f., 191

Ea (Gott) 201, 204
Ebenholz 171
Edelsteine 120, 155, 207 f., 216
Eidechse 62
Elephant ? (Oberschenkel) 262
Elfenbein 171
Emaille s. auch u. Glasur 37, 50, 80, 97, 353 ff.
Enlil-nadin-schumi (1224) 234, 300
Esagila 302
Esagila-Tafel 193, 304, 338
Esiskur 106
Eskarpe (Teil von Befestigungsanlagen) 16, 140, 415

Etemenanki (Zikkurrat) 184, 301
E-ur-imin-an-ki(Zikkurrat v. Borsippa) 25

Farah 30, 102, 214, 221, 231, 235, 238, 252, 282f.
Festucatio (Estrich-Unterschicht nach Vitruv) 134f.
Feuersteine 97
Fibeln 257f.
Fingerringe mit Abdrücken 258
Flaschenfabrik, königliche 83
Friedhof (sasanidische, Südburg/Haupthof) 108, 119
s. auch u. Bestattungen, Gräber

Geräte (allgemein) 247ff.
Gewicht (Entenform) 188f.
Gewölbe 101ff., 110, 180f.
Getreide (Gewölbebau) 107
Gipsmörtel 51, 97f., 110
Gipsputz 110, 113, 211
Gitterverschluß (Kanal) 179
Glasur s. auch u. Emaille 78, 113ff., 136, 161, 227, 245, 350ff., 353ff.
Glasgefäße 246f.
Gold 120, 126, 155, 171, 207f., 213, 215
Göpelwerk (Teil von Bewässerungsanlagen) 101
Grabeneskarpe (Teil von Befestigungs-Anlagen) 16, 415
Gräber s. auch u. Bestattungen/Friedhof 68, 121
Grotefend-Zylinder 119
Grundwasser 17, 29, 35, 92, 45, 51, 170, 174, 177, 234
Gudea (Herrscher von Lagasch) 284

Habl Ibrahim 30
Hakenpflug 32
Halil Bay 22
Hammurabi von Babylon (18./17. Jh. v. Chr.) 97, 221, 234, 300
Hammurabi (Schicht) 234f.
Hammurabi (Zeit) 237
Hammurabi (Zikkurrat) 331

Hängende Gärten 104ff.
Harrān 169
Hatra 118
Hattre (arabische Keule) 164, 253
Haustein 103
Haustiere 261f.
Hellmann, Geh.-Rat 86
Hephästion (Leichenbegängnis) 299
Herodot 15ff., 42, 77, 92, 106, 108, 192, 194f., 199, 208, 215, 234, 301, 337f.
„Herrin"-Tor 67, 81, 83
(el)-Hibā (Lagasch) 231f., 284
Hieroglyphen, hethitische 167
Hilprecht, H.-V. (Zikkurrat) 306
Hilleh 21, 25, 209
Hindījeh 22, 30
Hirsch, H., s. u. Archäol. Tätigkeiten
Hit 36
Holz (Thron des Ea) 204
Holz (Stempel) 87
Holz (Treppen) 108
Holzbalken (Decke) 102
Holzeinlagen (Mauern) 76
Hornviper 62
Hude (persisches Wasserbecken) 110

Imgur Enlil 18, 44, 52, 120, 132, 134, 145, 153ff., 301
Ischtar (Göttin) 164
Iwān 118
Ixeln 93, 415

Jakob-Rost, L. (Zikkurrat) 342
Jeremias 302

Kadaschman-Enlil II. (1263—1255) 280
Kadaschman-Turgu (1281—1264) 280
Kalksteine 36, 63, 136, 161
Kalach/Kalchu (Nimrūd) 98
Kalkmörtel 42, 134, 160, 169, 297
Kalksteinquadern/-blöcke 64, 177f.
Kasr (Bauphasen) 181f.
Kasr abiadh (Expeditionshaus) 33
Kassitisch 87
Kavaliertürme 16, 80, 415
Kellerräume (Gewölbebau) 101, 107

Keramik (allgemein) 239 ff.
Kisch 25
Kisû (Esagila) 205, 210
Kisû (Etemenanki) 184, 191 f.
Kisû (Festungsmauer) 130
Kisû (Tempel der Ischtar v. Akkad) 290
Kisû (Ninmach-Tempel) 75 f., 83, 285
Kisû (Südburg) 94 f.
Kisû („Z" = Göttin Ischchara/Išhara) 218
Klammer, schwalbenschwanzförmige 177
Klima Babyloniens 85 f.
Koldewey, R. (Zikkurrat) 311 ff.
Krischen, F. (Zikkurrat) 333 f.
Ktesias (Diodor) 104 f., 301
Ktesiphon 118
Kudurru (sog. Grenzsteine) 184, 191 f.
Kudur-Enlil (1254—1246) 300
Küche (Nabupolassar-Palast) 126
Kugeln (Wurfgeschosse) 63
Kultbild (Ninmach-Tempel) 72
Kunukku Marduks und Adads 214
Kurigalzu I. oder II. ? (14. Jh. v. Chr.) 280, 300
Kupfer s. auch u. Bronze 120. 207 f.
Kurtine (Teil von Befestigungsanlagen) 150, 154, 415
Kutha 25
Kweiresch 24, 29, 32 f., 197 ff., 210, 281
Kyanos 56
Kyros der Große (559—530) 372

Labaschi (Baumeister) 78
Lamassu, sog., aus Basalt (Hauptburg) 161
Lampen 244 ff.
Lapislazuli 56, 161, 224 f.
Lehmmörtel 42
Lethaby (Zikkurrat) 306
Libanon-Inschrift Nebukadnezars II. 94
Lībilchēgalla-Kanal 64, 89, 120, 301
Löwe von Babylon 162 f.
Luftschächte 24

Marduk (Gott) 56, 68, 106, 145, 191, 193, 201 ff., 223
Marduk (Statue) 77, 215, 271
Marduk (Symbol) 89, 126, 165
Marduk-apla-iddina I. (1171—1159) 234, 300
Marduk-zakir-schumi I. (ca. 850 v. Chr.) 215
Marmor 80
Martiny, G. (Zikkurrat) 324 f.
Maße, babylonische 15, 178, 193 f., 404
Mehrstöckigkeit 108
Meißner, B. (Zikkurrat) 306
Melischichu/Meliši-Ḫu (1186—1172) 234, 255
Mesopyrgion (Teil von Befestigungsanlagen) 83, 150, 152, 174, 199, 415
Moberg, A. (Zikkurrat) 315 f.
Moderne arab. Bezeichnungen in Babylon 26
Mörtel 17
Mōssul 118
Mugwar (arab. Keule) 164, 253
Mühlen mit Reibsteinen 251 f.
Mungo (Haustier?) 262
Münzen (Darius I. Alexander, Lysimachos) 261
Mudschellibeh (Hauptburg) 162
Muschchusch/Muš-ḫuš 48, 50, 52, 56, 61
Mussējib 22, 29, 116
„Museum" (Hauptburg) 161 f.
Myrina (Tonfiguren) 275

Nabonid (556—539) 80, 89, 168 ff., 221, 301, 372
Nabonid (Brücke) 197
Nabonid (Gründungszylinder) 169, 289
Nabonid (Mauer) 96, 149
Nabonid (Ziegel) 76, 89 f.
Nabu/Nabû (Gott) 56, 68, 223
Nabu/Nabû (Symbol) 165
Nabu-balassu-iqbi (Vater Nabonids) 89
Nabupolassar (626—605) 67 f., 75, 87, 89, 226, 301
Nabupolassar (Arachtu-Mauer) 146 f.

Nabupolassar (Brücke) 146 f.
Nabupolassar (Etemenanki) 192 f., 306, 336
Nabupolassar (Gründungszylinder) 168, 223
Nabupolassar (Imgur-Enlil) 140 ff., 145
Nabupolassar (Ninurta-Tempel) 221
Nabupolassar (Palast) 105 f., 118 f.
Nashef, K. s. Archäol. Tätigkeiten
Na'ura (Wasser-Rad) 31
Nebukadnezar I. (1124—1103) (Zikkurrat) 331
Nebukadnezar II. (605—562) 16, 18, 23 f., 29, 33, 36, 42, 47, 52, 56 f., 63 f., 66, 158, 160 ff., 167, 221, 301
Nebukadnezar II. (Brücke) 146 f.
Nebukadnezar II. (Esagila) 207
Nebukadnezar II. (Etemenanki) 192 f., 298, 336
Nebukadnezar II. (Inschriften) 67 f., 74 ff., 83, 86 ff., 95, 97, 105, 110, 119 ff., 126, 140 ff., 150, 184, 201
Nemetti-Enlil 43 f., 52, 89, 145
Nemetti-Enlil (Zylinder) 174 f., 216
Neriglissar (560—556) 64, 80, 89 f., 192
Neriglissar (Inschriften) 169, 174, 191, 208
Nimrūd (Kalchu/Kalach) 98
„Nil"-Kanal 15, 19
Niniveh 18
Ninus 138
Nippur (Nuffar) 30, 102, 212, 285
Noah (babylonisch) 30

Obsidian 252
Oelsner, J. (Zikkurrat) 342
Oheimir, Tell (Kisch) 25
Oppert, J. 18, 170

Palästina 113
Paläste, assyrische 161
Palmettenfries (Thronsaal) 113 ff.
Palmholz (Anker) 336
Palmholzbalken 173
Pappelholzbalken (Südburg) 93
Pappelholzbalken (Nabupolassar-Palast) 121

Papsukal-Figur 73, 123, 125, 219 f., 224 f., 286
Parrot, A. (Zikkurrat) 331 f.
Perde (persischer Vorhang aus Kattun) 165
Persepolis (Apadana) 134
Persepolis (Kapitelle) 98
Pfeiler (Gewölbebau) 106
Pfeiler (Nabupolassar-Palast) 123
Pfeiler (Brücke) 196
Pilgerflasche 244
Pilgerwohnungen (Etemenanki) 188
Place, V. 102
Postament (Esagila) 202
Postament (Ninmach-Tempel) 72 f., 77
Postament (Ninurta-Tempel) 222
Postament (Tempel „Z" = Göttin Išḫara) 219
Postament (Prozessions-Straße) 46 f.
Prähistorische Phase 97
Priesterwohnungen (Etemenanki) 188
Privatwohnung, königliche 126 f.
Prozessions-Straße 175, 180, 188, 301, 343 f.
Puzur-Ischtar (Statue) 169

Rassam, H. 372
Rathgen, Prof. 41
Räuchergefäße (Thymiaterien) 72, 249
Rawlinson, H. C. 194
Riegelverschluß 72, 82
Rillen 70
Ruinen- (Tell-) Bildung 209, 228 f.
Rundbogen (Gewölbebau) 101

Salzbildung 116
Samsuditana (17./16. Jh. v. Chr.) 234, 280
Samsuiluna (18./17. Jh. v. Chr.) 234, 280
Sandstein 161
Sanherib (705—681) 66, 146, 216, 300
Sanherib (Inschriften) 89, 171
Sargon II. von Assyrien (722—705) 102, 139
Sargon II. (Arachtu-Mauer) 146
Sargon II. (Festungsmauer) 143 ff., 151

Sargon II. (Inschriften) 89, 300
Sarzec, E. de 284f.
Sarkophag (Nabupolassar-Palast) 126
Sarkophage, parthische 17
Säulen 98, 113, 116, 212
Säulenbasen (Südburg) 98
Säulenbasen (Perserbau) 136
Schachuru (bīt) 327, 334
Schamasch (Göttersymbol) 165
Schamasch-resch-ussur (Stele) 163f.
Schamasch-schum-ukin (668—648) 155
Scheil, P. V. 168, 312
Schießscharten 45
Schilf als Isolierung oder als Ausgleichsschicht 22, 42, 76, 81, 121, 129, 143, 169, 177
Schilftaue 117
Schlafzimmer (Esagila) 202
Schlafzimmer (Nabupolassar-Palast) 125
Schleusenvorrichtung 64
Schmidt, J. (Zikkurrat) 331
Schmuck aus verschiedenem Material 253ff., 267
Schöne, R. 37
Schöpfwerk (Gewölbebau) 101
Schuruppak s. Farah 30
Sedde (Damm) 22
Seleukeia 18
Semiramis 107, 138f.
Serapis (Ea) 201
Sendschirli (Zincirli) 72, 167
Siegel (Roll-Stempelsiegel) 259f.
Siegler, K. G (Zikkurrat) 334f.
Silex 252
Sin (Göttersymbol) 165
Silber 120, 155, 171, 207f.
Skarabäen 259
Sippar (Abu Habba) 169
Smith, G. 206f., 304ff.
„Spät"hethitische Stele 165f.
Speisereste 261f.
Spielsachen 247
Spinnwirtel 243
Soden, W. von (Zikkurrat) 326ff.
Stabwerk 70

Steinplatteninschrift (Hauptburg) 170, 175, 178
Stempel (Bauinschriften) 88f.
Stiermensch (Angelkapseln) 207
Stoa (Esagila) 211
Strabo 105, 116
Straßen (Merkes) 234ff.
Straußeneier 262
Südwestbau 182
Surghul (Nina) 214, 231f.

Talent (Gewicht) 188, 208, 404
Talent (Zahlungsmittel) 300
Tanagra-Figuren 275
Tell Ibrahim (Kutha) 25
Tellō (Girsū) 284
Terrasse (Hauptburg) 159
Terrakotten 78, 268ff.
Teschub (Stele) 166
Theater (griechische Bezeichnungen) 290ff.
Thron 110
Thronsaal (Südburg) 110ff.
Thymiaterion s. auch Räuchergefäße 72
Tierkopfgefäße („Rhyta") 246
Tiryns (Akropolis) 97
Tondi 215
Tontafeln (Merkes) 236ff., 280
Tontafeln (Ninurta-Tempel) 228f.
Tontafeln in Gefäßen 237ff.
Tontafeln mit Zeichnungen 237f.
Tor als Gerichtsstätte 99
Treppe/Rampe (Ischtar-Tor) 47
Treppe/Rampe (Ninmach-Tempel) 77
Treppe/Rampe (Westl. Vorwerk) 149
Troja (Schicht VI) 97
Tschogha Zanbil (Zikkurrat) 334

Unger, E. (Zikkurrat) 321f.
uqnû 56
Urasch-Tor 67, 72, 197, 301
Uruk-Warka 169

Versatzmarken (Volutenkapitelle im Thronsaal) 114
Vogeleier (mit aramäischer Schrift) 240
Vorratsräume (Etemenanki) 188

Waffen aus verschiedenem Material 252ff.
Wasser (Trinkwasser, verschiedene Sorten heute) 116
Wasserbecken (Südburg) 108f.
Weber, O. 237
Weißbach, F. (Zikkurrat) 166, 306ff., 336
Wetzel, F. (Zikkurrat) 308, 330f., 336
Wirtschaftstexte, persische 216
Wohnhäuser (Merkes) 232ff.
Wurfgeschosse (Kalksteine) 63

Xerxes I. (486—465) 372

Zählstriche (Löwen/Prozessions-Strasse) 41
Zählstriche (Volutenkapitelle/Thronsaal) 113
Zarge (Bauausdruck: Tür-/Fensterrahmen) 76
Zedernholz (Libanon) 18, 94, 103, 120, 161, 171, 193
Ziegelverbände (Südburg) 93
Zincirli (Sendschirli) 72, 167
Zinnen 45, 70, 72, 126, 194